高职旅游类项目课程教材（教改新成果）

New Concept

餐饮服务与经营管理

（第3版）

主编 ○ 马开良
主审 ○ 陈增红

北京·旅游教育出版社

责任编辑:果凤双

图书在版编目(CIP)数据

餐饮服务与经营管理/马开良主编.—北京:旅游教育出版社,2010.9(2021.2)
高职旅游类项目课程教材.教改新成果
ISBN 978-7-5637-2021-7

Ⅰ.①餐… Ⅱ.①马… Ⅲ.①饮食业—商业服务—高等学校:技术学校—教材 ②饮食业—商业管理—高等学校:技术学校—教材 Ⅳ.①F719.3

中国版本图书馆 CIP 数据核字(2010)第 140594 号

高职旅游类项目课程教材(教改新成果)

餐饮服务与经营管理
(第3版)

马开良 主 编

出版单位	旅游教育出版社
地　　址	北京市朝阳区定福庄南里1号
邮　　编	100024
发行电话	(010)65778403 65728372 65767462(传真)
本社网址	www.tepcb.com
E-mail	tepfx@163.com
印刷单位	北京玺诚印务有限公司
经销单位	新华书店
开　　本	720 毫米×960 毫米　1/16
印　　张	25
字　　数	376 千字
版　　次	2017 年 6 月第 3 版
印　　次	2021 年 2 月第 2 次印刷
定　　价	42.00 元

(图书如有装订差错请与发行部联系)

教材编撰委员会

主　任：肖　飞　　张新南

副主任：张久明　　周春林　　冯　明

成　员：王建平　　匡家庆　　马彦纯　　阮立新　　方法林

　　　　邵万宽　　邵　华　　张　军　　朱林生

总 序

　　中国旅游职业教育的发展与旅游产业几乎同步，历时三十多年，为旅游行业培养了大批专业人员，为促进我国旅游业发展做出了重要贡献。特别是进入21世纪以来，我国的旅游高等职业教育加快了发展步伐，规模进一步扩大，质量有了明显提高。旅游高等职业教育的特点是：人才培养起点高，进入行业后的可塑性强；人才的行业性特征明显，供求双方的亲密度高；和旅游发达国家注重职业化教育的特征相吻合，具有鲜明的时代性。正因为如此，旅游高等职业院校的学生受到旅游行业的青睐，拥有广泛的就业市场，而且，他们进入旅游行业后通过一步一个脚印的踏实工作，往往具有更多的发展机会。可以肯定，随着我国旅游强国建设步伐的加快，旅游高等职业教育将具有更加广阔的发展前景。

　　在旅游业迅速发展的新形势下，为促进旅游职业教育的进一步发展，必须遵循"以就业为导向""以学习者为中心"的职业教育原则，颠覆原有的以理论知识为中心的学科专业体系，进行突破性的教育改革。而"项目课程"的产生与发展正是职业教育改革的必然要求，是教育改革的一个突破性的成果。这是因为基于项目的教学活动从根本上解决了传统学科教学模式所造成的理论知识和实践技能条块分割的问题，对学生岗位实践能力的培养有明显的帮助。因此，在我国，项目课程开发已成为今天职业教育课程改革中的一项原创性实践，目前，项目课程改革在理论和实践领域都取得了丰硕的成果，其影响的广度和深度远远超越了我国历次职业教育课程改革。

　　所谓项目课程，是指根据职业岗位工作系列项目的需要，选择、组织教学内容，进而形成以完成工作系列任务为中心的课程体系。通过完成岗位工作任务来学习基础知识和技能，从而培养学生提出问题、分析问题、解决问题的综合能力。现代职业教育的相关研究认为，在职业教育领域，应该以项目课程的形式把岗位生产、管理、经营、服务的实际工作流程作为课程设置的核心，把主要的工作任务作为教学内容，并与职业资格标准相衔接，从而使学生以其所获得的知识、能力、态度诸方面的综合素质，满足职业岗位的要求。

　　南京旅游职业学院作为我国最主要的旅游人才培养院校之一，较早开展了项目课程的开发，锻炼和造就了一支综合素质高、实操能力强的教学改革团队，取得了一系列丰硕的成果。由南京旅游职业学院主持开发的这套旅游职业教育项目课程系列教材，正是遵循"项目课程"这一先进理念，力求彰显职业教育特色，以学生职业综合素质的培养为目标。本套教材有以下明显的特色：

第一，项目课程特点鲜明。本系列教材遵循项目课程的理念，打破了传统教材章、节、目的体例设定模式。对传统的以知识为本位的观念进行了彻底的颠覆，采用了由项目、模块、工作任务组成的系列体例建构方法，从岗位工作任务着眼，以培养学生的实际工作能力和职业生涯的发展潜力为首要目标。

第二，专业课程系统完整。本系列教材涵盖旅游高等职业教育主要的各门专业性课程，从不同角度为学生旅游职业技能的进一步提升提供指导和帮助。每门课程教材在自成体系的同时也兼顾教材之间的横向交流，及其与基础性课程之间的纵向联系，以形成完整的旅游职业教育体系。

第三，内容具有权威性。准确性、科学性是教材的生命线。本系列教材的总体筹划和设计得到了旅游行业精英们的大力支持和直接参与，各个项目课程的开发也得到了职业教育专家的全面指导。本系列教材的主要编写者都是双师型骨干教师，他们拥有扎实的理论知识功底，都在行业中有一线工作、管理岗位的经历，拥有丰富的实践经验。在总结提炼多年知识积累的基础上，编者严格按照教材编写规范，编创结合，既保留经典内容，更将具有创新性的研究成果和具有代表性的观点融入教材之中，力争在做到教材内容准确、科学的同时体现出自身的创新性。

第四，注重教学实用性。专业课程的开设是为学生旅游实践工作能力的增强直接服务的，因此，本系列教材着眼于旅游行业从业者各岗位实践技能的培养。为保证这一原则的贯彻与落实，系列教材在对国外较成熟的职业教育理论体系和模式进行深入研究的基础上与我国国情充分结合，十分注重与旅游行业的人才需求接轨，与国际旅游业发展趋势保持一致，高度重视课程内容的实用性和可操作性，为学生综合素养的提高和各项职业技能的增强打下坚实的基础。

本系列教材具有较强的普适性，适合各级各类院校旅游管理及相关专业学生使用，也可作为从事旅游研究、旅游管理的有关人员和对旅游业感兴趣的爱好者的重要参考用书。

"高职旅游类项目课程教材"编撰委员会
2009年11月

修订前言

餐饮是一个既承载悠久历史又充满时尚元素的活力产业。服务规范的建立、完善、沉淀、升华，需要数代人的执着追求、严谨推敲和务实践行；经营管理的计划、实施、改进、提升，同样需要专业人士的准确判断、睿智把握、扎实推进。遵循职业教育规律，拓展项目模块教学实践，我们有机整合，将餐饮服务与经营管理融为一体，由五大项目依次展开全书，即由新手入门学技能到熟练操作懂服务，继而组织计划能管理，再发展到切入市场会经营，最后升华为全过程构思、通盘运作敢创业等五个与餐饮职业生涯发展相吻合的项目阶段。由于全书内容涵盖广、技能构成多、知识跨度大，因此，由若干个模块支持的各大项目又表现出总体风格一脉相承、具体落笔多姿多彩的成书特点。

本项目课程教材是全国较早面市并得到广泛使用的餐饮项目课程教材，经过数年的教学使用，通过与不同院校师生的沟通交流，原书编著人员对全书再次进行系统全面的修订完善，以期更好地服务于现代餐饮教学。全书具体编著与修订情况如下：项目一入门与入职，由许敬负责；项目二进阶与拓展，由陈青负责；项目三运营与督导，由丁霞负责；项目四筹划与经营，由马开良负责；项目五主题餐饮店策划，由许如忠负责；马开良老师负责对全书进行统稿。

《餐饮服务与经营管理》既是教材，又不失为餐饮从业人员拓宽知识，系统、完整理顺思路，建立完整经营管理相关机制的实用手册、案头读物。常备常阅，定会启发多多，获益匪浅。

《餐饮服务与经营管理》是学院推进项目课程教学改革的成果。无论是书稿总体脉络的构思、体例的确定，无不体现学院领导的亲自关照和指导。在此，我们谨表衷心谢忱！同时，我们还要感谢学院教务处、酒店管理学院领导的大力帮助和勉励、指正。由于该书体例新颖，参加编著人员的水平、学识有限，加之时间相对紧迫，难免有不当之处，诚请专家、同人及广大读者予以指教，不胜感激！

马开良

2017年3月1日

目 录
CONTENTS

项目一　入门与入职 ··· 1

　模块一　行业认知 ··· 2

　　技能/知识点一　"我眼中的餐饮业" ····································· 2
　　技能/知识点二　我的职业素养 ·· 7

　模块二　技能训练 ··· 13

　　技能/知识点一　"和盘托出" ·· 13
　　技能/知识点二　"心灵手巧" ·· 19
　　技能/知识点三　中式台面 ·· 36
　　技能/知识点四　中、西式台面 ·· 45
　　技能/知识点五　"洋洋洒洒" ·· 52
　　技能/知识点六　"如鱼得水" ·· 56

　模块三　中餐零点服务 ··· 62

　　技能/知识点一　迎宾服务 ·· 62
　　技能/知识点二　中餐值台服务 ·· 64
　　技能/知识点三　中餐划单服务 ·· 68
　　技能/知识点四　中餐传菜服务 ·· 70

　模块四　咖啡厅及房膳服务 ··· 75

　　技能/知识点一　西餐早餐服务 ·· 75
　　技能/知识点二　咖啡厅自助餐服务 ···································· 78
　　技能/知识点三　房膳服务 ·· 82

项目二　进阶与拓展 ··· 87

　模块一　中餐宴会服务 ··· 88

　　技能/知识点一　中华宴饮文化及宴席分类 ·························· 88

技能／知识点二　主题宴席台面设计、摆台及装饰技巧 …………………… 92
　　技能／知识点三　主题宴席的菜单设计 …………………………………… 94
　　技能／知识点四　主题宴席的物品准备与现场服务 ……………………… 96

模块二　西餐厅服务 ……………………………………………………………… 103
　　技能／知识点一　餐（用）具识别与烹调方法 …………………………… 103
　　技能／知识点二　西餐摆台与台面设计 …………………………………… 105
　　技能／知识点三　西餐服务方式与酒水搭配 ……………………………… 106
　　技能／知识点四　西餐现场烹制服务 ……………………………………… 108
　　技能／知识点五　西餐现场烹制程序 ……………………………………… 109
　　技能／知识点六　西餐宴会服务 …………………………………………… 109

模块三　自助餐与会议服务 ……………………………………………………… 120
　　技能／知识点一　自助餐服务 ……………………………………………… 120
　　技能／知识点二　茶会服务 ………………………………………………… 123

模块四　酒吧服务 ………………………………………………………………… 127
　　技能／知识点一　酒吧的空间布置 ………………………………………… 127
　　技能／知识点二　规范的吧台用具 ………………………………………… 129
　　技能／知识点三　酒吧经营的相关指标 …………………………………… 131
　　技能／知识点四　酒吧经营的成本控制 …………………………………… 131
　　技能／知识点五　鸡尾酒会服务 …………………………………………… 133

项目三　运营与督导 …………………………………………………………… 139

模块一　餐饮组织机构 …………………………………………………………… 140
　　技能／知识点一　餐饮组织机构设立的目的 ……………………………… 140
　　技能／知识点二　餐饮部组织机构的设置原则 …………………………… 140
　　技能／知识点三　餐饮组织机构的设置方法和步骤 ……………………… 141
　　技能／知识点四　餐饮部的组织形式 ……………………………………… 142
　　技能／知识点五　组织机构图的作用 ……………………………………… 145

模块二　餐饮岗位职责 …………………………………………………………… 148
　　技能／知识点一　岗位职责设立的目的 …………………………………… 148
　　技能／知识点二　岗位职责的编写格式和要求 …………………………… 148
　　技能／知识点三　岗位职责范例 …………………………………………… 150

模块三　餐饮人员配备 …………………………………………………………… 163
　　技能／知识点一　人员配备的含义 ………………………………………… 163
　　技能／知识点二　人员配备的依据 ………………………………………… 163

技能/知识点三　餐厅人员编制的影响因素 …………………………… 166
 技能/知识点四　餐厅人员安排技巧 ………………………………… 166
 技能/知识点五　餐厅人员安排方法 ………………………………… 166
 技能/知识点六　合理科学的定员方法 ……………………………… 167

模块四　餐饮班次安排 …………………………………………………… 171
 技能/知识点一　排班遵循的原则 …………………………………… 171
 技能/知识点二　安排员工日程考虑的因素 ………………………… 171
 技能/知识点三　餐饮部员工班次安排的基本方法 ………………… 172
 技能/知识点四　餐饮部常规班次 …………………………………… 172

模块五　餐饮服务质量 …………………………………………………… 176
 技能/知识点一　服务质量的概念 …………………………………… 176
 技能/知识点二　餐饮服务的特点 …………………………………… 177
 技能/知识点三　餐饮服务质量的内容 ……………………………… 177
 技能/知识点四　影响服务质量的因素 ……………………………… 177
 技能/知识点五　提高服务质量的意义 ……………………………… 178
 技能/知识点六　餐饮服务质量的控制 ……………………………… 179
 技能/知识点七　服务质量的提高 …………………………………… 181

项目四　筹划与经营 ………………………………………………………… 189
模块一　餐饮市场调研 …………………………………………………… 190
 技能/知识点一　餐饮消费者类型 …………………………………… 190
 技能/知识点二　消费者生理需求 …………………………………… 193
 技能/知识点三　消费者心理需求 …………………………………… 193
 技能/知识点四　餐饮市场信息采集 ………………………………… 195
 技能/知识点五　餐饮市场信息管理 ………………………………… 199
 技能/知识点六　餐饮企业选址管理 ………………………………… 203
 技能/知识点七　餐饮目标市场选择 ………………………………… 205
 技能/知识点八　餐饮市场定位的内容与方法 ……………………… 212
 技能/知识点九　餐饮市场调研 ……………………………………… 215

模块二　餐饮物资管理 …………………………………………………… 222
 技能/知识点一　餐饮设备物资 ……………………………………… 222
 技能/知识点二　餐饮原料采购程序与方法 ………………………… 249
 技能/知识点三　原料、物品验收管理 ……………………………… 251
 技能/知识点四　餐饮物资采购清单 ………………………………… 253

模块三　餐饮经营计划编制　256
 技能/知识点一　餐饮经营预算计划　256
 技能/知识点二　餐饮经营计划编制步骤　257
 技能/知识点三　营业收入计划编制方法　258
 技能/知识点四　营业成本计划编制方法　259
 技能/知识点五　营业费用计划编制方法　260
 技能/知识点六　营业利润计划编制方法　261

模块四　餐饮市场推广策划　264
 技能/知识点一　人员推销　264
 技能/知识点二　节日促销　273
 技能/知识点三　内部宣传促销　275
 技能/知识点四　服务技巧促销　276
 技能/知识点五　儿童促销　277
 技能/知识点六　优待促销　279
 技能/知识点七　美食节促销　280

项目五　主题餐饮店策划　293
模块一　餐饮文化与大众需求　294
 技能/知识点一　中、西餐饮文化调研　294
 技能/知识点二　识别中、西餐代表性菜肴　295
 技能/知识点三　讨论大众需求方向　300

模块二　市场调研与主题确定　305
 技能/知识点一　主题设想,背景调查　305
 技能/知识点二　市场调研主题可行性　307
 技能/知识点三　确定主题、地点,制定可行性报告　309

模块三　开店手续与政策了解　316
 技能/知识点一　调查国内开店工商手续办理流程　316
 技能/知识点二　认识国家餐饮经营食品防疫知识　319
 技能/知识点三　调查国家餐饮商家环保及其他要求　320
 技能/知识点四　认识国家餐饮商家税务要求　321

模块四　餐厅布局与设备选购　328
 技能/知识点一　调研餐厅区域布局与设备选购　328
 技能/知识点二　讨论主题餐饮店的布局特色　330

模块五　市场询价与费用预算　337

技能/知识点一　调研餐饮市场物资品种及价格 ……………………… 337
　　技能/知识点二　调研餐饮市场销售价格 …………………………… 338
　　技能/知识点三　拟订餐厅费用预算 ………………………………… 338

模块六　装饰布置与物资选购 ……………………………………………… 344
　　技能/知识点一　主题餐饮店装饰装潢 ……………………………… 344
　　技能/知识点二　拟订餐厅物资设备采购清单 ……………………… 346

模块七　人员架构与招聘培训 ……………………………………………… 368
　　技能/知识点一　主题餐饮店人员架构设立的原则 ………………… 368
　　技能/知识点二　主题餐饮店的组织形式 …………………………… 369
　　技能/知识点三　主题餐饮店管理职责 ……………………………… 371
　　技能/知识点四　主题餐饮店人员招聘培训 ………………………… 372

模块八　物资到位与调试营业 ……………………………………………… 378
　　技能/知识点一　制订主题餐饮店开业筹备工作计划 ……………… 378
　　技能/知识点二　制订主题餐饮店"开荒"及开业计划 …………… 379

参考文献 ……………………………………………………………………… 386

项目一　入门与入职

■ **项目简释**

餐饮服务与经营管理，旨在从职业的工作任务切入，循序渐进地掌握工作要点。

本项目以毫无酒店或餐饮工作经验的新人为基调，让学生从了解餐饮行业的职业素养开始，到训练其掌握餐饮服务基础技能，再到熟悉中餐零点服务技能，直至了解西餐咖啡厅和房膳服务技能。让学生由浅入深地了解并熟悉这个专业，从思想意识到动手能力都能适应这个专业的工作基础需求，为成为一名资深服务员奠定基础，并做好知识储备。

■ **能力目标**

- 训练自身的职业素养。
- 能熟练掌握托盘技能。
- 能独立完成中餐摆台。
- 能独立完成西餐摆台。
- 能独立完成10种杯花和10种盘花。
- 掌握斟酒、上菜等基础服务技能。
- 掌握中餐零点服务流程。
- 掌握咖啡厅及房膳服务流程。

■ **项目分解**

- 模块一　行业认知。
- 模块二　技能训练。
- 模块三　中餐零点服务。
- 模块四　咖啡厅及房膳服务。

模块一 行业认知

- 能理解餐厅产品、餐厅类别和餐厅功能。
- 能掌握并运用餐厅服务人员的职业素养。

- 认识餐饮业的工作性质、服务特点、产品构成及中、西餐菜肴的相关信息。
- 提高职业知识、职业态度、职业技能、职业习惯等职业素质和身体素质。

技能/知识点一 "我眼中的餐饮业"
——餐厅产品、餐厅类别和餐厅功能的学习

▶ 实施步骤

1. 模块预习(完成预习报告)

学生利用课程教材、学校图书资源、互联网或实地参观考察餐饮店等方法进行预习,并填写预习报告(见表1-1)。

表1-1 "我眼中的餐饮业"预习报告

小组组名：　　　　　成员姓名：　　　　　　　　　　　　年　月　日

模块主题	模块信息	借助资源/信息来源	个人观点
餐饮业		(如,网址、书名、店名等)	

备注:不设定预习的切入点,鼓励学生多角度观察餐饮行业。

2.课堂分组讨论(主题是"餐饮产品和服务项目",见表1-2)

表1-2 "餐饮产品和服务项目"小组讨论学习表

班级：　　　　　　　　组名：　　　　　　　　　　　　　　　年　月　日

项　目	内　容	备　注
酒店餐饮部/餐饮店名		
餐饮服务项目		
餐饮产品		

3.观点展示(从不同角度加深模块知识的学习)

各小组根据模块预习的主线及所填写的学习表,进行"我眼中的餐饮业"的讲解,讲解方式不限,旨在多角度展示自己的预习和讨论成果,同时表达出自己的观点,加深模块知识的学习。

4.疑问互答(分享自己的预习成果)

各组展示后要接受现场其他小组及教师提出的问题并进行回答,分享自己的预习成果,共享所获知识。

学习/工作评估

(1)小组互评(见表1-3)。
(2)教师讲评与小结。

表1-3 "餐饮产品和服务项目"评分表

班级：　　　　　　　　评分组：　　　　　　　　　　　　　　年　月　日

得分　组名　项目						
资料准备						
内容专业						
表达清晰						
形象职业						
形式新颖						
团队合作						
项目满分(80分)						
提问满分(10分)						
答疑满分(10分)						
最佳内容						
最佳组员						

> **特别提示**

1. 餐饮产品的构成

餐饮企业因其生产和销售的同步性特点,产品在生产的同时就发生了销售。故其产品的构成有别于其他商业产品,概述起来分为有形产品和无形产品两种。

(1) 有形产品。多指食品、饮品、环境。

(2) 无形产品。多指服务、氛围、体验。

2. 餐饮服务的特点

(1) 直接性。餐饮服务是一种直接面向宾客生产与销售的服务性劳动。

- 服务要求:餐饮服务人员应精于服务并善于推销。

(2) 多样性。餐饮服务的对象千差万别,口味各异。

- 服务要求:服务人员须善于观察和了解宾客的需求,做到"投其所好",使产品更好地满足宾客的要求。

(3) 一次性。餐饮服务不能储存备用,当时当场生产,当时当场消费。

- 服务要求:餐饮服务须重视宾客需求测算和工作各环节的协调配合。

(4) 差异性。餐饮服务主要由人工劳动构成,包含服务人员的工作态度、服务技能、工作效率等方面。不同员工、不同场合、不同对象,提供优质服务存在着差异性。

- 服务要求:餐饮部或餐饮企业须重视员工培训和质量控制。

3. 餐饮生产的特点

(1) 产品规格多,批量小。一个完善的厨房,通常每天需要提供数百种菜点,而这些菜点在内容、形式、数量及制作方法上都各不相同。客人来餐厅就餐,对菜点的需求往往表现出个性化特征,从而使得厨房产品的品种规格多、批量小,给食物产品质量的稳定性和统一性带来很大的困难。

(2) 生产过程时间短。宾客从进入餐厅到离开餐厅,快则半小时,慢则 1~2 小时,而在这短暂的时间内,生产、销售、消费三者同时进行。这不仅要求厨房的各项准备工作要充分,还要求厨房的每位厨师在生产过程中具有熟练的烹调技艺和充足的烹饪原料准备。这样才能满足宾客的基本需求。

(3) 生产原料品种多,且具有不易保存的特殊性。烹饪原料大多是鲜活原料,含有各种营养素,若在运输、加工过程中保管不善,极易腐败变质;而菜点的成品若不及时销售出去,经过几个小时就会变味、变质,甚至腐烂,不能食用。

(4) 生产量预测困难。厨房生产的产品是先有消费者,后进行生产的产品,而其他行业的产品是生产在前,消费在后,这是由餐饮产品的特殊性决定的。由于消费者经常会受到天气、季节、交通、节假日等因素的影响而发生变化,这就使得厨房的生产量难以预测,从而给厨房的备料、人员安排和管理带来一定的困难。因而需要厨房的管理者根据以往的销售资料、生产经验来做出较为准确的估计。

(5)生产成本的多变性。同样的烹饪原料,由于产地、季节、采购渠道和质量要求等因素的不同,都会造成生产成本的变化。

关键词

1. **餐厅**(Restaurant)

餐厅,是为公众提供食品、饮料及相关服务的公共就餐场所。餐厅的餐厨设备、餐饮设施和服务,是餐厅构成的基本内容。

2. **餐饮部**(Food & Beverage Department)

餐饮部,是酒店场所为宾客提供用餐及相关活动的经营部门。

3. **餐饮服务**(Food & Beverage Service)

餐饮服务,是宾客在餐厅就餐过程中,由餐厅服务员借助餐饮服务设施向宾客提供菜肴、饮料的同时,提供方便就餐的一切帮助,并使宾客感觉受到欢迎和尊重。

4. **中餐厅**(Chinese Restaurant)

中餐厅,是提供中式菜肴及服务的餐厅。通常中餐厅为来店散客提供适合个人口味的随意性点菜或小吃,主题装饰突出中国特色,使用中式家具,服务员穿中国传统民族服装,让客人在用餐过程中体会到真正的中国文化。酒店中的餐厅,一般只提供午、晚两餐服务。

5. **宴会厅**(Banquet Hall)

宴会厅,是宾客招待、宴请重要宾客或聚会的相对独立的空间。宴会厅通常是作为达到某种社交目的而举办中餐宴会、西餐宴会的专用厅。

6. **大宴会厅或多功能厅**(Function Hall)

大宴会厅或多功能厅,在餐饮部中是属于面积最大,设施、设备最齐全的大型用餐场所。通常,既可作为大型餐宴、酒宴、茶会的场所,又可作为大型国际会议、大型展销会或节日活动的场所。

7. **咖啡厅**(Coffee Shop)

咖啡厅,是以供应饮料、咖啡为主并提供简单的西餐、当地风味快餐或自助餐服务的餐厅,通常设在酒店一楼大厅附近。为了方便客人会客或非用餐时间段的餐饮消费,通常三星级酒店提供18~20小时的服务,四星级和五星级酒店提供24小时服务。

8. **西餐厅**(Western Restaurant)

西餐厅,是以供应美式、法式或意大利餐等西式菜肴为主的餐厅。许多高星级酒店设有提供高档法式菜肴的西餐厅,通常被称为扒房。扒房,是为高消费水准的客人提供扒烤类食品和名酒的餐厅。酒店的西餐厅,一般只提供晚餐服务。

9.酒吧(Bars)

酒吧,是出售酒水,让公众休息聚会的场所。一般配备种类齐全、数量充足的酒水及各种不同用途的杯具、供应酒品所必需的设备和调酒工具等。

10.特色餐厅或风味餐厅(Specialty Restaurant)

特色餐厅或风味餐厅,是以提供不同特色菜肴、海鲜、烧烤及火锅、小吃等风味食品为主的餐厅。通常这些餐厅以特定的历史阶段为背景,依照一定的文化传统、历史沿革、风俗时尚,来体现五彩缤纷、古今中外的餐饮文化的无穷魅力。特色餐厅的主题为菜单设计、服务方式、服务程序及进餐氛围的设计提供了依据。

1.中式菜肴

(1)起源:中式菜肴起源于烹调的发明。"烹",源于火的利用;"调",源于盐的利用。

(2)发展:随着中国烹调的演变和发展,中式菜肴的形成和发展经过了"石烹阶段""水烹阶段"和"油烹阶段"。

(3)特点:经过长期的发展和提高,中式菜肴烹调技术融合了我国各民族的精华和灿烂文化,形成了自己的独特风格:• 选料讲究、菜肴品种丰富;• 刀工精细、配料巧妙;• 注重火候、烹调方法多样;• 调味丰富、讲究盛器。

(4)菜系:根据地域划分,通常把中式菜肴划分为四大菜系,即:四川菜系(川菜)、山东菜系(鲁菜)、淮扬菜系(苏菜)、广东菜系(粤菜);或细分为八大菜系,即:四川菜系(川菜)、山东菜系(鲁菜)、淮扬菜系(苏菜)、广东菜系(粤菜)、浙江菜系(浙菜)、福建菜系(闽菜)、安徽菜系(徽菜)、湖南菜系(湘菜)。

2.西式菜肴

(1)起源:在西餐烹饪史中,有文字记载和实物佐证的西餐烹饪,最早出现在古埃及。

(2)发展:在埃及烹饪文化的长期影响下,古希腊人继承和发扬了西餐烹调技术。随着希腊的移民运动,罗马帝国受到古埃及和古希腊文化的熏陶,罗马的烹调技术和厨师的社会地位得到提高。罗马帝国被日耳曼民族统一为法兰克王国,再瓜分为法国、意大利和德国后,其中法国的西式菜肴发展最为迅速和具有代表性。

(3)特点:• 口味纯香浓郁;• 烹调方法独特;• 调味沙司与主料分开烹调;

- 注重肉类的老嫩程度。

(4)流派:法式菜肴、英式菜肴、美式菜肴、俄式菜肴、意大利菜肴。

餐饮产品中的菜肴、服务、环境,你认为哪个最重要,为什么?

技能/知识点二 我的职业素养
——餐厅服务人员的职业素养训练

▶ **实施步骤**

1. **模块预习(完成预习报告)**

学生利用课程教材、学校图书资源、互联网及参观考察实体餐饮店等方法预习,填写预习报告(见表1-4)。

表1-4 "我的职业素养"预习报告

小组组名: 　　　成员姓名: 　　　　　　　　　　　年　月　日

模块主题	模块信息	借助资源/信息来源	个人观点
餐饮人员职业素养		(如,网址、书名、店名等)	

2. **"角色"演示(展示餐厅工作人员的职业风采)**

由组长与组员共同商量设计餐厅工作场景,由1个或多个组员分饰餐厅服务人员及相关人员,并由另1组员进行职业规范的旁白讲解,演示时间不超过15分钟,并填写下列练习表作为演示脚本(见表1-5)。

表1-5 "我的职业素养"练习表

班级: 　　　组名: 　　　　　　　　　　　年　月　日

餐饮工作岗位	
工作场景	

续表

职业知识素养方面			
职业态度素养方面			
职业技能素养方面			
职业习惯素养方面			
职业身体素质方面			

演示组员：　　　　　　　　　　　　　　　旁白组员：

3. 分组"找茬"（消除学习的盲点）

小组代表相互找出演示中待完善的职业规范，并演示正确的规范标准。

每组演示完毕后，由观看的各小组代表依次对演示中的误差提出纠正意见，演示方进行回答或辩论。然后，由提问方和演示方各演示出认为正确的规范标准，供其他组评判。最后，所有小组认真、客观地填写评分表。

学习/工作评估

（1）小组互评（见表1-6）。

（2）教师讲评与小结。

表1-6　"我的职业素养"评分表

班级：　　　　　　评分组：　　　　　　　　　　年　月　日

得分＼组名＼项目					
资料准备					
内容专业					
表达清晰					
形象职业					
形式新颖					
团队合作					
项目满分（80分）					
提问满分（10分）					
答疑满分（10分）					
最佳内容					
最佳组员					

特别提示

1. 服务员职业知识素养

- 菜肴知识:熟悉中、西餐菜肴特点和质量标准,掌握餐厅提供的菜肴价格、制作时间和服务要求等。
- 烹饪知识:了解中、西餐的基本烹调方法、步骤和制作过程,善于鉴别菜肴的品种和口味,学习现代厨房设备的常用性能。
- 酒水知识:熟悉中外各种名酒的产地、价格、制作原理、风味特点和服务要求,熟记所服务酒店配备的酒水、饮料的基本知识。
- 食品营养卫生知识:懂得食品营养的基本搭配组合,掌握食物中毒的预防与食品卫生知识。
- 服务心理学知识:能够运用心理学知识,观察、了解消费者的心理需求并采取个性化服务,尽量让每个消费者都满意。
- 电器设备使用与维护保养常识:掌握各种餐饮电器设备的使用、保养、维护的步骤和要领。
- 文史知识:有一定的文化学识,熟悉本城市的历史背景、风景区典故,了解其他文史知识。
- 美学知识:了解室内装潢、环境布置、色彩搭配、食物造型艺术,具备一定美学鉴赏能力。
- 音乐欣赏知识:掌握一定音乐常识,并能为不同主题的餐厅选择背景音乐。
- 民俗与饮食习惯知识:了解主要客源国和我国不同地区的风俗习惯、宗教信仰、饮食习惯及禁忌等知识。
- 外语:能用相应的外语进行对客服务。
- 计算机知识:能熟练操作餐厅的计算机进行相关工作,如结账、点单和打印报表等。

2. 服务员职业态度素养

(1)热爱本职工作。体现于钻研业务,提高技能,顾全大局。
(2)遵守职业道德。体现于遵纪守法,真诚公道,信誉第一。
(3)培养服务意识。体现于热情友好,宾客至上,优质服务。
(4)乐于与人交往。体现于文明礼貌,平等待客,一视同仁。

3. 服务员职业技能素养

(1)熟练掌握并运用服务的五大基本技能(托盘、餐巾折花、摆台、酒水服务、菜肴服务)为宾客提供优质服务。
(2)能规范化、标准化和程序化地提供中、西餐服务。

(3)反应灵敏,适应能力强,能熟练运用既定的原则和程序处理突发事件或进行针对性、精细化的服务。

(4)具备良好的语言表达能力和沟通能力;培养自身的亲和力和敏锐的观察能力。

4.服务员职业习惯素养

(1)礼貌的习惯。体现于语言、行为、仪表、仪容四个方面。

(2)守时遵纪的习惯。严格要求自己,服从团队节奏。

(3)清洁卫生的习惯。注重个人卫生,同时养成工作时的良好卫生习惯。

(4)服务他人的习惯。培养服务他人的习惯,利于服务意识的提高。

(5)吃苦耐劳的习惯。吃苦耐劳是服务工作的基本要求。

5.服务员职业身体素质

(1)健康的身体素质。餐饮人员须每年进行一次卫生防疫部门的体检,体检合格证当年有效。

(2)健康的心理素质。餐饮人员要了解就餐宾客的心理特征,提供更适合的优质服务;同时也要调节好自身的心理素质,以良好的心态服务他人。

关键词

1.职业素养

职业素养中,专业是第一位的,但是除了专业,敬业和道德是必备的,体现到职场上的就是职业素养。餐饮行业的职业素养,是从业人员在工作中必须遵守的行为规范,是职业内涵在工作中的外在表象。通常职业素养包括:职业道德、职业思想(意识)、职业行为习惯、职业技能等方面。餐饮行业的职业素养是从业人员入门的必修课和首选课。

2.仪容仪表

仪容仪表,是指一个人呈现出来的外观,通常是指这个人的外部轮廓、容貌、表情、服饰和举止的总和。其中,仪容,通常是指人的外观、外貌。在人际交往中,每个人的仪容都会引起交往对象的特别关注。因此,服务行业从业人员的仪容,也将影响到对方的整体评价。仪表,是人的外表的综合。它包括人的形体、容貌、健康状况、姿态、举止、服饰、风度等方面,是人举止风度的外在体现。风度,是指一个人行为举止、待人接物过程中,德才学识等各方面内在修养的外部表现。风度是构成仪表的核心要素。要美化自己的仪容仪表,化妆是一个重要手段。在交往应酬中,化妆也是一种礼貌。化妆要注意协调,主要是指自身整体的协调、与环境的协调和与身份的协调。

3. 肢体语言

肢体语言,又称身体语言,是指通过头、眼、颈、手、肘、臂、身、胯、足等人体部位的协调活动,借以形象地表情达意,传达人物思想的一种沟通方式。广义的肢体语言,也包括前述的面部表情;而狭义的肢体语言,则只包括身体与四肢所表达的意义。

4. 服务用语

服务用语,是指餐厅服务人员面对客人进行服务时使用的礼貌用语和服务用语。如:

- 您好,××餐厅,我能为您做些什么(早上好/中午好/晚上好/新年快乐……)?
- 欢迎光临!
- 请问您是否有预订?
- 请问您几位用餐?
- 请问您参加哪里的宴会?
- 请问您几点钟到?
- 先生/女士,请问您贵姓?
- ××先生/女士,方便留下您的电话号码吗?
- 这边请,××先生/女士。
- 对不起,××先生/女士,现在餐厅已经没有空座位,请问可以在大堂(或房间)稍等一下吗?一有空位,我将立即通知您。
- 欢迎您前来用餐。
- 祝您用餐愉快。
- 请看菜单(双手打开菜单第一页,递给客人)。
- 请问现在可以点菜吗?
- 请问您需要用点什么酒水?(我们有……)
- 您的菜都上齐了,请问还需要用点什么主食?(厨师长推荐有……)
- 我能为您做点什么?
- 请问×××(菜肴)可以撤掉吗?
- ×××(菜肴)请慢用。
- 对不起,打扰一下。
- 对不起,让您久等了。
- 耽误您的用餐时间很抱歉,您点的×××(菜肴)还需要5分钟。
- 谢谢(谢谢您的理解/谢谢您的支持/感谢您的光临等)。
- 小心台阶,请慢走。
- 请问您对我们的菜肴和服务还有什么意见和建议吗?

- 谢谢您的电话,再见。
- 谢谢光临,欢迎您再来。

里兹·卡尔顿的服务理念:"我们是为淑女和绅士服务的淑女和绅士。"

以小组为单位,设计调查表,调查后交流心得。

利用朋友圈找10名服务行业的从业人员,完成调查表并进行汇总,分析服务人员素养与要求,再交流心得。

模块二 技能训练

- 能熟练掌握托盘操作。
- 能独立完成中餐摆台。
- 能独立完成西餐摆台。
- 能完成10种杯花和10种盘花的折叠。
- 能掌握中餐斟酒的服务技能。
- 能掌握中餐的上菜及分菜方法。

- 托盘技能训练。
- 餐巾折花训练。
- 中餐摆台训练。
- 西餐摆台训练。
- 斟酒技能训练。
- 菜肴服务训练。

技能/知识点一 "和盘托出"
——托盘技能训练

▶ 实施步骤

1. 模块预习(完成预习报告)

学生利用课程教材、学校图书资源、互联网及参观考察实体餐饮店等方法预习,填写预习报告(见表1-7)。

表1-7 "和盘托出"预习报告

小组组名：　　　　　成员姓名：　　　　　　　　　　　　年　月　日

模块主题	模块信息	借助资源/信息来源	个人观点
托盘种类		（如,网址、书名、店名等）	
操作方法			
注意事项			
其他			

2.托盘基本动作练习("轻托五步骤"见表1-8、图1-1)

物品准备：托盘、砖块/酒瓶、工作台、服务巾/小方巾。

表1-8 轻托五步骤练习

五步骤	步骤项目	标　准	完成情况
第一步	理盘	● 根据物品选择大小合适的托盘	
		● 保证托盘干净、干燥	
第二步	装盘	● 高物、重物、后用物品靠近身体摆放；矮物、轻物、先用物品靠近托盘外侧	
		● 物品集中摆放，间距1指，方便拿取	
		● 商标统一朝向外侧	
第三步	起托	● 膝盖微屈，上身尽量保持正直	
		● 右手将托盘拉出工作台，左手伸入盘底	
		● 五指张开托住托盘中心，平稳抬起托盘	
		● 左手肘90度平托，右手轻扶托盘边	
第四步	行走	● 待托盘平稳后，将右手自然垂于身侧	
		● 行走时头正肩平、收腹挺胸，面带微笑、目视前方，脚步轻稳，托盘自然摆动	
第五步	卸盘	● 走到工作台前，右手轻扶托盘边	
		● 膝盖微屈，上身尽量保持正直	
		● 左手将托盘架在工作台上，抽左手	
		● 右手将托盘完整地推入工作台里	

图示参考：

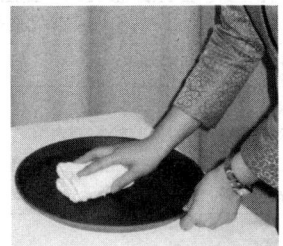  

理盘　　　　　　　装盘　　　　　　　起托

行走　　　　　　　　　　卸盘

图 1-1　轻托五步骤分解图

3.托盘服务动作练习（"走动三步骤"见表 1-9、图 1-2）

物品准备：托盘、砖块、10 人餐桌 1 张、餐椅 10 张。

表 1-9　"走动三步骤"练习

步骤	项目	标准	完成情况
第一步	右手	• 右手背于身后腰部	
	身体	• 向左侧身，立于两个餐椅间	
	双脚	• 双脚打开与肩同宽	
		• 右脚脚尖指向前面的椅子右腿	
		• 左脚在椅背的外沿处，与椅背平行	
		• 右脚与左脚呈"丁"字形	
	左手	• 左手掌心向上，五个指肚及掌缘贴住盘底，掌心不与托盘接触	
		• 左手肘弯曲成 90 度，自然放于身侧，与腰部留出摆动空隙	

续表

步　骤	项　目	标　准	完成情况
第二步	右手	• 右手向桌心尽量伸展,五指并拢向上45度,做指菜动作	
	身体	• 重心随右手向桌心伸展时转向右脚	
		• 身体向右侧转30度,微向前倾15度	
	双脚	• 随着身体重心转到右脚时,左脚可踮起脚尖,但不宜离地	
		• 双腿直立,不宜弯曲	
	左手	• 左手肘灵活地拉开,将托盘悬于椅背外沿,并保持托盘的平稳	
第三步	右手	• 右手撤回背于身后腰部	
	身体	• 重心后撤至左腿	
	双脚	• 有节奏的三步跨入下一餐位中 第一步:右脚从椅脚和左腿中跨出 第二步:左脚跟着向前跨出,横在下个餐位的两椅外沿,与椅背平行 第三步:右脚跨入下个餐位的两椅之间	

要求:循环做上述动作,依次从主宾走完10个餐位。

注意:将托盘悬于椅背外沿,并保持托盘的平稳。

图 1-2　托盘服务动作

4.托盘综合练习("重量+技巧的序曲")

(1)物品准备:托盘、10个酒瓶、10人餐桌1张、餐椅10张。

(2)练习方法:

• 餐桌上每间隔一个餐位摆放一个酒瓶(注:随练习者的熟练程度,逐步将酒瓶靠向转盘边);

• 左手托盘,托盘上按要求摆放5个酒瓶;

- 按"走动三步骤"的要求依次经过10个餐位,在空的餐位前放下托盘上的1个酒瓶,在有酒瓶的餐位前取走1个酒瓶;
- 左手托盘始终保持悬于餐椅外。

教师测评——对学生进行托盘重量考核(见表1-10)。
- 方式:个人轻托。
- 重量:女生——4个啤酒瓶(640毫升/瓶;灌满等量清水);
  　　　男生——5个啤酒瓶(640毫升/瓶;灌满等量清水)。
- 动作:站立或走动。
- 要求:托盘的5个步骤都在考核范围内。
- 时间:3分钟。

表1-10 托盘动作评分表

班级:　　　　　　　　　　　　　　　　　　　　　　　年　月　日

得分\项目\姓名	轻托五步骤	托盘动作	时　间	得　分
……				
……				
……				
……				

注:10分制。

特别提示

工作场所的托盘操作规范

1. 坚持托盘服务

在餐厅等场所的餐饮服务中,服务员养成托盘服务的习惯是优质服务的文明体现,也是服务技能的基本展示,同时还是宾客能够感知到的服务价值,因此整个对客服务过程中,任何物品的服务和递送都需要使用托盘完成。

2. 托盘平托在手

服务人员通过这项基本技能的训练,不仅要在有物品的时候保持托盘平托的标准姿势,还要坚持在托盘内没有物品的情况下,也将托盘平托的工作习惯。这样做既利于餐饮地面的保洁,又能体现服务技能的统一性。

3. 放在规定地方

托盘是服务的工具,在服务过程中易沾上油迹和水迹,因此不宜放在摆台完成的台面上,不宜直接放在餐椅上;出于服务的礼貌,也不宜在服务中将托盘直接放在客人就餐的餐桌上。通常餐饮部门会规定一些托盘的摆放地点,如,餐厅工作台、后台托盘架等处。

4. 保持托盘清洁

托盘在服务过程中易沾上菜汁、水迹,而这些菜汁和水迹又容易造成地面、台面和衣物的污染,因此工作台上应摆放擦托盘的清洁布,随时保持托盘的清洁,既可避免因地面等处受到污染而引起摔倒等事故的发生或造成不必要的洗涤成本的增加,同时,又给客人创造一个清洁卫生的良好就餐环境。

关键词

1. 轻托

轻托,又称胸前托,主要用于对客服务和较轻物品的托送,所托重量一般在5公斤以下。

基本动作:左手臂呈90度,掌心向上并分开五指托住托盘底部中心,左肘与腰部留有一定缝隙,托盘高于腰部。托盘站立时,从正后方只能看到1/2的托盘,不宜将托盘完全收拢到身体前。

2. 重托

重托,又称肩上托,主要用于托送较重的菜点、酒水和盘碟的方法,所托重量一般在5公斤以上。

基本动作:左手臂向上,向后曲手腕,掌心向上并分开五指托住托盘底部中心,上臂与肩齐平,做到盘底不压肩、盘前不贴嘴、盘后不靠颈。

知识链接

1. 托盘的质地

托盘的质地,通常有塑料托盘、木质托盘、塑胶防滑托盘、不锈钢托盘、银质托盘和铝质托盘等。其中,塑胶防滑托盘最为常用。

2. 托盘的形状

托盘的形状,通常为长方形和圆形,又分别分为大、中、小号。其中,长方形托盘和大号圆形托盘多用于传菜或搬运较重物品,一般不在直接对客服务时使用。长方形和大号圆形托盘可采用重托的操作方式;中号圆形托盘多用于直接对客操作服务;小号圆形托盘常用于递送账单、信件或祝酒酒杯的对客递送服务。

案例分享

图例:请说明图片中托盘摆放的位置是否正确及其原因。

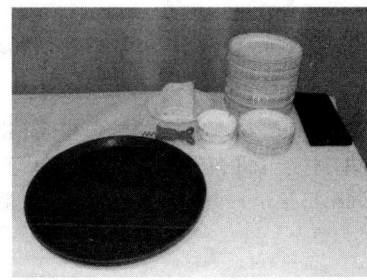

(1)为什么要用托盘进行餐饮服务?
(2)为什么服务员在实际操作中常常不使用托盘进行服务,如何改变这种现象?

技能/知识点二 "心灵手巧"
——餐巾折花技能训练

▶ **实施步骤**

1. 模块预习,完成预习报告(见表1-11)

学生利用课程教材、学校图书资源、互联网及参观考察实体餐饮店等方法预习,填写预习报告。

表1-11 "心灵手巧"预习报告

小组组名:　　　　　　成员姓名:　　　　　　　　　　　　年　月　日

模块主题	模块信息	借助资源/信息来源	个人观点
餐巾用途			
折花种类		(如,网址、书名、店名等)	
花型名称			
注意事项			
其　他			

2.餐巾折花的基本手法练习(见表1-12)

表1-12　餐巾折花基本手法练习

名　称	方法及注意事项	图　示
叠	方法:折叠。如,1/2长方形折叠、1/4正方形折叠、向中心四角折叠等 注意:尽量一次叠到位,避免留下折痕	
推	方法:双手拇指与食指捏起1.5~2厘米的褶子,中指压住剩余餐巾并控制好距离,拇指与食指向前推进产生下一个褶子 注意:所有褶子间距相等,若两侧有剩余部分,需折成半个褶子,使餐巾侧面均匀整齐	
卷	方法:将餐巾均匀地卷成不同的圆筒形 注意:根据造型,注意卷的松紧度	
翻	方法:通过翻下外部的餐巾露出里面的造型 注意:尽量减少翻的次数,更符合卫生的要求	
拉	方法:将并在一起的餐巾拉出造型,有上拉、下拉、侧拉等 注意:配合攥的手法共同完成,注意拉的角度	
攥	方法:即拿住餐巾操作的方法,通常用左手攥、右手操作的方法,共同完成餐巾折花 注意:松紧适度,长度适当。通常折杯花时,攥的部分就是插入杯中的部分,也要注意美观、整齐	
捏	方法:主要用于折动物造型的头部,首先根据动物的大小用食指按下餐巾的尖角,同时拇指和中指将两侧的餐巾向食指部分按下,并抽出食指 注意:头部主要通过捏出的嘴形来体现,因此嘴形要棱角分明,大小合适,且挺括	
穿	方法:将筷子一头顶住身体的腰腹部,另一头穿进餐巾夹层,右手将夹层向后拉,直到筷子从夹层的另一头穿出,将餐巾向中间挤压后抽出筷子,形成饱满的褶皱 注意:用力要均匀、轻巧,抽出筷子后,不要再过多地拉翻,避免破坏形状	

3.10 种杯花的折叠练习(见表1-13及图1-3、图1-4)

准备物品:餐巾、水杯1个或10个、筷子1根

表1-13 "心灵手巧"练习一

花型名称	效 果 图	完成情况
凌波仙子	1.将底边向上对折,与顶边对齐　　2.从左向右对折 3.将上面的三层巾角向下对折,与底角对齐　　4.将余下的一层巾角向背面折 5.按曲线指进方向,从中间向两边均匀捏折　　6.翻下右侧三层巾角 7.再将左侧一层巾角拉下　　8.放入杯中,整理成形	
双叶争辉	1.底角向上折1/3　　2.在底边处向上卷至1/2处 3.向前均匀捏折	

续表

花型名称	效 果 图	完成情况
双叶争辉	4.将两边角向下对折 5.成此图形 6.放入杯中，整理成形	
枫叶飒爽	1.将底边微斜向上折 2.从右向左与左边两角交错对折 3.将底角向背面折，与四角平和相对 4.从中间向两边均匀捏折 5.成此图形 6.放入杯中，整理成形	

续表

花型名称	效 果 图	完成情况
并蒂慈姑	1.将底边向上对折，与顶边对齐　　2.从底边向顶边均匀捏折 3.将捏折的方巾弯成"3"字形 4.成此图形　　5.放入杯中，打开两巾角，整理成形	
扇面牡丹	1.将顶角向下对折，与底角对齐　　2.从顶边中间向两边弧形捏折 3.先翻上第一层底巾角 4.再将两边巾角翻上，最后翻上第二层底巾角　　5.放入杯中，整理成形	

续表

花型名称	效 果 图	完成情况
大雁南飞	1.将底角向上折3/4左右　　2.再将此角向下折1.5厘米左右 3.再继续同样压折两褶，间距都是1.5厘米左右　　4.从中间捏折3褶 5.翻上两侧巾角做翅膀，再拉上右巾角做头　　6.放入杯中，整理成形	
花枝蝴蝶	1.将两边向中间对拢　　2.按指示方向分别折下四巾角 3.从底边向上卷至1/4处　　4.再继续向上均匀捏折 5.将两边向下对拢　　6.放入杯中，整理成形	

续表

花型名称	效 果 图	完成情况
春鸟相思	1.将顶角向下对折，与底角对齐　　2.将正面第一层巾角折上1/2左右 3.第二层巾角同样向背面折　　4.从中间向两边弧形捏折 5.分别将底部两巾角拉上正反面，做鸟头　　6.放入杯中，整理成形	
花背雏鸟	1.将左侧巾角向右折1/3左右　　2.再将此角向左折2/3 3.右角同左边一样折　　4.自虚线处向上均匀捏折 5.将两边向下对折	

续表

花型名称	效 果 图	完成情况
花背雏鸟	6.先将两底角翻上做翅膀，再将右巾角拉上做头　　7.放入杯中，整理成形	
丹凤朝阳	1.将左顶角向下折3/5左右　　2.从斜边中间处向两边捏折成弧形　　3.将夹在圆弧中的巾角拉上做头，圆弧打开成"太阳"状　　4.将两侧巾角拉上做翅膀　　5.将底部打开整理做成尾　　6.放入杯中，整理成形	

图1-3 杯花实例——蜻蜓点水　　　　图1-4 杯花实例——四尾金鱼

4.10种盏花的折叠练习(见表1-14及图1-5、图1-6)

物品准备:餐巾、骨碟1个。

表1-14 "心灵手巧"练习二

花型名称	效 果 图	完成情况
四喜扇面	1.将顶边向下对折,与底边对齐　　2.分别将正反面底边向上对折 3.从中间向两边均匀捏折　　4.分别将正反夹缝中的巾角拉出 5.成此图形　　6.放入盘中,整理成形	

续表

花型名称	效 果 图	完成情况
飞鸟展翅	1.将底边向上对折，与顶边对齐　　2.从左向右对折 3.将右顶角处的四个巾角依次向后错折，间距1厘米左右　　4.先将外层巾角两边向中间折，做成鸟头，再将底角折上，压中颈部 5.将两边巾角向后折，一巾角插入另一巾角的夹层中 6.将三个巾角一起向后折　　7.放入盘中，折下鸟头，整理成形	
冬笋笋尖	1.将顶边微斜向下对折　　2.从左向右对折	

续表

花型名称	效 果 图	完成情况
冬笋笋尖	3.先翻上底角第一层两巾角　　4.再将第二层折上与第一层间距2厘米左右 5.将底部两角向背后折,一巾角插入另一巾角的夹层中　　6.放入盘中,整理成形	
玉马元宝	1.将顶边向下折1/3左右　　2.将底边向上折1/3左右包住顶边 3.将两边向中间对拢　　4.将两顶角向下折,在中间处对拢 5.先将底边余边向背后折上 6.再将两底边角向背后折,一巾角插入另一巾角的夹层中　　7.放入盘中,打开巾角,整理成形	

续表

花型名称	效 果 图	完成情况
船形僧帽	1.将底边向上对折，与顶边对齐　　2.按虚线所示将两巾角折叠 3.将两边从中缝处向背后折　　4.将右巾角插入中间夹层中 5.左边巾角折向背面，插入中间夹层中 6.将底部抻开成圆形　　7.放入盘中，整理成形	
和平白鸽	1.将左右两边角向下拉在中间处对拢　　2.再将底角折上	

花型名称	效 果 图	完成情况
和平白鸽	3.先将此角两边向中间折,做头再将底边折上,压住头颈　　4.将两边向背后折拢,一巾角插入另一巾角的夹层中 5.折下尾部,捏出鸟头　　6.放入盘中,整理成形	
和服归箱	1.将底角向上对折,与顶角对齐　　2.将底边向上折1/5左右 3.将方巾翻过背面　　4.将两边巾角向中间交错对拢呈衣领状 5.将左右两边角向背后折,再按虚线的大概位置向背后折上底角,半插入折间里　　6.放入盘中,整理成形	

续表

花型名称	效 果 图	完成情况
同舟共济	1.将底边向上对折,与顶边对齐　　2.从左向右对折 3.将四巾角一起向下对折　　4.将两边巾角向下拉,在中间处对拢 5.将底角向背后折　　6.将两边向背后对拢 7.先拉出一巾角向背后,再拉出另外三个巾角,中间的两角做鸟头 8.放入盘中,整理成形	
荷花笔筒	1.将底边微斜向上对折　　2.从右向左折过左边两巾角,使四巾角依次排开 3.将底角向上折两折至虚线表示的大概位置 4.将两边巾角向背后折,并将一巾角插入另一巾角的夹层中 5.先抻开底部,成圆形,再放入盘中,整理成形	

项目一 入门与入职 | 33

续表

花型名称	效 果 图	完成情况
迎风帆船	1.将底边向上对折，与顶边对齐　2.从左向右对折　3.将右顶角处4巾角一起向下对折　4.将底边两巾角按虚线所示折叠　5.将底部向背后折上　6.将两边向下对拢　7.拉起夹层中的4层巾角　8.放入盘中，整理成形	

图1-5　盘花实例——百褶风情

图1-6　盘花实例——企鹅迎宾

学习/工作评估

——游戏测评(学生和教师盲评,见表1-15)

(1)方式:个人参评。

(2)细则:

- 每人折10种杯花、5种盘花。
- 每人按要求填好名签(详见"名签模板")。
- 将所有的餐巾花混放在一起。
- 教师和每位学生分别给每个餐巾花评分。

(3)要求:操作时符合餐厅服务卫生要求。

(4)时间:12分钟(折花时间)。

名签模板:

正面	反面
班级:(学生填)	小组组名:(学生填)
对折缝	
餐巾花名称:(学生填) 例:四尾金鱼	编号: (教师填)	操作者姓名:(学生填)

表1-15 "心灵手巧"评分表

班级: 　　　评分人: 　　　　　　　　　　年 月 日

得分\项目\姓名	美 观	花型规范	创 意	总 分
……				
……				
……				
……				

注:10分制。

特别提示

1.餐巾花的作用

餐巾花,又称口布花,是用餐巾折叠出千姿百态的花形。餐巾花是餐桌上的一种卫生用品,通常宾客在就餐过程中放在膝上避免汤汁、酒水污染服装。餐饮花也能显示主宾的不同身份。通常在主人位和副主人位置上摆放区别于其他餐位的餐巾花造型,凸显不同的座次;餐巾花同时起着美化餐桌、烘托餐饮气氛的作用。不同的花型能够表示对宾客不同的祝福并展示出基本操作技能。

2. 餐巾花的摆放

通常在主人位和副主人位摆放主花。主花较高、较醒目,且有别于其他餐位餐巾花型;重要的宴会可根据人数摆放不同花型的餐巾花,做到错落有致、搭配有序。杯花在插花入杯时须注意手部卫生,手指不宜接触杯口;杯花还要注意插花入杯的部分不宜过多,既不美观,也不卫生;摆放餐巾花时注意将花型的观赏面朝向宾客座位,通常餐巾花不遮挡餐饮用品,更不能影响服务操作。

3. 餐巾花的折叠要求

餐巾花宜选择简单、美观,折叠方便的花型,花型高雅,需与气氛和谐;餐巾花可在干净的工作台或大的餐碟中折叠,不宜在有台布的工作台上推折或在不洁净的工作台或托盘上操作;操作前需洗净双手,操作中不宜口叼嘴咬,不宜反复拆折。

关键词

1. 杯花

将折好的餐巾插入饮料杯或葡萄酒杯中,特点是:立体感强、造型逼真,但常用推折、捏合卷等复杂手法,并容易污染杯具,不宜提前折叠储存。否则从杯中取出后既散形且褶皱感强。

2. 盘花

将折叠好的餐巾花直接放在餐盘中或台面上,特点是:卫生,且手法简捷,可以提前折叠,便于储存,打开后平整,通常被中西餐厅广泛使用。

3. 环花

将餐巾平整卷好或折叠成造型,套在餐巾环内;餐巾环也称餐巾扣,有瓷质、银质、象牙、塑料和骨质的,等等;此外,餐巾环也可用色彩鲜明、对比感较强的丝带或丝穗代替,在餐巾卷或造型中央系成蝴蝶结状再配以鲜花。餐巾环花通常放置在装饰盘或餐盘上,特点是传统、简洁和雅致。

1. 餐巾的质地

通常餐巾分为棉质、化纤质和纸质三大类。其中:

- 棉质餐巾。吸水性强、触感舒适、容易成形,较适合折叠杯花,但容易褪色,每次洗涤后需要上浆。平均寿命6个月左右。
- 化纤质餐巾。使用寿命较长、色彩鲜艳丰富、不宜褪色,洗后较挺括无须上浆,但吸水性较差,不易成形,触感舒适度不够。平均寿命2年左右。

• 纸质餐巾。有一定的吸水性、触感舒适、色彩丰富,但仅为一次性使用,通常用于快餐厅和团队餐厅,成本较低。但也有一些图案丰富,尺寸与棉质餐巾相当的纸质餐巾,质地较厚,可用于某些大型主题活动,价格也较高。

2.餐巾的尺寸

餐巾一般为正方形,传统的餐巾尺寸为 45 厘米见方,现代餐厅通常使用 50~60 厘米见方的餐巾,特殊的宴会主题也会采用更大或较小尺寸的餐巾。

创意餐巾花设计

- 请为婚宴设计餐巾花型。
- 请为谢师宴设计餐巾花型。
- 请为满月宴设计餐巾花型。

技能/知识点三 中式台面
——中餐摆台技能训练

▶ **实施步骤**

1.模块预习,完成预习报告

学生利用课程教材、学校图书资源、互联网及参观考察实体餐饮店等方法预习,填写预习报告(见表 1-16)。

表 1-16 中式台面预习报告

小组组名:　　　　成员姓名:　　　　　　　　　　年　月　日

模块主题	模块信息	借助资源/信息来源	我喜欢的中餐台面(图片)
中式早餐餐具名称			
中式正餐餐具名称			
操作方法		(如,网址、书名、店名等)	
注意事项			
其 他			

2. 中餐铺台布练习

物品准备:220厘米×220厘米正方形台布1块/直径330厘米圆形台布1块、直径180厘米(10人)圆形餐桌1张、餐椅10把(见表1-17)。

表1-17　中式台面练习一

步　骤	项　目	标　　准	完成情况
第一步	准备台布	• 根据台面尺寸选择相应台布 • 台布折叠与洗衣场折叠方法一致	
第二步	准备桌椅	• 检查桌面是否干净 • 检查餐桌四脚正方形摆放,保证主人位置避开桌腿 • 餐椅的最外沿与餐桌的最外沿相切摆放 • 10人桌餐椅按"三三二二"摆放,椅背对成一条直线	
第三步	操作位置	• 双手打开餐椅 • 立于主人位侧面90度位置 • 铺完后回复餐椅	
第四步	铺台布动作	• 抓边。横向打开折叠的台布,台布开口朝向操作者,选择两张单层台布边的上面一层,用拇指与食指均匀地捏住台布边的左右两侧,左右手臂张开距离相等 • 打开。提拉起台布,将折叠处透入空气 • 收拢。快速将台布收拢身前 • 铺开。用手腕的力量推撒开台布 • 拉正。转动手腕从两侧将台布徐徐拉正	
第五步	检查台布	• 台布凸线朝上,与正副主人位构成的中心线相符 • 台布的十字交叉线的交点,正对于桌子的圆心上 • 台布四边下垂均匀,下垂四角正盖于桌脚上 • 台面平整,美观	
第六步	摆上转盘	• 双手侧抬上转盘 • 将转盘沿桌心转动放下 • 转芯位于餐桌中心点上,四周距离均匀 • 转动转盘,检查距离和转盘质量 • 用服务巾擦拭转盘边指纹	

3. 中餐骨碟定位练习

物品准备:骨碟12只、台布1块、托盘1只;10人餐桌1张(直径180厘米)、餐椅10把(见表1-18)。

表 1-18 中式台面练习二

步骤	项目	标准	完成情况
第一步	选择位置	• 左手用托盘托住所需定位的骨碟 • 向左侧身立于主人位餐椅后	
第二步	摆放顺序	• 从主人位开始顺时针依次摆放 • 先练习10人骨碟定位,然后分别进行4~12人的骨碟定位的练习	
第三步	摆放标准	• 手法卫生,即摆放餐(用)具时,手指尽量减少接触餐(用)具的面积,更不能将手指放在骨碟的摆菜区域	
		• "四一标准": 一次到位。指不宜重复触摸餐具,摆上即至,动作干净、有节奏 一声不响。指摆放要轻,减少操作声音 一指距离。指骨碟摆在离桌边1指的距离上,约1.5厘米 一样间距。指骨碟间距相等	
		• 如有店徽,统一将店徽朝向客人摆放	

4. 中餐摆台练习

物品准备:10人圆形餐桌1张(180厘米)、餐椅10把、托盘1只、台布1块、骨碟10只、调味碟10只、口汤碗10只、小汤勺10把、筷架10个、席面羹10把、有筷套的筷子10双、牙签10只、水杯10只、葡萄酒杯10只、白酒杯10只、公用筷架2个、公用勺2把、公用筷子2双、烟缸4只、花瓶1个(见表1-19)。

表 1-19 中式台面练习三

班级: 组名: 年 月 日

摆台项目	餐具名称	图示
中餐零点早餐摆台	1.骨碟/装饰碟 2.饭碗 3.小汤勺 4.筷架 5.筷子 6.茶杯 7.餐巾花	

续表

摆台项目	餐具名称	图示
中餐零点午晚餐摆台	1.骨碟/装饰碟 2.调味碟 3.口汤碗 4.小汤勺 5.筷架 6.筷子 7.水杯 8.餐巾花	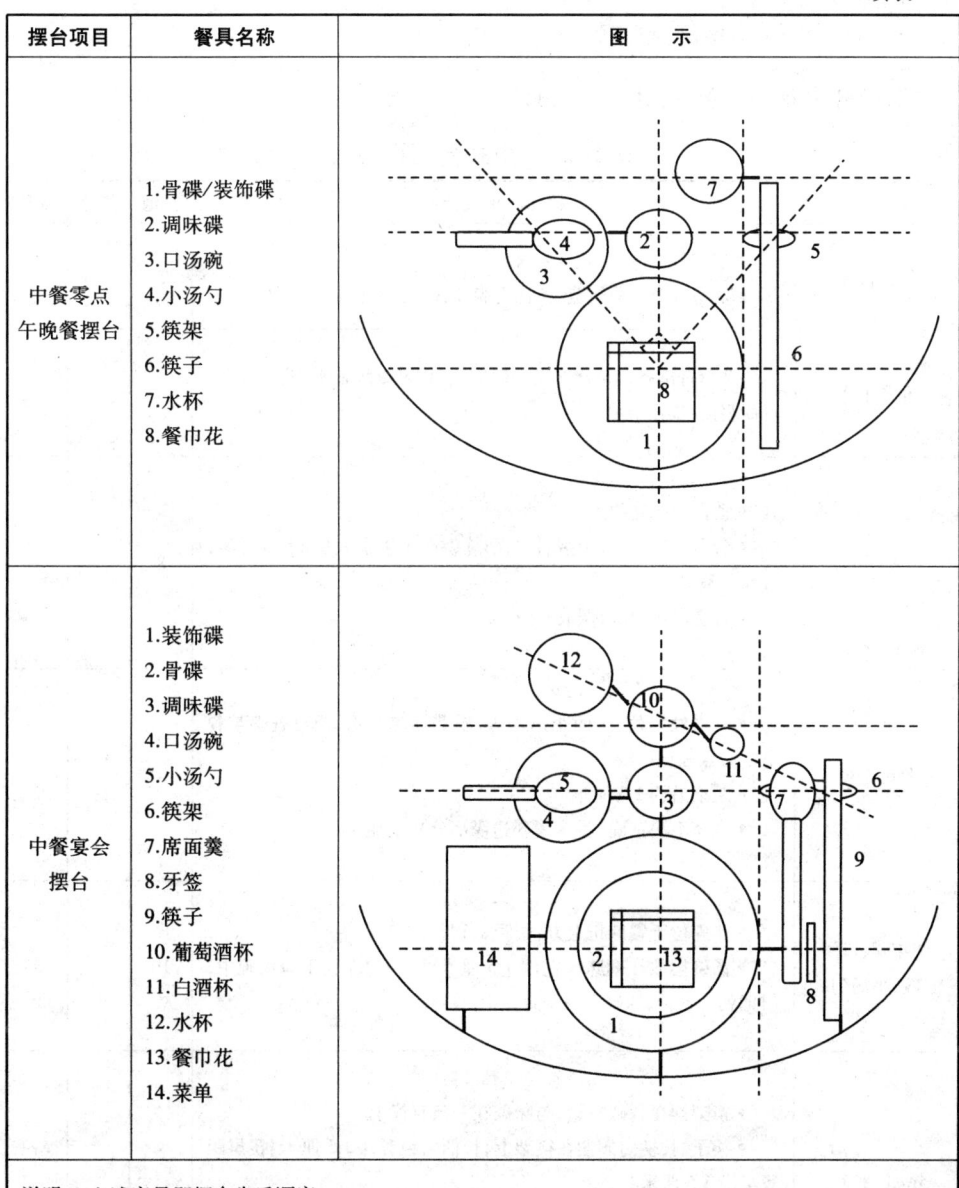
中餐宴会摆台	1.装饰碟 2.骨碟 3.调味碟 4.口汤碗 5.小汤勺 6.筷架 7.席面羹 8.牙签 9.筷子 10.葡萄酒杯 11.白酒杯 12.水杯 13.餐巾花 14.菜单	

说明:1.上述序号即摆台先后顺序
 　　 2.实线:指1.5厘米;虚线:指餐具构成的横竖关系,以及夹角

练习人:　　　　　　　　　　　　　　　　　　　　　　　　督导人:

 学习/工作评估

1.计时考核(15分钟,见表1-20)

表1-20 中式台面评分表

项 目	操作程序及标准	分值	扣分	得分
仪容仪表	• 整齐着装,符合职业要求 • 发型符合行业规范,精神面貌佳,微笑,有礼貌	5		
准备工作	• 2分钟准备(15分钟操作时间之外),没有漏项,准备有序,台面整洁,操作卫生	5		
台布	• 动作一次到位 • 台布定位准确,十字居中,凸缝朝向主副主人位,下垂均等,台面平整 • 转盘操作规范,摆放居中	8		
骨碟定位	• 一次性定位、碟间距离均等,餐碟标志对正,相对餐碟与餐桌中心点三点一线 • 距桌沿约1.5厘米 • 拿碟手法正确(手拿餐碟边缘部分)、卫生	10		
调味碟、口汤碗、小汤勺	• 味碟位于餐碟正上方,相距1.5厘米 • 汤碗摆放在调味碟左侧1.5厘米处,汤勺放置于口汤碗中,勺把朝左,与调味碟在一条直线上	10		
筷架、筷子、长柄勺、牙签	• 筷架摆在餐碟右边,与味碟在一条直线上 • 筷子、长柄勺搁摆在筷架上,长柄勺距餐碟1.5厘米,筷尾距餐桌沿1.5厘米 • 筷套正面朝上 • 牙签位于长柄勺和筷子之间,牙签套正面朝上,底部与长柄勺齐平	10		

续表

项 目	操作程序及标准	分值	扣分	得分
葡萄酒杯、白酒杯、水杯	• 葡萄酒杯在味碟正上方 1.5 厘米 • 白酒杯摆在葡萄酒杯的右侧,水杯位于葡萄酒杯左侧,杯肚间隔 1.5 厘米,三杯成斜直线,向右与水平线呈 30 度或 45 度角,如果折的是杯花,水杯待餐巾花折好后一起摆上桌 • 摆杯手法正确(手拿杯柄或中下部)、卫生	10		
餐巾折花	• 花型突出主位,符合主题、整体协调 • 折叠手法正确、卫生、一次性成形,花型逼真、美观	15		
公用餐具	• 公用餐具摆放在正副主人的正上方 • 按先筷后勺顺序将筷、勺搁在公用筷架上(设两套),公用筷架与正副主人位水杯对间距 1.5 厘米,筷子末端及勺柄向右	2		
菜单、花瓶(花篮或其他装饰物)和桌号牌	• 花瓶(花篮或其他装饰物)摆在台面正中,造型精美、符合主题要求 • 菜单摆放在正副主人位的左侧,位置一致 • 桌号牌摆放在花瓶(花篮或其他装饰物)正前方、面对副主人位	5		
餐椅定位	• 从主宾位开始拉椅,座位中心与餐碟中心对齐,餐椅之间距离均等,餐椅座面边缘与台布下垂部分相切	5		
综合印象	• 托盘上物品摆放整齐、合理,托盘平稳,悬于餐椅外 • 步伐轻巧,整体动作美观、有节奏 • 操作过程中动作规范、娴熟、声轻,姿态优美,能体现岗位气质 • 台面摆放美观整齐	15		
合 计		100		

操作时间:	分 秒	超时: 秒		
注:每超过 30 秒扣 2 分,不足 30 秒按 30 秒计算,超过 2 分钟后停止摆台			扣:	分
• 物品落地(扣 3 分/件);物品碰倒(扣 2 分/件) • 物品遗漏(扣 1 分/件);托盘扣翻(扣 2 分/件)			扣:	分
实际得分				

> **特别提示**

1. 中餐台形（见图1-7）

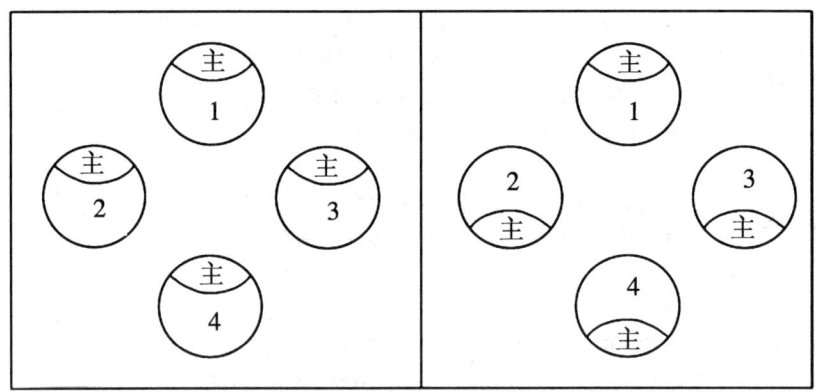

图1-7　中餐台形示意图

2. 中餐座次礼仪（见图1-8）

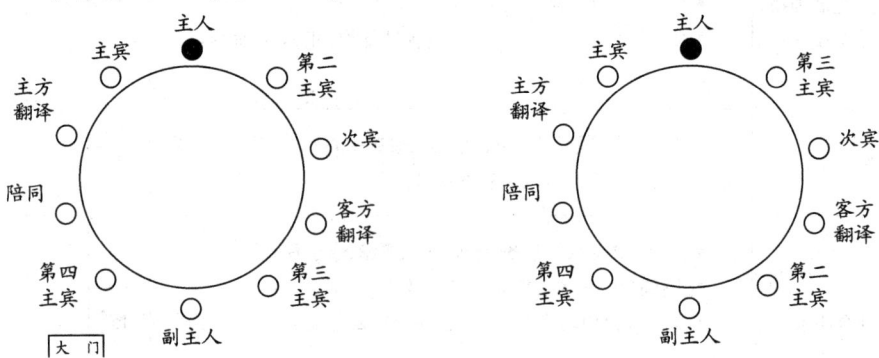

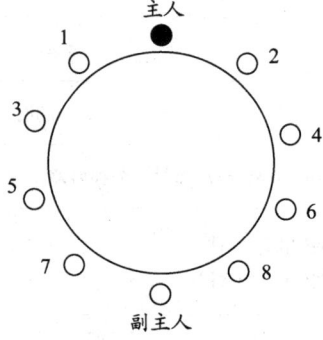

图1-8　中餐座次礼仪示意图

项目一　入门与入职　43

3. 铺台布（见图1-9至图1-13）

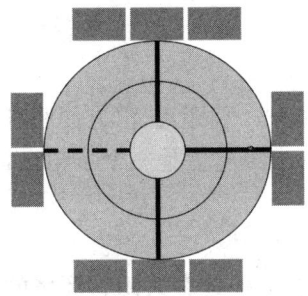

餐厅大门

图1-9　铺台布完成俯瞰图

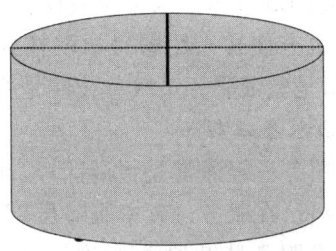

图1-10　圆桌落地圆台布铺法

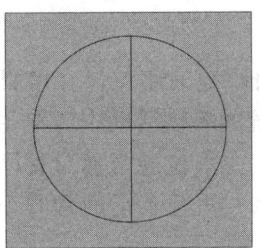

图1-11　圆桌方台布铺法

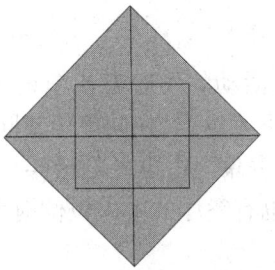

图1-12　方桌斜方形台布铺法

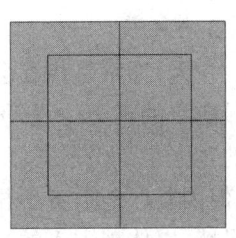

图1-13　方桌正方形台布铺法

4. 中餐摆台骨碟定位

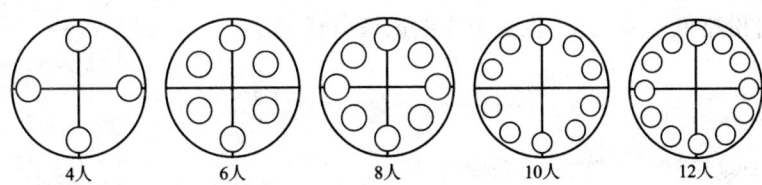

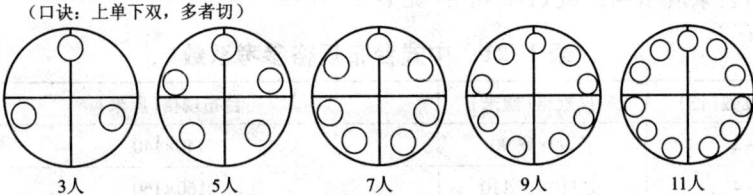

图1-14　中餐摆台骨碟定位参考图

关键词

1. 一指距离

约 1.5 厘米。通常中餐摆台时餐具之间会留出一指距离,以方便服务员操作,同时也方便客人用餐时拿取杯具、餐具等;这一指距离更是一个量化摆台标准的距离,是验证服务员服务技能是否娴熟的距离。

2. 服务三轻

服务三轻通常是指说话轻、动作轻、脚步轻。为保证客人用餐环境的舒适、幽雅、尊贵,在服务过程中服务员不宜过度打扰客人,很多酒店餐饮部在培训员工时都要求服务员做到说话语音、语调柔和,语言规范,即说话轻;服务过程中尽量不打扰客人,做到举止优雅,即动作轻;服务区域行走时不允许跑步、跺脚等行为,即脚步轻。

3. 主人位

主人,通常是指宴会餐饮活动的发起者或邀请者。他/她的座位设在整桌宴会最醒目的正中位置,称作"主人位"。在同单位或同系统的餐饮活动中通常主人位的客人是身份最高者;在家庭聚会中也可是最年长者。主人位通常面对餐厅大门,但因餐厅地形各不相同,也有餐厅的主人位侧对大门,主人位背后通常有个主背景墙,以体现主人的身份。

4. 主宾位

此座位的客人通常是整桌宴会主要的邀请对象,故应设在邀请者(主人)的身边。中国礼仪中以右为尊,因此,主宾位通常设在主人位置的右侧餐位上。

5. 副主人位

此座位通常设在主人位的正对面,是发起邀请一方的客人。有些政务宴会的副主人身份略低于主人位,也是主要的邀请方代表。

常用餐桌规格与匹配台布规格(见表 1-21)。

表 1-21　中式台布规格参考系数

适宜餐位数(位)	餐桌规格(厘米)	台布规格(厘米)
1~2	长 90×宽 90	140×140
3~4	长 110×宽 110	160×160
4~5	直径 140	方形台布 180×180;圆形台布 283

续表

适宜餐位数(位)	餐桌规格(厘米)	台布规格(厘米)
6~7	直径160	方形台布200×200;圆形台布303
8~10	直径180	方形台布220×220;圆形台布323
10~12	直径200	方形台布240×240;圆形台布343
12~14	直径220	方形台布260×260;圆形台布363

(1)餐椅的摆放标准。
(2)中餐宴会临时加减餐位的位置选择。

技能/知识点四　中、西式台面
——西餐摆台技能训练

▶ **实施步骤**

1.模块预习,完成预习报告

学生利用课程教材、学校图书资源、互联网及参观考察实体餐饮店等方法预习,填写预习报告(见表1-22)。

表1-22　西式台面预习报告

小组组名：　　　　　成员姓名：　　　　　　　　　　　　年　月　日

模块主题	模块信息	借助资源/信息来源	我喜欢的西餐台面(图片)
西餐早餐餐具名称		(如,网址、书名、店名等)	
西餐正餐餐具名称			
操作方法			
注意事项			
其他			

2. 西餐铺台布练习

物品准备：200厘米×165厘米方形台布2块、320厘米×200厘米方形台布1块、6人方形餐桌1张（240厘米×120厘米）、餐椅1把（见表1-23）。

表1-23　西式台面练习一

步骤	项目	标　准	完成情况
第一步	准备台布	● 根据台面尺寸选择相应台布	
		● 台布折叠与洗衣房折叠方法一致	
第二步	准备桌椅	● 检查桌面是否干净	
		● 餐椅的最外沿与餐桌的最外沿相切摆放	
		● 6人桌餐椅正对餐位摆放，间距相等，椅背对成一条直线	
第三步	操作位置	● 一块台布。立于主人位侧面的桌子中间	
		● 两块台布。用脚尖做支点转开靠近副主人侧面的餐椅，先铺第一块台布，再转回餐椅；用脚尖做支点转开靠近主人侧面的餐椅，铺第二块台布，再转回餐椅	
第四步	铺台布动作	● 抓边。横向打开折叠的台布，台布开口朝向操作者，选择两张单层台布边的上面一层，用拇指与食指均匀地捏住台布边的左右两侧，左右手臂张开距离相等	
		● 铺开。身体前倾，放开下层台布边	
		● 拉正。抓住第一层台布边缘徐徐拉正	
第五步	检查台布	● 台布凸线朝上，与正副主人位构成的中心线相符	
		● 台布四边下垂均匀，边角正盖于桌脚上	
		● 两块台布。靠近主人位置的台布压在靠近副主人位置的台布上，约5厘米，两块台布的凸线对正、对齐	
		● 台面平整，美观	

练习人：　　　　　　　　　　　　　　　　　　　　　督导人：

3. 西餐摆台练习

物品准备：6人方形餐桌1张（240厘米×120厘米）、餐椅10把、托盘1只、台布1块、装饰盘6只、面包盘6只、黄油碟6只、黄油刀6把、开胃品刀叉6套、汤勺6把、鱼刀叉6套、主刀叉6套、甜品叉6把、甜品勺6把、水杯6只、红葡萄酒杯6只、白葡萄酒杯6只、胡椒盐瓶1对、烛台2套、花瓶1个（见表1-24）。

表 1-24　西式台面练习二

班级：　　　　　组名：　　　　　　　　　　　　　　　　年　月　日

摆台项目	餐具名称	图　示
西餐早餐摆台	1.垫布/垫纸 2.餐巾 3.主餐刀 4.汤勺 5.主餐叉 6.面包盘 7.黄油刀 8.果汁杯 9.咖啡垫碟 10.咖啡杯 11.咖啡勺	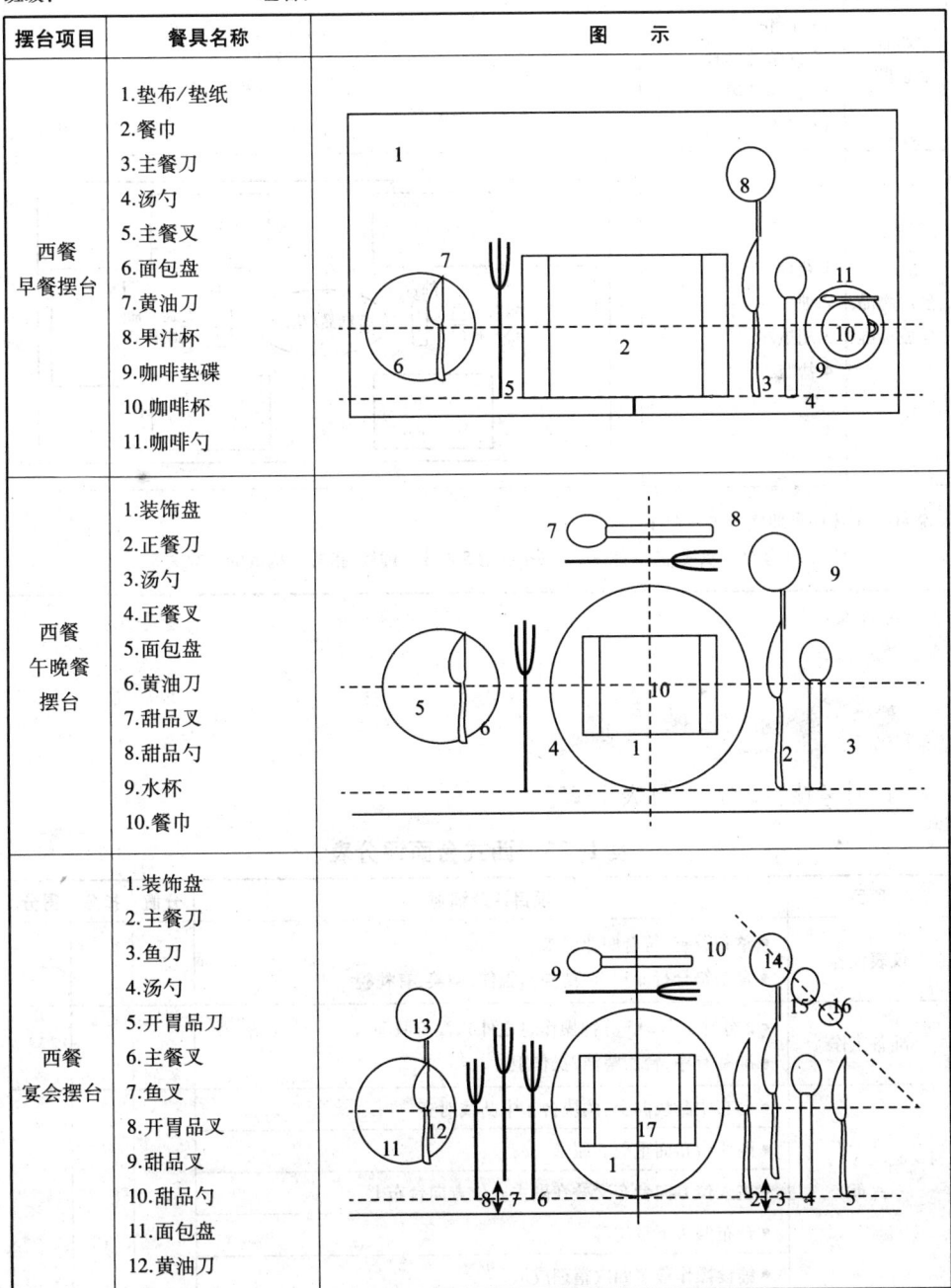
西餐午晚餐摆台	1.装饰盘 2.正餐刀 3.汤勺 4.正餐叉 5.面包盘 6.黄油刀 7.甜品叉 8.甜品勺 9.水杯 10.餐巾	
西餐宴会摆台	1.装饰盘 2.主餐刀 3.鱼刀 4.汤勺 5.开胃品刀 6.主餐叉 7.鱼叉 8.开胃品叉 9.甜品叉 10.甜品勺 11.面包盘 12.黄油刀	

续表

摆台项目	餐具名称	图示
西餐宴会摆台	13.黄油碟 14.水杯 15.红葡萄酒杯 16.白葡萄酒杯 17.餐巾	
公用物品摆放标准	1.花饰 2.烛台 3.胡椒瓶 4.盐瓶	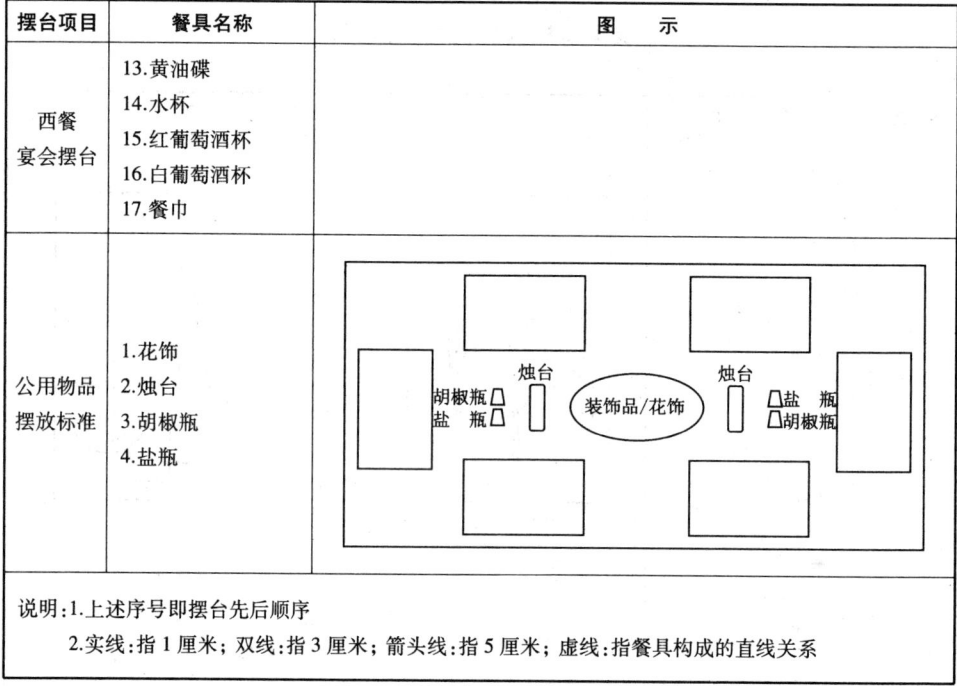

说明:1.上述序号即摆台先后顺序
　　　2.实线:指1厘米;双线:指3厘米;箭头线:指5厘米;虚线:指餐具构成的直线关系

练习人:　　　　　　　　　　　　　　　　　　　　　　　　督导人:

计时考核(12分钟,见表1-25)

表1-25　西式台面评分表

项目	项目评分细则	分值	扣分	得分
仪表仪容	●整齐着装,符合职业要求 ●发型符合行业规范,精神面貌佳,微笑,有礼貌	5		
准备工作	●2分钟准备(15分钟操作时之外),没有漏项 ●准备有序,台面整洁,操作卫生	5		
台布	●台布中凸线向上,两块台布中凸线对齐 ●两块台布面重叠5厘米 ●主人位方向台布交叠在副主人位方向台布上 ●台布四边下垂均等 ●铺设操作最多四次整理成形	5		

续表

项目	项目评分细则	分值	扣分	得分
席椅定位	• 摆设操作从席椅正后方进行 • 从主人位开始按顺时针方向摆设 • 席椅之间距离基本相等 • 相对席椅的椅背中心对准 • 席椅边沿与下垂台布相距1厘米	5		
装饰盘	• 从主人位开始顺时针方向摆设 • 盘边距离桌边1厘米 • 装饰盘中心与餐位中心对准 • 盘与盘之间距离均等 • 手持盘沿右侧操作	10		
刀、叉、勺	• 刀勺叉由内向外摆放,除鱼刀、鱼叉离桌边距离5厘米,其余刀叉距桌边距离为1厘米 • 刀勺叉之间及与其他餐具间距离为1厘米	15		
面包盘、黄油刀、黄油碟	• 摆放顺序:面包盘、黄油刀、黄油盘 • 面包盘盘边距开胃品叉1厘米 • 面包盘中心与装饰盘中心对齐 • 黄油刀置于面包盘右侧边沿1/3处 • 黄油碟摆放在黄油刀尖正上方,相距3毫米 • 黄油碟左侧边沿与面包盘中心成直线	10		
杯具	• 摆放顺序:白葡萄酒杯、红葡萄酒杯、水杯(白葡萄酒杯摆在开胃品刀的正上方,杯底中心在开胃品刀的中心线上,杯底距开胃品刀尖3厘米) • 三杯成斜直线,向右与水平线呈45度角 • 各杯身之间相距约1厘米 • 操作时手持杯中下部或颈部	12		
花饰(或其他装饰物)	• 花饰(或其他装饰物)置于餐桌中央和台布中线上 • 花瓶(花坛或其他装饰物)的高度不超过30厘米	3		
烛台	• 烛台与花瓶(花坛或其他装饰物)相距20厘米 • 烛台底座中心压台布中凸线 • 两个烛台方向一致,并与杯具所呈直线平行	3		

续表

项目	项目评分细则	分值	扣分	得分
椒盐瓶	• 椒盐瓶与牙签盅相距2厘米 • 椒盐瓶两瓶间距1厘米,左椒右盐 • 椒盐瓶间距中心对准台布中凸线	5		
餐巾盘花	• 在装饰盘上褶,在盘中摆放一致,左右成一条线 • 造型美观、大小一致,突出正副主人	12		
综合印象	• 托盘上餐件和餐具分类按序摆放整齐,符合操作 • 托盘平稳,悬于餐椅外 • 台面美观,整齐、协调 • 操作过程中动作规范、娴熟、声轻、姿态美、有节奏,能体现岗位气质	10		
合计		100		

操作时间： 分 秒　　　　　　　　　　　　　　　　　超时： 秒
每超过30秒扣2分,不足30秒按30秒计算,超过2分钟后停止摆台　扣分： 分

物品落地(扣3分/件);物品碰倒(扣2分/件)
物品遗漏(扣1分/件);托盘扣翻(扣2分/件)　　　　　　扣分： 分

实际得分

特别提示

1. 西餐宴会台形（见图1-15）

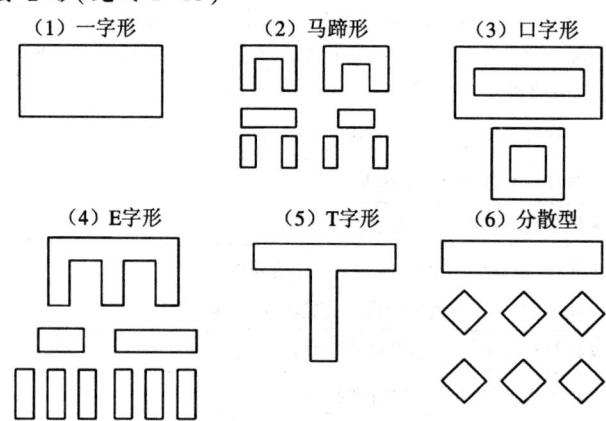

图1-15　西餐宴会台形示意图

2.西餐座次礼仪(见图1-16)

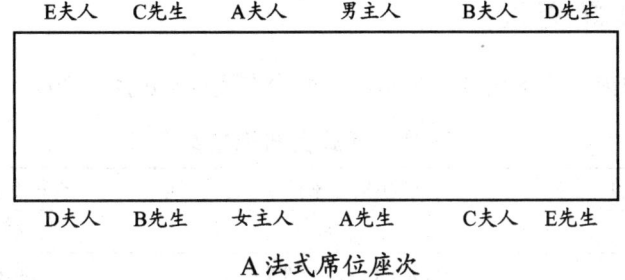

A 法式席位座次

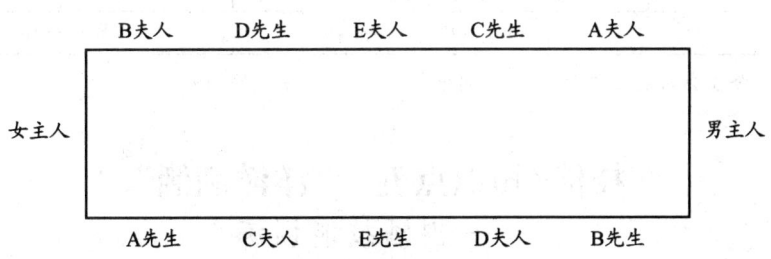

B 英式席位座次

图1-16 西餐座次礼仪示意图

关键词

1. 装饰碟(Charger plate)
2. 开胃品刀叉(Entre knife, Entre fork)
3. 汤匙(Soup spoon)
4. 鱼刀叉(Fish knife, Fish fork)
5. 主菜刀叉(Dinner knife, Dinner fork)
6. 甜品叉勺(Dessert fork, Dessert spoon)
7. 面包盘(Bread plate)
8. 黄油刀(Spreader)
9. 黄油碟(Butter plate)
10. 餐巾(Napkin)
11. 水杯(Water glass)
12. 红葡萄酒杯(Red wine glass)
13. 白葡萄酒杯(White wine glass)

拓展性知识——常用餐桌规格与匹配台布规格(见表1-26)。

表1-26 西式台布规格参考表

适宜餐位数(位)	餐桌规格(厘米)	台布规格(厘米)
1~4	长120×宽120(标准桌)	165×165
4~6	长240×宽120(2张标准桌)	2块165×165
6~10	长360×宽120(3张标准桌)	3块165×165
10~14	长480×宽120(4张标准桌)	4块165×165

注:西餐宴会时也可用圆桌,尺寸同中餐。

技能/知识点五 "洋洋洒洒"
——斟酒技能训练

▶ 实施步骤

1. 模块预习,完成预习报告

学生利用课程教材、学校图书资源、互联网及参观考察实体餐饮店等方法预习,填写预习报告(见表1-27)。

表1-27 "洋洋洒洒"预习报告

小组组名: 　　　　成员姓名: 　　　　　　　年 月 日

模块主题	模块信息	借助资源/信息来源	我认识的酒具(图片)
抓瓶手法		(如,网址、书名、店名等)	
斟酒成数			
操作方法			
注意事项			
其他			

2. 斟酒动作练习

物品准备:酒瓶、服务巾、10人餐桌1张、餐椅10张、三套杯10套(见表1-28)。

表1-28 "洋洋洒洒"练习表

步骤	项目	标　准	完成情况
第一步 斟酒准备	酒瓶	• 检查酒水保质期	
		• 检查瓶身完整度及卫生度	
	服务巾	• 中餐:将服务巾折成1/4细条后,再两次横向对折成小方块	
		• 西餐:将服务巾进行两次对折,成细长条形	
第二步 斟酒动作	双脚	• 双脚打开,右脚大丁字步深入两个餐椅间	
		• 随着右手伸向酒杯时,身体重心转到右脚,左脚可跷起脚尖,但不宜离地	
		• 双腿直立,不宜弯曲	
	身体	• 重心随右手向酒杯伸展时转向右脚	
		• 身体向右侧转30度,微向前倾15度	
	面部	• 面带微笑,目光注视在酒杯中,关注徐徐上升的酒水	
	右手	• 手掌握住酒瓶底部向上的1/3处,商标在手心正对面或朝向大拇指方向	
		• 食指竖立,方便控制酒瓶的起落	
		• 手臂伸直,手肘部略弯曲,手心向下,从客人肩部下伸向酒杯	
		• 瓶口与杯口约2厘米时开始往酒杯中徐徐斟倒	
		• 达到斟酒量时,用手腕压下瓶底,同时顺时针旋转瓶口90度,并抬起瓶口	
	左手	• 从客人肩部以下向后收回酒瓶,并用左手的餐巾擦拭瓶口	
		• 托盘斟酒:左手肘灵活地拉开,将托盘悬于椅背外沿,并保持托盘的平稳	
		• 中餐徒手斟酒:左手拿叠好的服务巾背于身后腰胯部	
		• 西餐徒手斟酒:将服务巾挂于手腕上,左手肘弯曲90度横于身体前	

备注:
• 循环做上述动作,依次从主宾走完10个餐位
• 依次进行托盘斟酒、中餐徒手斟酒、西餐徒手斟酒的练习
提醒:托盘悬于餐椅外

学习/工作评估

过关考核(见表1-29)

(1)形式:个人操作。

(2)物品:10人圆桌,按摆台要求摆放10套白酒杯、葡萄酒杯、饮料杯,葡萄酒6成,白酒8成。

表1-29 "洋洋洒洒"考核表

姓 名	洒 酒 (2处以上不合格)	滴 酒 (5滴以上不合格)	分 量 (5杯分量不同不合格)	过 关
……				

特别提示

重点、难点、易错点:

1. 斟酒成数

餐饮酒水服务中通常除啤酒外不会斟倒满杯,既方便客人端酒杯,又能体现服务人员娴熟的服务技能。因此,随着酒具及酒水特性的不同,倒入杯中的酒水分量也有着不同的要求,即斟酒的成数。如,白酒斟倒8成(3/5杯)、红葡萄酒倒6成(3/4杯)、白葡萄酒斟倒5成(1/2杯)、啤酒斟倒8+2成(指加8成啤酒2成泡沫倒满杯)、饮料斟倒8成、茶水斟倒7成。

2. 斟酒顺序(见表1-30)

表1-30 斟酒顺序参考表

项 目	中 餐	西 餐	备 注
斟酒的座次顺序	从主宾开始,顺时针方向依次斟倒	女主宾—女宾—女主人—男主宾—男宾—男主人	西餐宴会在斟酒前会先请主人品酒,征得同意后再为来宾斟酒
斟酒的酒品顺序	葡萄酒—白酒—啤酒—饮料	根据宾客菜单的顺序上佐餐酒	通常大型活动时,征得主人同意后,在宴会前5~10分钟为客人斟好葡萄酒

3. 斟酒时的其他事项

(1)工作技巧。在多名服务员为同桌宾客进行交叉服务时,要记牢并传达每位宾客的酒水品种,以防错加酒水,并做到及时添加。

(2)续酒控制。饮料类及啤酒类,通常在低于1/3杯时即需及时添加;白酒及红白葡萄酒,通常是在喝完后再进行添加。

(3)酒瓶摆放。通常零点餐厅的客人未倒完的酒水或饮料瓶,可放于相应宾客餐具的右侧,做到及时撤换;而宴会则需放在服务员的工作柜上,做到及时为宾客添加酒水、饮料。

(4)宾客祝酒。在宴会上,主宾或主人通常需要讲话(祝酒词、答谢词等),讲话时服务员应尽量停止操作,站在场地的边侧;主宾或主人讲话结束时,通常需要带领宾客举杯,服务员要及时送上酒杯;为防止举杯时宾客空杯,通常提前了解宾客讲话时间,并提前为所有宾客斟酒。

(5)宾客敬酒。席间宾客流动敬酒时,服务员要做到及时添加酒水;高档宴会时,要有专人跟随宾客敬酒,做到及时添加酒水。

关键词

1. 托盘斟酒

托盘斟酒,是指服务员将顾客选定的酒水、饮料放于托盘内,左手端托,右手根据宾客的需要取送酒水,从宾客的右手边依次进行斟酒服务的方法。

2. 徒手斟酒

徒手斟酒,是指服务员左手持布巾,右手握酒瓶,从宾客后手边将需要的酒水依次斟入宾客杯中,然后,用左手布巾将瓶口擦拭干净的一种斟酒服务方法。通常可用餐巾将酒瓶瓶颈处或底部U形包裹住,防止滴酒或冰桶冰镇造成的冷凝水滴落。

3. 酒篮斟酒

酒篮斟酒法,多用于西餐中的红酒斟酒服务,即将红酒仰面放入酒篮中,商标向上,服务员手持酒篮为宾客斟酒的一种斟酒服务方式。通常服务员左手腕挂折成长条形的餐巾,左手臂横于胸前呈90度角,右手指张开约于酒瓶的中下部抓住酒篮两侧,从宾客的右手边依次进行斟酒操作,动作轻巧,减少酒篮的晃动。

不同酒的最佳饮用温度及其保温方式(见表1-31)。

表1-31 酒的最佳饮用温度及其保温方式

酒 类	最佳饮用温度	保温方式	备 注
白葡萄酒	8℃~12℃	冷藏	
香槟酒、有气葡萄酒、啤酒	4℃~8℃		
黄酒和清酒	60℃	温热	
红葡萄酒、中国白酒、白兰地和大部分利口酒	18℃~25℃	室温	
威士忌、伏特加、金酒、朗姆酒等	12℃~18℃	加冰块	

(1)中国白酒的四大香型及代表酒。

(2)示酒和试酒的区别。

技能/知识点六 "如鱼得水"
——菜肴服务技能训练

▶ **实施步骤**

1. 模块预习,完成预习报告

学生利用课程教材、学校图书资源、互联网及参观考察实体餐饮店等方法预习,填写预习报告(见表1-32)。

表1-32 "如鱼得水"预习报告

小组组名： 　　　成员姓名： 　　　　　　　年 月 日

模块主题	模块信息	借助资源/信息来源	个人观点
上菜位置			
分菜方式		(如,网址、书名、店名等)	
操作方法			
注意事项			
其 他			

2. 四种分菜方式练习(见图1-17、1-18、1-19、1-20)

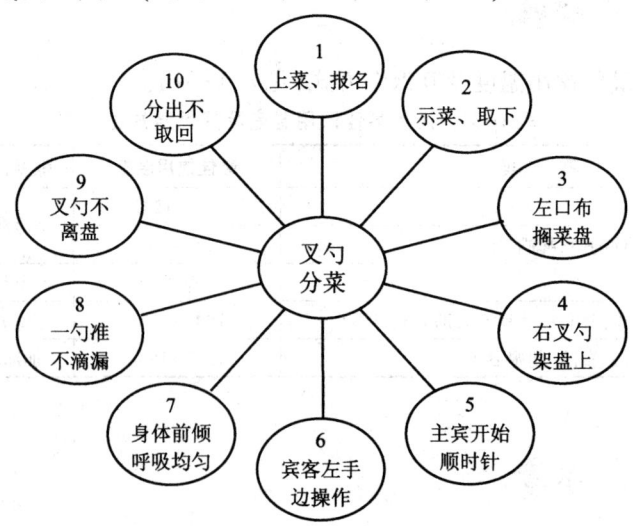

图1-17 叉勺分菜流程示意图

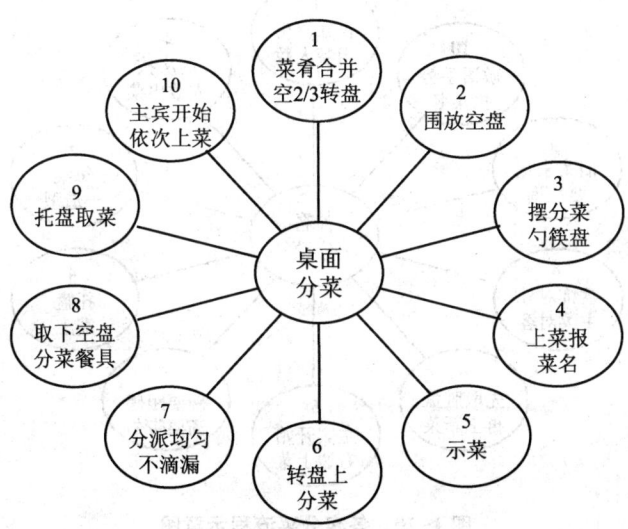

图 1-18　桌面分菜流程示意图

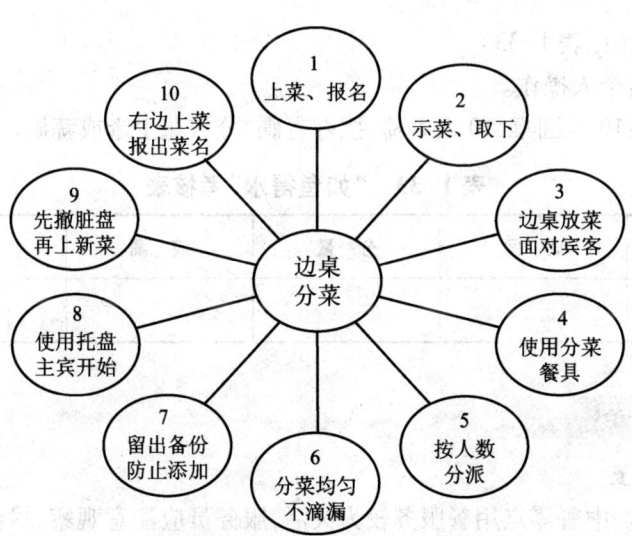

图 1-19　边桌分菜流程示意图

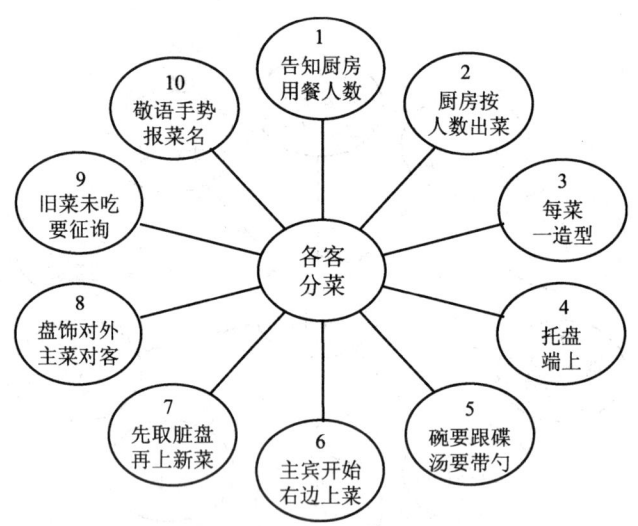

图 1-20　各客分菜流程示意图

过关考核（见表 1-33）

(1) 形式：个人操作。

(2) 物品：10 人圆桌、10 人餐椅、摆好骨碟、分派花生米或蒜瓣。

表 1-33　"如鱼得水"考核表

姓　名	时　间	分　量	滴　漏	过　关
……				

特别提示

1. 上菜位置

(1) 中餐。中餐零点用餐服务较为灵活，服务员应注意观察，尽量选择不打扰宾客的位置上菜，忌从主人和主宾之间上菜，还要避开老人和儿童，并注意选择相对固定的位置上菜；中餐宴会用餐服务较为规范，除特殊情况外，通常在副主人右侧客人的左边或右边（陪同和翻译人员之间）上菜，利于翻译和副主人向来宾介绍菜肴口味、名称，各客上菜时通常在客人的右手边进行操作。

(2)西餐。现在国内西餐厅通常采用宾客右侧撤餐、右侧上菜的方式,多使用托盘服务。也有酒店西餐厅沿用传统的右撤左上的菜肴服务方式,通常采用端盘服务方式,不使用托盘。

2.四种分菜方式的适用范围

(1)叉勺分菜法:
- 适合用餐形式:中餐普通宴会或零点,西餐便餐或宴会。
- 适合菜肴:中餐整块无汤汁菜肴、易冷或高档菜肴(如白灼基围虾)、西餐面包等。

(2)桌面分菜法:
- 适合用餐形式:高档宴会全分餐、普通宴会或零点的部分菜肴。
- 适合菜肴:整鱼剔骨、整形菜肴切割、汤菜等(如,清蒸鳜鱼、婚宴扒鸭)。

(3)边桌分菜法:
- 适合用餐形式:宴会全分餐、零点的部分菜肴。
- 适合菜肴:特色菜肴、汤、主食、面饭(如,清炖老鸭煲)。

(4)各客分菜法:
- 适合用餐形式:高档宴会和长条桌宴会、零点的部分高档菜肴。
- 适合菜肴:高档海鲜、特色菜肴(如,黄焖鱼翅、雨花石汤圆)。

3.上菜顺序

(1)中式早餐上菜顺序:冷菜/酱菜—茶/豆浆/牛奶—粥类—蔬菜类—干点/面食类、汤类主食。

(2)中式午、晚餐上菜顺序:

A顺序:冷菜—热菜—汤羹—点心—主食—甜品—水果;

B顺序:冷菜—汤羹—热菜—点心—主食—甜品—水果;

C顺序:水果—冷菜—汤羹—热菜—点心—主食—甜品。

(3)西式早餐上菜顺序:咖啡—面包酱—蛋类—谷物类—水果类。

(4)西式午、晚餐上菜顺序:冰水—面包黄油—开胃酒—开胃菜—汤—佐餐酒—副菜—佐餐酒—主菜—餐后酒—甜品—咖啡。

4.上菜时机和速度

(1)中餐:零点用餐时,下单后10分钟内上齐冷菜;冷菜吃到1/2或1/3时上热菜。热菜逐道上,注意节奏,通常掌握在15~30分钟以内上齐,但以宾客的需求为准,可灵活掌握并做到及时将信息传递给后厨。宴会用餐时,宴会开始前5~10分钟将冷菜上桌;宾客入席并将冷菜吃到1/2或1/3时,或征得客人同意后开始上热菜;通常掌握在30~40分钟内上齐,服务员根据观察宾客的进餐情况,灵活控制上菜、出菜的快慢节奏并及时将信息传递给后厨。

(2)西餐:根据宾客点菜的顺序依次上菜;先上佐餐酒,再上匹配菜肴;做到先撤再上,掌握宾客用餐速度;与厨房保持密切联系,尽量保证同桌宾客上菜速度均等;通常掌握在40分钟左右上齐菜肴。

5. 上菜方法

(1)核对台号、品名;

(2)先腾空位,后上菜肴;

(3)有转盘餐桌的上菜口诀要领:

餐盘摆在转盘边,一指距离不能忘;
间距要相等,搭配要有序;
盘饰对桌心,菜肴对宾客;
调料先摆放,菜肴再跟上;
公勺右侧放,不出转盘边;
菜少横摆放,菜多转竖排;
上菜用双手,报菜右手示;
转盘顺时针,停在主宾前;
分菜要招呼,示菜再拿下;
特式菜肴要介绍,帮助拿取不言谢。

(4)无转盘餐桌的上菜口诀要领:

餐盘摆在桌中间,排成直线不可取;
一中心、二平放、三三角、四四方、五梅花;
荤素配、颜色错、口味搭、刀工交、盛器协;
盘饰对桌心,菜肴对宾客;
公勺公筷要合理,摆放上桌不扰客;
报菜名,侧身站,左手背,右手示,声音亮,菜增色。

(5)忌讳:盘子叠盘子;汤碗无垫盘;盘边满油污;菜肴落桌无人理。

6. 上菜和分菜注意事项

(1)手法卫生。不得将掉在桌上的菜肴拾起后再分给宾客,拿餐盘、餐具的边缘,尽量少接触餐具,避免污染餐具。

(2)动作利索。服务员须提高上菜的工作效率,在保证分菜质量的前提下,以最快的速度完成分菜工作,以保证菜肴温度和质量;做到一勺准,忌从分好的菜盘中分菜到其他餐盘。

(3)分量均匀。分菜时服务员应根据宾客人数将菜肴等份分给宾客,将质量好的部分分给主要宾客,但须避免出现明显差异。

(4)跟上佐料。带佐料的菜肴,上菜时须及时摆放佐料并略加解释;带卤汁的菜肴,要浇汁。

关键词

1. 菜肴的正面

通常菜肴的正面又称为观赏面或看面,是指菜肴最宜于观赏且对向客人的一面。如,冷碟"孔雀开屏",其头部为正面;烤乳猪、整鱼、烤鸭、八宝鸡、八宝鸭等,则以丰满的身子为正面,通常摆放是左头右尾;有围边的菜肴,围边在左边或靠桌心,菜肴饱满的部分对向客人;盅菜类花纹最精细的部分为看面;有"喜"字、"寿"字的造型菜,其字画的正面为菜肴的正面;一般菜肴,择其刀工精细、色调好看的部分为正面。

2. 菜肴的围边

菜肴围边,是一门烹饪装饰艺术。它是将烹饪中的食品原料通过简单的刀工制作,对菜肴进行点缀美化的一种烹饪装饰方式。

● 整鱼剔骨分菜。

模块三 中餐零点服务

- 能掌握迎宾服务要点。
- 能掌握并运用中餐值台服务流程及工作要点。
- 能掌握中餐划单工作要点。
- 能掌握中餐传菜工作要点。

- 迎宾服务。
- 中餐值台服务。
- 中餐划单服务。
- 中餐传菜服务。

技能/知识点一 迎宾服务

▶ 实施步骤

1.模块预习,完成预习报告

学生利用课程教材、学校图书资源、互联网及参观考察实体餐饮店等方法预习,填写预习报告(见表1-34)。

表1-34 "迎宾服务"预习报告

小组组名：　　　　　　成员姓名：　　　　　　　　　　　　年 月 日

模块主题	模块信息	借助资源/信息来源	个人观点
迎宾		(如,网址、书名、店名等)	

2.迎宾服务三阶段练习(见表1-35)

表1-35 "迎宾服务三阶段"练习表

第一阶段 餐前准备	第二阶段 餐中迎宾	第三阶段 餐后收尾
• 准时到岗	• 检查音乐、灯光	• 整理交接记录和物品
• 清洁卫生	• 接听电话	• 记录宾客信息,做好客史档案汇总工作
• 准备用具	• 开门立岗迎宾	
• 接受预订	• 招呼宾客	• 检查关闭能源开关,关闭辖区门窗
• 安排客人	• 引领座位	
• 熟记客情	• 安排等候宾客	• 整理好辖区物品,将物品归位摆好
• 仪表仪容	• 提供寻客服务	
	• 为特殊宾客安排座位	

学习/工作评估

(1)场景模拟小组互评(见表1-36)。
(2)教师讲评与小结。

表1-36 "迎宾服务"评分表

班级: 　　　　　　评分组: 　　　　　　　　　　　　年 月 日

得分 组名 项目					
场景设计					
服务内容					
职业形象					
得分(10分)					
最佳组员					

特别提示

1.迎宾服务

迎宾服务,又称"咨客服务""引领服务",即根据餐厅的营业时间或大型宴会的入场时间,迎宾员提前10~15分钟在门口迎候宾客;宾客到达时,要热情相迎,微笑问好,询问是否有预订或答疑解惑;引领宾客找到相应的包间或餐位,做好预订客人的引领工作和非预订客人的位置选择工作,同时处理好用餐过程中宾客找人等其他服务工作;最后,礼貌热情地送走每位用餐来宾。

2.迎宾工作"八知五了解"

● 八知:知道主办单位或姓名、房号;知道人数;知道台数;知道宴会标准;知道开餐时间;知道菜肴品种及出菜顺序;知道收费办法;知道邀请对象。

● 五了解:了解宾客风俗习惯;了解宾客生活忌讳;了解宾客特殊需求;了解宾客职务、生日;了解宾客上下级关系。

关键词

1.迎宾台

迎宾台,是迎宾员的岗位标志。迎宾台的位置就是迎宾员立岗迎宾的位置,通常设在餐厅的前室或入门处的侧面。迎宾台通常摆放预订本/客情本,台面为斜面,以保护宾客信息。抽屉中摆放菜单。

2.客情本

客情本,又称预订本,是用来记录当日宾客预订情况的汇总本。通常客情本上有台号或包间名,记录宾客的预订情况,主要有预订人姓名、职务、联系方式、订餐标准及要求、抵达时间、记录人签名等重要信息。

3.台形图

台形图,通常指餐厅内的餐桌布局图,除需演示位置外,还应标明餐位数及出入口、吧台等,用于直观地帮助客人选择用餐台面及餐厅的安排和落实,利于迎宾员形象记忆。

拓展实践

● 迎宾员递送菜单的动作及位置。

技能/知识点二 中餐值台服务

▶ **实施步骤**

1.模块预习,完成预习报告

学生利用课程教材、学校图书资源、互联网及参观考察实体餐饮店等方法预习,填写预习报告(见表1-37)。

表1-37 "中餐值台服务"预习报告

小组组名：		成员姓名：		年 月 日
模块主题	模块信息		借助资源/信息来源	个人观点
中餐值台			(如,网址、书名、店名等)	

2. 中餐值台服务三阶段练习(见表1-38)

表1-38 中餐值台服务三阶段练习表

步骤	项目	内容	完成情况
第一步	餐前准备	● 准时到达岗位	
		● 着装整洁规范	
		● 认真清洁卫生	
		● 按照要求摆台	
		● 整理好工作柜	
		● 准备服务用具	
		● 检查仪表仪容	
		● 参加餐前会	
		● 熟记客情及菜肴情况	
第二步	餐中服务	● 立岗迎宾	
		● 招呼宾客	
		● 拉椅让座	
		● 挂衣接物	
		● 迎宾香巾(迎宾茶)	
		● 铺餐巾、撤筷套	
		● 点菜服务	
		● 调料、撤花瓶	
		● 酒水服务	
		● 巡台服务	
		● 结账服务	
		● 征求意见	
		● 送客服务	
		● 检查遗留物品	

续表

步骤	项 目	内 容	完成情况
第三步	餐后收尾	• 收台	
		• 翻台	
		• 整理工作柜	
		• 检查地面	

(1)场景模拟小组互评(见表1-39)。
(2)教师讲评与小结。

表1-39 中餐值台服务评分表

班级：　　　　　　　　评分组：　　　　　　　　　　　　　年　月　日

得分\组名\项目					
场景设计					
服务内容					
职业形象					
得分(10分)					
最佳组员					

特别提示

1. 餐厅清洁卫生

餐厅的清洁卫生通常分为日常清洁卫生和计划清洁卫生。计划清洁卫生，是指按计划定期清洁卫生区域，如餐厅的顶部及工作柜下面等死角卫生；日常清洁卫生，是指每天都需要进行的卫生保洁的区域。

2. 整理工作柜、准备服务用具

每天，服务员于餐前从洗碗间领来洗净的各类摆台餐(用)具和开餐时使用的服务用具后，须检查有无破损和是否洁净；清洁工作柜后，垫上干净的垫布；按照餐厅的量化要求，结合当餐的开餐情况，摆放整齐相应的餐(用)具；配好胡椒、盐、酱油、醋等调料;准备菜单、酒单、托盘、订单、火机、笔等服务用品。

3. 拉椅让座,挂衣接物

双手拉住椅背,协助宾客入座。在零点餐厅通常是帮宾客将脱下的外衣直接挂在相应的椅背上,然后在其外衣上套上酒店专用的衣套,并协助宾客将带来的物品放在合理的位置(通常不离客人身边)。贵重物品提醒宾客寄存。

4. 点菜服务

通常站在宾客的视线范围内,待宾客招呼点菜或提前询问宾客是否可以点菜;尽量了解宾客需求,做好建议性销售,帮助宾客合理搭配菜肴;认真准确地填写订单,如台号、人数、服务员姓名、时间、菜肴名称、分量及特殊要求等;做好冷、热、点、饮分类填单工作;重复订单内容,经宾客确认,表示感谢,迅速交收银台,并下单给划单员。

5. 结账服务

菜上齐后告知宾客并做好结账准备,核对账单;待宾客提出埋单时,迅速将账单放入账单夹,双手打开递给埋单的宾客,四指并拢向上 45 度指在账单的总价上,轻声说"请看账单",忌讳当着其他客人的面报出账单价格,根据常规的四类结账方式(现金结账、房卡或协议签单、信用卡结账、支票结账)为宾客进行准确的结账服务。

关键词

1. 工作柜

工作柜,也称接手桌或工作台。工作台是服务员在对客服务中临时摆放准备上桌或准备撤离菜肴的台面,同时也是服务员给宾客进行边桌分菜或换盘的工作区域;工作台的柜中整齐合理地摆放着开餐期间常用的餐(用)具、棉织品等开餐物品,以便随时满足顾需求,提高开餐的工作效率。

2. 巡台

在餐饮行业,巡台是指服务员在宾客就餐时不断地巡视工作区域,及时为宾客提供快捷有效的餐饮服务。巡台的具体工作包括:更换骨碟、烟缸、续茶、斟酒、上菜、分菜等项目。巡台的效率体现服务员的服务意识和工作经验。

- 服务 DV 拍摄及分析。

技能/知识点三　中餐划单服务

▶ **实施步骤**

1. 模块预习，完成预习报告

学生利用课程教材、学校图书资源、互联网及参观考察实体餐饮店等方法预习，填写预习报告（见表1-40）。

表1-40　中餐划单服务预习报告

小组组名：　　　　　成员姓名：　　　　　　　　　　　年　月　日

模块主题	模块信息	借助资源/信息来源	个人观点
中餐划单		（如，网址、书名、店名等）	

2. 划单服务三阶段练习（见表1-41）

表1-41　中餐划单服务三阶段练习表

餐前准备	餐中迎宾	餐后收尾
● 准时到岗 ● 清洁卫生 ● 准备划单柜及餐（用）具 ● 准备各类调味料 ● 了解当餐菜肴信息 ● 检查后台能源设备的使用 ● 检查仪表仪容 ● 参加餐前会	● 接受订单 ● 安排下单 ● 准备相对应的调味料 ● 划单工作，控制出菜 ● 传递前台各类菜肴信息 ● 调度传菜人员工作	● 整理汇总当餐菜肴及服务问题和信息 ● 将订单统一交财务 ● 整理划单柜及各类用具 ● 清洗划单物品及用具 ● 检查后台区域能源及设备

(1) 场景模拟小组互评（见表1-42）。

(2) 教师讲评与小结。

表1-42 中餐划单服务评分表

班级：　　　　　　评分组：　　　　　　　　　　　　　年　月　日

项目\得分\组名					
场景设计					
服务内容					
职业形象					
得分（10分）					
最佳组员					

特别提示

重点、难点、易错点：

1.接受订单

划单员接受服务员的手工订单时，须注意检查订单填写得是否正确、收银盖章是否生效，以及是否注有宾客的特殊要求；如果餐厅采用电子点菜，划单员接受电子订单时也要注意核对台号、人数、分量、特殊要求等信息。

2.安排下单

根据订单的菜肴数量，划单员在订单上夹上相同数量的夹子，交传菜员送至与订单出品相对应的厨房；划单员须根据出菜顺序和时间下顺应的订单。例如，某厨房的冷菜制作需要5分钟，热菜切配和烹制需要10分钟，那么冷菜和热菜的订单同时下单，上完冷菜后，热菜刚好上桌；如果厨房的冷菜和热菜都需要10分钟，那就在冷菜下单后5分钟再下热菜的订单。合理控制上菜时间是划单员安排下单的原则。如果餐厅采用电子点菜，划单员就可省去安排下单这个环节，因为厨房各加工点会自动生成电子订单。

3.划单工作，控制出菜

传菜员每从厨房传出一道菜肴，须经过划单员核对台号、数量、菜品确认后，划去订单上对应的菜肴名称，方可进入餐厅上菜。划单员须严格检查，避免传错菜并控制每张餐桌的出菜时间、速度、顺序等，出现问题及时调度、协调解决。

关键词

1.订单

订单，是服务员根据宾客的点菜内容填写的定制菜肴的表单。订单分为手工订单和电子订单两种。手工订单，是根据宾客口授直接记录在表单上生成的订单;电子订单,是服务员根据宾客口授通过掌中电脑输入,传输至打印机上打印出来的订单。

2. 划单柜和划单夹

划单柜,通常设置在餐厅和厨房交界的地方,是划单员的重要划单工具之一。划单柜的数量即是餐厅餐桌或包间的数量,用于放置相对应台号的划单夹和订单。划单夹,通常选用传统的木夹。木夹上标明台号或包间名,根据每桌的常规点菜量配备木夹的数量,划单时夹上与订单菜肴数量相同的木夹,便于厨房切配和生产加工时不易混淆桌号。

3. 售缺或沽清

售缺或沽清,同指某菜肴在当餐中已全部售卖完毕,需停止此菜肴的点菜。划单员要在开餐中及时获得此类信息,并准确地通知给前台的所有点菜服务人员。厨房人员须尽量通过合理的备餐和工作经验减少此类事件的出现。

(1)催菜的处理方法。
(2)退菜的处理方法。

技能/知识点四　中餐传菜服务

▶ **实施步骤**

1. 模块预习,完成预习报告

学生利用课程教材、学校图书资源、互联网及参观考察实体餐饮店等方法预习,填写预习报告(见表1-43)。

表1-43　中餐传菜服务预习报告

小组组名:　　　　成员姓名:　　　　　　　　　年　月　日

模块主题	模块信息	借助资源/信息来源	个人观点
中餐传菜		(如、网址、书名、店名等)	

2. 中餐传菜服务三阶段练习（见表 1-44）

表 1-44　中餐传菜服务三阶段练习表

步骤	项目	标　　准	完成情况
第一步	餐前准备阶段	• 准时到岗 • 清洁卫生 • 熟记当日客情 • 准备好传菜工具——长方形托盘 • 协助划单员备齐当餐调味料及用具 • 提前熟悉餐厅菜肴、调味料、台号及路线 • 协助划单员检查后台能源设备的使用状况。如，开水器、制冰机等 • 检查仪表仪容 • 参加餐前会	
第二步	餐中服务阶段	• 协助划单员向厨房岗点传送订单 • 将厨房岗点信息及时传递给划单员和服务员。如，菜肴售缺情况等 • 及时将厨房岗点的菜肴传递到划单口，配上相应调味料及用具，由划单员确认后进入餐厅 • 迅速准确地将菜肴传入相应餐厅或餐台 • 协助服务员送洗餐厅或工作台上用过的餐（用）具 • 及时将服务员的信息传递给划单员和厨房人员；如，催菜或缓菜情况等 • 保持托盘清洁及端托姿势 • 积极热情地为宾客和餐厅服务员提供相应服务工作，满足宾客就餐中的需求	
第三步	餐后收尾阶段	• 清洁使用过的传菜用具。如，托盘类用具 • 协助划单员整理后台区域物品。如，调味料、划单等用品用具 • 保持后台所辖区域清洁卫生。如，地面卫生、划单区域卫生等 • 完成交办的其他运输及收尾工作。如，送洗棉织品，关闭部分能源开关等	

学习/工作评估

作业测评(绘制传菜工作流程图,见表1-45)。以小组为单位,将所学习的传菜三阶段练习内容转化成简易的工作流程图形式。

表 1-45　中餐传菜服务评分表

班级：　　　　　　评分组：　　　　　　　　　　　　　　　年　月　日

项目＼得分＼组名					
表达准确					
流程清晰					
工作合理					
得　分					

特别提示

餐后收台顺序

通常传菜人员要协助服务员在第一时间清理用餐完毕的餐桌,遵循合理的收台顺序：

第一步,要检查台面、台下,有无客人的遗留物品,做到及时发现,及时上交,同时检查有无未熄灭的烟蒂,及时处理,消除安全隐患。

第二步,拉开餐椅或按规范摆起餐椅,避免收台中的汤汁污染餐椅并便于操作。

第三步,用托盘收取高档餐具,如金银器、玉石、水晶器皿,避免酱醋汁洒落后加大清洁的难度。

第四步,将餐巾及小方巾收走,避免汤汁的二次污染。

第五步,用托盘收取玻璃器皿,减少油汁洒落上去造成二次污染后增加洗涤的难度。

第六步,将转盘上各餐盘中的剩余菜肴集中,将餐盘按下大上小的顺序叠加码好,用托盘分别送至洗碗间。

第七步,用托盘将摆台的小件餐具和骨碟、装饰盘分别送至洗碗间或洗涤区域。

第八步,使用清洁剂清洁转盘。

第九步,按规范更换台布。

第十步,清洁地面。

关键词

1. 冷菜间

冷菜间,即冷菜制作和加工的厨房空间。冷菜间是厨房里相对独立的空间,冷菜间内的食品多为成品或半成品,并且直接食用的食品居多,故防疫部门对冷菜间的空间、房间的温度、进出人员的管理、菜肴存放的管理都是非常严格的,传菜员要将服务员写的冷菜订单送至这个区域的窗口,然后从窗口取菜送至划单口。

2. 切配和炉灶

切配,是指厨房接受餐厅热菜订单的岗位。根据传菜员送来的订单上的菜肴名称和标准菜谱的要求切配好主配料。炉灶,是指厨房进行菜肴烹制的厨师岗位。切配好的主配料转送给炉灶厨师进行食品的烹制,制成品再由传菜员送至划单口。

3. 面点间

面点间,即面点主食制作和加工的厨房空间。同冷菜间一样,面点间也是厨房相对独立的空间。面点间分为制作区和烹制区。制作区,通常作为点心等面点的半成品手工制作加工区域;烹制区,是最后面点主食通过烹制程序,加工成可以食用的面点的区域。传菜员将面点订单送至这个区域,并从这个区域取走相应的面点主食。

餐具的消毒方法

餐具在洗碗机中清洗时可同时进行高温清洁消毒。下面介绍几种手工洗涤餐具的常见的消毒方法。

1. 煮沸消毒法

将餐具放入网篮中,煮沸 20~30 分钟。

2. 蒸汽消毒法

将洗净的餐具放入消毒柜中,关严门后开放蒸汽,当温度升到 120 摄氏度,在 12 磅压力下蒸 20 分钟,就可达到消毒的目的。

3. 高锰酸钾溶液消毒法

将洗净的餐具放入 1/1000 浓度的高锰酸钾溶液中,浸泡 10 分钟即可。

4. 漂白粉液消毒法

用 5 克漂白粉加 1000 克温水,充分搅拌成 1/2000 的溶液。将洗净的餐具放入溶液中浸泡 5~10 分钟,即可达到消毒的目的。

5. 红外线消毒法

使用红外线消毒柜是目前常见的一种餐具消毒方法。消毒时,要求箱里温度达 120 摄氏度,并持续 30 分钟。消毒后的餐具可存放在柜中,用前再取出。

6. "84"消毒液消毒法

"84"消毒液是目前使用最方便、消毒效果最佳的消毒品。使用时,将洗净后的食品容器、加工工具、餐具以及瓜果蔬菜放入按 1∶200 配制好的药液中,浸泡 5 分钟,再用清水冲洗干净即可。

模块四　咖啡厅及房膳服务

- 能掌握咖啡厅早餐服务方式。
- 能掌握并运用咖啡厅自助餐服务流程及工作要点。
- 能掌握房膳服务方式及工作要点。

- 西餐早餐服务。
- 咖啡厅自助餐服务。
- 房膳服务。

技能/知识点一　西餐早餐服务

▶ **实施步骤**

1. 模块预习,完成预习报告

学生利用课程教材、学校图书资源、互联网及参观考察实体餐饮店等方法预习,填写预习报告(见表1-46)。

表1-46　西餐早餐服务预习报告

小组组名：　　　　　　成员姓名：　　　　　　　　　　　　　　年　月　日

模块主题	模块信息	借助资源/信息来源	个人观点
西餐早餐		(如,网址、书名、店名等)	

2. 西餐早餐服务练习（见表1-47）

表1-47 西餐早餐服务三阶段练习表

班级： 　　　　　组名： 　　　　　　　　　　　　年 月 日

步骤	项目	标准	完成情况
第一步	餐前准备阶段	● 熟记当日客情	
		● 按要求摆放西餐早餐台及桌面公用物品	
		● 提前10分钟煮好咖啡，备好调味及用品	
		● 检查餐厅温度、灯光、背景音乐等全部到位，打开餐厅门，迎候宾客	
第二步	餐中服务阶段	● 立岗迎宾	
		● 敬语招呼宾客	
		● 迎领入座并拉椅，协助挂衣接物	
		● 呈递早餐菜单	
		● 根据宾客人数增减餐（用）具	
		● 询问宾客饮品需求，并进行斟倒	
		● 为宾客进行点菜服务，做好菜肴介绍和推荐工作	
		● 及时撤换宾客餐台上不用或用过的餐（用）具，保证就餐台整洁	
		● 及时做好更换烟缸、增添饮品等巡台工作	
		● 积极热情地为宾客提供就餐服务，满足宾客就餐中的其他需求	
		● 提供及时有效的结账服务	
		● 征询宾客就餐意见和建议，并做好记录和汇报工作	
		● 拉椅，协助宾客拿取物品，检查有无遗留物品	
		● 送宾客至餐厅门口或电梯口，使用敬语道别	
第三步	餐后收尾阶段	● 检查并熄灭桌面的烟头，避免安全隐患	
		● 整理并放齐餐椅，避免污染餐椅	
		● 使用托盘进行收台，避免污染地面	
		● 按要求更换桌面台布，检查桌下地面卫生，避免形成卫生死角	
		● 按要求恢复台面布置	
		● 清洁打扫相应的区域卫生	

练习人： 　　　　　　　　　　　　　　　　　　　　督导人：

 **学习/工作评估**

• 作业测评(西餐早餐食品及配套餐具名称,见表1-48)。个人形式完成作业,书面完成此作业,写出一位客人的早餐内容,并配上所匹配的餐具图片。

表 1-48 西餐早餐评分表

班级:		组员姓名:				年 月 日
得分\项目\姓名		早餐内容	匹配餐具	名称准确	图片准确	得 分
……						

特别提示

1. 西餐早餐的上菜顺序

饮品服务时,先上咖啡或红茶,然后上果汁或乳制品;食品服务中先上黄油、果酱或蜂蜜,同时配上面包或吐司,之后上蛋类及培根类食品。

2. 西餐咖啡和红茶的服务方式

早餐的餐桌上提前布置好奶罐和糖缸,端着咖啡壶及红茶壶询问宾客选用咖啡还是红茶,从宾客的右手边斟倒入咖啡杯,由宾客自行添加牛奶或糖。注意:服务中须及时添加咖啡或红茶。

关键词

1. 英式早餐

英式早餐较为丰富,主要品种有咖啡、可可或茶;各式果汁或蔬菜汁;各式面包及黄油、果酱、蜂蜜;牛奶配谷物食品;各种不同的蛋类及肉类食品。

2. 欧陆式早餐

欧陆式早餐较为简单,无蛋也无肉,只有咖啡、可可或红茶;各式果汁及蔬菜汁;各式面包及黄油、果酱、蜂蜜。

 **在线思考**

• 西餐早餐蛋类食品的品种。

技能/知识点二　咖啡厅自助餐服务

▶ **实施步骤**

1. 模块预习，完成预习报告

学生利用课程教材、学校图书资源、互联网及参观考察实体餐饮店等方法预习，填写预习报告（见表1-49）。

表1-49　咖啡厅自助餐服务预习报告

小组组名：　　　　成员姓名：　　　　　　　　　　　　年　月　日

模块主题	模块信息	借助资源/ 信息来源	个人观点
自助餐服务		（如：网址、书名、店名等）	

2. 自助餐菜肴区域布置练习（见表1-50）

表1-50　咖啡厅自助餐服务练习一

班级：　　　　组名：　　　　　　　　　　　　年　月　日

步骤	项目	标准	配图
第一步	摆放菜牌	● 菜牌上的名称通常能看出主配料，便于宾客选择 ● 根据菜牌的摆放预留出菜肴的摆放位置 ● 菜牌清晰、洁净 ● 根据自助餐的不同，及时更新菜牌	
第二步	摆放餐（用）具	● 盛菜餐具：宾客取菜的主菜盘，摆放在自助餐台的两头。主食、甜品、汤类、水果及饮料等配套菜盘、碗碟及杯具摆放在相应菜肴的附近，以便于拿取。注意：配套摆放（如，汤碗须配垫盘、汤勺） ● 取菜餐具：每道菜品前都需配上相应的取菜餐具，并将餐具放在相应的餐具垫或骨碟上（如，汤汁少的菜肴配菜夹，汤汁多的菜肴配菜勺；汤类配汤勺，蛋糕配蛋糕铲等）	

续表

步骤	项目	标　　准	配　图
第三步	摆放菜肴	• 菜肴分区明显：通常冷菜、开胃菜、热菜、汤类、主食、甜品、水果、饮品等相对分区域摆放 • 冷菜、开胃品可高低错落摆放，通常摆放在取菜台的开始处 • 热菜、汤类、主食等需注意持续保温问题，配套相应的保温餐（用）具	
第四步	摆放调配料	• 相应菜肴的调味料需摆放在该菜肴的旁边，并配好盛器（如，生鱼片旁边摆放芥末、酱油及调味碟） • 饮品区域附近配上相应的杯具，还要备好冰块、冰桶、冰夹、糖、奶等配料、用具及用品（如，咖啡旁配咖啡杯、碟、勺、糖、淡奶等）	

练习人：　　　　　　　　　　　　　　　　　　　　督导人：

3. 自助餐分区服务练习（见表1-51）

表1-51　咖啡厅自助餐服务练习二

班级：　　　　　　组名：　　　　　　　　　　　　年　月　日

区域	项目	标　　准	完成情况
菜肴区	餐前准备	• 按自助餐菜肴区域布置要求准备餐台	
		• 开餐前10分钟准备完毕	
	餐中服务	• 立岗迎宾	
		• 敬语招呼宾客	
		• 根据需要，向取菜的客人介绍菜式品种	
		• 协助宾客拿取相应餐具及食品、饮品	
		• 及时通知厨房和酒吧增补菜品、饮品等，保证供应量及时效性	
		• 及时增添餐台上的餐（用）具	
		• 及时整理餐台，保证自助餐台整洁、美观；食品充足；温度适宜	
	餐后收尾	• 及时关闭或熄灭各类电源或火源	
		• 协助厨房、酒吧回收部分可利用的食品、饮品	
		• 将餐（用）具送洗碗间清洗、消毒	
		• 回收菜牌等重复使用物品，并做好保洁和存放工作	
		• 送洗并更换台布、餐巾等棉制品	
		• 整理或恢复餐台台型	
		• 清洁打扫相应的区域卫生	

续表

区域	项目	标　准	完成情况
就餐区	餐前准备	• 按自助餐摆台要求准备宾客就餐台	
		• 摆放就餐台上相应的调料等公用物品	
	餐中服务	• 立岗迎宾	
		• 敬语招呼宾客	
		• 迎领入座并拉椅,协助挂衣接物	
		• 根据宾客人数增减餐(用)具	
		• 询问宾客饮品需求,并为其斟倒	
		• 提示宾客取餐区域	
		• 及时撤换宾客餐台上不用或用过的餐(用)具,保证就餐台整洁	
		• 及时做好更换烟缸、增添饮品等巡台工作	
		• 积极热情地为宾客提供就餐服务,满足宾客就餐中的其他需求	
		• 提供及时有效的结账服务	
		• 征询宾客就餐意见和建议,并做好记录和汇报工作	
		• 拉椅,协助宾客拿取物品,检查有无遗留物品	
		• 送宾客至餐厅门口或电梯口,使用敬语道别	
	餐后收尾	• 检查并熄灭桌面上的烟头,避免安全隐患	
		• 整理、擦净并放齐餐椅,避免污染、杂乱	
		• 使用托盘进行收台,避免污染地面	
		• 按要求更换桌面台布,检查桌下地面卫生,避免形成卫生死角	
		• 按要求恢复台面布置	
		• 清洁打扫相应的区域卫生	

练习人：　　　　　　　　　　　　　　　　　　　　　督导人：

作业测评(自助餐台设计图,见表1-52)。

以小组为单位完成一份自助餐餐台设计图。设计图上标明台型、菜肴区域和名称、菜肴盛器和配套餐具,以及用餐人数等。

表 1-52　自助餐台设计评分表

班级：　　　　　　评分组：　　　　　　　　　　　　　年　月　日

得分＼组名＼项目					
分区合理					
用具齐全					
餐具到位					
得　分					

特别提示

1. 散客自助餐特点

散客自助餐的用餐时间分散,菜肴保温工作到位;餐台布置精美,可贴墙造景摆放;菜肴品种较多,分量适当;各客或堂灼(现场制作)食品较多。

2. 会议自助餐特点

会议自助餐的用餐时间集中;餐台通常不会贴墙摆放,四周能够循环走动;菜肴品种有限,分量充足;各客或堂灼(现场制作)食品较少。

关键词

1. 自助餐锅

自助餐锅,又称布菲炉(buffet),是自助餐用来保持食品温度的容器。以前多用固体酒精燃烧加温的自助餐锅,因使用明火,故存在安全隐患。现酒店餐饮多用电磁炉形式的自助餐锅,美观且安全。

2. 自助餐台型

常见的自助餐台型有"I"形、"L"形、"口"形、"T"形、扇形等,可用长条桌拼摆,同时可使用圆形台、扇形台面、半圆形台面等异形台面布置出新颖别致、美观流畅的台型。

- 自助餐餐具的品种及使用对象。

技能/知识点三　房膳服务

▶ **实施步骤**

1. 模块预习,完成预习报告

学生利用课程教材、学校图书资源、互联网及参观考察实体餐饮店等方法预习,填写预习报告(见表1-53)。

表1-53　房膳服务预习报告表

小组组名：　　　　　　成员姓名：　　　　　　　　　　　年　月　日

模块主题	模块信息	借助资源/ 信息来源	个人观点
房膳服务		(如、网址、书名、店名等)	

2. 房膳预订工作练习(见表1-54)

表1-54　房膳预订练习表

班级：　　　　　　组名：　　　　　　　　　　　　　年　月　日

步骤	项目	标　　准	完成情况
第一步	接听电话	● 铃响10秒钟内接听电话 ● 问候声+部门岗位名称+帮助声 　例:"中午好,房内用膳,请问需要送餐服务吗?" ● 按服务礼仪要求,使用敬语;注意语音、语调、语气;注意话筒与嘴的距离恰当 ● 确认点单,并道别后,待对方挂上电话,再轻轻扣上电话机	
第二步	接受预订	● 熟悉订餐的项目、内容、分量、价格等信息 ● 积极做好订餐的介绍和推荐工作 ● 与宾客的沟通中态度热情,应答及时 ● 最后重复客人的订餐信息,确认后与宾客道别	
第三步	做好记录	● 认真、清晰地填写预订本 ● 主要填写信息有:客人姓名、房号、订餐人数、订餐内容、分量、送餐时间及其他要求等	

续表

步骤	项目	标准	完成情况
第四步	通知准备	•填写订单至厨房等制作岗点 •安排送餐员进行送餐准备 •准备好账单	

练习人：　　　　　　　　　　　　　　　　　　　　　　　　督导人：

3. 房膳送餐服务练习（见表 1-55）

表 1-55　房膳送餐练习表

班级：　　　　　　组名：　　　　　　　　　　　　　　年　月　日

步骤	项目	标准	完成情况
第一步	送餐准备	•准备餐具。根据订餐人数准备好相应的餐（用）具，与中餐零点或咖啡厅正餐摆台餐（用）具相同 •准备餐车。将餐车铺好台布，按摆台要求摆好餐（用）具；送餐量较少时，也可使用托盘 •准备菜肴。将客人订餐的菜肴和饮品整齐地摆放在餐车上并核对，盖好保温盖或覆上保鲜膜，配好相应的调味料及公用餐（用）具 •准备账单。检查账单的项目及金额，夹住账单夹，准备好零钱和笔	
第二步	送餐程序	•路线。走酒店规定的送餐路线，通常是员工电梯和通道 •敲门。按酒店规定使用门铃或有节奏地敲门，并报"客房送餐/room-service"通常用右手两根手指的指关节连续敲3声，等5秒后再敲3声 •站立。立于门前面对"猫眼"约1米处 •招呼宾客。待宾客开门后，使用敬语及客人姓名打招呼，并说明身份，待客人同意后进入房间 •摆放位置。询问或推荐餐车或菜肴的摆放位置，征得宾客同意后进行餐台摆放，菜肴餐（用）具准备 •结账。询问客人是否有其他需要，为客人进行结账，并告知收餐电话或确认收餐时间 •离开。祝客人用餐愉快，退出客房，并轻轻关上房门，迅速回到工作岗位 •返回。第一时间将账单交予收银台，完成结账工作；做好送餐记录，通常填写送餐人及送餐时间、宾客要求等	

练习人：　　　　　　　　　　　　　　　　　　　　　　　　督导人：

4.房膳收餐工作练习(见表1-56)

表1-56　房膳收餐练习表

班级：　　　　　　组名：　　　　　　　　　　　　　　年　月　日

步骤	收餐方式	标　准	完成情况
第一步	客房收餐	• 接到客人收餐电话后,做好记录,通知到收餐人员 • 按送餐要求进行敲门,招呼宾客,征得宾客同意后进入客房收餐 • 整齐、轻巧地将餐(用)具放入餐车或托盘中 • 询问宾客对送餐内容的意见,并致谢 • 与宾客道别后退出房间,并轻轻关上房门 • 迅速返回工作岗位,并做好收餐记录	
第二步	工作间收餐	• 收餐时间。通常接到客房收餐电话,或每天固定时间到有送餐的楼层收餐 • 收餐用具。餐车或托盘,将餐具整齐地码放在收餐车上,量少时也可使用托盘 • 收餐路线。走酒店规定的路线,通常是员工通道或电梯 • 填写记录。登记收餐记录,通常填写收餐时间、房号及物品	

练习人：　　　　　　　　　　　　　　　　　　　　　　　督导人：

学习/工作评估

(1)场景模拟小组互评(见表1-57)。
(2)教师讲评与小结。

表1-57　房膳服务评分表

班级：　　　　　　评分组：　　　　　　　　　　　　　年　月　日

项目＼得分＼组名				
房膳预订				
房膳送餐				
房膳收餐				
得分(10分)				
最佳组员				

特别提示

1.房膳服务

房膳服务,又称客房送餐(Room Service),是饭店为方便宾客、增加收入、体现服务水准而提供的服务项目。房膳送餐服务项目包括：早餐、午晚餐、消夜送餐服务；迎宾水果送餐服务；VIP客人送餐服务；生病客人送餐服务等。

2. 房膳预订

宾客预订房膳服务通常有两种方式：一种是电话预订；另一种是早餐门把手菜单预订。电话预订，即通过酒店预订专线电话进行订餐服务，为临时性预订。早餐门把手菜单预订，是宾客通过选择挂在客房内门把手上菜单内的固定菜式，服务员在指定时间内收集好预订单，提前进行准备，按宾客要求的时间送入客房的固定菜式选择预订。

关键词

1. 早餐门把手菜单

早餐门把手菜单，又称早餐牌，通常悬挂在宾客房间内的门把手上，菜单上有2~4种套餐。每种套餐内的菜式有多个品种，客人可在喜欢的套餐和品种前画钩，并将选择好的菜单于入睡前挂在本屋外的门把手上。服务员会在相对固定的几个时间段收取早餐牌并送至厨房进行准备，次日清晨在客人要求的时间内送至客房。早餐门把手菜单的预订方式多用于外宾较多的高星级酒店。

2. 收餐卡

收餐卡是一种温馨提醒的小卡片，通常随送餐车送至客人房间，放在客人用餐的明显位置。收餐卡上多标有祝宾客用餐愉快的字样，同时标有收餐的电话号码，便于客人联系房膳人员及时收餐。

（1）房膳为即将住店的宾客提供迎宾水果服务（图1-21）。
（2）房膳为生病的宾客提供（图1-22）服务。

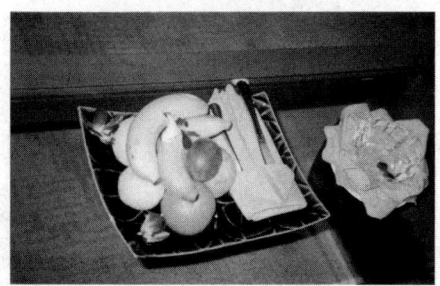

图1-21　迎宾水果

图1-22　服务生病宾客

项目二　进阶与拓展

■ 项目简释

经历了项目一入门、入职等一系列行业认知方面的学习,从直观的基本技能训练到各项服务程序的熟悉,现在步入系统的专业技能阶段。

本课程的设立,目的在于培养学生运用已经掌握的基本技能知识,在原有知识的基础上收集具有一定价值的素材,进行问题分析、方案设计、分工合作、最终展示设计成果,进而引导学生逐步掌握中/西餐宴席及各式宴会、酒会、茶会的台面设计与服务组织管理,在项目课程实施过程中,有意识地培养学生的设计、创造能力,以达到符合餐饮职业生涯的能力要求。

■ 能力目标

● 能运用已经掌握的餐饮专业知识,设计中/西餐宴会、各式酒会、茶会及酒吧的宴席桌面设计与布置。

● 能对中/西餐宴会、各式酒会、茶会及酒吧的服务组织流程有所掌握。能将已掌握的专业知识在中'西餐宴会、各式酒会、茶会及酒吧的整体演练中得到灵活运用。

● 能将学校所学的理论知识在今后的实际工作中灵活运用。

■ 项目分解

● 模块一　中餐宴会服务。

● 模块二　西餐厅服务。

● 模块三　自助餐与会议服务。

● 模块四　酒吧服务。

模块一 中餐宴会服务

- 了解我国民间的大部分节日。
- 依据民间节日的风俗习惯,引入民间餐饮宴席的起源与演变。
- 阐述现代宴席分类与宴席格局。

- 了解传统节庆活动期间的餐饮文化市场状况。
- 熟悉餐饮市场宴席的分类。
- 观察各类宴席与民间节庆之间的关系。
- 结合宴饮文化市场调研,设想中餐宴席发展的趋势。

技能/知识点一 中华宴饮文化及宴席分类

中华宴饮文化历史悠久、源远流长。中国传统节庆活动凝结着华夏儿女的民族精神和民族情感,承载着中华民族的文化血脉和思想精华。在中华民族发展的历史进程中,传统节庆活动以其丰厚的文化内涵和周期性、民族性、群众性的特点,承载着人们的生活情趣和精神追求,滋养着民族的生命力、创造力和凝聚力,推动着中华文化的历久弥新,形成了耀眼的人文符号和独特的文化记忆,深深地融入每个中国人的血液中。

中华传统节庆活动,各有其特定的风俗习惯和活动内容。其中,宴饮是中华传统节庆文化的主体内容和重要组成部分。我国每个传统节日几乎都有其相对应的特定的饮食内容和宴饮形式,如元旦(1月1日)、春节(农历正月初一)、端午节(农历五月初五)、中秋节(农历八月十五)、国庆节(10月1日)等,任何内容和形式都有一定的内涵,那就是吉祥福瑞。

1. 中华宴饮的起源

中华宴饮文化的演变与发展是一个漫长而不断完善的历史进程,经历了千百年的演变,超出单纯风俗礼仪的传统概念,形成了一种新的饮食文化产业现象。它既是中华民族物质文明和精神文明程度的重要标志之一,也是人与人之间的一种礼仪表现和沟通方式。这种宴饮文化在"中国传统节庆活动"中的表现尤为突出。

现代的"宴席"一词是由古代"筵席"一词演变而来。据《周礼·春宫·司儿筵》载:"铺陈曰筵、籍之曰席。"到了夏朝,随着生产力的逐步提高,人们有了一定的剩余产品,有了它,人与人之间就有了"礼"的要求,慢慢地形成了原始的就餐方式。当时的氏族内部,为了商讨大事而举行各种隆重的聚会,于是便形成了古代筵席的雏形,一直演变至今。

现代的人们为了某种社交目的,用一定规格的酒菜食品和礼仪来款待客人的聚餐方式,这就是"宴会"和"筵席"的总称,即"宴席"。

2. 中华宴饮的演变

现代宴会的形式可以追溯到夏代前后,当时的参宴者只是在半地穴的屋子里围坐而已。到了商殷时期,各代殷王为祭祀祖先,用牛鼎、鹿鼎等盛器来盛装祭品,祭祀完后,参祭者围在那些装满食物的祭器旁饱餐一顿,据《礼记·表记》载:"殷人奠神,率民以事神,先鬼而后礼。"

后来的商纣王,最为奢侈,据《史记·正义》引《括地志》,纣王当政,荒淫无道,搞起酒池肉林大宴,"使男妇倮,相逐其间,为长夜之饮",开了夜宴的先河。

到了周朝时期,宴会形式由过去为祭祀而设的惯例,转变成为活人而设的宴会制度,从过去上至天子,下至庶民一概席地而坐,而出现"大射礼""乡饮酒礼""公食大夫礼"等诸多名目,实现了宴会边列案制度。这一制度自周秦、两汉、南北朝以来一直如此。汉代孟光举案齐眉的故事妇孺皆知,继而成为古代宴会中的一种礼仪规定。

隋唐五代时,由席地而食发展至站立凭桌而食,后桌椅的出现将人从跪坐中解放出来。到了五代前后,宴会的形式有了突破性发展,食案有所改变,不再列席。五代时,贵家饮宴实行一人、一桌、一椅的一席制,由此产生了分食制,直到明代仍循此制度。后来又出现了一张长桌面同时坐两三位来宾的联席;到唐宋时期发展为十多人围坐大方桌的宴饮。

明朝,宴会形式发展为八仙桌;清代,康熙、乾隆年间又出现了圆桌(俗称团圆桌)。这种圆桌,现在不仅用于民间,而且还用于国宴,从而彻底改变了人们的不良饮食习俗。

3. 现代宴席的分类

随着现代餐饮的不断翻新发展,宴会的基本格局也发生了显著变化。按照宴会的菜式划分,有中式宴席和西式宴席;按照宴席的规格和隆重程度划分,可分为正式宴席与便宴;按照宴席的构成特点划分,有仿古宴席、风味宴席、素宴和全类宴席等。

(1) 按宴席菜式划分:

• 中式宴席。指菜点、饮品以中式菜品和中国酒水为主,使用中式餐(用)具,并按中式服务程序和礼仪服务的宴席。其突出表现为:宴席菜点以传统中式菜肴为主,兼顾地方风味;就餐环境、圆台桌面设计、餐具用品等均反映出传统的中华饮食文化气息。席间常伴有民族乐器演奏,宴席的礼仪与服务程序突出中国特色,适合各种层面活动,满足各种规格的礼仪活动。

• 西式宴席。指菜点、饮品以西餐菜品和洋酒为主,使用西餐具、按西式礼仪和服务程序服务的宴席。突出表现为:宴席菜点以欧美菜式为主,饮品为西洋酒水;就餐环境、长方台桌面设计、餐具用品均具有西洋格调;席间常伴有西洋乐器伴奏;礼仪与服务程序(英国式、美国式、法国式、俄国式、大陆式)西式化。另外,日、韩菜式按照我国的习惯,也被纳入西式宴会的范畴。

(2) 按宴席的规格和隆重程度划分:

• 正式宴席。在正式场合举行的宴席,多数是指政府和群众团体有关部门为欢迎应邀来访的宾客,或来访的宾客为答谢东道主的款待而举行的宴会。

正式宴会气氛隆重、礼仪及服务程序讲究,形式多样(分为鸡尾酒会、冷餐酒会、茶话会、圆桌式宴会等)。

• 便宴。即非正式宴会。其形式不拘严格的礼仪,随便、亲切,多用于招待熟识的宾朋好友、生意伙伴等。此类宴会常于午间随意交谈,不作致辞或祝酒,菜点的道数和饮料品种也不作具体规定,可酌情增减。

(3) 按宴席菜品特征划分:

• 仿古宴席。指将古代的特色宴席融入现代文化的一种宴席形式。这是一种有益的尝试,有利于弘扬我国历史悠久的饮食文化,满足现代市场的需求,创造良好的经济效益。如,新满汉全席、孔府宴、红楼宴、仿唐宴等。

• 风味宴席。指宴席的菜品、原料、烹制方法、服务方式等,均具有较强的区域性或民族性特点的宴席。可分为地方风味、特殊原料风味、特殊烹饪方法风味、国家或地区风味。如,国家或地区风味,有法式宴席、日式宴席、泰式宴席等;特殊原料风味,有野味宴席、药膳宴席、海鲜宴席等;特殊烹饪方法风味,有烧烤宴席、火锅宴席等;地方风味,有清真宴席、川菜宴席、湘菜宴席等。

上述风味宴席的餐具、席面布置、装饰装潢等均具有明显的地方特色、民族风格与宗教色彩及菜色品种受季节影响较大的特点。

• 全类宴席。又称"全料宴""全席"。在宴席发展演变过程中可分为:主料单一烹制的宴席、座汤之后跟四个座菜的宴席、"满汉全席"三种。

- 素席。又称"斋宴",指所有菜品均由素食菜肴组成,常常赋予一定的宗教色彩,但实际情况并非完全如此。

我国传统的素食主要有三个流派:寺院斋菜、宫廷素菜和城市商业素食。

(4)按宴席的性质与主题划分:

- 国宴。是指国家元首或政府首脑为国家庆典活动(如国庆)或为欢迎外国元首、政府首脑来访举办的正式宴会。规格最高,也最为隆重,一般在宴会厅内悬挂国旗,设乐队,演奏国歌,席间致辞,在菜单和席次卡上印有国徽。其特点,是出席者身份高,礼仪场面隆重,服务规格高,菜点以热菜为主,兼有一定数量的冷盘。
- 公务宴席。是指政府部门、事业单位、社会团体及其他非营利性机构或社会组织或团体为庆功庆典、祝贺纪念、交流合作等重大公务事项接待国内外宾客而举行的宴席。其特点,是宴席形式多样,宴请环境紧扣公务活动主题,礼仪讲究,注重环境设计,宴请程序和规格相对固定,通常按惯例安排致辞、祝酒等。
- 商务宴席。是指各类企业和营利性机构或组织,为了一定的商务目的而举行的宴席。进行商务宴席安排时,一定要注意了解宴请双方的共同偏好和要求,掌握好宴席的设计与布置,控制好整体服务过程中的服务节奏与气氛,为宴请双方的商务合作奠定基础。
- 亲情宴席。主要是指以体现个体与个体之间情感交流为主题的宴请,突出表现在人们的日常生活当中。常见的亲情宴席,体现于逢年过节、生日祝寿、亲朋相聚、乔迁之喜、红白喜事、洗尘接风等方面,主要有婚宴、寿宴、迎送宴、纪念宴、家庭便宴、节日宴席等。

4.现代宴席格局

广义的宴席格局,是指宴席饮食、服务及其他聚会活动的编排顺序和构成比例。而狭义的宴席格局,则仅指宴席菜单中除酒水以外饮食品种的基本构成、所占比例及编排顺序。

宴席饮食品种根据性质和作用的不同,一般由酒水、冷菜、热菜、主食(点心、小吃)、果品五大类构成;从服务方式上可区分为中、西餐桌式服务宴席及中、西自助式宴席两种基本格局。

(1)中餐桌式服务宴席格局。中餐桌式服务宴席的基本格局,从整体上表现为四段式结构。

第一阶段:冷菜(形式多样化)。

第二阶段:热菜(根据标准不同,一般由6~9道热菜组成)。

第三阶段:点心、小吃、主食(几个项目品种可以相互替代)。

第四阶段:水果(按季节不同选择水果品种)。

尽管各地的饮食习俗、自然环境、经济水平有一定的差异,但各大菜系宴席的格局形式基本趋向一致。

(2)西餐桌式服务宴席格局。西餐宴席的基本格局从整体上表现为五段式结构。

第一阶段:头盘类(由冷头盘和热头盘组成,主要起开胃作用)。

第二阶段:汤类(如,法国洋葱汤、意大利菜汤、牛尾汤等)。

第三阶段:沙拉类(有素沙拉、荤沙拉、荤素混合沙拉等,配以各种法国汁、千岛汁等汁酱)。

第四阶段:主菜类(通常由鱼、虾、牛、羊、禽类等组成,配以各种新鲜素菜组合烹制而成)。

第五阶段:甜品类(包括布丁、蛋糕、奶酪及各式甜点)。

以上是西餐宴席的常见格局,在头盘类前可以配些开胃酒,正餐过程中按照食用的菜肴不同,安排红葡萄酒、白葡萄酒;餐后可安排适量餐后甜酒或红茶、咖啡等餐后饮料,以帮助消化、醒酒。

(3)中餐自助式服务宴席格局。中餐自助式服务宴席格局,由冷菜类、汤类、热菜类、甜品类、水果类、饮料类组成。

(4)西餐自助式服务宴席格局。西餐自助式服务宴席格局,由冷盘类、汤类、沙拉类、热菜类、现场切肉类、甜品类、水果类、面包类(配黄油)、饮料类组成。

技能/知识点二 主题宴席台面设计、摆台及装饰技巧

1.主题宴席台面种类

因单位或个人宴请的目的、要求、形式不同,主题宴席台面的种类可分为多种类别,但总体上可划分为如下三类:

(1)中餐主题宴席台面。中餐主题宴席一般采用传统的中餐圆桌台面,使用中餐餐具及玻璃器皿进行摆台。高档次的宴会则增添金器、银器餐具和水晶玻璃器皿,台中央用花草点缀,整体布置讲究。

(2)西餐主题宴席台面。西餐主题宴席台面,按照西餐宴席的要求,常用方形、长方形桌面组成形状各异的工形、回形、马蹄形等各种西餐宴席台型。桌面布置摆放各种西式金属餐(用)具、瓷器、酒具、蜡台等,桌面中央摆放花草进行装饰。高档次的宴席则选用银质餐具摆放。

(3)中西合璧主题宴席台面。随着中西文化的不断融合,饮食文化也在不断产生着中西合璧的新亮点。中菜西吃、西菜中用,在宴席上常常相互交错运用,中西合璧的宴席台面也就随之产生(如冷餐酒会)。宴席的台型设计随着宴席性质

的不同而不断变化(选用圆台面或长台面),桌面布置所用的餐具既有中餐具,又有西餐具(刀、叉、筷子等)。

2. 主题宴席台面设计的基本要求

宴席台面设计必须符合宴会的性质、主题及宴会主办方的具体要求,既要考虑美观、实用,又要切合宴席的主题,满足宾客的需求,同时还要考虑到方便服务人员的正常操作。

(1)按照主办方的用餐要求,切合宴席主题进行构思、设计。任何宴席台面都必须紧扣宴席主题及宴会档次进行设计,如婚宴、寿宴的桌面设计就较为典型,主办方的要求很明确,宴席设计时必须紧扣主题,突出"喜"与"寿"。

其他不同主题的宴席,整体装饰要求与席面布置的气氛存在很大的差别。如,谢师宴、生日宴等。

(2)按照主题宴席的传统就餐礼仪及现代美学的结构装饰、菜式品种、酒水特点来设计。主题宴席布置要充分考虑到主办方提出的主宾、主人的席次排列,并依据宴席安排的菜品、酒水情况,配备中、西式餐(用)具及相应酒具,在席面装饰中,利用餐(用)具、餐巾、桌布、鲜花等其他艺术品的色彩搭配,使饮食文化与美学艺术得以交融,整个宴席的气氛得到烘托,从而增强宾客的食欲。

(3)主题宴席设计必须符合饮食卫生要求,并充分考虑到宴席服务过程中不同服务方式的可操作性。任何形式的宴席,都必须将饮食卫生标准放在第一位,在符合饮食卫生的基础上摆放合格的餐(用)具及装饰品,并考虑到各种服务方式在整个宴席服务过程中的可操作性。

3. 主题宴席的摆台与装饰技巧

(1)主题宴席摆台的基本技能。主要包括主题宴席的桌椅排列摆放,按照主题宴席要求铺设相应色彩的桌布、台裙及其他装饰用品(如,喜宴或寿宴等象征性吉祥图案),餐(用)具及宴席台面转盘中心的装饰点缀。

摆放餐台时须注意宾客的人数与桌面大小的选用,熟知普通用餐宾客所占桌面圆弧边长为60厘米,舒适为70厘米,豪华为85厘米。铺设台布时要注意台布的中缝凸面向上直对正、副主人位,四面下垂部分均等。桌布的色彩与宴席的灯光、地毯、口布及宴席的主题相吻合。餐具、杯具的选用与摆放,要在普通宴会摆放的基础上结合主题需要做些适当的改变,力求实用、美观。

台面中心装饰的布置,要依据主办单位与个人的具体要求,围绕主题进行布置,多数以鲜花、瓜果雕刻、冰雕、绿色植物等来进行装饰,也有许多是根据宴席的内容采取寓意性的布置,借以突出主题,烘托宴席气氛。

(2)主题宴席的台型设计。无论宴席台型如何设计,均必须做到宴席餐桌安排合理、美观、大方。其布置应遵循宴席主题明显突出,并以此为中心,身份地位按先左后右,近高远低的原则,依据不同的餐桌数目要求,编排布置整个宴会大厅。通常来说,宴席主桌的台面、台布、餐椅、餐(用)具、鲜花的规格应高于其他餐桌。

对于多桌宴席餐桌之间的距离间隔,一般不低于1.5米,餐桌距墙的距离不能少于1.2米,要求主桌必须专设服务桌,其他各桌可酌情适当安排工作台,且要求不影响整体美观,方便服务人员操作。

技能/知识点三 主题宴席的菜单设计

1.主题宴席菜单设计的特点与要求

主题宴席菜单设计,无论是何种档次、规模、目的,都应该遵循宴会所要求的设计规则的特点,菜单中应包括:冷菜、热菜(头菜、热炒、大菜)、甜菜、素菜、汤、点心、水果等。在进行主题宴席菜单设计时必须做到:

(1)注重主题宴席菜单的设计规则,按就餐习惯编排菜肴,并懂得菜品安排的三个梯次部分(呈现部——冷菜;展示高潮部——热炒、大菜、甜菜、汤;尾声部——主食、点心、水果)。

(2)在成本确定的情况下,科学组配色、香、味、形、器及营养成分,要求菜点结构合理、数量恰当、营养成分符合人体的生理需要。

(3)突出宴席菜单的主题,针对不同的主题要求,进行宴会主题菜名的配合(如,生日宴、婚宴、寿宴等,要求菜肴名称具有关联性)。

(4)尊重饮食传统习惯,大胆借鉴地方菜、民族菜、西菜进行创新,不断丰富主题宴席的菜单内容,不断变换烹调方法,力求宴席主题菜单的实用性,并根据市场与季节的变换进行菜单结构的调整。

2.主题宴席菜单的设计方法

主题宴席菜单的设计一般依据宾客的不同需要,将不同特点的菜肴经过科学组合,形成一定文字材料,供宴会举办方进行选择。其具体设计的方法通常有以下几种:

(1)固定性主题宴席菜单。固定性主题宴席菜单,是指主题宴会的菜品相对固定,可反复使用,设计时可根据当地客源市场的结构、风俗及宾客消费档次,预先制定多套不同价格、不同类型、不同风味的主题宴席菜单,以满足不同宾客的设宴要求。在供宾客选择时,也可依据不同宾客的需求,对主题宴席菜单进行局部变更。这样的主题宴席菜单有利于烹饪原料的集中采购和加工,可进行标准化、规范化生产,但却不能满足一些常客的口味更新需求,不利于厨师的创新。

（2）循环性主题宴席菜单。循环性主题宴席菜单，是根据季节及客源市场的变化情况，按一定特定要求重复使用的主题宴席菜单，尤其是一些中国传统的节庆宴席（如春节、中秋、婚宴、寿宴等）的菜单，要求随餐饮市场的发展不断更新菜肴，制作时保证菜品质量尤为重要。

（3）临时性主题宴席菜单。临时性主题宴席菜单，一般是根据宾客的消费标准、饮食要求临时制定。这种主题宴席菜单灵活性、针对性较强，可迅速满足宾客的需要，及时把新创菜、时令菜品种用于主题宴席菜单中。但这种菜单在原料采购及食品制作的稳定性上有一定的难度。

3. 主题宴席菜单的设计内容

主题宴席菜单的设计内容十分讲究，一般包括以下内容：

（1）冷菜。冷菜，又称"冷盘""凉菜"，荤素比例一般为1∶1，可分为主盘和围碟。主题宴席的主盘有潮式卤水拼盘、艺术拼盘、什锦拼盘等；围碟有单盘、双拼、三拼。

（2）热菜。热菜，通常由热炒、大菜组成，是主题宴席中的主要菜品。热菜，排在冷菜后、大菜前。每桌通常安排3~4道不等。大菜，是主题宴席的主要菜品，一般选用山珍海味或整只的禽类、水产及畜类的精华部位，每桌2~4道。一般来说，头菜的档次决定了大菜的档次，上菜时，要先上头菜，然后质优者先上，质次者后上，突出山珍海味，以显示宴席的规格。

（3）甜菜。甜菜，泛指一切甜味食品。每桌安排1~2道，档次随成本高低差距较大（如，冰糖燕窝、蜜汁山药等），主要起调剂口味作用。

（4）素菜。素菜，通常安排在宴席大菜后，选用果蔬、菌类、豆制品等时令原料，具有改善人体营养平衡、增强食欲、助消化的作用（如，大煮干丝、什锦时蔬等）。

（5）汤菜。因各地的饮食习惯不一样，主题宴席上汤菜的时机不尽相同。南方通常把汤菜放在冷菜后，称"首汤"，而北方则把汤菜放在大菜后，称"尾汤"，但也有在宴席中间上汤菜，称"中汤"的。主题宴席的汤菜要依据宴席的规格、档次而定，一般在宴席过程中安排1~2道汤菜。

（6）点心。主题宴席的点心品种繁多，有糕、团、饼、饺子、包子等。每席一般安排2~4道。上点心的顺序各地不一，通常穿插在大菜之间，也有待宴席快结束前上点心。

（7）主食。主食，由米、面、豆制品等组成，品种主要有米饭、面条、水饺等。

（8）果品。一般按季节选用新鲜瓜果，加工装饰后上桌，表示宴席即将结束，但也有的地方在主题宴席开宴前将水果上桌，供客人酒前解渴、清口。

4. 主题宴席菜单设计的注意事项

主题宴席菜单设计的成功与否，主要取决于如何依据宾客的需求科学地进行宴席菜单的设计;取决于菜肴食品的原材料采购、加工、制作与服务是否按照预先的设计去实施;取决于管理者如何正确控制菜肴成本,正确处理好宾客与酒店的利益关系。

技能/知识点四　主题宴席的物品准备与现场服务

1. 主题宴席的场地布置

主题宴席一旦确立下来之后,应迅速发放主题宴席通知单至各相关部门。各部门做好宴会前的服务组织工作,须做到"八知""三了解"("八知",是知台数、知人数、知宴请标准、知开餐时间、知菜式品种及出菜顺序、知主办单位、知收费办法、知宴请对象。"三了解",是了解风俗习惯、了解生活忌讳、了解特殊需要)。

除此之外,还要了解主题宴席的性质及相关注意事项,着手围绕宴席主题做好宴会的布置、物品准备、人员安排、餐前检查等准备工作。

主题宴席的组织者要根据宴请活动的形式、性质、桌数等具体要求来布置宴席场地(婚宴、寿宴、生日宴等布置要求各不相同),布置时要突出主桌。主桌的位置应设在能够纵观整个宴会场面的地方。其背面通常以屏风、壁画或花草来衬托。其他桌椅家具需围绕主桌对称摆放。

台型布置须按照"围绕主桌,先左后右,由近至远"的原则来设计。每桌一定要注意桌距,既不能过大,也不能过小,要以方便客人入座、离席,便于服务人员操作为限,如有乐队演奏或演出,则须留出表演场地。

其他宴会的酒吧及工作柜等,须依据宴会的场地空间进行灵活设定。

2. 主题宴席摆台与餐前物品准备

主题宴席的餐(用)具准备与摆放工作,要根据主题宴席菜单来安排,不同标准、不同规格的主题宴席所配的餐(用)具也有所区别。

常见的宴席桌面摆台的餐(用)具有:餐位垫盘、骨碟、调味碟、口汤碗、羹匙、分羹、筷子/架、水杯、红/白葡萄酒杯、烈性酒杯、袋装牙签、烟缸、口布及餐桌中心饰品。

宴会工作台备用餐(用)具的数量、品种、名称,要根据宴会菜肴的数量、宴会出席的人数来进行计算。备用餐(用)具准备时,要考虑到宴会期间临时加人或餐(用)具损坏时的替补,尤其是骨碟、汤碗/匙、烟缸及玻璃器皿,一般约多备20%,并将各类开餐(用)具摆放在规定的位置。

3. 主题宴席的酒水、饮料、香烟、水果准备

主题宴席的酒水、饮料、香烟、水果,通常是按照宴会通知单上的要求,在宴会

开始前30分钟摆放在工作台上。水果要清洗干净,酒瓶及饮料罐也要擦干净,随用随开,不可浪费,值台服务人员一般在开宴前5分钟斟好预备酒。

4. 主题宴席的冷盘摆放

大型宴会通常在宴会开始前20分钟摆放好冷菜;中/小型宴会要视现场的具体情况而定,冷菜上早了,既不符合卫生标准,也容易被空调风吹干,影响菜肴造型。摆放冷盘时,尤其要注意菜点色调的分布与菜肴荤素的搭配摆放。

5. 主题宴席服务人员的组织设计与服务流程安排

大型宴会一定要统一指挥,服务工种分别由现场管理人员、迎宾员、值台服务员、斟酒员、传菜员、机动人员组成。准备阶段时管理人员必须分工明确。每位服务人员的工作区域范围与任务要清楚,如果有必要,宴会开始前需要进行一场模拟演练,让每位工作人员明白自己的工作区域,熟悉自己将要做的工作,以确保大型宴会万无一失。

6. 主题宴席开宴前的检查

为确保宴会工作中少出差错,管理人员在宴会前必须对照宴会通知单上的具体要求检查餐桌、卫生情况、安全及设备运行状况等。从桌面服务人员、传菜人员等分派工作是否合理,到餐(用)具、饮料、酒水、水果是否备齐,从摆台规格到各种用具及调料是否备齐并略有盈余,从服务人员的仪表装束到其卫生情况是否达标,从宴会厅的清洁状况、餐(用)具是否消毒,到照明、空调、音响等系统是否能够正常工作,均要严格检查,以消除宴会中可能出现的隐患,努力将事故发生率降至最低限度。

7. 主题宴席的现场服务

宴会现场服务程序很多,都有一定的标准和规定,必须按规则进行:

(1)迎候宾客。按照宴会通知单的要求,由宴会主管人员或服务人员在宴会厅门口迎接宾客,向客人问好,微笑致意。

(2)存放衣帽。宴会规格较小,设衣帽架,安排服务人员照顾宾客,接挂衣帽。宴会规模较大,设衣帽间,凭牌存放衣物。

(3)休息厅服务。宾客来到休息厅后,服务员招呼入座,按要求上茶、递毛巾或派酒。

(4)入席服务。宴会前5~10分钟倒好宴席规定的酒水,站在服务台席一侧等候宾客入席。宾客进入宴会厅,服务人员需面带笑容,引领入席。引领次序是:先女宾后男宾,先主宾后一般宾客,并顺序拉椅,对年长和行动不便的宾客要优先照顾。客人坐定后,递送香巾、铺口布、上茶,根据要求斟橘汁、啤酒或矿泉水等。最后按要求斟烈性酒,帮助宾客除下筷套。

(5)上菜顺序。先食用冷盘,在宾客食用10分钟左右时上汤或热菜(也有将汤羹放在热菜以后上的),最后上点心和水果。

(6) 厨房出菜速度的控制。如果上菜过慢,会造成空盘或菜冷汤凉;上菜过快,宾客吃不好,还会有被催促的感觉。管理者要现场监督,灵活掌握上菜的时间与速度。这样才能保证菜肴的质量、色泽及温度。当主人和主宾临时即席致祝酒词时,服务人员需与厨房联系,控制出菜的节奏;如遇大型宴会,则要有专人协调,统一上菜,显示规格。

(7) 服务方式,可根据宴会规格、出席人数和主办单位的要求,选用转盘服务或分餐式服务。

(8) 上菜要求,服务员须先看一下菜单,记下菜点品名和风味特点,以备询问。撤下前一道菜的骨碟时,需立即换上干净骨碟或汤碗;当客人食用需要用手直接拿取的菜点时,须跟上小毛巾;上带有配料的菜点时,应先上配料、后上菜。

(9) 斟酒要求。酒水要勤斟勤上,每上一道菜后,要视情况斟一遍酒。在宾客干杯和互相敬酒时,应迅速拿起酒瓶到桌前准备添酒。在主人和主宾讲话前,要注意观察每个宾客杯中的酒是否已满上。在主宾席服务的服务员,当宾主离席讲话时,要立即斟上一杯酒,放在垫好口布的小托盘里托起,随后待立一边,当讲话结束时,迅速送上,使之能举杯祝酒。当讲话的主人或主宾到其他餐桌祝酒时,服务人员须同时托着红酒和烈酒紧随其后,随时为其斟酒,当宾主祝酒回到座前时,要照顾其入座。

8. 宴会结束前后的服务工作

当宴会即将结束时,服务人员须把工作台上的餐(用)具、酒水归置好,然后退到桌边等候宾客起座。当宾客起身离座时,应为其拉开座椅,疏通走道。当宾客步出宴会厅时,要视情况目送或随送至宴会厅门口,不要在宾客刚起身还未出宴会厅时,便忙于收台。在宾客离席后,要检查台面是否有未熄灭的烟头,宾客是否有遗留物品。收台时的顺序为:先收口布、小毛巾,然后是玻璃器皿,最后是瓷器。

9. 主题宴席服务中的注意事项

当主人和主宾在席间讲话或举行国宴奏国歌时,服务人员须停止上菜、斟酒,迅速退至工作台外侧肃立,不要走动,也不要三三两两聚在一起交头接耳。在服务过程中,走动的脚步要轻快,动作熟练敏捷,拿取物品要注意轻拿轻放。斟酒服务时,不要把酒水滴在客人身上。席间如有事或电话告诉客人,须略欠身,低声细语,以免干扰其他宾客,如身份较高的主宾或主人,应通过主办单位的工作人员或翻译转告。

项目二 进阶与拓展

▶ **实施步骤**

(1)认识主题。
(2)中餐主题宴会台面设计与布置。
(3)宴会服务流程设计。
(4)完成宴会服务的综合演练。

1. 职业基本能力评价(见表2-1)

表2-1 职业基本能力评价表

等级	评价标准	小组评语	教师评语
优秀	• 主题宴会台面设计布置思路清晰 • 主题宴会菜单设计与制作合理 • 主题宴会服务组织完善 • 主题宴会服务流程设计切合综合演练		
良好	• 主题宴会台面设计布置思路清晰 • 主题宴会服务组织完善 • 主题宴会服务流程可行		
及格	• 主题宴会台面设计布置较为合理 • 主题宴会服务组织基本完善 • 主题宴会服务流程较为可行		
不及格	• 宴会台面设计布置主题不明 • 主题宴会菜单设计与制作不太合理 • 主题宴会服务组织缺乏完善 • 主题宴会服务流程设计较难综合演练		

2.职业拓展性能力评价(见表2-2)

表2-2 职业拓展能力评价表

评价(评估)内容	4	3	2	1	教师评语
• 宴会台面设计布置主题选择的合理性					
• 主题宴会台面设计目的明确、思路清晰					
• 主题宴会台面设计布置整体效果佳					
• 主题宴会台面设计布置具有一定的创新					
• 主题宴会台面设计布置的实用性					

特别提示

(1)宴会台面设计布置的主题选择。
(2)主题宴会台面设计布置的实用性。

关键词

(1)主题宴会。
(2)主题宴会设计。

知识链接

中餐宴会对服务技能要求较高,餐厅管理者须重视如下四个方面的管理:
(1)宴会前的准备工作情况。
(2)服务人员的仪表、仪容、对客的服务态度。
(3)宴会服务中的规范操作、熟悉程度。
(4)餐后的收尾管理工作。

案例分享

一次不寻常的服务

某日,餐厅来了几位30岁左右、朝气蓬勃的先生。小葛礼貌且热情地问候:"晚上好,先生!"不想,换来的却是眼角余光的一瞥。

小心翼翼地挂好客人的每件衣帽后,小葛又热情地询问:"几位先生,用点什么茶水?"没人搭茬儿。"我们这儿有龙井、银针、毛尖、菊花……"突然,一位客人不耐烦地打断小葛的推介说:"小姐,打开电视,看看新闻!""对,对,打开电视!"其余几位都随声附和着……看来,开口讲话的这位一定是今天的主角。

客人进门时,小葛留意到这位先生丢进垃圾桶内的牛黄解毒片药盒,便微笑着询问那位先生:"您看,这段时间天气干燥,给大家冲壶菊花茶,败败火怎么样?"客人也就嗯了一声。不管怎么说,总算开头儿了。

客人入座后,足足用了20多分钟的时间,终于点完了菜。随后斟酒、上菜,一切还算顺利,但好景不长,麻烦接踵而来。"哎,小姐,你这是竹节虾吗?我看比虾米大不了多少!把你们经理叫来!"

其实,今天的活虾确实不如平时的大,但也小不到哪去。于是小葛急忙解释:"各位,您可别小看这虾,这可是野生的,论营养、论味道都远远超过那些人工饲养的大虾呢!"客人们听了她的解释显得颇为满意,看"主角"拿起了筷子,大家也便饶有兴致地吃了起来。小葛又做了开餐服务,一盘虾一会儿就吃没了。

一波未平,一波又起。那位主宾大声说:"小姐,你对我有意见?这么多人,你偏偏把鱼头朝向我?""不敢、不敢……"小葛急忙摇头。

"那你得给个说法,不然,这鱼头酒,你替我喝了。"显然,客人是在刁难。小葛壮了壮胆:"您看,这鱼是鳜鱼,您呢,是今天的贵客,您说,这鳜(贵)鱼头不朝着贵客朝着谁呢?"客人们都笑了。终于,气氛在一个小小的玩笑后缓解了一些。可这鱼头酒,那位主客是说什么也不愿喝。客人们见势,又把任务交给了小葛:"小姐,我们处长说了,鱼是你放的,鱼头酒也只能由你来解决啦!"

"什么?这……"小葛慢慢地走到主宾身旁端起酒杯,"处长,我知道,您是一定不会让我为难的,是吧?""嗯,怎么不会!你替我把它喝了,我出小费!"小葛已被他搞得哭笑不得。"我上班时间,不能喝酒。这是我们的规矩啊。""我不说,谁知道?"说着,他还站起来关上了包房的门,又掏出一张百元大钞拍在餐桌上。

小葛笑着摇摇头,"处长,您也是领导,和我们领导一样,总不希望看到自己的员工触犯您所规定的制度吧!""好!说得好!"一位客人居然为小葛的话叫起好来,并对这位处长说:"老哥,喝了吧,不就一杯小酒吗?小姐脚都站累了!"接着,一桌人七嘴八舌地向处长劝酒,他终于端起了酒杯……

以后的服务异常顺利,客人们的态度也来了个180度的大转弯。临走,都主动和小葛握手表示感谢!

(1)为什么说服务员要想把服务工作搞好,仅凭热情是不够的?

(2)如果你是餐厅服务员,会如何应对客人的"盛情"呢?

- 服务心理学。
- 沟通技巧。

(1)参加星级酒店兼职活动,体验服务工作。
(2)以小组为单位交流兼职服务工作的感受,并写出心得体会。

模块二　西餐厅服务

- 了解西餐的基本概况。
- 依据西方用餐习惯了解餐（用）具与汁酱。
- 阐述西餐烹制方式。

- 了解西餐的基本情况。
- 熟悉西餐餐（用）具与汁酱分类。
- 观察西餐服务方式。
- 结合宴饮文化市场调研，设想西餐宴席发展的趋势。

技能/知识点一　餐（用）具识别与烹调方法

1.认识主要瓷器餐（用）具

吐司盆，直径15厘米；甜品盆，直径18厘米；鱼盆，直径20厘米；汤盆，直径20厘米；主菜盆，直径25厘米；谷类/甜品盆，直径13厘米。

其他还有：茶杯、茶碟、咖啡杯、咖啡碟、早餐碗、沙拉盆、茶壶、热水壶、牛奶壶、咖啡壶、淡奶壶、蛋盅、黄油盆、烟缸、汤盅、汤碗、胡椒盐瓶等。

2.认识主要金属餐（用）具

（1）扁平餐（用）具：在餐饮业中特指各种形式的匙和叉等。

（2）切割餐（用）具：指餐刀和其他切割刀具。

（3）凹形器皿：茶匙、汤匙、奶壶、糖缸等。

金属餐（用）具种类繁多，现在很多都使用镀银或不锈钢餐（用）具。不锈钢餐

(用)具比其他金属餐(用)具更能防划,防摩擦也更卫生,不易失去光泽,也不会生锈。

主要金属餐(用)具包括：
- 主餐刀；
- 鱼　刀；
- 茶点刀；
- 主餐叉；
- 鱼　叉；
- 糕点叉；
- 蜗牛叉；
- 蔬菜服务勺；
- 汤　匙；
- 龙虾签；
- 蜗牛夹。
- 甜品刀；
- 黄油刀；
- 甜品叉；
- 茶点叉；
- 牡蛎叉；
- 蔬菜服务叉；
- 甜品勺；
- 茶　匙；
- 莴笋器；
- 冰　夹；

3.菜肴适用餐(用)具
- 贝壳类菜肴/牡蛎——牡蛎叉；
- 半只葡萄柚——葡萄柚匙；
- 煎烤肉类——牛排刀；
- 玉米棒——玉米棒托；
- 奶酪盘——奶酪刀；
- 甜品——水果篮——水果刀叉；
- 蛋糕分份——蛋糕铲——甜品车；
- 剪下和拿住一串葡萄——葡萄剪；
- 甜品——水果篮——胡桃夹子；
- 蜜饯——果酱——果酱匙；
- 高杯冰激凌——圣代匙；
- 开壳见肉——龙虾钳；
- 从虾鳌中取出肉来——龙虾签；
- 动手食用的菜肴的附带餐具——净手盅；
- 用于展示什锦贝类菜肴——什锦贝类盘；
- 稳夹住蜗牛——蜗牛夹；
- 从壳中取出蜗牛——蜗牛叉；
- 双耳圆盘,一般有6个凹孔,盛装6只蜗牛——蜗牛盘；
- 用于装饰、展示烤肉类——银插针；
- 用于服务下午茶——茶点刀和叉。

4. 认识常用汁酱

西餐的汁酱与主料分开单独烹制时,因菜肴形态上以大块为主,烹制时不易入味,所以大都要在菜肴成熟后浇上沙司,使其口味更富特色。不同的菜肴配以不同沙司,食用时非常讲究,如:
- 配羊扒的薄荷酱(Mint Sauce)与薄荷果冻(Mint Jelly);
- 配鱼类菜肴的蛋黄酱(Tartar Sauce);
- 配沙拉的千岛酱(Thousand Island Dressing)、油醋调味汁(Oil & Vinegar)、法式沙拉调料(French Dressing)、罗克福尔沙拉酱(Roquefort Dressing)等。

5. 烹调方法

- 烘——在烘炉中,用干燥的、持续不断的热度制作。
- 煮——在摄氏100度的沸水中制作,水泡会不断上升到水面。并随之分解,特点是汤菜各半,汤宽汁浓,口味新鲜。
- 焖——将经过炸、煎、炒或水煮的原料,加入酱油,糖等调味汁,用旺火烧开后再用小火长时间加热成熟的烹调方法。

焖的特点是:制品的形态完整,不碎不裂,汁浓味厚。
- 炸——在灼热的食油中炸煎制作,有的用少量食油嫩煎,也有在大量的热油中深炸。
- 烤——将经过腌渍或加工成半熟制品后,放入以柴、煤、炭或煤气为燃料的烤炉或红外线烤炉,利用辐射热能直接把原料烤熟的方法叫烤。
- 烩——将加工成片、丝、条、丁的多种原料一起用旺火制成半汤半菜的菜肴,这种方法叫烩。
- 氽——采用沸水下拌,一滚即成的一种烹调方法。
- 爆——将脆性原料放入中等油量的油锅中,用旺火高油温快速加热的一种方法。
- 蒸——在有压力或没有压力的蒸汽里制作。
- 炖——在能淹没食物的足够水中慢火炖制。
- 煨——在水将沸未沸的条件下用文火慢慢地煨煮。

技能/知识点二 西餐摆台与台面设计

1. 西餐台面基本摆台

西餐的摆台,是依据菜单和酒水的要求摆放餐(用)具,通常由头盘、汤、沙拉、主菜和甜品组成。佐餐酒,是白葡萄酒和红葡萄酒;个人餐位的用具,有装饰盘、餐巾、头盘刀、头盘叉、汤勺、鱼刀、鱼叉、主餐刀、主餐叉、面包刀、黄油刀、甜品叉、甜品勺、冰水杯、红葡萄酒杯、白葡萄酒杯和公用餐（用）具，餐桌以长形桌为主。

2.西餐台面设计

（1）铺台布。长形桌铺台布时须将第一块台布定位，再依次将台布铺完，做到台布正面朝上，中心线对齐，下垂部分均等、美观整齐。

（2）拉椅定位。双手拉椅定位，椅子边沿与台布下沿接触，间距相等。

（3）摆放装饰盘。左手用餐巾托装饰盘，从主位开始按顺时针方向依次摆放、对正餐位，距离桌边1厘米。

（4）摆放餐具。在装饰盘的右侧依次摆放主菜刀、鱼刀、汤勺、头盘刀；装饰盘上方摆放甜品叉、甜品勺；装饰盘的左侧摆放主菜叉、鱼叉、头盘叉、面包盘、黄油刀和黄油碟。

（5）依次摆放红葡萄酒杯、白葡萄酒杯和水杯。

（6）餐巾折花。一般选用简洁大方的盘花。

（7）公用餐具和装饰品。公用餐具和装饰品有花草、烛台、牙签盅、盐瓶、胡椒瓶、烟缸、火柴等。

（8）西餐的各种台形布置。西餐一般使用方形或长方形台。台形布局根据具体人数、场地形状和大小、服务组织、宾客要求来进行，可摆成"一"字形、"T"字形、"U"字形、"回"字形等。

技能/知识点三 西餐服务方式与酒水搭配

1.西餐服务方式

（1）美国式服务。美国式服务，也叫"盘式"服务，是美国很多餐馆的服务特色。其食物都是在厨房内装好盘，然后放在顾客的面前。

服务员遵循的规则是：菜从左面上，饮料从右面上，脏盘子从右面撤走。这种服务是快速和廉价的。它不太拘泥于形式，是餐馆业中较为流行的一种方式。

（2）法式服务/手推车服务。法式服务，起源于欧洲贵族家庭，是种比较讲究礼节的服务方式，通常服务的节奏较慢，是能够花得起时间同时又能支付较昂贵餐费的人才能享受的。

法式服务的特点是：

法式西餐使用银餐（用）具。菜肴须在客人面前的一张辅助边桌（小圆桌）形烹制车上进行最后烹调和完成。食品用银质大盘从厨房端到餐厅，放在一个叫"小圆桌"的餐车上，用一只叫暖锅的酒精炉或其他加热炉为食品保温。菜肴食品经过烹调、剔骨、切片和必要的装饰加工，配好后盛在加温过的热盘里端给客人。当然,这些菜肴食品必须能够在很短的时间内烹制、装盘和服务,才能在客前烹制。

提供法式服务的典型特色菜品为恺撒沙拉、黑椒牛柳和橘汁煎饼等。

法式服务中,一般都由两名服务员同时为一桌客人服务,此外,还有一名负责招呼客人就座的领班和一名侍酒水的服务员。两名负责同一台子的服务员,一位叫服务员(也有叫领班的)、一位是服务员助理。他们各有其职责,但又必须互相帮助。

(3)俄式服务。俄式服务起源于俄国,在拿破仑时代,开始出现在欧洲大陆。当时老式的英国式服务和烦琐的法式服务在欧洲占据主导地位。今天的俄式服务仍然是世界上较好的饭店和旅馆中最受欢迎的餐厅服务之一。

俄式服务在许多方面和法国式相似。它十分讲究礼节,风格雅致,为客人提供周到的服务。俄式服务也是一种豪华的服务,采用大量的银质餐具,摆台和桌面安排与法式服务相似,但服务方式有所不同。

- 俄式服务只需一名男服务员上菜服务。
- 全部菜肴都是在厨房中完成准备工作,预先切好,由厨师整齐地放在银质大浅盘中并由服务员把盘端到餐厅,再从盘中取出分送给客人。

(4)英式服务。英式服务,也称家庭式服务。维多利亚家庭,一家老小围坐在一张餐桌旁,由一家之主切开和分派菜肴,将其派放在一个小盘子中,由仆人分送给家庭的其他成员。作为配菜的土豆、蔬菜和汤汁等放在桌上,由家人自取。这种方式延续至今,在许多俱乐部和餐馆宴会厅举行的私人宴席上仍然被采用。英式服务所采用的服务方法,是服务员从厨房拿出已盛好菜肴食品的大盘和加热过的空餐盘,放在宴席首席男主人面前,必要时,由男主人亲手切开肉菜,并把肉菜配上蔬菜分装到一个空餐盘中,并由男主人将分好的菜盘递给站在他左边的服务员,再由服务员送给女主人、主宾及其他客人。甜品也可以用同样的方式进行。各种调味汁料、配菜及某些场合下的蔬菜,也都摆放在餐桌上,由客人根据需要自取并互相传递。

英式服务的特点是:讲究气氛、节省人工,但服务节奏慢,在大众化的餐厅里已不太适用。

(5)大陆式服务。大陆式服务没有一个统一的固定程式。其唯一的特色,是糅合了法式、英式、美式和俄式服务的方法,根据不同菜肴的特点来选择服务方法。因而,使用大陆式服务方法的餐厅,很可能第一道菜用美式、第二道用法式、第三道又用英式。

大陆式服务在服务方法的选用上所遵循的原则,是方便客人就餐、方便员工操作,什么菜肴选用何种服务方法先由管理人员确定,培训员工按统一的确定的标准和方法服务。

2.西餐菜肴与酒水搭配

西餐酒水与菜式的搭配有一定的规律。它是人们长期饮食实践的总结,也就是饮食习惯。总体来说,容易消化的食品(鱼、海鲜、贝类等)配白葡萄酒;而难于消化的食品(肉类、禽类、野味等)则配红葡萄酒;咸食选用干、酸型酒类;甜食选用甜型酒类。在难以确定时,则选用中性酒类。

香槟酒在任何时候配任何菜肴饮用都很适合。

常见的西餐菜肴与酒水搭配:

(1)餐前酒,通常选用具有开胃功能的酒类(鸡尾酒、软饮料等)。

(2)汤类,通常不配酒,如确实需要,则配以蕾利(sherry)酒或白葡萄酒。

(3)开胃菜肴一般较为清淡,易于消化,可选用低度、干型的白葡萄酒。

(4)海鲜类,选用干白葡萄酒,冷冻后饮用。

(5)肉、禽、野味类属于难以消化的食品。其中,小牛肉、猪肉、鸡肉等白色肉类最好选用酒度不太高的干红葡萄酒;牛肉、羊肉、火鸡等红色、味浓、难以消化的肉类,则最好选用酒度较高的红葡萄酒。

(6)奶酪类,一般配较甜的葡萄酒,也可继续使用配主菜的酒品等。

(7)甜品类,选配葡萄酒或葡萄汽酒。

(8)餐后酒,可选用甜酒、蒸馏酒等,也可选用白兰地净饮、爱尔兰咖啡等。

技能/知识点四 西餐现场烹制服务

1.西餐现场烹制服务概述

西餐现场烹制服务,又称为法式、俄式或手推车式服务。其显著特征是,一些食物从厨房出品后,在递送给客人享用前,必须由餐厅服务员进行最后一道工序的制作。

西餐现场烹制服务与燃焰表演在使用的设备和工具上基本相同,现场烹制包括燃焰表演,燃焰表演是现场烹制的进一步延伸。

2.现场烹制设备

用于烹制和燃焰的烹制车;加热灯、炉头或其他热源;易于操作的平底锅或其他设备与器皿(标志剑、烤肉针、保温锅、白兰地杯加热器)。

3.酒吧补给品

酒吧为餐厅现场烹制和燃焰表演补充大量物品,酒吧内储存的大量烈性酒(白兰地、利口酒等)在烹制和燃焰中既是很好的、安全的燃焰用品,又是食品极佳的调味品。

4.燃焰技术

服务员运用最基本的"酒精点火"燃焰表演,可有效吸引宾客的眼球。其具体的燃焰技术如下:

(1)双锅燃焰;

(2)单锅燃焰;

(3)无锅燃焰;

(4)长剑燃焰;

(5)无食燃焰。

技能/知识点五　西餐现场烹制程序

(1)在平底锅内放烹调油(黄油或黄油加其他油料),加热,使其变成棕色;

(2)放入烹制物或部分烹制食物;

(3)烹制食物或部分烹制食物;

(4)起锅并使食物保温;

(5)在平底锅中加入利口酒或白兰地;

(6)点火使平底锅燃焰;

(7)加入汤汁、料酒及准备好的调味汁(沙司);

(8)让调味汁在锅中加热浓缩,并与汤汁充分混合;

(9)根据需要对汤汁进行调味和着色;

(10)将食物再次放入汤汁中烹制成熟。

根据上述步骤,由厨师将烹制好的食物放进服务盘内,浇上汁并用装饰物围边装饰。在餐厅里,服务员为了制造现场烹制效果,将食物再次燃焰,或将食物烹制完成后装入餐盘,供客人食用。

技能/知识点六　西餐宴会服务

1.宴会前的准备

(1)任务分配。餐厅管理人员制定好每个宴席的编号,将宴席编号的餐桌固定为一个区域,然后按区域分配给各个服务员。服务员便将宴席编号用在客人的账单上,以方便上菜和结账。

服务区域分配方法因宴席种类而异,通常是两个服务员为一组,一人负责前台,一人当助手。这样,始终保持前台服务区域内至少有一人值台,不会出现"真空"现象。

服务员与客人的比例,根据服务要求和宴席种类的不同,较难有一个固定的比例。一个经验丰富的服务员能够照料、接待更多的宴会客人,服务质量也高;新服务员和见习服务员一般先担任助手或被分配到接待量较轻的宴席,以便在为少量客人服务中积累经验。

宴会服务任务的分配,一般是在服务员签到后,自行从告示栏中了解。餐厅管理人员作特别的交代。

服务员接到分配给自己的宴席任务后,要了解本宴席的客人是否有特别要求、是否有贵宾(VIP),并严格按餐厅管理人员的吩咐做好宴会前的准备工作。

做后台宴会服务工作的服务员通常相对固定,如,餐具室、洗涤间等,须按宴会工作程序,在规定的时间内完成宴前准备工作。

(2)宴会厅的准备工作。宴会厅的工作人员按下列步骤,进行铺台准备工作:

①宴席餐桌的准备。宴会厅服务员开餐前检查其工作区域和场地,将宴席餐桌定位,同时检查餐桌的稳固性。

摆放餐具前,要用清洁剂与温水溶液浸泡过的抹布擦洗餐桌,检查是否有足够的座位,并扫掉面包屑,清除有黏性的地方。

②宴席餐桌台布的准备。选择合适尺寸的台布,平时的摆放应按照规格大小分开存放。

台布的颜色,有白、黄、粉红、红和红白格之分,以白色最为普通。一般来说,一个宴席只选用一种颜色的台布,配以其他辅助色彩予以点缀。

宴席台布又分为圆桌台布和方桌台布。方桌台布以每边下垂约40厘米为宜,台布的边正好接触到椅子的座位,宴席长台通常是用方桌拼合而成。

铺大圆桌的台布时,四角下垂部分相等且正好盖住桌子的四脚。

③宴席餐具的准备。当桌垫和台布铺好后开始摆台。每份宴席摆台,须按宴席菜单要求摆放垫盘、碟子、餐刀、餐叉、特种餐具、餐巾和玻璃杯等。

餐具的具体摆法,取决于宴席采用何种服务方式和宴席上什么样的饭菜。

摆台时要用干净的托盘端出瓷器、玻璃杯、餐具和餐巾等,不要图省事而用洗涤筐或手抓,这是没档次的。

摆台时,瓷器要拿其边沿,拿玻璃杯的底部和杯脚,刀、叉、勺的把柄,并对餐具进行检查,把破损和不干净的餐具挑出来,退回洗涤间。

许多宴席规定,玻璃杯在宴前应倒扣在台上,但要注意玻璃杯只能倒扣在干净的台布和垫子上,并在宴会开始前将所有的杯子正过来,否则会使人感觉宴席仍未准备好的印象。

摆台后,必须仔细检查一次,确保所有桌面用品都是干净、齐全并按照标准摆放,检查蜡烛是否已换上整根的,灯具是否处于正常使用状态。

④宴席餐具柜的准备。一桌宴会至少要有一个餐具柜。餐具柜用于储藏服务设备,放在靠近服务宴席区的地方,以方便工作人员取餐具、台料等用品。

收台时,值台服务员把换、收回的脏餐具放在托盘里暂时搁在餐具柜上,由助手负责送到洗涤间。

服务员在宴会开始前,将各种餐具、调料和服务用品领来,储存在本宴席区域的餐具柜中。不同宴会的餐具柜储存物是不一样的。

通常大多数宴会的餐具柜储存物包括:
- 新鲜咖啡/茶壶及加热器。
- 冰壶和冰块夹、干净的烟缸和火柴。
- 干净、叠好的餐巾和各种台布及刀、叉、匙等餐具。
- 宴席菜谱、盐瓶、胡椒瓶、色拉油和其他调料。
- 各种固体饮料、柠檬茶等。
- 儿童用的桌垫、菜谱、围嘴和餐具。
- 特种菜的餐具和用具,如,柠檬压汁器、吸管、海味叉等。
- 饮料杯、杯垫等。
- 账夹和服务托盘,各种瓷器、银器和玻璃杯具等。

2. 熟悉宴会菜单

(1)菜单的变化。宴会菜单是根据宴会不同形式而不断变化的,故,男女工作人员在接待宴会前必须熟悉当天的菜单。菜单的变化,一是为了适用于不同的宴会;二是由原料或菜色的季节性及不同宴会标准所致。

(2)服务人员须了解宴会菜谱及此次宴会的食品原料知识,以备顾客对宴席菜色提出相关询问时,提供必要的解释。

(3)宴席菜单的种类。常见宴席菜单的种类,有普通宴请菜单、冷餐酒会菜单、自助菜单等。大多数普通宴会菜单在4道菜左右。

(4)宴会菜单的内容。根据客人的饮食习惯和就餐顺序,大众化的西餐菜单一般包括:

冷热头盘、沙拉、汤、鱼和海鲜,主菜(牛排类)、蔬菜、甜品、饮料。其中,头盘有冷热之分,又叫开胃品类,包括:蔬菜、果汁、水果和海味类等。

主菜包括:牛排、羊排、海鲜、家禽、肉食和特色菜。

多数宴会的菜单安排,通常有冷头盘或热头盘、汤、沙拉和主菜(通常在牛排、羊排、海鲜、家禽、肉食和特色菜中进行选择)。

3. 宴会菜肴的烹制方法

常见的宴会烹制方法有:烘、煮、焖、炸、烤、烩、氽、爆、蒸、炖、煨等。

4. 宴会菜肴的烹制时间

宴会菜肴的烹制时间,是指做好宴席菜单上某道菜,并将其装盘所需要的时间。它取决于厨房设备、厨师的工作效率、宴会积压订单的多少和菜肴本身烹制方法所需花费的时间等。正确掌握烹制时间,可帮助服务员在不同情况下控制宴会的上菜速度。

常规菜食的烹制时间如下:
- 鸡蛋:10 分钟;
- 鱼:10~15 分钟;
- 半熟牛排(1 英寸厚):10 分钟;
- 熟牛排(1 英寸厚):15 分钟;
- 熟透牛排(1 英寸厚):20 分钟;
- 羊排:20 分钟;
- 猪排:15~20 分钟;
- 野味:30~40 分钟;
- 炸鸡:10~20 分钟;
- 蛋奶酥:35 分钟。

有些食品可根据宴会需求预测烹制时间,事先做好,叫"预制食品"。当宴席需要时,在微波炉中加热,只需几分钟甚至几秒钟即可。

5. 菜色的辅料

西餐宴会的每道菜肴均需与辅料相配后方可上桌食用。其大部分辅料搭配都有一定的规律,这就要求服务人员正确掌握常用的菜肴辅料知识。

常用菜肴辅料示例如下:
- 鱼菜配"V"形柠檬片。
- 鱼和海鲜类配鞑靼调味汁(汁中含有琢碎的熟蛋黄、碎酸菜、橄榄油、干葱粒等)。
- 汉堡包配番茄酱和泡菜。
- 牛排配牛肉酱汁。
- 热狗配芥末汁酱。
- 土豆薄煎饼配苹果酱。
- 薄煎饼配糖酱、蜂蜜。
- 沙拉配调味汁(3 种以上供选择)。
- 面包配黄油。
- 烤面包配黄油、果酱。
- 汤配成苏打饼干。
- 龙虾配澄清的黄油。
- 主菜配欧芹以增加色彩。
- 咖啡配牛奶和糖。

- 茶配柠檬切片和糖。
- 烤鸭配薄饼、葱和甜酱。
- 煎炸的鸡鸭等配椒盐和番茄酱。

（需要用手帮助食用的菜肴，如螃蟹、龙虾等，要配净手盅，并在净手盅内倒入五成温水，并放入少许柠檬片、菊花瓣等。）

6. 宴会前的短会

服务员基本完成各项准备工作后，宴会即将开始前，管理人员须负责主持召开一个短时间的餐前会。其功能在于：

（1）检查所有服务人员的仪表仪容，如头发、制服、名牌、指甲、鞋袜等。

（2）使服务人员在意识上进入工作状态，形成工作气氛。

（3）再次强调当天宴会的注意事项、重要客人的接待工作、提醒宴席宾客的特别要求。

7. 宴会开餐服务

（1）安排客人就座。安排、引导宴席宾客就座，通常由管理人员、专职引座员负责。这样做的效果是：

- 使宾客感觉受到欢迎，对宴席服务留下美好的印象。
- 迅速引领、安排宾客坐下，可避免宾客堵塞通道，使宴会大厅的客流量控制在最佳状态。

（2）招呼客人入座。如果是引座员安排宾客入座，去招呼的服务员须先向客人问候。

当服务员正在招呼宾客时，可能会有新的客人被领到宴会服务区域。此时，服务员应先去招呼一下这批新到的客人，告诉他们很快就会去照料他们，这样，客人们将会赞赏你对他们的关注，从而不会感到受到冷遇。

（3）通知厨房准备出菜。当宾客陆陆续续到齐后，服务人员应按照宴会菜单通知厨房准备出菜。

每席宴会菜肴上菜时，一定要核对宴会编号。服务员服务时，必须使用一点小技巧，记录特殊需要客人的特征，如，头发颜色、服装、性别等，然后按照逆时针方向进行服务，以确保上菜的准确性。

另一种方法，是宴会厅统一规定某一朝向，然后记住某一特征客人，按逆时针方向进行上菜。这样，也可以达到同样的效果。

宴会菜单中含有牛排或羊排时，一定要记清每位宾客对牛排、羊排生熟程度的要求，并按上述方法，逆时针进行上菜。

（4）正确回答客人的餐中询问。服务员应当正确了解酒店的基本情况，如本酒店其他餐厅的营业时间、电话号码、菜肴特色及本宴会厅菜单的各种菜肴知识、制作方法等。

工作人员具备丰富的专业知识,圆满回答宴席客人有关酒店方面的任何问询,有助于服务人员与客人建立良好的关系,有助于客人对宴会留下良好的印象。

当服务员遇到难题不能马上回答时,应主动代客查寻,不要胡乱作答。

(5)推荐宴会中相应的饮品。成功地推荐饮品,既能使客人满意,又能为宴会增加收入,但推荐要根据宴会举办方预先确立的宴会标准,有针对性地灵活运用推荐技巧。

(6)准确掌握上菜时间。在宴会开餐之后,服务员应根据宾客的用餐速度,灵活掌握上菜时间,服务员在整个宴会服务过程中,发挥着客人与厨房之间的联系人作用。当客人正在慢慢品尝鸡尾酒和冷菜时,服务员可将宴会主菜菜肴的出菜速度放慢,或略微保留一会儿,这就要求服务员充分了解主菜菜肴所需烹制时间的长短,从而灵活控制菜肴的出菜速度。

另外,服务员也要根据当时厨房的忙、闲程度来决定,忙时提前出菜,闲时则迟缓出菜。正确掌握出菜时间,必须要在实践中学习、磨炼和不断总结经验,努力做到既不让客人等菜,又不出得太快而使客人感到有催赶之意。

(7)宴会菜单送入厨房的注意事项。在几场宴会同时开始举办时,宴会菜单由厨师长统一分配给厨师烹制,也有的厨房内设有一个能转动的轮盘,并在轮盘上挂上一些小夹子。服务员将几场宴会开始时间的先后顺序依次将不同宴会的菜单夹在轮盘上,厨师就按先后顺序准备菜肴,如果有计时器,在宴会菜单进入厨房后,先打上进入厨房的时间,然后交给厨师长,以便于检查控制。

服务员在递交宴会菜单时须注意如下事项:
- 遵守厨房出菜秩序,有特殊情况与厨师长商量,不得偷偷往前挪。
- 宴会上的特别要求向厨师长解释清楚。
- 要与厨师紧密协作,不大声喊叫,互相尊重,发扬团队精神。
- 不得借故在厨房长时间停留,或与厨师聊天。

(8)宴会厨房出菜时的注意事项。为避免发生事故,宴会厨房一般分设进、出两道门。服务员在出菜时应遵守规则,注意做到:
- 核对菜肴食品,不要拿错其他宴会客人的菜。
- 注意出菜装盘,点缀要美观。
- 发现菜肴有问题自己又拿不准时,应请教厨师长。
- 将菜盘平稳地摆到托盘上,端送至餐厅。
- 行走时要注意保持平稳,留心周围情况,以免发生意外。

8.宴会上菜及台面服务

(1)遵循上菜礼仪,女士和年长客人优先。

（2）如在一批顾客中，有主人招待他/她的朋友，则先从主人右边的贵宾开始上菜，然后按逆时针方向绕台，依次进行。

（3）上菜不应再询问客人点了什么菜，而应从宴会订单上了解菜单情况。

（4）按不同的服务方式，从规定的一边上菜。

（5）为方便客人，避免胳膊碰撞客人的可能性，采用左手从左边上菜，右手从右边上菜的方法。

（6）端盘子时，用4个手指托住盘子的下面，大拇指搭在盘子的边沿上，避免在菜盘上留下指纹。

（7）上菜肴、点心时，要将盘子放在客人面前一套餐（用）具的中央。

（8）开胃品是餐前食品，如虾仁鸡尾杯、水果或鲜果汁。这种第一道菜应放在一个垫盘里，端到客人的正前方。

（9）在上虾仁鸡尾杯等海鲜类开胃品时，要给客人送上海鲜叉，也可将海鲜叉放在垫盘的右边与开胃品一道送上。

（10）汤可以代替开胃品先上，也可作为第二道菜上。热汤要将盛器也加热，上桌时要提醒客人小心，带盖的汤盅上桌后要揭盖，并放在托盘内带走，汤要摆在席位的正中，汤匙放在垫碟的右边。

（11）沙拉可用小推车推到客人的桌前，盛器一般用木制的沙拉钵。沙拉上桌后要放在餐具的左边，把正中的位置留给主菜，因为很多客人喜欢与沙拉同时食用主菜。

（12）主菜，是一餐的主要部分，餐具必须与所选定的主菜相对应。如，吃牛排要配牛扒刀；吃龙虾要配龙虾开壳夹和海味叉；吃鱼类要配鱼刀、鱼叉等。

（13）像牛排汁酱一类的调味品应当在客人需要的时候随时送到餐桌上，主菜要放在摆台的正中位置，并注意将肉食鲜嫩的一面朝向客人。

（14）甜品是最后一道食品，在收拾完餐桌上的多余食品后，首先将甜品的勺或叉放正位置，甜品摆在席位正中，然后为客人斟满咖啡或水，并把干净的烟缸和火柴放到餐桌上。

（15）上饮料时，所有的饮料，如冰水、牛奶、咖啡、酒水等都从客人的右侧用右手送上，牛奶、红茶和咖啡杯具等也要放在摆台的右边。

（16）在斟咖啡、酒水等饮料时，不要从餐桌上拿起杯具斟倒，如果是为座位很紧的一批客人斟倒热饮料，左手要拿一块干净、叠好的餐巾把客人挡住，以免客人碰到热烫的饮料盛器。

（17）在为靠墙座位的客人服务时，要站在座位的一侧，先为坐在里面的客人服务，并从比较方便、不影响客人的一侧上菜、上饮料，通常是用左手为坐在右侧的客人上菜服务，用右手为坐在左侧的客人上菜服务，用此种方法可以避免与客人碰撞。

(18) 要方便客人,即使是打破正常的服务规矩也是应该的,如为靠墙座位的一位客人斟倒饮料很别扭时,就可以从左边拿起杯子倒。

(19) 撤走脏盆子,须在餐桌上所有客人都吃完一遍这道菜后进行,一般情况下当客人将刀、叉平行地放在盘子里面时,便表示客人已吃完这道菜,如果对此还有疑惑,可询问一下客人是否已吃完。在下一道菜上桌之前,将所有用过的脏盘子和用具全部撤下。

(20) 收盘前,要用右手从客人的右边撤下盘子,然后绕桌按逆时针方向从每位客人的右边撤下餐具。撤盘子时,要同时收拾纸屑和刀、叉、勺、筷子等餐具。

(21) 收下的脏盆子要收拾到服务台上的托盘内,以便把它们安全地送入洗碗间,操作时要轻,不要在餐桌上刮盘子里的残羹剩菜,或者将盘子堆放在餐桌上。

(22) 在上甜品前,除水杯和咖啡杯外,要把所有不用的餐具收下,并抹掉餐桌上的面包屑等。

9. 结账与收款

宴会客人可以到账台付款,也可由服务员为客人结账。餐厅宴会结账的方式一般有现付、签单和信用卡支付等。

10. 餐厅结束工作

(1) 客人用餐完毕离开餐厅时,管理人员或引座员应主动向客人道谢、道别。

(2) 全部客人都已离开宴会厅后,各值台区域的服务员进行收台清扫工作。

(3) 按照规定的要求重新布置台面,摆齐桌椅、清扫地面。

(4) 擦净调料盛器和花瓶等,将转盘用清洁剂擦洗抹净。

(5) 服务柜台收拾整齐,补充必备品,归还借用的服务用品。

(6) 引座员整理客人意见,填写餐厅记录本。

(7) 餐厅管理人员检查收尾工作,召集餐后会简短总结,与接班者进行交接手续,交代遗留问题。

▶ **实施步骤**

(1) 认识西餐台面设计。
(2) 掌握西餐点菜服务方式。
(3) 熟悉西餐值台服务、酒水服务、现场烹制服务。
(4) 熟练掌握西餐宴会服务程序。

学习/工作评估

1. 职业基本能力评价（见表2-3）

表2-3 职业基本能力评价表

等级	评价标准	小组评语	教师评语
优秀	• 西餐台面设计科学、完美 • 西餐点菜服务方式快捷、有效 • 西餐值台服务、酒水服务切合实际 • 现场烹制服务熟练 • 西餐宴会服务程序完善		
良好	• 西餐台面设计合理 • 西餐点菜服务方式方便、有效 • 西餐值台服务、酒水服务程序基本完善、合理 • 现场烹制服务能够正常操作、服务程序基本可行		
及格	• 西餐台面设计基本正确 • 西餐点菜服务能够基本完成 • 西餐值台服务、酒水服务程序能够基本完成 • 现场烹制及服务能够基本完成		
不及格	• 西餐台面设计有明显缺陷 • 西餐点菜服务不能独立完成 • 西餐值台服务、酒水服务程序难以独立完成 • 现场烹制及服务难以独立实施完成		

2. 职业拓展能力评价（见表2-4）

表2-4 职业拓展能力评价表

评价（评估）内容	4	3	2	1	教师评语
• 西餐台面设计科学、完美、效果佳					
• 西餐点菜服务方式快捷、有效，菜肴分类明确、服务主动性好					
• 西餐值台服务、酒水服务程序完善、合理					
• 现场烹制服务动作娴熟、优雅					
• 西餐宴会现场烹制服务充分体现了服务人员具备优良的素质和完善的服务技巧					

特别提示

(1)西餐菜肴与酒水搭配知识。
(2)西餐现场烹制服务的技能体现。

关键词

(1)西餐台面设计。
(2)西餐现场烹制。

常用牛、羊排的生熟度及特殊要求通常有:
- 生(Rare);
- 半生(Medium rare);
- 适中(Medium);
- 八成熟(Medium well);
- 全熟(Well done)。

宴席菜单的编写,如,烤土豆配酸奶油或黄油,鸡蛋的嫩、老程度,选用什么蔬菜做配菜,什么时候上咖啡等,通常使用厨房员工都明白的通用缩写,切勿随意简化。

案例分享

未吃上早餐的客人

×日上午10:30左右,某酒店西餐厅来了一位客人。服务员主动迎上去,说了一句:"先生,您好,我们早餐已经结束了。"客人指着餐厅内仅有的两位正在用餐的客人说:"怎么会结束呢,这不是有客人在用餐吗?"服务员说:"先生,对不起,我们早餐的时间已经结束了。""这样吧,你到厨房看一下,还有什么可吃的,给我弄点来。我刚才会见客人,耽搁了一下。"客人继续要求道。服务员满脸无奈地说:"先生,真的很抱歉!厨房已下班,无法弄到吃的东西了。"

此时,客人一改刚才请求的语气,大声吵嚷道:"什么话,早餐结束了,你们还开着门,里面还有人吃饭。你们这是什么服务态度!"服务员立即赔笑道:"先生,总台没有告诉您早餐是在10:00结束吗?""没有,没有,我要投诉!"客人回房间后,立即打电话到总台投诉。总台的一位服务员接到电话并听完客人的叙述后对客人说:"先生,您等一下,我会让餐厅就此事向您做一个合理的解释。"之后,客人在房间里空着肚子一直等了大约30分钟后,没有接到酒店方面的任何一个电话,实在无法再等了。这位客人非常气愤地来到总台,要求退房,并要求酒店减免他一天的房费,以补偿他一个上午的损失。

(1)为什么客人听了餐厅服务员的回答后会不满意?应该如何回答?
(2)客人既然已经投诉,为何还要退房?导致矛盾升级的原因是什么?

- 沟通技巧。
- 换位思考。

(1)参加校外的兼职活动,在实际工作中掌握服务技能和技巧。
(2)积极参与社会实践,留心高星级酒店的西餐台面设计,了解西餐服务程序,懂得西餐菜肴与酒水的搭配规律,掌握西餐现场烹制服务方法。

模块三　自助餐与会议服务

- 了解自助餐餐台设计。
- 了解自助餐餐台布置。
- 阐述自助餐菜肴的陈列。

- 了解自助餐的基本知识。
- 熟悉自助餐台的类型。
- 观察自助餐菜肴的陈列方式。

技能/知识点一　自助餐服务

自助餐适用于会议用餐、团队用餐和各种大型活动,而早餐使用自助餐的则更为普遍。开设自助餐必须保持一个最低客流量,顾客太少无疑是不合算的,自助餐有设座和不设座两种,后者可在有限的空间容纳更多的就餐者,能帮助解决在特别活动时,就餐场地不足的困难。

1.自助餐餐台设计安排

（1）大型自助餐为保证客人迅速顺利地取菜,一般设一中心食品陈列桌和几个分散的食品陈列桌,以便分区域疏散客人。

（2）在食品陈列桌旁应留有宽敞的空间并根据客流方向安排空间的使用,使客人在取菜时不必排长队或造成拥挤现象。通常,平均一个人选一种食品所需的空间约为30厘米,所以在做计划时,应考虑到在一个特定的时段内供应品种的多少和所能接待的客人数,否则周转很慢,就会造成客人排队等候,延长就餐时间的局面。

（3）除采用完整的自助餐台外，也可将一些特色菜分立出来。如，设立沙拉台、甜品台、临时酒吧和烧烤台等。

（4）自助餐台有各种形状，可根据场地来选择。自助餐台面形状有：长方形、圆形、螺旋形、椭圆形、1/4 圆形、半圆形和梯形等。

（5）在餐台上铺上台布、围上桌裙，会显得更加华丽、整洁，也更受客人的欢迎。桌裙的长度离地约 2 厘米，要能遮住桌脚。站立式自助餐的圆台子也应用桌裙。

（6）在自助餐陈列台的后面应留有空间进行布置，渲染气氛，放置特色菜，如火鸡等，可搭出一个"空中花园"。

（7）自助餐台的中央，一般布置成大的花篮，用雕塑、烛台、鲜花、水果、冰雕等饰物点缀，填补空白、增强效果。

2. 自助餐菜肴的陈列

自助餐的食品陈列，应该按事先安排好的计划来摆放，有一定的要求。总的来说，是根据西餐菜桌上的顺序及客人的取食习惯来排列。

（1）客人的餐盘摆在自助餐台的最前端，整齐地堆放在一起，站立式自助餐的盘边还可夹有一个夹杯托，以便客人将酒杯安放在盘上。

（2）沙拉、开胃品、熏鱼和其他各种冷菜，一般是厨师精心美化的主要对象之一。

（3）热蔬菜、烤炙肉及其他热主菜，通常用暖锅保温，摆放整齐。

（4）与上述菜肴搭配的汤汁、调料和装饰物，应与菜肴放在一起。如，沙拉与色拉油。

（5）甜食和水果等是诱人的。它们可以单独设台，也可以同分格子大盘盛装。

（6）为了降低成本，在技巧上，一般对各类菜肴的摆放位置亦有讲究。如，将成本较低的热主菜放在引人注目的地方，这样客人就会因盘中放满了这些菜而少用价格更昂贵的食品。同时如果注意了各种冷菜和热菜的销售，热主菜的量就比较节省。有时，自助餐还分两个部分进行，客人先吃冷餐，然后是热菜，这样，对热主菜来说，消费的数量便会降低。

（7）分成各个点和块的食品陈列，可以有各个不同国家和地区的特色菜，这是自助餐的又一特色，所选用的菜肴大多数是中西合璧。如果要刻意渲染气氛，也可让服务员以某国的装束来服务该国的菜肴。

3. 自助餐服务要求

（1）根据计划和要求布置餐厅，设座式自助餐要摆好台，要求和正餐相似，保持餐厅内清洁、整齐。

（2）高级自助餐常在客人取餐前，就把开胃品和汤送到客人的桌上，饮料、面包、黄油也是由服务员送到餐桌上的，服务规格与正餐一样。

（3）不设座的自助餐则将餐具、面包黄油、甜点和饮料安放在自助餐台上，标准是：客人用的盘子在最前端；餐具、口布、面包、黄油在最后端。开胃品，饮料和甜点可以分别在几处设台，以加快服务速度，避免拥挤。

（4）对需保热的食品暖锅和电热炉要留意照顾，经常检查添加燃料，而要使食物保冷则必须备有冰块，盛冰块的碗要时常更换。点燃的蜡烛要保持笔直，不流蜡。暖锅和蜡烛都应与服务线离开一点距离，以避免发生意外。菜盘和其他器皿也应离开桌边10厘米左右。

（5）在自助餐台后，应设一厨师穿上洁白的服装来照顾餐台。像主人一样向客人介绍、推荐、分送菜肴和分切大块的烤肉等，整理餐台，保持其美观。及时更换和添加菜盘，检查设备，保持食品的热和冷，回答客人问题。如果客人把食物溅出，须及时提供帮助。

（6）如果一个陈列的菜盘内1/3已空时，就应补充或换上一个满盘的，否则，便很不雅观，而且有损食物丰富的形象。

（7）应当保持有足够数量的冷热菜盘及其他各种服务用具、餐具和口布等。

（8）如果是客人自取自烹的火锅自助餐，服务员须负责为客人准备火锅、开启，并告知客人一些特殊食物的烧法，服务各种调料，随时加汤和斟酒。

（9）大块牛排或整只火鸡等的切割分派是一项技术工作，带有表演性。服务员或厨师在操作时要注意：分量、形状及装盘卫生等。

（10）在餐厅发生意外，如客人打翻盘子时，服务员要帮助处理，打翻在桌上的食物，要立即刷到空盘内，除去污渍，再盖上口布，打翻在地上或地毯上的食物要立即通知有关人员清洗，在此之前可先覆上一块口布，以免其他客人踏上去。

（11）管理人员应时常检查现场的服务运转情况，协调厨房与餐厅的服务配合，及时处理各种突发事故，使自助餐顺利进行。

4. 自助餐服务的优点

（1）菜肴丰富、陈列精美，能引起人们的食欲。

（2）具有品尝性，人们只需花少量的钱，便可品尝到具有地方特色、品种繁多的美味佳肴。

（3）就餐速度较快，餐位周转率高。

（4）服务时间内，因菜肴已事先准备好，可以缓和高峰时期厨师和服务员人手紧张的矛盾。

5.自助餐服务的缺点
(1) 食品新鲜不宜保持长久。
(2) 客人得到的个别服务较少。

技能/知识点二　茶会服务

茶会,饮用红茶或咖啡,佐以西饼、三明治等。

1.茶会准备

(1) 茶水台,准备咖啡、红茶、花奶、柠檬、糖。
(2) 西饼及三明治,每台2份,放在餐桌中央,或备些风味小吃。
(3) 纸、铅笔每人一份;1杯水、咖啡勺、咖啡杯、奶盅、糖盅、烟灰缸每人各1套,3~4人给1瓶冰水,若人数较多需准备麦克风2个(Loudspeaker)、荧幕(Screen)投影仪或放映机、幻灯机、黑板、翻纸板、笔(粉笔、水笔)、板擦等。
(4) 茶会席间还常安排一些短小的文艺演唱节目。
(5) 安排服务人员。根据茶会规模的大小,安排适当的人员。这种会议主要是准备工作,服务员在服务期间只需及时为客人添加茶水、咖啡及点心即可。

2.服务方式

服务员引宾入室,倒上冰水后立刻离开。会议中,服务人员尽量减少进出,在门外挂"会议进行中,请勿打扰"牌,约间隔15分钟、进去服务一次。

用车把糖、奶、咖啡、茶、小饼干等(一般20人准备2壶咖啡、1壶茶)送入会场内,但不需服务到台上。客人久坐后需要活动,可由客人自己取用。

茶会会场内的3条通道须各保留有3个位子的空隙,以便与会人员走动。

▶ **实施步骤**

(1) 主题自助餐餐台设计与布置。
(2) 制订自助餐服务计划。
(3) 会场布置与会议服务。
(4) 会议茶歇服务。

1. 职业基本能力评价（见表2-5）

表2-5 职业基本能力评价表

等级	评价标准	小组评语	教师评语
优秀	• 主题自助餐餐台设计与布置科学、完整 • 制订的自助餐服务计划完整 • 会场布置与会议服务计划全面 • 会议茶饮服务主题明确、服务规范可行		
良好	• 主题自助餐餐台设计与布置较为合理 • 制订的自助餐服务计划较为完整 • 会场布置与会议服务计划较为全面 • 会议茶饮服务主题较为明确、服务规范可行		
及格	• 主题自助餐餐台设计与布置基本合理 • 制订的自助餐服务计划基本完整 • 会场布置与会议服务计划基本全面 • 会议茶饮服务主题基本明确、服务规范基本可行		
不及格	• 主题自助餐餐台设计与布置不合理 • 制订的自助餐服务计划不完整 • 会场布置与会议服务计划不全面 • 会议茶饮服务主题不明确、服务不规范		

2. 职业拓展能力评价（见表2-6）

表2-6 职业拓展能力评价表

评价（评估）内容	4	3	2	1	教师评语
• 主题自助餐餐台设计与布置科学、完整					
• 制订的自助餐服务计划完整					
• 会场布置与会议服务计划全面					
• 会议茶饮服务主题明确、服务规范可行					
• 设计具有一定的创意性					

特别提示

（1）主题自助餐餐台设计。
（2）自助餐及会议服务计划。

关键词

（1）主题自助餐。
（2）会议茶歇服务。

 知识链接

推荐饮品技巧

- 进餐前——推荐鸡尾酒。
- 主菜——配沙拉及适当的酒水饮料。
- 主菜后——推荐甜品和餐后酒。
- 推荐食品时，不能让客人感到你是在为了餐厅赢利而推荐，应当使客人感到服务员是站在他们的角度为他们提供服务。
- 对比较计较账单金额的客人，就应建议便宜的特色菜。
- 对搞喜庆活动的客人，要加强酒水的推销。
- 对儿童则应建议小份额的菜肴或儿童菜单。
- 对节食的客人更应投其所好地提供建议。
- 推荐时应多采用建设性的语言，如："吃牛排来一瓶红葡萄酒怎么样？"或"您喜欢苹果冰激凌还是草莓冰激凌？"而非生硬的单选式发问，如："请问要鸡尾酒吗？"或"喜欢甜品吗？"这样的推荐方式所得到的答复，很可能是"不要"或"不喜欢"。

案例分享

刚刚从旅游学院酒店管理专业毕业的小顾，被正在试营业的某准四星级酒店录用了。上班的第一天，恰逢宴会预订接受了一场会议。会议的主办方要求在会议结束后举办一次宴请。因参加宴会的有许多外籍专家和学者，故举办方要求宴会的形式必须考虑中西合璧。餐厅经理是一位曾在政府招待所工作过的老师傅。然而，他对于西餐却一窍不通，更不知道中西合璧宴会该怎样服务。这时，小顾在

学校所学的知识终于可以发挥作用了。他主动承担了为这次宴请的策划任务,并对餐厅服务员进行专业知识方面的培训……

(1)中西合璧的宴会是怎样布置安排的?
(2)如果你是小顾,会怎样进行中西合璧宴会的策划?

(1)冷餐酒会与其他酒会的异同。
(2)冷餐酒会与各类酒水的搭配。

(1)观察酒店的各种会议布置,拟定策划一场冷餐酒会。
(2)以小组为单位对冷餐酒会进行分工设计,并提交一份整套冷餐酒会活动的计划书(文字稿或电子稿)。

模块四　酒吧服务

- 了解酒吧布置的基本常识。
- 掌握酒吧布置的类型。
- 阐述酒吧服务的基本服务方式。

- 了解酒吧空间布置的原则。
- 懂得酒吧的空间布置方式。
- 掌握酒吧主要服务功能区以及空间结构。

技能/知识点一　酒吧的空间布置

1. 酒吧空间布置的原则
(1) 在空间的布置上将使用功能与精神感受统一起来。
(2) 合理分割空间。
(3) 空间安排上突出主题特色。

2. 酒吧的空间布置
(1) 要依据酒吧现有建筑结构。
(2) 要体现酒吧主题需要。
(3) 要满足酒吧的色彩、灯光、音乐和装饰需要。
(4) 要符合酒吧服务活动的要求。

3. 酒吧主要服务功能区
(1) 吧台区。该区域是酒吧的核心部分,通常有吧台、吧柜及操作台(中心吧)

组成。

- 吧台是酒吧酒水的展示中心——酒水展示、陈列。
- 吧台是酒吧服务的组织中心——酒水的调制、操作。
- 吧台是酒吧经营的控制中心——收银、结账。
- 吧台是酒吧气氛的控制中心——是酒吧最显眼的地方。一些酒吧的音响、灯光设在吧台。

(2) 音控室。音控室可根据酒吧的空间条件设在舞池区或吧台附近。它是酒吧灯光、音响的控制中心,通过音乐播放和灯光控制,满足客人听觉和视觉的需要,营造酒吧气氛,同时为座位区域、包厢的客人提供点歌服务。

(3) 主题活动区。该区需要突出个性化的品位、独到的文化特色,并反映出酒吧的特色。

如,迪斯科(Disco)酒吧可设计舞台,不仅可供演奏或演唱人员专用,还可用来跳舞。主题活动区主要根据酒吧的场地来设计,小到 50~60 平方米,大到 150 平方米以上。

(4) 座位区。座位区是客人聊天、交谈的主要场所,通常都是围绕舞池而设立,有火车座式,也有圆桌围坐式。

(5) 包厢(单间)。包厢内设舞池,有隔音墙、高级沙发、高级环绕音响、大屏幕电视机及电脑点歌等。

(6) 洗手间。洗手间的装潢及卫生洁净反映了酒吧的档次,要求设施及通风状况符合卫生部门的规定标准。

(7) 娱乐活动区。该区项目有保龄球、台球、飞镖、室内游泳、按摩、卡拉OK、迪斯科舞厅及棋牌、游戏室等。

4. 吧台空间设置的原则

(1) 视觉效果要显著,即客人在刚进入时便能看到吧台;客人可以直接到吧台点饮料或在吧台就座,欣赏调酒师的表演。

(2) 方便服务客人,让客人得到快捷的服务。

(3) 合理布置空间,尽量多容纳客人而不拥挤和杂乱无章。

5. 吧台的基本形式结构

目前常见的吧台设计有如下三种:

(1) 两端封闭的直线形吧台。直线形吧台的长度没有固定尺寸。一般认为,一位服务人员能有效控制的最长吧台是 3 米。

(2) 马蹄形吧台。一般安排 3 个或更多的操作点。

(3) 环形吧台或中空的方形吧台。它有 4 个区域需要照料,难以全部有效控制。

(4) 其他还有半圆、椭圆、波浪形吧台等。

6.吧台常用设备及其用途

（1）冰槽。盛冰块专用，由不锈钢制成。分两个槽，盛冰块及碎冰。

（2）酒瓶陈列槽。用来贮放需冰镇的酒，如白葡萄酒、香槟等。

（3）酒架。陈放常用酒瓶（一般为烈酒，如威士忌等）。

（4）碳酸饮料喷头。原理上同于市面上的可乐机，不同的是喷头上集中了6种不同的饮料管，按不同数字就能打开其开关喷出不同的饮料。

（5）搅拌器。电动、用于混合奶、鸡蛋等食物。

（6）果汁机。榨果汁用。

（7）洗手槽。专供调酒师洗手用。

（8）冰杯柜。有许多层杯架，原理同于冰箱，温度控制在4℃~6℃之间，当杯离开冰柜时即有一层雾霜。鸡尾酒等需要冰杯服务。

（9）洗杯槽。一般为三格或四格杯槽。三格中一是清洗；二是冲洗；三是消毒清洗。

（10）沥水槽。三格水槽两边都设有便于杯具清洗后沥干水的沥水槽，玻璃杯倒扣在沥水槽上，让杯里的水顺槽沟流入池内。

（11）杯刷。一般放置在有洗涤剂的清洗槽中（第一格槽），手动或电动。

（12）垃圾箱。内有塑料袋，最少每天清理一次。

（13）空瓶贮放架。用以存放用完的空啤酒和苏打水瓶。

（14）生啤酒机设备。生啤酒服务设备是由啤酒瓶、柜内的啤酒罐、二氧化碳和柜上的啤酒喷头，以及连接喷头和罐的输酒管组成。

（15）贮藏设备。包含酒瓶陈列台（主要是陈放一些烈性名贵酒）、冷藏柜、干贮柜（火柴、毛巾、餐巾、装饰签、吸管等）。

技能/知识点二　规范的吧台用具

1.吧台服务用具

- 量杯（Jigger）。
- 酒嘴（Pourer）：每个打开的烈性酒都要安装酒嘴，酒嘴由不锈钢或塑料制成，分为慢速、中速、快速三种型号。
- 调酒杯（Mixing glass）。
- 摇酒壶（Hand shaker）：目前有250ml、350ml、500ml 三种型号，分为盖子、过滤网、壶身三个部分。
- 过滤器（Strainer）。
- 调酒棒（Stirrer）长10~11英寸。

- 冰勺(Ice scoop)。
- 冰夹(Ice tong)。
- 碾棒(Maddle)。
- 水果挤压器(Fruit squeezer)。
- 漏斗(Funnel)。
- 冰桶(Ice bucket)。
- 宾治盆(Punch),玻璃制成,用来调制量大的混合饮料容器,容量大小不等。有时配有冰制杯和勺。
- 酒吧匙(Bar spoon)。

2. 酒吧装饰用具

- 刀板(Cutting board)。
- 酒吧刀(Bar knife)。
- 装饰叉(Bar fork)。
- 削皮刀(Zester)。
- 榨汁器(Squeezer)。

3. 饮料服务用具

- 启瓶罐器(Bottle opener)。
- 开塞钻(Corkscrew)。
- 服务托盘(Service tray)。
- 账单托盘(Tip tray)。
- 鸡尾酒纸巾(Cocktail napkin)。
- 吸管(Straw)。
- 装饰签(Tooth pick)。

4. 标准杯具

(1)酒杯的规格。根据酒杯形状可分三种:平底无脚杯、矮脚杯和高脚杯。

(2)酒杯的种类

- 香槟杯(Champagne glass)。
- 葡萄酒杯(Wine glass)。
- 水杯(Water glass)。
- 鸡尾酒杯(Cocktail glass)。
- 酸酒杯(Sour glass)。
- U字形雪利酒杯(Sherry glass)。
- 白兰地杯(Brandy snifter)。
- 利口酒杯(Liqueur glass)。
- 海波杯(Highball glass)。

- 哥连士杯（Collins glass）。直身水杯或饮料杯。
- 库勒杯（Cooler glass）。常说的冷饮杯。
- 古典杯（Old fashioned glass）。
- 带柄啤酒杯（Mug glass）。称生啤酒杯。

技能/知识点三　酒吧经营的相关指标

1. 餐位数
餐位数，是酒吧接待最基本的指标，表明了酒吧的接待能力。

2. 接待人数
接待人数，是酒吧经营的直接成果。

3. 营业收入
营业收入，是酒吧经营效果的价值指标。

4. 酒吧营业成本
酒吧营业成本，是经营过程中所发生的各种支出总和。

5. 利润和税金
利润和税金，是考核酒吧经营活动质量的综合性指标，集中地反映了酒吧的经济效益。

6. 人均消费额
人均消费额，是指宾客在酒吧一个人次的平均消费金额。

7. 劳动生产率
劳动生产率，反映酒吧人员的劳动效益状况。

8. 基建改造投资额
基建改造投资额，是酒吧为实现发展目标进行更新改造所需投资的金额。

9. 酒吧服务质量
酒吧服务质量，是保证酒吧良好声誉和一定回头客率的管理指标。

10. 还贷付息
还贷付息，是指用于还贷付息的资金来源。

技能/知识点四　酒吧经营的成本控制

成本控制，是酒吧管理的主要目标之一，包括酒水的成本核算与酒水销售过程中的管理控制。

1. 酒水的标准成本控制

酒水的标准成本控制,是指将酒吧某个时期内的经营业绩和预定目标进行比较分析的方法。它是根据各种酒水的每杯标准成本,确定某一控制期内的标准成本总额和标准营业收入总额,再计算标准成本率,并与实际成本率相比较。其计算公式是:

标准成本总额＝实际销售量×每杯标准成本

标准营业收入总额＝实际销售量×每杯售价

标准成本率＝标准成本总额÷标准营业收入总额×100%

实际成本率＝实际成本总额÷标准营业收入总额×100%

各种酒水的销售量,可以顾客账单统计或由收银机自动记录的数据为准。酒吧某个时期实际成本总额的计算方法是:

实际成本总额＝期初存货数额＋本期领料数额－期末存货数额

(注:每瓶酒水的实际成本就是该酒水的进价。)

一般来说,标准成本率与实际成本率之差不应超过 0.5%;实际成本率通常高于标准成本率。

使用标准成本控制法,还可对标准与实际营业收入总额进行比较,只要酒吧能正确记录酒水的销售量和售价,就能查明标准与实际营业成本的差异原因。另外,整瓶酒的售价一般低于按杯销售的一瓶酒的售价。如果酒吧也出售整瓶酒,必须单独计算该部分营业成本。

使用标准成本控制法,酒吧在某个时期(一天、一周或一个月)的标准成本率会随着酒水的具体销售方法的不同而有所不同。

2. 标准营业收入控制

标准营业收入控制方法,是将根据库存烈性酒耗用数计算出来的标准营业收入数,与实际营业收入数进行比较。这种方法并不关注酒吧在一定时期内各种酒水的销售量,而是在事前为储藏室发出的每一瓶酒确定一个标准营业收入。如:每杯金酒的标准用量为 1UKfloz,每瓶金酒的容量为 1L(1000ml,可斟33.4cup),每杯标准售价假定为 1 美元,每瓶金酒应获得 33.40 元的营业收入。管理人员要编制各种烈性酒的销售价格表,但绝大多数酒吧不仅销售纯酒,也销售鸡尾酒和其他混合饮料。各种混合饮料中的烈性酒成分和其他成分的用量不同,售价也不同。要确定每瓶烈性酒的标准营业收入,实际上是相当复杂的。管理人员可采取如下做法:

(1)混合饮料差额计算法。根据详细的销售记录确定混合饮料差额。各种混合饮料差额与销售量的乘积,即为各种混合饮料的总差额;各种混合饮料总差额之和,为本日净差额。按空瓶数确定的销售收入总额与净差额之和,是酒吧在当天应获得的营业收入总额。

(2)加权平均法。用加权平均法确定每瓶酒的平均销售价格。采用此方法时,管理人员不必每天计算混合饮料的差额,只需确定一个测试期并仔细记录测试期内各种饮料的销量即可。

(3)用量控制法。用量控制法,既不考虑成本数额,也不考虑销售额。酒吧根据存货记录确定各种烈性酒的耗用量;再根据销售记录,计算各种烈性酒的销售量;然后再对二者进行比较。采用这种方法需要每天盘点酒吧中各种烈性酒的存货。

3.酒水还原控制法

酒水还原控制法,是从数量上对酒水成本进行控制的方法。它从酒水的销售方式入手,通过比较精确的计算得出酒水成本,再与实际销售成本相比较。在酒吧的日常运营过程中,酒水的控制通常采用三种销售方式进行。即零杯销售、整瓶销售和混合销售,以下是三种销售方法的成本计算方法:

(1)零杯销售。酒吧中各种烈性酒采用零杯销售,一般要根据不同类别每杯酒的销售标准量,统计出每瓶可分为多少杯销售(或销售多少杯才能折合成一瓶),来推算出整瓶的耗用量。其计算公式为:

$$销售份数=(每瓶容量-允许溢出量)\div 每份分量(每杯标准量)$$

(2)整瓶销售。整瓶销售,一般是指各种葡萄酒、啤酒及软饮料等酒水,以瓶为单位的对外销售,一般酒水整瓶销售价要低于零杯销售价。

(3)混合销售。是用两种或者两种以上的酒水和配料掺和在一起进行销售。它的还原主要是靠标准配方。其计算公式是:

$$某种酒水实际消耗量=标准配方规定原料的用量\times 实际销售量$$

总之,无论是整瓶销售还是零杯销售,都可以依照一定的方法还原成整瓶耗用数。酒水应定期进行盘点,算出各种酒水的实际耗用量,并与还原后的各种酒水耗用量进行比较。这样就可以从数量上对各种酒水的销售进行控制了。

技能/知识点五 鸡尾酒会服务

1.鸡尾酒会服务的基本概念

鸡尾酒会,是一种简单、活泼的宴请形式,通常在下午或晚上举行,以供应各种酒水、饮料为主,附设各种小吃、点心和一定数量的冷、热菜。

鸡尾酒会一般不拘形式,客人可以迟到早退,席间常由主人、主宾即席致辞,鸡尾酒会一般不摆台、不设座,只在边上为年老者或愿落座者设少量桌椅。桌上摆口纸、花瓶和烟缸等。在酒会大厅中设一个至几个类似自助餐的餐台,陈列小吃、菜肴。

2. 鸡尾酒会的设计与布置要点

- 时间。通常在下午 5:00~7:00 或 6:00~8:00，一般介于一个半小时到两个半小时之间。
- 出席对象。通常为商业团体。
- 人数。50 人以上。
- 宴会厅选用。可在任何宴会厅举行，由于是站立式，且周转率高，可在一定程度上超容量接待。
- 餐桌布置。不设座位，只设菜台和吧台。
- 所需设备。讲台、立式麦克风、沿墙长椅、公司旗帜和标记、标题横幅等。
- 花卉。根据主办单位的要求和宴会厅的情况选用，预订时作为一项收费项目。
- 菜单。可按确定鸡尾酒菜单准备，价格主要根据质量确定，高标准的鸡尾酒会可用手推车为客人提供，牛排、火腿、猪排等服务，也可选用特定的菜单，如某地的特色菜等。
- 酒水/饮料。设各种酒吧供应，如包价中含酒水/饮料，则根据标准选用酒水品种。
- 音乐。一般采用轻音乐、背景音乐，可备有主办国的国歌磁带、古典音乐磁带等。
- 其他。冰雕，是鸡尾酒会的常见装饰品，最好有专人根据主办单位的要求，雕刻其产品或公司标记，以起到装饰作用。

3. 鸡尾酒会的服务

（1）根据分工，一般可设负责专门服务酒水、照管菜点和调配酒水的三种服务人员。

（2）负责服务酒水的服务员，用托盘托好斟满的酒杯在厅内巡回向宾客敬让，自始至终不应间隔，托盘内应放置口纸和酒杯。每杯饮料均用口纸裹着递给客人。

（3）要及时收回客人手中及台面上已用过的酒杯，保持台面的整洁和酒杯的更替使用。最好是分设专人负责上酒水和收杯两项工作，不要在同一个托盘中既有斟好的酒杯，又有收回的脏杯。

（4）负责菜点的服务员要在酒会开始前半小时左右摆好台上的干果、点心和菜肴。酒会开始后，注意帮助年老者取用，随时准备添加干果、点心，保证有足够的盘碟餐具，撤回桌上和客人手中的空盘，收拾桌面上用过的手签、口纸等。

（5）吧台服务员要负责在酒会开始前准备好各种需要用的酒水、冰块、果汁、水果片和兑量工具等物品。酒会开始后负责倒酒、兑酒和领取后台洗刷好的酒杯，整理好吧台台面，对带气的酒和贵重酒类应随用随开，以减少浪费。各种鸡尾酒的调制要严格按照规定的比例和标准操作。

▶ **实施步骤**

(1)设计市场调查表。
(2)制订市场调查计划。
(3)实施市场调查。
(4)研讨并完成市场调研报告。

1. 职业基本能力评价(见表 2-7)

表 2-7　职业基本能力评价表

等级	评价标准	小组评语	教师评语
优秀	• 酒吧设计布置内容科学、合理 • 酒吧盘存服务规范、经营成本控制完善 • 鸡尾酒会设计与布置思路清晰、新颖,主题明确 • 鸡尾酒会的服务分工明确,组织管理佳、可行		
良好	• 酒吧设计布置内容较为科学、合理 • 酒吧盘存服务规范、经营成本控制完善 • 鸡尾酒会设计与布置思路清晰、新颖,主题明确 • 鸡尾酒会的服务分工明确、组织管理较为可行		
及格	• 酒吧设计布置内容基本合理 • 酒吧盘存服务规范、经营成本控制基本完善 • 鸡尾酒会设计与布置思路基本清晰、新颖 • 鸡尾酒会的服务分工明确、组织管理基本可行		
不及格	• 酒吧设计布置内容基本不合理 • 酒吧盘存服务不规范、经营成本控制不完善 • 鸡尾酒会设计与布置思路不清晰、不新颖 • 鸡尾酒会的服务分工不明确、组织管理不佳		

2. 职业拓展能力评价（见表 2-8）

表 2-8　职业拓展能力评价表

评价(评估)内容	4	3	2	1	教师评语
●酒吧设计布置内容科学、合理					
●酒吧盘存服务规范、经营成本控制完善					
●鸡尾酒会设计布置思路清晰、新颖					
●鸡尾酒会设计主题明确					
●鸡尾酒会的服务分工明确、组织管理出色、可行					

特别提示

(1)酒吧设计，必须围绕酒吧的主题布置。
(2)酒吧盘存服务、经营成本控制，必须与管理制度同步。

关键词

(1)主题酒吧。
(2)酒吧盘存与经营成本控制。

酒和菜的搭配

习惯上吃什么菜、喝什么酒，在西方人中是有一定讲究的，了解这方面的知识，对搞好餐厅服务，促进销售都是有帮助的。

(1)饭前或与开胃品同时享用的有：鸡尾酒及掺了姜汁啤酒(Ginger Beer 或苏打水)的威士忌(或白兰地)、雪利酒、开胃酒和味美思等。

(2)与鱼、海鲜及家禽同吃的酒有：干型或半干型白葡萄酒及玫瑰酒。

(3)与牛排、烤肉及其他肉类同吃的酒有：红葡萄酒。

(4)与甜品同吃的酒有：香槟酒、发泡酒和香型白葡萄酒。

(5)与乳酪同吃的酒有：红葡萄酒。

(6)餐后酒有：烈性甜酒或白兰地。

(7)可与各种菜同吃的酒有：香槟酒。

案例分享

某宾馆接待了一批16人的英国旅游团,恰逢那天是一位团友的生日。大家高兴地为她举办生日晚宴。晚宴的形式是西餐,并配喝洋酒。负责晚宴服务的是一位老服务员和一位刚从某职业学院毕业的新服务员。这位新服务员是第一次为西餐宴会服务,对洋酒知识及对西餐宴会服务的认识仅限于课本上的纸上谈兵,可称得上是一知半解。服务过程中,老服务员去厨房取菜,新服务员在前台斟酒服务,由于对各种洋酒服务程序及要求不熟悉,再加上外语水平有限,客人很不满意。后经老服务员向宾客解释、弥补,终于得到了客人的谅解。

(1)为什么客人不满意?此案例说明什么?
(2)如果你是餐厅管理者,应该如何改变这种状况?

(1)西餐菜肴与酒水的搭配规律。
(2)如何提高员工英语水平。

(1)在学校实训基地拟开一家主题酒吧,正常接待客人,从事经营活动。
(2)每天对酒吧进行盘存。
(3)实训一个月后进行经营成本核算,以小组为单位讨论,并提交一份整个实训阶段的经营成本控制报告(文字稿或电子稿)。

项目三　运营与督导

■ **项目简释**

成为一名管理者是酒店业(餐饮业)员工的职业发展方向。在职业生涯发展规划的驱动下，本项目根据酒店餐饮管理工作岗位的工作任务和能力需求，在项目一、二实施的基础上，通过任务引领和餐饮管理组织、餐饮管理规范、现场督导等选定项目课程主题的设计指导，使学生了解餐饮运营与督导等相关知识，体验计划、组织、协调、督导、沟通、控制、评估等餐饮管理职能，掌握餐饮管理从机构设置、人员配备、班次安排、餐饮运转过程中工作程序的编写、服务质量控制及突发事件处理的知识和能力，培养学生具备敬业、爱业、乐业，善于沟通与合作的品质，为学生发展各专业方向的职业能力奠定基础。

■ **能力目标**

- 能初步设计餐饮组织的组织结构。
- 能写出各岗位的岗位职责。
- 能根据餐厅类型和规模设计餐厅人员配备。
- 能根据餐厅特点进行合理的人员配备和工作班次安排。
- 能够进行服务质量控制管理。

■ **项目分解**

- 模块一　餐饮组织机构。
- 模块二　餐饮岗位职责。
- 模块三　餐饮人员配备。
- 模块四　餐饮班次安排。
- 模块五　餐饮服务质量。

模块一　餐饮组织机构

能力目标

- 能够根据餐厅特点和餐厅工作需要,确定餐厅工作岗位。
- 能按照组织机构的编写要求,设计中餐厅、西餐厅、咖啡厅、宴会厅、酒吧等的组织机构。

学习/工作任务

- 回顾总结项目一和项目二两部分的相关知识,熟悉餐厅服务工作内容。
- 通过实地调查和考察,了解不同类型餐厅的人员结构情况。
- 通过互联网、图书馆等渠道,收集餐厅组织结构设计的相关资料。
- 拟定组织机构设计的基本原则和方法。
- 根据小组任务,设计相关餐厅的组织机构,并提交书面设计报告。

技能/知识点一　餐饮组织机构设立的目的

餐饮部的组织机构,是确定该部门各成员之间、所属部门之间相互关系的结构。其目的是为了增强实现本部门经营目标的能力,更好地组织和控制所属职工和群体的活动。

技能/知识点二　餐饮部组织机构的设置原则

1.根据业务需要设计组织机构

餐饮部组织机构因饭店的规模大小和餐饮部自身职能的不同而有所区别。

但是，不管餐饮部的规模和职能存在多大差异，其主要的业务活动并没有多大差异。餐饮经营的业务活动主要包括：菜单、原料采购、验收、储存、发放、厨房生产和餐饮销售服务等。餐饮部组织机构的设计必须有利于经营管理，符合部门运转的需要。

2. 层次分明，职权相当，指挥统一

业务环节多、员工多是餐饮经营最明显的特征。为了能够确保餐饮部的经营管理工作井然有序，必须形成一个核心，在统一指挥的原则下组织各项业务活动，保证各项工作指令顺利贯彻落实。同时，在内部关系上采用垂直领导的方式，分层次进行管理，自上而下形成完整的指挥链，使每个人都明白自己的上下级关系，尽量避免横向指挥和越级管理。

此外，在权、责方面，还应遵循权责相称、权责分明的原则，对相应的职位授予相应的权限，真正做到职权相当、权责分明，以保证各个部门业务活动的顺利进行。

3. 合理分配工作，充分调动员工的积极性

组织机构设置的目的，是为了提高工作效率，调动员工的工作积极性。因此，在进行人员定岗和工作分配时，必须根据每位员工的能力、技术水平和个人素质合理安排，从组织上保证员工各得其所、才尽其用，保持员工的工作激情，充分调动员工的工作积极性，使员工的聪明才智和能力能够得到充分发挥。科学设置机构，避免机构臃肿，人浮于事。

4. 根据有效指挥幅度科学设置

根据指挥幅度原则和现代饭店的发展趋势，特别是现在劳动力成本越来越高，精兵简政已成为机构设置的必然趋势。因此，餐饮部的组织机构中不应有任何不必要或可有可无的位置。结构层次应尽量减少，以保证各级管理人员之间和职工之间形成快捷、正确的信息渠道，提高工作效率和管理效率。

技能/知识点三　餐饮组织机构的设置方法和步骤

餐饮管理组织机构的设置方法根据企业性质、规模大小、档次高低、接待对象不同而完全不同。从总体角度看，其设置方法主要分为四个步骤：

1. 根据企业性质和投资结构，选派产权代表，确定组织领导体制

我国餐饮业主要由星级酒店的餐饮运营部门和社会大众餐饮企业组成，它们的企业性质和投资结构各不相同。从组织机构设置的角度来看，在市场经济条件下，任何企业的组织领导体制都是由投资结构决定的。因此，建立餐饮管理组织机构,首先要根据企业性质和投资结构选派产权代表,从而最终确定组织机构。

2. 根据规模档次和接待对象,确定餐饮管理组织机构的大小和形式

在餐饮管理组织领导体制确定的基础上,星级酒店的餐饮运营部门和社会大众餐饮企业的管理组织机构的大小都是由其规模、档次和接待对象决定的。

3. 根据专业分工确定部门划分和岗位设置,制定各岗位职责规范

在组织机构的规模和形式确定的基础上,必须做好内部的专业分工,根据各岗位具体任务,确定内部的部门划分和岗位设置。在部门划分和岗位设置的基础上,还应根据不同岗位的任务、职责、权限,分别制定出各个岗位的职责规范。其内容应该包括不同岗位员工的学历、资历、专业、经验、仪表、语言等基本条件和具体职责规范,以保证组织机构中的各岗位人员的选择和任用。

4. 根据各岗位工作任务和职责规范,选派人员,形成正式、有效的组织管理

现代企业组织机构的设置和建立,除组织形式、管理体制外,关键在各岗位人员的选择和任用。餐饮管理的组织形式一经确定,就要按照不同岗位的工作任务、任职条件和职责规范去选派人员,特别是中高层管理人员的选择和任用,直接决定企业组织管理水平的高低,是能否做好餐饮管理的关键。因此,根据岗位任务、职责规范、任职条件选派人员,做到能级相应,对号入座,也是餐饮管理组织机构设置的重要工作之一。

技能/知识点四　餐饮部的组织形式

餐饮部的组织机构根据饭店餐饮规模的不同、业务范围的差异而不一样。但无论其规模大小,一般都由如下三方面的人员来共同完成餐饮部的运转管理工作:

- 食品原料采购人员。他们的任务是及时提供餐饮生产所需要的食品原料和酒水饮料。
- 厨房加工人员。即厨师。他们负责整个餐饮生产工作,进行菜肴质量控制和成本控制。
- 餐厅、酒吧服务人员。他们通过优质服务,为前来消费的宾客提供舒适、愉快的餐饮服务。

在这三类人员构成中,不同规模的饭店餐饮部,在人员构成上会存在一定的差异。一般来说,在中小型饭店,餐饮部可能会包含上述全部三类人员;而在大中规模及比较正式的经营型饭店,为了加强和发挥对餐饮工作的监督和管理职能,往往会将食品原料的采购人员划归财务部统一管理,或成立隶属于财务部的采购部,直接负责食品原料的采购和保管工作。由财务部的采购部直接负责食品原料的采购和保管工作。

不同规模的饭店餐饮部组织机构也不尽相同。

1. 小型饭店餐饮部组织机构

小型饭店餐饮部的组织机构设置比较简单,分工比较粗,往往一个岗位需要负责多方面的工作。管理者的职责也比一般饭店管理人员要多得多。如,餐厅经理,除负责餐厅日常运转管理外,餐厅酒水的供应和服务、餐具的洗涤管理等工作也都归他统一管辖。这种机构设置适用于普通的、有一定规模和档次的社会餐馆或酒楼型餐饮设施使用(见图3-1)。

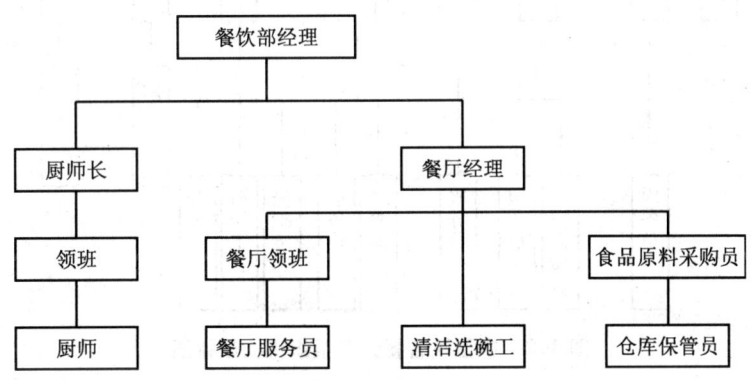

图3-1 小型饭店餐饮部组织机构设置图

2. 中型饭店餐饮部组织机构

中型饭店的特点是餐饮功能比较齐全、分工比较细,特别是星级饭店,无论是功能的配置还是业务范围都相对较大,不但有设备齐全的中餐厅、宴会厅、酒吧,西餐厅等也都一应齐全。因此,其餐饮部组织机构设置相对于小型饭店要复杂得多(见图3-2)。

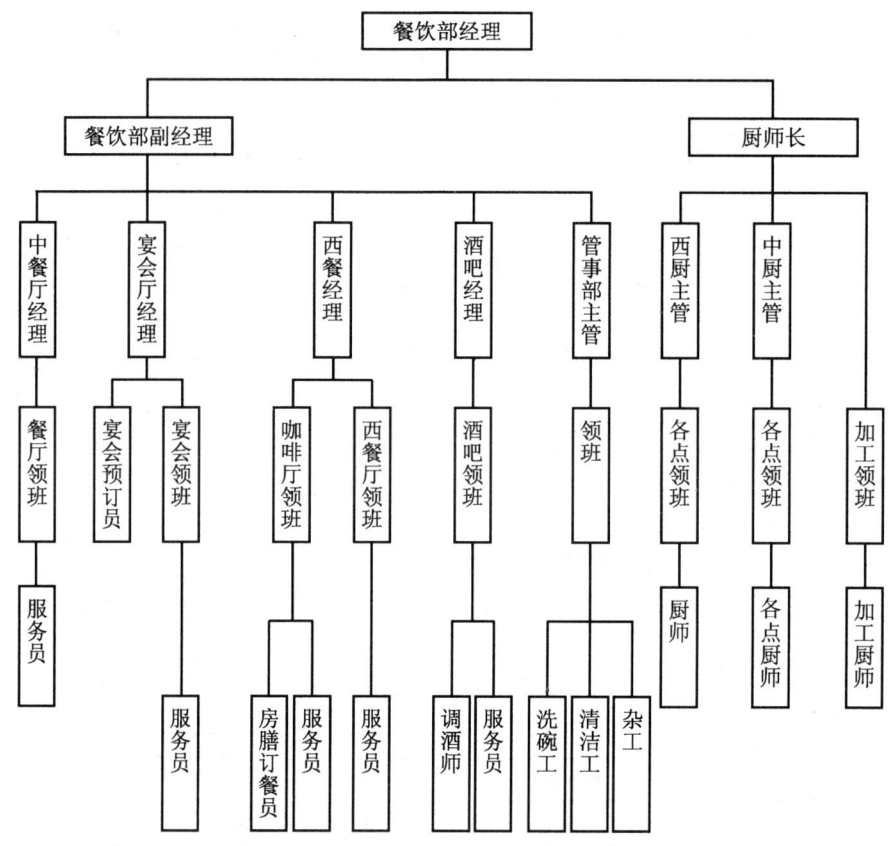

图 3-2 中型饭店餐饮部组织机构设置图

3. 大型饭店餐饮部组织机构

大型饭店,一般档次较高、餐饮设施齐全、经营范围广。因而,其餐饮部的组织机构层次较多,分工设立更细。在一些大型酒店,鲜活原料的采购也直接划给餐饮部统管,财务部和餐饮部共同领导成本核算人员,以达到部门内人、财、物统一管理的目的。

大型饭店餐饮部在高层管理上设置餐饮总监,全面管理餐饮部的运转工作,下设餐饮部经理分管前台服务、宴会部经理分管宴会销售和服务、行政总厨分管中西厨房生产,构成餐饮部门的领导核心。但也有一些酒店将餐饮部经理升格为总监助理,协助总监管理全部门的业务,具体设置因酒店而异(见图 3-3)。

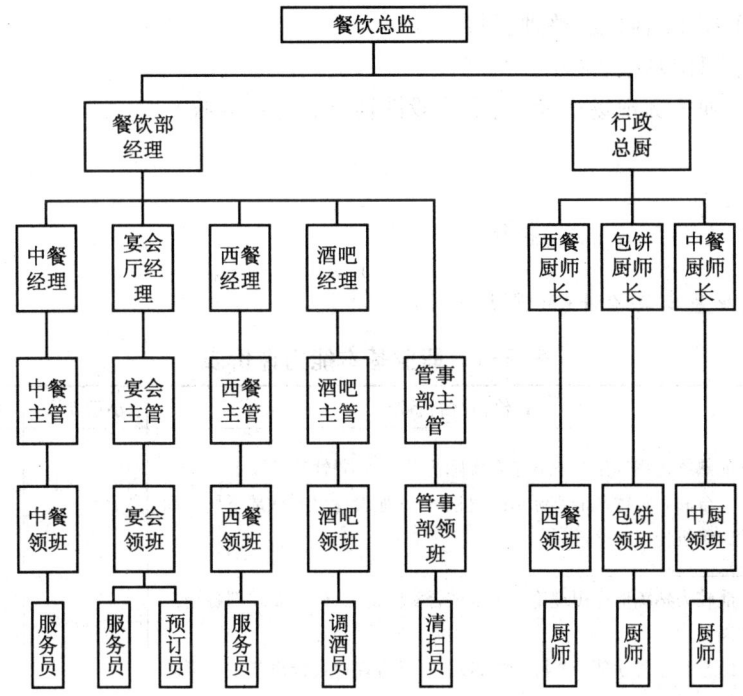

图3-3 大型饭店餐饮部组织机构设置图

技能/知识点五 组织机构图的作用

组织机构图的作用可归纳为如下五个方面：

(1)建立一条自上而下的指挥链,确保各项工作指令能迅速畅通地得到传递。

(2)可以直观地反映各岗位的上下级关系,使每个员工明确自己对谁负责,避免越级指挥或横向指挥。

(3)可以清楚地反映每个岗点的职责。

(4)通过组织划分,避免重复工作。

(5)使每个员工清楚地知道自己在本部门中的位置和发展方向。

▶ **实施步骤**

(1)组建工作小组(每组6~8人,选择需要工作的餐厅)。

(2)制订小组学习计划(包括目标、完成时间、具体实施步骤等)。

(3)布置学习/工作任务(提出要求和目标)。

(4)相关实践知识介绍。

(5) 工作小组收集、整理资料。
(6) 小组课堂报告(相互交流)。
(7) 教师负责现场指导(组织阶段性辅导和考核验收)。

 学习/工作评估

1. 职业基本能力评价(见表3-1)

表3-1　职业基本能力评价表

等级	评价(评估)标准	小组评语	教师评语
优秀	● 能熟练运用理论知识并结合实际情况,确定餐饮部各岗工作岗位 ● 结合酒店餐饮部的实际情况,科学合理地设计出餐饮部下属部门的组织机构		
良好	● 能较为熟练地运用理论知识并结合实际情况,确定餐饮部各岗工作岗位 ● 结合酒店餐饮部的实际情况,较为科学合理地设计出餐饮部下属部门的组织机构		
及格	● 能运用理论知识并结合实际情况,基本确定餐饮部各岗工作岗位 ● 结合酒店餐饮部的实际情况,能基本设计出餐饮部下属部门的组织机构		
不及格	● 不能运用理论知识并结合实际情况确定餐饮部各岗工作岗位 ● 设计出的餐饮部下属部门的组织机构,不符合酒店实际情况		

2. 职业拓展能力评价(见表3-2)

表3-2　职业拓展能力评价表

评价(评估)内容	4	3	2	1	教师评语
● 确定餐饮部各岗工作岗位					
● 科学合理地设计出餐饮部下属部门的组织机构					

说明:优秀　　分;　良好　　分;　及格　　分;　不及格　　分以下。

特别提示

● 组织机构设立的原则。

(1)科学设置机构。
(2)合理分工。

了解管理职能。

(1)组织机构设置的必要性。
(2)现某酒店有200间客房、600平方米的宴会厅、200多平方米的中餐厅、150多平方米的西餐厅、风格各异的12个宴会包间及120多平方米的大堂吧。根据上述酒店的营业面积,设计出其餐饮部组织机构图。

根据在线思考(2)所提供的材料和要求,为该饭店设计餐饮部组织机构图。
(1)中餐厅组织机构图;
(2)西餐厅组织机构图;
(3)宴会厅组织机构图;
(4)酒吧组织机构图。

模块二　餐饮岗位职责

根据组织机构图能够写出餐饮部各岗位的岗位职责。

- 回顾总结模块一组织机构内容,熟悉餐饮部各餐厅的组织机构内容。
- 通过实地调查和考察,了解各餐厅员工的工作任务。
- 通过互联网、图书馆等渠道,收集餐厅员工岗位职责的相关资料。
- 学习讨论岗位职责编写的基本原则、方法和注意事项。
- 根据小组任务,完成餐厅岗位职责的编写,并提交书面设计报告。

技能/知识点一　岗位职责设立的目的

为了更好地保证组织机构在餐饮管理中发挥其积极作用,使每个岗位的员工清楚自己的职责,明确自己的隶属关系,餐饮部对本部门的每个岗位必须设立书面的岗位职责,使每个职工和管理者明确自己的职责、任务、职务和权利。

技能/知识点二　岗位职责的编写格式和要求

岗位职责作为现代饭店管理规范和管理体系的一个重要组成部分,在编写时必须统一格式、统一要求,简明扼要地将岗位职责各部分的内容表述清楚,以便使用者容易理解和掌握。

1. 岗位名称

岗位名称,是指各岗位的具体称呼。我国饭店业在岗位名称的统一上虽然有规范,但由于中国地域辽阔,各地区发展不平衡,文化背景差异很大,因此,岗位名称的差异也在所难免,特别是南北差异表现得尤为明显。但是在同一个饭店不应该出现一个岗位两种叫法的现象,即饭店内部叫法应该统一。另外,岗位职责中的岗位名称还必须与组织机构图中的名称保持一致。

2. 岗位级别

岗位级别,适用于实行岗位技能工资制度饭店的岗位职责的编写。目前,很多饭店为了鼓励员工到一线直接为客人服务,减少行政编制,推行岗位技能工资制,即将饭店从总经理到实习生分别划入不同的工资等级,一岗一薪,易岗易薪,充分调动员工工作的积极性。在编写岗位职责时,直接将该岗位的级别标注在岗位职责中,使每个员工清楚地知道自己所在岗位应享有何种待遇。

3. 直接上司

所谓直接上司,即本岗位的直接管理者。注明直接上司的目的,就是使每个员工清楚地知道自己应向谁负责,服从谁的指令,向谁汇报工作。如,餐厅服务员的直接上司是餐厅领班,餐厅领班的直接上司是餐厅主管或餐厅经理。

4. 管理对象

管理对象,是针对管理岗位设立的,目的是使每个管理者清楚地知道自己的管辖范围,避免工作中出现跨部门或越级指挥等现象。组织机构图中基本按照指挥幅度的原则,相应地规定了每个管理岗位的管辖范围和管理幅度。其目的,就是要充分发挥各管理岗位管理人员的潜能,做好各自的管理工作,保证各营业点的正常运转,同时也避免各岗位管理者越级指挥或是横向指挥等现象的发生。

5. 岗位提要

岗位提要,又称为职责提要、主要职责,即使用简明扼要的语言,将该岗位主要工作职责清楚地描述出来。

6. 具体职责

具体职责,是从计划、组织、协调、控制等方面具体规定每个岗位的工作内容。其目的,是要使该岗位工作人员通过对具体职责的学习,清楚地知道自己应该履行哪些职责、应该完成哪些工作任务。因此,具体职责实际上是各岗位的一份翔实的工作任务书。具体职责的编写,应注意任务明确、简明扼要,尽量减少不必要的描述性说明、标准、要求、工作步骤等,应该属于工作程序的内容。

7. 任职条件

任职条件,又称为职务要求,即明确阐述该岗位员工必须具备的基本素质。任职条件包括以下5个方面的内容:

- 态度。指工作态度和个人品德要求。
- 知识。即从事该岗位的员工必须具备的基本知识要求。
- 技能。是指从事该岗位的员工必须具备的基本技能要求。如,对管理岗位必须具备的技能要求,包括计划组织能力、文字和口头表达能力、沟通能力等。

• 学历和经历。是指从事该岗位的员工必须具备的最低文化程度要求,以及管理岗位的工作、管理经历。

• 身体健康。是指针对每个岗位具体情况提出的身体素质方面的要求。

8. 权利

权利,是针对管理岗位设立的一项内容。按照层级管理的原则,对相应岗位的管理人员应该做到职、权、利相统一。赋予他们相应管理权限的目的,是为了更好地把管理工作做好。至于授权幅度,各饭店不完全相同。有的饭店授权至领班,有的授权至主管,而也有的饭店只授权至部门经理。

技能/知识点三 岗位职责范例

下面以某四星级饭店为例,分别介绍餐饮总监、餐饮部经理的岗位职责,仅供参考:

1. 餐饮部总监的岗位职责、任职条件及权利

(1)岗位职责:

• 负责制定餐饮部营销计划、长短期经营预算,带领全体员工积极完成和超额完成经营指标。

• 支持建立和完善餐饮部的各项规章制度、服务程序及指标,并督导实施。

• 定期深入各部门听取汇报并检查工作情况,控制餐饮部各项收支,制定餐饮价格,进行有效成本控制。

• 检查管理人员的工作情况、餐厅规范化服务及各项规章制度的执行情况,发现问题及时采取措施,出色完成各项接待任务。

• 定期同餐饮部经理、厨师长研究新菜,推出新菜单并有针对性地开展各项促销活动。

• 负责下属部门负责人的任用及其日常管理和督导工作。

• 组织和实施餐饮部员工的服务技术和烹饪技术培训工作,提高员工素质,为饭店树立良好的形象和声誉。

• 建立良好的对客关系,主动征求客人对餐饮的意见和建议,积极认真地处理宾客投诉,保证最大限度地满足宾客需求,提高餐饮服务质量。

• 重视安全和饮食卫生工作,认真贯彻实施《食品卫生法》,开展经常性的安全保卫、防火教育,确保宾客安全和餐厅、厨房及库房的安全。

• 做好餐饮部与其他各部门之间的沟通、协调和配合工作。

• 参加每日总经理工作例会,主持每日餐饮部例会,保证饭店的工作指令得到有效履行。

- 完成总经理交给的其他工作。

（2）任职条件：
- 有强烈的事业心和责任心，忠于企业，认真负责，讲究效率，坚持原则，不牟私利，处事公正，知人善用。
- 具有丰富的餐饮服务、成本控制、烹饪技术、设施设备维护、市场营销、食品营养卫生等餐饮专业知识。
- 具有较强的组织管理能力，能科学地制订各项餐饮计划，有效控制餐饮成本，合理安排工作；能督导各种餐饮服务规范和菜肴质量标准的执行，具有一定口头表达、撰写业务报告的能力。
- 具有大专以上学历，受过系统的餐饮管理培训，有5年以上餐饮管理经历。
- 身体健康，精力充沛。

（3）权利：
- 根据饭店的工资和奖惩政策，对下属具有奖罚权。
- 根据饭店的人事政策，对下属部门人员具有录用、选配、任命和除名的处理权。
- 对下属上报的申购、领用、加班、休假等具有签署权。
- 处理客人投诉时有免费、打折的权利。

2. 餐饮部经理岗位职责、任职条件及权利

直属上级：酒店总经理或副总经理

直接下级：餐厅经理、厨师长

管辖人员：餐饮部全体员工

平级联系：酒店其他部门经理

（1）主要职责：
- 负责整个餐饮部的正常运转，进行计划、组织、督导及控制等工作；最大限度地满足宾客需求，达到餐饮经营的社会效益和经济效益目标。
- 编制餐饮部预算，控制成本和营业费用，达到预期指标，策划餐饮特别推广宣传活动，审阅营业报表，进行营业分析，做出经营决策。
- 制定各类人员操作程序及服务规范，建立和健全考勤、奖惩和分配等制度，并切实实施。
- 与厨师长、营销部、宴会部一起研究制定长期和季节性菜单、酒单。制定餐饮产品售价，不断开发新产品。
- 负责对大型团队就餐和重要宴会的巡视、督导；处理各种投诉和突发事件。
- 审阅和批示有关报告和各项申请。协助人力资源部门搞好定岗、定编、定员工作。负责员工的业务知识和业务技术培训。处理好聘用、奖励、处罚、调动等人事工作。
- 参加酒店例会及业务协调会，建立良好的公共关系。协调内部矛盾，处理员工意见和纠纷，建立良好的下属关系。

(2)任职条件:
- 有较强的事业心和责任感,工作认真踏实,为人处世公正严明。
- 熟练掌握餐饮管理与服务的专业知识和技能。
- 具有较强的组织管理能力,能制定各种餐饮服务规范和服务程序,并组织员工认真贯彻执行;具有妥善处理客人投诉及其突发事件的能力。
- 具有大专以上学历,受过中级以上餐饮管理专业培训,有3年以上的餐厅管理经历。
- 身体健康,精力充沛,无传染性疾病。

(3)权利:
- 对本部门员工有选用、奖惩和调配的建议权。
- 对下属上报的申购、加班、领用、休假等具有签署权。
- 处理客人投诉时,有打折的权利。

▶ **实施步骤**

(1)制订小组学习计划(包括目标、完成时间、具体实施步骤等)。
(2)布置学习/工作任务(提出工作要求和目标,进行工作分配)。
(3)相关实践知识介绍。
(4)工作小组收集、整理有关岗位职责的相关信息和资料。
(5)小组课堂报告(相互交流)。
(6)教师负责现场指导(组织阶段性辅导和考核验收)。

学习/工作评估

1. **职业基本能力评价**(见表3-3)

表3-3 职业基本能力评价表

等级	评价(评估)标准	小组评语	教师评语
优秀	●能依据酒店的实际情况,设计出科学、完善的岗位职责		
良好	●能依据酒店的实际情况,设计出较为科学、完善的岗位职责		
及格	●能依据酒店的实际情况,设计出基本符合岗位要求的岗位职责		
不及格	●能依据酒店的实际情况,设计出岗位职责,但存在较多不完善之处		

2. 职业拓展能力评价（见表3-4）

表3-4　职业拓展能力评价表

评价（评估）内容	4	3	2	1	教师评语
设计出科学、完善的工作岗位职责，并能进行工作岗位分析					

说明：优秀　　分；　良好　　分；　及格　　分；　不及格　　分以下。

特别提示

- 岗位职责的编写格式和要求。

关键词

（1）态度。
（2）知识。
（3）技能。
（4）权利。

西餐厅主管一天的工作流程

某五星级酒店西餐厅（Supervisor Check List）主管检查工作表

检查人（Completed by）：＿＿＿＿＿＿＿＿＿＿＿＿

日期（Date）：＿＿＿＿＿＿＿＿＿＿＿＿＿＿＿＿

初次检查时间（Time of the 1st check）：＿＿＿＿＿

6:00～6:20（Morning Shift）

（1）确保走廊的早餐牌清洁有序地摆放。（Ensure the Breakfast Signage position in the corridor is clean and in order.）

（2）确保入口的早餐海报、宣传册、菜单、皇冠快讯干净整洁。（Ensure the Breakfast Poster, the Flies, the Menus and the Crowne Focus book sat the entrance are clean and tidy.）

（3）检查雕像和瓶子的清洁度。（Check the cleanness of the Statues and the Vases.）

（4）检查员工的仪容仪表：头发、指甲、制服整洁干净；女员工化淡妆。（Check Staff Grooming〈Neat & Clean Hair, Nails, Uniform, Make up for lady〉.）

(5) 区域员工工作的分工：简洁说明员工的职责。(Plan Station Assignment: Brief the staffs on their duties & responsibility.)

(6) 检查餐厅所有的照明设备。(Check all the lighting in the restaurant.)

(7) 布草车的放置是否清洁有序。(back area and linen trolley are clean and in order.)

(8) 检查自助餐台：再次检查所有的食物、菜牌、服务叉，确保盘子充足，按标准摆放。检查加热系统温度是否正常、杯子是否干净、果汁桶有无水迹。(Check the Buffet Counter: Re-check all the foods, food tags, the serving Tong, ensure plates are enough and placed according to the standard, the heating system temperature correct, glasses are clean and juice containers are free from water marks.)

(9) 检查工作台：确保早餐托盘充足，咖啡、茶、咖啡机摆放规范。(Check Side Stations: ensure breakfast trays sufficient, coffee & tea, coffee machine.)

(10) 检查桌子：确保所有的摆台正确、桌面干净。(Check Tables: ensure all the tables are clean and properly set up.)

(11) 最后巡视整个餐厅：检查整个环境的卫生。(Finally walk through the restaurant: check cleanness of the surroundings.)

(12) 确保入口的迎宾台、收银台整洁干净。(Ensure hostess station at the entrance, cashier counter to be clean and neat.)

(13) 阅读交班记录并与夜班领班交接，早晨向餐饮总监汇报所有的突发事件。(Read Communication Book and take over from Midnight Captain, report any incident to the F&B Director in the morning.)

(14) 配合厨师保证自助餐的食物有序补给。(Coordinate with the Kitchen team to ensure the buffet food replenishment in order.)

6:20~8:00 (Morning Shift)

(15) 检查热菜加热温度。(Check the heating system temperature under the Hot Dishes counters.)

(16) 确保员工按照他们岗位职责工作，监督咖啡和茶饮服务。(Ensure staffs are function according to their duties, monitor the coffee & tea service.)

(17) 保证迎宾员做好入口处的接待工作，必要时候提供帮助。(To ensure the entrance is taken care by the hostess, support if necessary.)

(18) 负责管理工作台的账单、监督员工的工作，根据操作运行进行任务委派和提供支持。(Take charge of the station billing and monitor on the staff movement, provide support and delegate task based on the demand.)

(19) 帮助迎宾员检查桌子的空缺情况，确保空的桌子已经摆好台。(Help the hostess to check the tables availability and ensure the free tables has been set up.)

(20)检查要送餐的单子及托盘上的摆设。(Check the In-room breakfast orders and the way they are allocated on the tray.)

8:00~10:30 (Morning Shift)

(21)会议前确保会议厅已经准备好。(Ensure the Meeting Room is ready for the Morning Briefing.)

(22)定期检查自助餐台;保持干净、有序,保证食物和饮料的数量。(Periodically check the Buffet Counter: Cleanness, Order, Quantity of food/beverages.)

(23)确保脏的口布及时送到洗衣房清洗(9:30)。(Ensure the dirty napkins has been sent to the Laundry at the right time 〈9:30〉.)

(24)监督后场员工的工作,必要时根据工作要求安排新的或不同的任务。(Monitor the back area staff work and assign new or different tasks according to the operation demand.)

(25)检查工作台和后场的环境是否清洁、卫生、有序。(Check the conditions 〈Cleanness and Order〉 of the Side Stations and the Back Area.)

(26)房膳送入房间前要检查。(Check the Breakfast Orders before they were sent to the Rooms.)

(27)确保迎宾员从厨房收到自助餐菜单并准备菜牌,菜牌和菜名是一致的,必要时帮助其迎接客人。(Ensure the Hostess received the Buffet Food List from the kitchen and she is preparing the food tag accordingly. Help her in welcoming guests if needed.)

(28)在10:10,确保员工通知我们的客人,自助早餐将在20分钟后关餐。(At 10:10, ensure the staff inform our guests that the breakfast buffet will close in 20 minutes.)

(29)10:15,确保员工开始准备午餐的翻台工作。(At 10:15 ensure the staff is starting to prepare the Lunch table set up.)

(30)10:25,确保员工告知客人将在5分钟后结束早餐。(At 10:25 ensure the staff inform our guests that the breakfast buffet will close in 5 minutes.)

重要提示:密切关注客人的需求并迅速地给予回复。(**IMPORTANT**: Pay attention to the guests and ensure the staff constantly watch them and answer promptly to their needs.)

10:30~11:30 (Morning Shift)

(31)10:30确保所有的早餐服务餐具送到洗碗间清洗,收起菜牌、关火,确保早餐指示牌已经从走廊挪走,午餐的宣传册、海报在入口处已摆放好。(10:30 ①Ensure the Tongs used for Breakfast Buffet have been sent to the Back Area for washing and collect the food tags ②Turn off the heating system ③Ensure the Breakfast signage has been removed from the corridor and the Lunch Poster has been placed at the Entrance.)

(32)确保做自助餐台的员工清洁自助餐台。(Ensure the Buffet Runner cleans up the Buffet Counter.)

(33)早班员工在10:30用餐。(Ensure Morning Shift Staff go to have lunch <around 10:30>.)

(34)检查餐厅所有灯光。(Check all the lighting in the restaurant.)

(35)检查桌子的摆台和清洁程度。重点:所有摆放的物品(椒盐瓶、牙签瓶、花瓶、烟灰缸、勿吸烟牌、餐巾纸、垫布)必须是摆放正确和清洁的。(Check the tables set-up and Cleanness. IMPORTANT: all the items on the tables 〈salt/pepper containers, tooth-picks containers, flower vases, ash trays/no-smoking signs, flies, napkins, table cloths〉 must be clean and rightly placed.)

(36)确保地面没有污物、水迹、油迹等。(Ensure the floor is clean and free of food left-overs and stains of water, oil, etc.)

(37)自助餐台值台员工要确保午餐的自助餐台按照标准摆放,当热菜已摆放好时要打开开关。(Coordinate the Buffet runner work ensuring the buffet lunch set up follows the standards and turn on the heating system when the Hot dishes are placed.)

(38)检查自助餐台:再次检查所有的食物、菜牌、服务叉,确保盘子是充足并按标准摆放的,杯子是干净的,果汁桶无水迹和确保所有的桌子是被擦过,没有奶迹、水迹、油迹。(Check the Buffet Counter: Re-check all the foods, food tags, the serving Tongs, ensure plates are enough and placed according to the standard, glasses are clean and juice containers are free from water marks and make sure the table are wiped and free of milk/water/oil stains.)

(39)再次检查服务区域员工的分工:简洁说明员工的职责。(Re-plan Station Assignment ;Brief the staffs on their duties & responsibility〈Equally assign the staff according to the operations need〉.)

(40)11:25,巡视整个餐厅:检查整个环境的卫生。(11:25 Finally walk through the restaurant: check cleanness of the surroundings.)

11:30~14:00 (Morning Shift)

(41)检查做热菜的火的温度。(Check the heating system temperature under the Hot Dishes counters.)

(42)保证迎宾员照看好入口处,必要的时候要提供帮助。(To ensure the entrance is taken care by the hostess, support if necessary.)

(43)负责管理工作台的账单、监督员工的运行,根据操作运行进行任务委派和提供支持(收集零点的点单信息)。(Ensure staffs are function according to their duties and Take charge of the station billing〈get informed about the a-la-carte Menu orders〉and monitor on the staff movement, provide support and delegate task based on the operations demand.)

(44)配合厨师保证自助餐的食物有序补给。(Coordinate with the Kitchen team to ensure the buffet food replenishment in order.)

(45)到桌子前问候并欢迎客人,必要时替员工拿零点单给客人。(Approach the new table guests, greet and welcome them. Delegate staff to present the a-la-carte menu if needed.)

(46)确保脏口布在13:30送到洗衣房。(At 13:30 Ensure the dirty napkins has been sent to the Laundry.)

(47)在13:45,确保员工通知到客人:①午餐自助餐将在15分钟后关闭;②关掉取暖设备。(At 13:45 ①Ensure the staff inform our guests that the lunch buffet will close in 15 minutes. ②Turn off the heating system.)

重要提示:确保员工通知客人自助餐台在15分钟后关火,密切关注客人的需求并迅速回复。(**IMPORTANT**: Pay attention to the guests and ensure the staff constantly watch them and answer promptly to their needs.)

14:00~14:20 (Afternoon Shift)

(48)14:00确保所有的早餐服务夹被送到后场清洗,并收起菜牌。(14:00 Ensure the Tongs used for Breakfast Buffet have been sent to the Back Area for washing and collect the food tags.)

(49)确保入口处的海报、宣传册、菜单、皇冠快讯是干净整洁的。(Ensure the Poster, the Flies, the Menus and the Crowne Focus books at the entrance are clean and tidy.)

(50)检查雕像和花瓶是否干净。(Check the cleanness of the Statues and the Vases)

(51)阅读交班记录并和早班领班交接。(Read Communication Book and take over from Morning Captain.)

(52)参加班前会。(Join the Briefing with the Morning Shift.)

(53)检查员工的仪容仪表(头发、指甲、制服整洁、干净;女员工化淡妆)。(Check Staff Grooming〈Neat & Clean Hair, Nails, Uniform, Make up for lady〉.)

14:20~16:30 (Afternoon Shift)

(54)检查服务区域员工的分工:简洁地说明一下员工的职责,必要时分工合作。(Plan Station Assignment: Brief the staffs on their duties & responsibility〈Equally assign the staff according to the operations need〉.)

(55)在14:30关掉餐厅按照标准需要关掉的灯。(At 14:30 Turn off the

Lights in the Restaurant according to the standard.)

(56)确保迎宾员已从厨房收到了自助餐菜单并准备好菜牌。(Ensure the Hostess received the Buffet Food List from the kitchen and she is preparing the food tag accordingly.)

(57)检查桌子的摆台和清洁度:摆放的物品(椒盐瓶、牙签瓶、花瓶、烟灰缸、勿吸烟牌、餐巾纸、垫布等)必须是整洁的并正确摆放。(Check the tables set-up and Cleanness. IMPORTANT: all the items on the tables <salt/pepper containers, tooth-picks containers, flower vases, ash trays/no-smoking signs, flies, napkins, table cloths> must be clean and rightly placed.)

(58)检查后场,确保杯子、咖啡机是干净的,后场布草车是干净有序的。(Check back area, ensure the glasses, coffee and the machines are clean, back area and linen trolley are clean and in order.)

(59)检查工作台,盘点餐具,确保它们是充足的;检查清洁卫生和秩序。(Check Side Stations: count the cutlery and ensure they are enough, check the cleanness and the order.)

(60)擦洗镜子和热菜台下面的玻璃。(Delegate the staff to clean the mirrors and the glasses under the hot food counters.)

(61)确保地面和椅子干净,并将尚存不卫生情况告知给PA的员工。(Ensure the floor and the chairs clean and indicate to the PA staff the dirty areas.)

(62)检查玻璃和玻璃周边的卫生。(Check the Windows and the Window Ledges cleanness.)

(63)检查壁灯。(Check the Wall Lamps.)

(64)监督做自助餐台员工的工作,确保晚餐自助餐台按标准摆台。(Supervise the Buffet Runner job and Ensure the buffet dinner set up follows the standards.)

(65)确保有员工叠口布。(Ensure some staff is folding the clean napkins.)

(66)准备冰红茶和柠檬片,确保它们被摆放在果汁桶的中间。(Prepare the Black Tea and the Lemon slides and ensure they are placed in the middle of the Juices.)

16:30~17:30 (Afternoon Shift)

(67)晚餐员工在16:30用餐。(At 16:30 Ensure Evening Shift Staff go to have dinner.)

(68)17:00开灯并检查。(At 17:00 Turn on the Lights and check them.)

(69)检查自助餐台;再次检查所有的食物菜牌、服务叉,确保盘子是充足的并按标准摆放,杯子是干净的,果汁桶无水迹,确保所有的桌子是被擦过的,没有奶迹、水迹、油迹。(Check the Buffet Counter: Re-check all the foods, food tags, the serving Tong, ensure plates are enough and placed according to the standard, glasses are clean and juice containers are free from water marks and make sure the table are wiped and free of milk/water/oil stains.)

(70)关火。(Turn on the Heating System.)

(71)最后巡视整个餐厅,检查整个餐厅的环境。(Finally walk through the restaurant: check cleanness of the surroundings.)

17:30~21:00 (Afternoon Shift)

(72)保证迎宾员照看好入口处,必要时要提供帮助。(Ensure the entrance is taken care by the hostess, support if necessary.)

(73)确保员工是按照他们的岗位职责工作的。(Ensure staffs are function according to their duties.)

(74)负责管理工作台的账单,监督员工的工作,根据操作运行的需要进行任务委派和提供支持。(Take charge of the station billing and monitor on the staff movement, provide support and delegate task based on the operations demand.)

(75)到桌前问候并欢迎客人,必要时替员工拿零点单给客人。(Approach the new table guests, greet and welcome them. Delegate staff to present the a-la-carte menu if needed.)

(76)定时检查自助餐台:清洁、秩序及食物饮料的数量,同时检查热菜下面炉子的温度。(Periodically check the Buffet Counter: Cleanness, Order, Quantity of food/beverages meanwhile Check the heating system temperature under the Hot Dishes counters.)

重要提示:密切关注客人的需求并迅速回复。(**IMPORTANT**: Pay attention to the guests and ensure the staff constantly watch them and answer promptly to their needs.)

21:00~22:30 (Afternoon Shift)

(77)在21:00确保员工开始准备第二天早晨的桌子摆台了。(At 21:00 ensure the staff starts to prepare the next morning breakfast table set up.)

(78)21:10,确保员工通知客人,我们将在20分钟后关闭晚餐。(At 21:10 ensure the staff inform our guests that the Dinner buffet will close in 20 minutes.)

(79)在21:15关火。(At 21:15 Turn off the Heating System.)

(80)监督员工的早餐摆台,必要时提供帮助。(Supervise the Staff work in preparing the tables breakfast set up and help if needed.)

(81)要确保自助餐台是干净的,督促值台员工的工作,确保早餐要用的服务叉送到后场清洗,收起菜牌。(Supervise the Buffet Runner job, ensure the Tongs used for Breakfast Buffet have been sent to the Back Area for washing and collect the food tags and Ensure the counters are clean.）

夜班 （Night Shift）

（82）确保海报、宣传册、菜单和皇冠快讯在入口处是干净整洁的。（Ensure the Poster, the Flies, the Menus and the Crowne Focus books at the entrance are clean and tidy.）

（83）检查雕像和花瓶是否干净。（Check the cleanness of the Statues and the Vases.）

（84）阅读交班记录，与晚班领班交接。（Read Communication Book and take over from Evening Captain.）

（85）擦洗镜子和热菜台下面的玻璃。（Clean the mirrors and the glasses under the hot food counters.）

（86）检查壁灯。（Check the Wall Lamps.）

（87）关掉餐厅按照标准需要关掉的灯。（Turn off the Lights in the Restaurant according to the standard.）

（88）确保在任何时间都能有人接听电话。（Ensure there is a staff member able to answer the phone at any time.）

（89）所有的房膳送入房间前都要检查。（Check all the Room Service orders before they were sent to the rooms.）

（90）检查装饰物。（Check all the decorations.）

（91）在大约 3:00 收早餐牌。（At 3:00 Go around the floors to collect the Breakfast Signage）

（92）检查第二天早晨的自助餐台。（Prepare the Next Morning Breakfast Buffet.）

（93）检查所有桌子和早餐的摆台。（Check the Tables and the Breakfast set up.）

（94）把早餐牌放在走廊，将早餐海报放在入口处。（Place the Breakfast Signage in the corridor and the Breakfast Poster at the Entrance.）

（95）检查自助餐台，再次检查所有的食物、菜牌、服务叉，确保盘子充足和按标准摆放；杯子是干净的，果汁桶无水迹。（Check the Buffet Counter: Re-check all the foods, food tags, the serving Tong, ensure plates are enough and placed according to the standard, glasses are clean and juice containers are free from water marks.）

（96）5:00 准备好牛奶。（5:00 Get the milk）

（97）确保 PA 已经清扫过地板。（Ensure the PA have cleaned the floor.）

××酒店中餐厅主管工作职责

1. 在餐饮部经理的直接领导下,全面负责餐饮部的日常服务管理工作;完成上级交办的其他任务。
2. 亲自指挥所有区域于用餐期间以保持高质量服务水平,当客人有所需求时务必随传随到。
3. 制订培训计划并定期组织部门内人员进行业务培训和企业文化学习。
4. 计划并编排班表以保证足够的人员服务客人。
5. 每日例行巡视餐厅并检查有关硬件设施及整洁,任何异常及时报相关部门加以改善,并汇报餐饮经理有关处理事项。
6. 申领及控制有关物品,维持正常营运所需并避免破损和遗失。
7. 推销并维持与客户之间的良好关系,透过与顾客之间的沟通让客人感觉到宾至如归,并询听客人对服务质量的反映。
8. 与厨房协作做好上下沟通工作、及时协助推销特色菜及积压菜品,降低菜品损耗。
9. 组织制订餐饮部工作计划,建议并推荐改善餐厅营业方案。
10. 参与处理有关营运过程中的难题,处理有关客人意见及投诉事件。
11. 定期与部门员工和领班沟通。
12. 尽心尽力促销以增加餐饮收入。
13. 直接督导部门管理人员的服务态度及工作质量。
14. 参与每日部门例会及餐饮部门会议。
15. 与营销部配合,确保各团队和大型会议的用餐接待任务圆满完成。
16. 定期分析和总结部门工作的成绩和问题。
17. 协助餐饮部经理组织制定和修缮餐饮部的岗位工作说明书、工作程序与标准以及各项规章制度。
18. 审批制定部门表格、领用单和排班表等。
19. 根据酒店工作需要,对任命、授权和调派人员、向部门经理推荐合适人选。
20. 接受质量管理部的检查并进行整改。
21. 执行由管理层指派的其他任务。

根据上述两则案例,并结合中、西餐厅经营范围的不同,请指出中、西餐厅管理人员工作职责的异同点有哪些?

根据餐厅组织机构图,分别编写中餐厅经理、咖啡厅主管、酒吧领班等各岗位职责及工作流程。

模块三　餐饮人员配备

- 根据餐厅工作需要,确定餐厅各工作岗位人员的配备数量。
- 掌握科学合理的定员方法。

- 复习人力资源管理的相关知识,熟悉餐饮部组织机构、岗位职责内容。
- 通过实地调查和考察,了解不同类型餐厅的营业时间和人员配备情况。
- 通过互联网、图书馆等渠道,收集餐厅人员配备的相关资料。
- 学习人员配备的原则和方法。
- 根据小组任务,完成相关餐厅的人员配备方案,并提交书面设计报告。

技能/知识点一　人员配备的含义

人员配备,即根据国家关于劳动工资的方针、政策,结合本饭店餐饮工作的实际情况,确定各岗位的劳动定额和员工工作量,分配每个员工的具体工作和岗位,合理组织和调配劳动力,保证餐饮经营活动的正常进行。

技能/知识点二　人员配备的依据

餐厅员工的需求量与工作量具有密切的关系,合理地安排餐厅人员必须做好以下工作:

（1）销售量分析。餐厅与客房及其他部门不同,每周、每日对员工的需求量都有不同。这种需求量的变化,大体上有一定的规律。所以,有必要对每日的营业量进行具体分析。根据对餐厅每日客流量和菜点销售量的统计,就能精确地预测每日的营业量。这样，管理人员就能根据对每日营业量的预测来配备员工数量。

（2）销售量的分析不能以某一天的统计为依据，而应以一段时间的情况为依据，并找出某一时间数据的中位数（居中的数据，而不是平均值），（见表3-5）。

表3-5　牛扒餐厅晚餐客人数统计

单位：人

日期	星期一	星期二	星期三	星期四	星期五	星期六	星期日
6.3~6.9	114	142	128	159	198	235	189
6.10~6.16	90	127	138	167	180	250	197
6.17~6.23	113	158	152	147	177	237	200
6.24~6.30	105	113	107	150	190	200	195
7.1~7.7	145	121	133	110	148	196	164
中位数	112	127	129	151	181	236	192

从表中可以看出，五个星期一客人的范围是90~145，去掉两端的最高和最低数，取中位数112，如果用15天的数据，那么应该去除最高7个和最低7个数据，取中位。

取中位数的优点，是能反映营业量的趋势，而不受最高数和最低数的极端影响，但取中位数不能正确反映营业规律。管理人员要根据每日的营业量预测配备不同数量的员工。

（3）各时段经营分析。每日营业量分析能帮助管理人员安排职工的工作日和休息日，但仍不能解决由于需求量不同而使职工在生意清淡时无事可干、在高峰时人手不够的问题。特别是24小时经营的咖啡厅和经营时间较长的酒吧（大堂吧），更有必要统计午、晚餐高峰时及下午2:30~5:30清淡时段的客人数。即使中餐厅的早、午、晚餐营业时间中也有高峰时段，也应配备不同的职工数（见表3-6）。

表3-6　almuna餐厅就餐时段客人数预测表

单位：人

餐　　别	营业时间	客人数
早　　餐	7:00~8:00	90
	8:00~9:00	120
午　　餐	11:00~12:00	50
	12:00~13:00	88
	13:00~14:30	60
晚　　餐	18:00~19:00	65
	19:00~20:00	135
	20:00~21:00	82

注：管理人员可根据各时段的客人数，安排职工的人数和工作的班次。

(4)确定工作量。工作量,是指各工种的职工在一定服务时间内应提供的服务或应生产的产品数量。

工作量通常以开餐厅的时数作为时间单位,也可以工作时数作为时间单位。对于餐厅服务员来说,可用每餐服务的客人数和每小时服务的客人数作为工作量定额。餐厅经理根据服务员的劳动定额和销售量预测,便可确定每日的员工需要数和一周员工班次的安排(见表3-7)。

表3-7 咖啡厅午餐不同客源水平下员工配备数

(11:00~14:00)　　　　　　　　　　　　　　　　单位:人

客人数	200~299	300~399	400~499	500~599	平均每工时服务人数
餐厅服务员配备人数	5	6	7	8	13.3~24.9
洗碗工配备数	2	2	3	4	33.3~49.9
厨师配备数	3	3	4	4	22.2~49.9

在每日营业时间中都有清淡和高峰时段,根据各时段营业量配备员工和安排员工的上班时间,使餐厅在高峰时段多配备员工,清淡时段少安排员工,充分利用员工的工作时间。如,英国某咖啡厅对各时段预测的客人数及餐厅服务员需要数,见表3-8所示(劳动定额为20名客人/小时)。

表3-8 咖啡厅周六客人数预测及服务员需要数

单位:人

营业钟点	预测客人数	餐厅服务员需要数
10:00~11:00	0	2
11:00~12:00	40	2
12:00~13:00	98	5
13:00~14:00	100	5
14:00~15:00	60	3
15:00~16:00	10	1
16:00~17:00	10	1
17:00~18:00	48	3
18:00~19:00	95	5
19:00~20:00	105	6
20:00~21:00	95	5
21:00~22:00	60	4
22:00~23:00	50	3
23:00~24:00	0	2
总 计		47人工时

注:餐厅在营业前一小时需要2名服务员做开餐准备,在营业结束时也需要2名服务员做收尾工作。

技能/知识点三 餐厅人员编制的影响因素

- 餐厅的档次和座位数量。
- 市场状况和座位利用率。
- 员工业务技能熟练程度和厨房生产能力。
- 餐饮经营的季节波动程度。
- 班次安排和出勤率。

技能/知识点四 餐厅人员安排技巧

- 建立操作标准,合理安排人手。
- 分析销售量,科学安排人手。
- 根据营业量变化,灵活安排人手。

技能/知识点五 餐厅人员安排方法

1. 按比例定员

按比例定员,即按饭店等级、规模定员,按全员量定工种、岗位人员数量。如:

- 厨师与行政管理人员的比例　　　　10∶1;
- 餐厅与厨师的比例　　　　　　　　1∶1;
- 炉灶与切配的比例　　　　　　　　1∶1;
- 点心与冷盆的比例　　　　　　　　1∶1。

2. 按餐厅类型定员

(1) 零点餐厅:

- 5 张方桌 20 人　　　　　　　　　配 1 人;
- 2 张圆桌 20 人　　　　　　　　　配 1 人;
- 4 张圆桌 40 人　　　　　　　　　配 1 人。

(2) 宴会厅

- 高级宴会 1 桌　　　　　　　　　　配 2~3 人;
- 一般宴会 1 桌　　　　　　　　　　配 1 人;
- 不提供分菜斟酒服务 2 桌　　　　　配 1 人。

3. 按岗位定员

管事部、酒水部、内勤等。

4. 按设备定员

根据员工业务能力和经营需要确定。

技能/知识点六　合理科学的定员方法

1. 厨房编制定员

（1）核定劳动定额

核定劳动定额，即选择厨师和加工人员，观察测定，在正常生产情况下，平均一个上灶厨师需要配备几名加工人员，才能满足生产业务的需要。

计算公式：

$$Q = \frac{Qx}{A+B}$$

Q——劳动定额；

Qx——测定炉灶台数；

A——测定上灶厨师；

B——为厨师服务的其他人员。

2. 核定人员编制

在厨房劳动定额的基础上，影响人员编制人数多少的，还有厨房劳动班次、计划出勤率和每周工作天数等三个因素。

计算公式：

$$N = \frac{Qn \times F}{Q \times f} \times 7 \div 5$$

N——定员人数；

Qn——厨房炉灶台数；

F——计划班次；

Q——劳动定额；

f——计划出勤率。

3. 餐厅编制定员

（1）核定劳动定额。即选择服务人员，观察测定，在正常开餐情况下，每人可以接待多少客人或看管多少餐位。

计算公式：

$$Q = \frac{Qx}{A+B}$$

Q——值台定额；

Qx——测定客人数；

A——值台服务员；
B——其他服务员。

（2）核定人员编制

在值台定额确定的基础上，餐厅定员编制方法与厨房基本相同。其区别是影响人员编制的因素增加了一个座位利用率。

计算公式：
$$N = \frac{Qn \times r \times F}{Q \times f} \times 7 \div 5$$

N——定员人数；
f——计划出勤率；
Qn——餐厅座位数；
Q——值台定额；
F——计划班次；
r——座位利用率。

▶ 实施步骤

（1）制订小组学习计划（包括目标、完成时间、具体实施步骤等）。
（2）布置学习/工作任务（提出工作要求和目标，进行工作分配）。
（3）相关实践知识介绍。
（4）工作小组收集、整理资料。
（5）小组课堂报告（相互交流）。
（6）教师负责现场指导（组织阶段性辅导和考核验收）。

学习/工作评估

1. 职业基本能力评价（见表3-9）

表3-9　职业基本能力评价表

等级	评价（评估）标准	小组评语	教师评语
优秀	●能根据实际工作需要，准确无误地确定各岗位的工作人数 ●能结合酒店实际情况，熟练使用定员方法		
良好	●能根据实际工作需要，较为准确地确定各岗位的工作人数 ●能结合酒店实际情况，较为熟练地使用定员方法		

续表

等级	评价(评估)标准	小组评语	教师评语
及格	• 能根据实际工作需要,基本确定各岗位的工作人数 • 能结合酒店实际情况,基本运用定员方法		
不及格	• 能根据实际工作需要,基本确定各岗位的工作人数,但存在误差 • 定员方法掌握欠佳		

2. 职业拓展能力评价(见表3-10)

表3-10 职业拓展能力评价表

评价(评估)内容	4	3	2	1	教师评语
• 掌握正确的定员方法,并能做到灵活运用					
• 合理控制人力资源成本					

说明：优秀　　分；良好　　分；及格　　分；不及格　　分以下。

特别提示

• 客流高峰时人员安排应该最多;而客人少时,人员安排应递减。

关键词

人员配备的依据、方法。

学习《劳动法》相关内容。

案例分享

某饭店风味餐厅有餐位180个,旺季座位利用率95%,值台服务员每人管20个座位,每45个座位配一个传菜员,另设领位员和酒水员3人。厨房每30个座位配一台炉灶。每位炒菜厨师管1台炉灶,并配加工勤杂人员1.2人/炉灶。餐厅实行两班制,计划出勤率98%,请核定餐厅和厨房的平均劳动定额与餐厅和厨房的定员人数。

(1) 核定餐厅和厨房的平均劳动定额 Q_1 和 Q_2。计算公式为：

$$Q_1 = \frac{180}{180/20 + 180/45 + 3} = 11.25(座/人)$$

$$Q_2 = \frac{1}{1+1.2} = 0.45(台/人)$$

（2）核定餐厅和厨房的定员人数 n_1 和 n_2。计算公式为：

$$n_1 = \frac{180 \times 95\% \times 2}{11.25 \times 98\%} \times \frac{7}{5} = 44(人)$$

$$n_2 = \frac{180/30 \times 2}{0.45 \times 98\%} \times \frac{7}{5} = 39(人)$$

- 如何为餐厅合理编制人员数量？

（1）为餐厅编制一份不同季节（上/中/下限）、不同岗位的人员需求表。

（2）上月餐厅实际餐位利用率为92.8%，在编的值台服务员12人、传菜员10人，问他们每人每班实际接待了多少客人？是否完成了劳动定额？

（3）因进入旺季，预测下月餐厅餐位利用率为134.6%，值台服务员的劳动定额调整为每人接待25位客人，传菜员管45个座位的客人，请核定下月餐厅各岗位人员的需求量。

模块四　餐饮班次安排

- 知晓排班应遵循的原则。
- 知晓餐饮部员工有哪些班次,学习后能够合理安排员工的班次。

- 回顾总结项目一和项目二两部分的相关知识,熟悉餐厅服务工作。
- 通过实地调查和考察,了解不同类型餐厅的人员结构情况。
- 通过互联网、图书馆等渠道,收集餐厅组织结构设计的相关资料。
- 拟定组织机构设计的基本原则和方法。
- 根据小组任务,设计相关餐厅的组织机构,并提交书面设计报告。

技能/知识点一　排班遵循的原则

- 保证满足餐厅经营与服务的需求,尽量做到"闲时少留人,忙时多排人",以保证服务质量。
- 班次安排灵活多样,但要科学合理。
  如,根据营业时间和经营特点采取一班制、间隔制等方法。
- 最大限度地发挥员工的潜力,保证满负荷工作;同时考虑员工的承受能力,关心员工的身心健康,尽量满足员工对排班和休息日的要求。

技能/知识点二　安排员工日程考虑的因素

1.安排员工班次要适应工作需要

让全体员工同时上下班一般来说不是好主意,相反,应该按工作量需要来安排员工的工作日程。这称为"交叉日程安排"。

例如,安排一个员工在餐厅营业前一小时开始工作,该员工可以利用这一个小时做准备工作(安排餐桌、摆台或其他);再安排一个员工在餐厅开门前30分钟开始做类似的准备工作,然后其他员工在开餐时准时上班,以保证开餐时有足够的人手对客服务。第一个上班的员工可以第一个离开,交错离开,对于确保工作人员的工作效率是十分重要的。

2. 采取创造性的班次安排

由于工作量不可能是均衡的,而一个餐厅的正常营业时间和业务清淡时间分别多于开餐高峰时间,因此,应该根据这种情况安排工作日,减少全日制员工数量,交叉日程安排。通常只有少数管理工作需要设立工作岗位。这样可以设立"服务领班"。这是全日工作岗位,既负责管理工作,又干些具体工作。

3. 尽可能地考虑员工的愿望和选择

使用排班表,让员工提前几周或几天提出不想工作的日子或是不想干的班次,餐厅经理在可能的情况下尽量满足他们的要求。因为,员工可能在继续深造,满足他们的要求,会让他们在自选的日子里干得更加出色。

4. 通知员工要执行的日程安排

制定好排班表以后,应将它张贴出来让员工复查和执行。员工知道了日程表以后,就可以安排个人计划,以免与自己的工作发生冲突。

技能/知识点三　餐饮部员工班次安排的基本方法

- 根据餐厅服务工作需要合理排班。
- 通过服务领班衔接全日工作。
- 编制"餐厅员工排班表"。

技能/知识点四　餐饮部常规班次

餐饮部因工种多、岗位差异大,班次安排就必须适应营业需要。餐饮部的班次安排要考虑"闲时少留人,忙时人手足"。餐饮部的班次安排因地区不同及营业时间的长短差别,形式多样,常见的有一班制(正常班);半班制;二班制;三班制;平衡式上班制;弹性工作制等(见表3-11)。

表3-11 餐厅服务班次

餐 厅	时 间
早茶早点班	5:30~14:00
早班	6:00~14:30
中班	10:00~18:30
下午班	14:00~22:30
正常班	8:00~17:30
半日班	4小时
两头班	6:30~9:30；17:00~20:30；10:30~13:30；17:00~21:00
连班	1天工作,1天休息 3天工作,3天休息 1周工作,1周休息

▶ **实施步骤**

(1)组建工作小组(以5~6人为一个工作小组)。
(2)制订小组学习计划(包括目标、完成时间、具体实施步骤等)。
(3)布置学习/工作任务(提出工作要求和目标)。
(4)相关实践知识介绍。
(5)工作小组收集、整理资料。
(6)小组课堂报告(相互交流)。
(7)教师负责现场指导(组织阶段性辅导和考核验收)。

学习/工作评估

1. 职业基本能力评价(见表3-12)

表3-12 职业基本能力评价表

等级	评价(评估)标准	小组评语	教师评语
优秀	●能结合酒店实际情况,合理安排餐饮部各岗班次		
良好	●能结合酒店实际情况,较为完善地安排好餐饮部各岗班次		
及格	●能结合酒店实际情况,基本安排好餐饮部各岗班次		
不及格	●排班班次技巧掌握情况欠佳		

174 餐饮服务与经营管理

2. 职业拓展能力评价（见表3-13）

表3-13 职业拓展能力评价表

评价（评估）内容	4	3	2	1	教师评语
●掌握正确的排班方法，并能做到灵活运用					

说明：优秀　　分；　良好　　分；　及格　　分；　不及格　　分以下。

特别提示

●班次安排应按照客情的需要，工作量最大的时候员工最多，工作量少时员工人数减少。

关键词

（1）人员的素质要求。
（2）技能娴熟程度。
（3）敬业程度。

（1）餐饮从业人员的素质要求。
（2）酒水、菜肴知识。
（3）各个国家的风俗习惯与禁忌。
（4）服务心理学。

案例分享

秦金城每天的工作都有十分严格的时间表，7:00不到即早起，8:00~9:00是每天的例会，安排具体工作，通常对当天的预订做出详细安排。9:30过后，便是准备工作，直到11:30午餐开始供应。午餐持续到下午2:30，稍事休息后，下午5:30~10:00又是晚餐供应。算起来，他每天工作的时间都在10个小时以上，而这10个小时都是高强度的。

班次安排的重要性。

制定高星级饭店餐饮部 120 个餐位中餐厅的人员编制和班次安排。

模块五　餐饮服务质量

- 了解餐饮服务质量的特点。
- 能够判断影响服务质量的因素。
- 掌握餐饮服务质量的内容。
- 突发事件的处理。

- 回顾总结项目一和项目二两部分的相关知识,熟悉餐厅服务工作内容。
- 通过实地调查和考察,了解不同类型餐厅服务质量情况。
- 通过互联网、图书馆等渠道,收集餐饮服务突发事件的相关资料。
- 制定服务质量的控制方法。
- 根据小组任务,设计突发事件处理的方案,并提交书面设计报告。

技能/知识点一　服务质量的概念

服务质量,是指服务满足宾客服务需求的特性的总和。这里所指的"服务"包含为顾客所提供的有形和无形产品,而"服务需求"是指被服务者——顾客的需求。顾客的需求既有物质方面的也有精神方面的,具体反映在顾客对食品、饮料的价格、质量、卫生和服务及时、周到、热情、礼貌等方面。

餐饮服务是通过适应需求的有形设施、质价相符的有形产品和服务员热情周到的无形服务相结合,来体现其特性和价值的。餐饮服务质量是在服务实践中,从业人员向宾客提供的可以被感知的服务及产品的优劣程度,餐饮服务的一系列行为之间互相影响,共同作用于宾客,最终形成了客人对餐饮服务质量的总体评价。

服务质量是个动态的概念。它会随着时代的进步、宾客需求的变化与提高而赋予新的内涵。

技能/知识点二　餐饮服务的特点

餐饮服务有着区别于其他商品的服务特点：

(1)餐饮服务具有无形性和一次性特点。无形性和一次性服务对客人的心理影响很大。

(2)餐饮服务与餐饮产品的生产和销售具有同步性特点。优质的餐饮服务应与餐饮销售紧密结合，做到寓销售于服务之中，使客人在享受服务的同时，自觉自愿并愉快地多消费。

(3)在规范化、程序化前提下，具有个性差异特点。这里既有不同服务人员提供服务的人为差异，又有不同消费需求的差异。

技能/知识点三　餐饮服务质量的内容

- 端庄的仪表仪容、得体的礼仪礼节。
- 主动热情的服务态度。
- 熟练的服务技能。
- 快捷的服务效率。
- 较高的清洁卫生水平。
- 美轮美奂的创新服务。

技能/知识点四　影响服务质量的因素

1. 物质因素

物质因素，主要是指饭店服务中所涉及的硬件质量。硬件质量的优劣，会直接影响饭店服务的整体质量水平，同时它也是饭店服务质量必不可少的组成部分。硬件质量，主要涉及硬件的数量是否充足，硬件的性能是否有效，以及硬件的组合效果如何等。

2. 人为因素

(1)饭店服务人员。其言行举止、仪表仪容、服务态度、服务技术等，都会影响到饭店的服务质量。

(2)饭店顾客。顾客的需求状况、消费经验、行为习惯、个性特征等，都是影响服务质量的重要因素。

(3)客我互动状态。饭店的许多服务工作必须客我双方互相配合、合作才能完成,仅有服务人员的积极主动与努力是不够的。顾客要得到完美的、符合自己愿望的服务必须参与服务过程,主动与服务人员配合合作,形成良性互动状态,才可能有高水平的服务质量。

(4)饭店服务质量管理系统。主要涉及饭店的质量标准、质量检查与控制系统是否完善。

技能/知识点五　提高服务质量的意义

服务质量是饭店的生命。任何餐饮企业都要以服务质量求生存,以服务质量求信誉,以服务质量抢占市场,以服务质量赢得效益。

提高餐饮服务质量,把精湛的烹饪艺术与完美的服务技术有机地结合起来,是餐厅赢得信誉的根本所在。

1.服务质量是餐饮工作的生命线

餐饮服务涉外性较强,服务质量关系到国家和企业的声誉。关系到客源的增加,因而是企业经济效益多少和经营成败的关键。这是当今餐饮业特别重视服务质量的重要原因之一。

2.提高服务质量是餐饮竞争的需要

餐饮竞争包含着不同的方面和不同的内容。它可以在地理位置、外观装饰、宣传广告方面进行,也可以在服务项目、产品推销、价格优惠等方面进行。但饭店餐饮业的竞争最终以质量竞争体现出来。谁能为顾客提供全面的最佳服务,谁就能取得优势地位,谁就能招徕更多的顾客。

饭店餐饮部门除为住店宾客提供服务外,更多的服务对象是非住店宾客。这些宾客虽然消费层次不同,但他们却是餐饮经营的最大市场。他们为餐厅带来了相当数量的收入。非住店客人在年龄、职业、经济收入、教育水平、民族、宗教信仰、生活习惯等各方面都存在很大差异。分析和研究顾客的消费心理,进而进行有效的营销活动,影响非住店客人的消费倾向和消费行为。其中,服务质量对顾客消费具有导向作用。谁能吸引非住店客人,谁就能在竞争中占领市场、取得成功。

3.服务质量是评估餐厅管理水平的重要标志

餐饮经营管理是一项复杂而细致的工作。服务员的劳动对象是人不是物,实物产品仅仅是联系餐厅和客人之间的中介物,餐饮工作是人对人的服务。有良好的服务才能招徕并留住客人,而客人是餐饮企业生存与发展的基础和条件。能为顾客提供优质服务的餐饮企业是成功的;反之,是失败的。因此,提高服务质量是餐饮经营管理的中心工作。要提高服务质量,必须使管理的各种职能充分发挥作用并相互配合协调。可以说,服务质量水平是饭店管理水平的综合反映。从服务质量的优劣表现,便可判断出餐饮经营者管理水平的高低。

技能/知识点六　餐饮服务质量的控制

1. 餐饮服务质量控制的基础

(1)制定服务规程。餐饮服务质量的标准,就是服务过程的标准。服务规程,是餐饮服务所应达到的规格、程序和标准。为了提高和保证服务质量,应该把服务程序视为工作人员应当遵守的准则和内部服务工作的法规。

餐厅中的工种很多,各岗位的服务内容和操作要求都不相同。为了检查服务质量,餐厅必须分别对零点餐、团队餐和宴会,以及咖啡厅、酒吧等的整个服务过程制定出一系列的服务规程。在规定服务规程时,首先,要确定服务的环节和顺序;其次,要确定每个环节服务人员的动作、语言、姿态、质量、时间及对用具、手续、意外处理、临时措施的要求等。不要照搬其他饭店的服务程序。应该在吸取国内外先进管理经验的基础上,结合本饭店的特点,推出全新的服务规范和程序。

(2)收集质量信息。餐厅管理人员应该知道服务的结果如何,即宾客是否感到满意,从而有针对性地采取改进服务、提高质量的措施。应该根据餐饮服务的目标和服务规程,通过巡视、定量抽查、统计报表、听取意见等方式来收集服务质量信息。

(3)抓好员工培训。饭店之间质量竞争的实质是人才的竞争。谁拥有高素质的员工队伍,谁就能在激烈的市场竞争中站稳脚跟。很难设想一个没有经过良好训练的服务员能提供高质量的服务。因此,新员工在上岗前,必须进行严格的基本功训练和业务知识培训,不允许未经职业技术培训、没有取得上岗资格的人上岗操作。在职员工必须利用淡季和空闲时间进行培训,以提高业务技术、丰富业务知识。

2. 餐饮服务质量控制的方法

餐饮服务质量控制,可以按照时间顺序相应地分为预先控制、现场控制和反馈控制。

(1)餐饮服务质量的预先控制。所谓预先控制,是为使服务结果达到预定的目标,在开餐前所做的一切管理上的努力。预先控制的目的,是防止开餐服务中所使用的各种资源在数量和质量上产生偏差。预先控制的主要内容包括:

●人力资源预先控制。餐厅应根据自身的特点灵活安排人员的班次,以保证开餐时有足够的人力资源。那种"闲时无事干,忙时疲劳战",开餐过程中宾客与服务员的人数比例严重失调等问题,都是人力资源调配不当的不正常现象。

- 物质资源预先控制。开餐前必须按规格摆好餐台,准备好餐车、托盘、菜单、点菜单、预订单、开瓶工具及工作车等。另外,还必须备足相当数量的"翻台"用品,如桌布、餐巾、餐纸、刀叉、调料、火柴、牙签、烟灰缸等物品。
- 卫生质量预先控制。开餐前半小时,对餐厅的环境卫生,如地面、墙面、柱面、天花板、灯具、通风口、餐具、餐台、台布、台料、餐椅、餐台摆设等,都要进行一遍全面检查,发现问题迅速返工。
- 服务信息的充分共享。开餐前,餐厅经理必须与厨师长联系,核对前后台所接到的客情预报或宴会通知单是否一致,以免因信息传递失误而引起事故。另外,还要了解当日的菜肴供应情况,如个别菜肴缺货,应让全体服务员知道。这样一旦宾客点到该菜,服务员就可及时地向客人道歉,避免事后引起宾客的不满和投诉。
- 员工的思想准备。大型、重要接待任务前的思想动员、岗前培训等,其目的是让员工保持良好的服务状态。

(2) 餐饮服务质量的现场控制。所谓现场控制,是指监督、指挥现场正在进行的餐饮服务,使其程序化、规范化,并迅速、妥善处理意外事件。餐饮服务现场控制的主要内容包括:

- 服务程序控制。开餐期间,餐厅经理应始终站在第一线,通过亲身观察、判断、监督、指挥服务员按标准程序服务,发现问题,及时纠正。
- 上菜时机控制。掌握好上菜时机,要根据宾客用餐的速度、菜肴的烹制时间等做得恰到好处,既不要让宾客等候太久,也不能将所有菜肴一起全上。餐厅经理应时常注意并提醒服务员掌握上菜时间,尤其是大型宴会,每道菜的上菜时间应由餐厅经理亲自掌握。
- 意外事件控制。餐饮服务与宾客面对面直接交往,极容易引起宾客的投诉。餐厅经理除向宾客道歉外,还可在菜肴饮品上给予一定的补偿。发现有醉酒的宾客,应告诫服务员停止添加酒精性饮料,要设法让其早些离开,以保持餐厅的和谐气氛。
- 开餐期间的人力控制。一般餐厅在工作时实行服务员看台负责制。服务员在固定区域服务。但是,餐厅经理应根据客情变化,对服务员在班中进行第二次分工、第三次分工等,如果某一区域的宾客突然来得太多,应从其他区域抽调人力来支援,待情况正常后再将其调回原服务区域。当用餐高峰已经过去,则应让一部分员工先休息一下,留下另一部分员工继续工作,到了一定的时间再进行交换,以提高员工的工作效率。这种方法对于营业时间长的零点餐厅、咖啡厅等特别有效。

(3) 餐饮服务质量的反馈控制。所谓反馈控制,就是通过质量信息的反馈,找出服务工作在准备阶段和实施阶段的不足,采取措施,加强预先控制和现场控制,提高服务质量,使宾客更加满意。

质量信息的反馈由内部系统和外部系统构成。在每餐结束后,应召开简短的总结会,以利于不断改进服务水平、提高服务质量。信息反馈的外部系统,是指来自就餐宾客的信息。为了及时获得就餐宾客的意见,餐桌上可放置宾客意见表;在宾客用餐后,也可主动征求宾客意见。宾客通过大堂、旅行社、新闻传播媒介等反馈回来的投诉,属于强反馈,应予以高度重视,切实保证以后不再发生类似的服务质量问题。建立和健全两个信息反馈系统,餐厅服务质量才能不断提高,进而更好地满足宾客的要求。

技能/知识点七 服务质量的提高

1.饭店服务的演进

饭店服务自产生到目前,大致经历了情绪化服务、标准化服务、个性化服务和定制化服务4个阶段。

(1)情绪化服务。情绪化服务,是指服务人员以自我为中心判定服务的优劣和正确与否,不设身处地为客人着想,让宾客在适应服务人员要求的情况下才可能满足自身愿望的一种服务方式。它是饭店服务的初级阶段。

情绪化服务具有两个明显的特征:一是服务人员以自我为中心。在情绪化服务阶段,服务人员的主导意识是"我想怎样服务,就怎样服务",宾客的需要能否满足关键取决于服务人员的好恶和有无服务兴致。二是饭店对服务行为没有统一的评价尺度。其核心是"我能提供什么,你就消费什么",是一种典型的产品导向服务理念。情绪化服务所产生的服务结果(质量)是最不稳定的,也很难让宾客获得满意。

(2)标准化服务。标准化服务,又叫规范化服务,是指在标准意识的指导下,饭店运用规范化的管理制度、统一的技术标准、服务项目和操作程序,以及预定目标的设计与培训,为饭店的宾客提供统一的、可追溯和检验的重复服务的一种服务方式。

标准化服务,是目前世界上绝大多数饭店已经采用,而我国许多饭店力求实现的一种服务方式。它具有以下几个显著特征:

• 满足宾客的共性需求。饭店产品与服务的标准化是建立在饭店对宾客共同的消费需要的预测与把握基础之上的,追求的是服务操作的规范性及产品与服务的一致性。因此,标准化服务只能满足宾客的共同的需求和愿望。

• 被动性。在饭店标准的约束下,虽然可以保证产品与服务的一致性和相对稳定性,但服务人员都能意识到"我只有这样做才能符合要求",在服务过程中往往考虑的是"我只能这样做",被动地去适应饭店标准与操作程序的要求,而忽略宾客的个性需要。而饭店宾客在消费过程中也只能被动地去接受饭店标准化的产品和服务。

- 可预见性。在标准化服务状态下,服务人员只要按照饭店制定的服务标准与规范去为客人提供服务,就能清楚地预知服务行为的结果如何。同时,宾客根据相应的标准也清楚地知道自己在一定等级的饭店中能够得到什么样的产品与服务。

(3)个性化服务。个性化服务,是指服务人员在服务过程中主动与宾客交流、沟通,掌握其喜好,为每一位宾客提供针对其个性需求的服务。首先,个性化服务要满足宾客的个性需要,也就是在承认宾客是有不同个性和需求的基础上,有针对性地设计与提供服务和产品。其次,是在对客服务过程中要充分表现服务人员的个性,创造性地为宾客提供针对其个性的服务。

个性化服务以标准化服务为基础,是对标准化服务的升华。它主要有三大特点:

- 主动性。要提供个性化服务,员工应随时预测宾客的需要,而非被动地对宾客的需要做出反应。也就是说,宾客的任何需要都应该在宾客向你提出之前为他想到并准备好,进而适时、准确地提供相应的服务。

- 多样性。个性化服务意味着为宾客提供更多的选择,可以让宾客挑选适合自己的服务项目。

- 超值性。传统的饭店提倡100%的满意。但是现代饭店的市场营销理论认为,即使宾客达到完全满意后,由于求新求奇心理的影响,他还有很大的可能去选择另一个饭店的产品。因此,为了使宾客成为饭店产品的忠实购买者,就必须使其得到101%的满意度。这额外的1%,就是意外的惊喜,超值的享受,让宾客难以忘怀的经历。任何饭店如果要为宾客提供个性化服务,各部门的员工都要时刻考虑:我能为宾客多做些什么,能否为宾客提供超出标准的服务,或者我的服务能否创造无形增值等因素。

饭店要提供个性化服务,必须在信息、人员与组织决策方面建立相应的支持体系,才能确保预期目标的实现。

(4)定制化服务。定制化服务,是饭店从客人的具体需要出发,通过现代科技手段及管理体系,为客人提供个性化,甚至是极致个性化,以满足客人具体的、独特的或潜在的需要和期望,使宾客全方位满意的一种服务方式。它是21世纪饭店服务的主流与发展方向。

定制化服务建立在现代饭店人本管理理论的基础之上,是一种真正以客人为中心,并充分挖掘员工潜能的新型服务方式。其具有两个基本特征:

- 定制化服务是一种人性化服务。定制化服务的核心是人性化,强调的是用心为客人服务,要求充分理解客人的心态、细心观察客人的举动、耐心倾听客人的要求、真诚提供亲切的服务,注意服务过程中的情感交流,使客人感到服务人员的每一个微笑、每一次问候、每一项服务都是发自肺腑的,真正体现出一种对宾客的独特关注。

• 定制化服务是一种极致个性化服务。定制化服务是以最大限度提高宾客的满意程度为基本准则,追求的是极致效果,即要求尽善尽美。为达到极致的效果,它要求饭店人员发扬"金钥匙"的服务精神,即用心极致的服务精神。在对客服务中必须做到精心和尽心。所谓精心,就是要求超前思维,一丝不苟;所谓尽心,就是要求竭尽全力,尽我所能。

2. 正确处理宾客投诉

酒店员工应充分认识到,客人对酒店投诉是正常现象。从某种意义上讲,投诉也是酒店管理者与客人沟通的桥梁,是坏事,也是好事。它能使被投诉的部门或员工受到相应的惩罚;但同时投诉又是一个信号,它告知酒店服务和管理中存在的问题。如果酒店接受,就能使酒店服务及设施得到提高和改进,从而吸引更多顾客的光临。

投诉归纳起来不外乎三种心态,即:求发泄、求尊重、求补偿。对于受理投诉的员工,尤其是管理者,要能够准确地把握客人投诉的真实心态和用意,要给予客人发泄的机会,不要与客人进行无谓的争辩和解释。即正确地领会投诉的心态和意图是处理好投诉的关键和捷径。

酒店如何正确对待和处理客人投诉,以便达到快速而又满意的效果呢?根据以往经验,可以将投诉处理的整个过程概括为五个字,即"听、记、析、报、答"。

• 听。对待任何一个客人的投诉,不管是鸡毛蒜皮的小事件,还是较棘手的复杂事件,我们作为受诉者都要保持镇定、冷静,认真倾听客人的意见,要表现出对对方高度的礼貌和尊重。这是客人发泄气愤的过程,我们不应,也不能反对客人的意见。这样,客人才能慢慢地平静下来,为我们的辩释提供前提条件。

• 记。在听的过程中,要认真做好记录。尤其是客人投诉的要点,讲到的一些细节,要记录清楚,并适时复述,以缓和客人的情绪。这不仅是快速处理投诉的依据,也是为以后改进服务工作做铺垫。

• 析。根据所闻所写,及时弄清楚事情的来龙去脉,然后才能做出正确的判断,拟订解决方案,与有关部门取得联系,一起处理。

• 报。对发生的事情,做出的决定或是难以处理的问题,及时上报主管领导,征求意见。不要遗漏、隐瞒材料,尤其是涉及个人利益,更不应该隐情不报。

• 答。征求了领导的意见之后,要把答复意见及时反馈给客人,如果暂时无法解决,应向客人致歉,并说明原委,请求客人谅解,不能无把握、无根据地向客人保证。

▶ **实施步骤**

(1) 组建工作小组(以 5~6 人为一个工作小组)。
(2) 制订小组学习计划(包括目标、完成时间、具体实施步骤等)。
(3) 布置学习/工作任务(提出工作要求和目标)。
(4) 相关实践知识介绍。
(5) 工作小组收集、整理资料。
(6) 小组课堂报告(相互交流)。
(7) 教师负责现场指导(组织阶段性辅导和考核验收)。

1. 职业基本能力评价(见表 3-14)

表 3-14　职业基本能力评价表

等级	评价(评估)标准	小组评语	教师评语
优秀	• 掌握餐饮服务质量管理的理论知识,并能做到灵活运用 • 对于日常的运营工作,有较强的突发事件处理能力		
良好	• 基本掌握餐饮服务质量管理的理论知识,并能做到灵活运用 • 对于日常的运营工作,有突发事件处理能力		
及格	• 基本掌握餐饮服务质量管理的理论知识,并能运用到实际工作中去 • 对于日常的运营工作,有突发事件处理能力		
不及格	• 未掌握餐饮服务质量管理的理论知识 • 对于日常的运营工作,无突发事件处理能力		

2. 职业拓展能力评价(见表 3-15)

表 3-15　职业拓展能力评价表

评价(评估)内容	4	3	2	1	教师评语
• 掌握餐饮服务质量管理的基本原理并能运用到实际工作中					
• 有危机意识并有较强的突发事件处理能力					

说明:优秀　　分;　良好　　分;　及格　　分;　不及格　　分以下。

特别提示

(1) 服务质量控制的方法。
(2) 处理突发事件的注意事项。

关键词

(1) 预先控制。
(2) 现场控制。
(3) 反馈控制。

服务人员的素质要求：

1. 服务人员应掌握的知识要求

良好的文化素养和广博的社会知识，不仅是做好服务工作的需要，而且有利于服务人员形成高雅的气质、培养广泛的兴趣和坚韧不拔的意志。

(1) 菜肴知识。熟悉中西菜肴的特点和质量标准，掌握餐厅提供菜肴的价格、制作时间和服务要求等。

(2) 烹饪知识。了解中、西餐的基本烹饪方法、步骤和制作过程，善于鉴别菜肴的品种和口味，熟悉现代厨房设备的性能。

(3) 酒水知识。熟悉中外各种名酒的产地、价格、制作原理、风味特点和服务要求。

(4) 食品营养卫生知识。懂得食品营养的搭配组合，掌握食物中毒的预防与食品卫生知识。

(5) 服务心理学知识。能够运用心理学知识，通过观察了解消费者的心理需求，采取个性化服务，尽量让每个消费者都满意。

除此之外，还包括一些电器设备使用与维护保养常识、文史知识、美学知识、音乐欣赏知识、民俗与饮食习惯知识、外语知识、计算机知识、社会科学知识等。

2. 餐饮服务人员应具备的职业态度

(1) 热爱本职工作，有意识地培养对专业的兴趣。
(2) 不断学习并善于学习。
(3) 将酒店的利益和消费者的权益放在第一位，主动规范地提供尽善尽美的服务。

(4)能够自律,有良好的组织纪律性。

(5)有团队合作精神,为达到集体共同的目标,最大限度地发挥自己的作用。

(6)有责任心,无须监督,能独立完成工作,为人可靠。

(7)有自信心,勇于面对挑战。

(8)服从并理解领导意图。

(9)能正确理解形势和同事,顾全大局。

(10)有配角意识,客人永远是对的。

3. 餐饮服务人员应掌握的业务技能

(1)熟练掌握托盘、餐巾折花、中西摆台、酒水服务、菜肴服务等基本技能。

(2)能规范化、标准化和程序化地提供中、西餐服务。

(3)反应灵活,适应能力强,能熟练地运用既定的原则和程序处理突发事件。

(4)具备良好的语言表达能力和与人交往能力。

4. 餐饮服务人员应养成的职业习惯

习惯,是人们日积月累形成的行为趋向,一旦形成就很难改变。从业人员应将行业的要求作为习惯来培养。

(1)从语言、行为、仪容和表情四个方面培养自己表现礼貌的习惯。

(2)守时的习惯。

(3)保持个人清洁卫生的习惯。

(4)为他人服务的习惯

(5)吃苦耐劳的习惯。

5. 餐饮服务人员良好的身体素质

餐饮人员必须每年经过一次卫生防疫部门的体检,体检合格证当年有效。

案例分享

有一家新开张的五星级饭店,餐厅装潢得富丽堂皇、别具一格,加上菜肴很有特色,吸引了很多客人光顾,生意越做越红火。但是,随着时间的推移,顾客反而逐渐减少,餐饮部经理感到有问题,就召集管理人员开会,分析原因,并发放调查表,征求老顾客对酒店餐饮经营的意见。

经调查得知,顾客减少的主要原因:一是服务不佳;二是服务形式没有变化,尤其是在餐厅服务和台面设计中,不管什么主题宴会都变化不大,缺少新意和特色,不能满足客人求新、求变的心理。

后来,餐饮部经理对餐厅提出要求:一方面,要加强培训、提高服务质量;另一方面,注重餐厅环境的布置,并要求针对不同餐别、不同主题的宴会,设计出不同的台面,使客人一进餐厅就感到台面设计有特点、有新意,与众不同。经过餐饮部全体员工的共同努力,餐饮服务质量大大提高,使过去流失的老顾客重返酒店,新顾客纷至沓来,餐饮部营业额越来越高。好的就餐环境,富有创意的台面设计、科学的管理,都是经营成功不可或缺的重要因素。

- 提高服务质量的必要性。

- 制定一套突发事件处理预案。

项目四　筹划与经营

■ **项目简释**

餐饮服务与经营管理,由基础、直观的操作服务切入,逐步上升到组织协调和经营管理层面,旨在使学生通过系统全面的操作练习和积极思维,奠定良好的从业基础,建立相对全面的适应和驾驭餐饮经营管理的能力体系。

本项目是建立在餐饮服务操作及组织管理基础之上的经营技巧演练。通过本项目课程的学习和练习,可以更加全面、系统、融会贯通地掌握管理和经营要领,对学生走上工作岗位,在适应基层服务操作、督导管理的基础上,晋升职级,扩大经营和提高效益,甚至自主创业都可做出积极铺垫,夯实必要根基。

■ **能力目标**

● 能采取一定手段,对餐饮市场作出适当调查、分析,并能写出相应分析报告。

● 能对餐饮经营物资、用具进行正确分类,并能针对一定规模的餐厅作出物资、用品配备计划。

● 能对餐饮经营管理的主要实现目标进行初步计划。

● 能设计出相对完整、可行的餐饮市场推广、促销方案。

■ **项目分解**

● 模块一　餐饮市场调研。
● 模块二　餐饮物资管理。
● 模块三　餐饮经营计划编制。
● 模块四　餐饮市场推广策划。

模块一 餐饮市场调研

能力目标

- 能分辨餐饮消费者需求类型。
- 能根据需要进行餐饮相关信息采集。
- 能合理选择餐厅位置和经营的目标市场。
- 能根据餐饮经营管理需要设计市场调研表格。
- 能对调查资料进行分析,写出分析报告。

学习/工作任务

- 了解市场调研的内容、方法和步骤。
- 进行市场调查表格的设计。
- 进行系统的市场调查。
- 做市场调查汇总表。
- 做市场调查结果分析并写成调研报告。

技能/知识点一 餐饮消费者类型

1.简单快捷型消费者

简单快捷型消费者追求的是服务方式简便、服务速度快捷。简单快捷型消费者在接受服务时,希望能方便、迅速,并确保质量,他们大多时间观念强,最惧怕排长队或长时间等候,讨厌服务人员的漫不经心,动作迟缓,不讲究效率。针对这一类型的消费者,在餐饮经营中要处处方便客人,生产提供简单、快捷、高效率、高质量的菜肴、点心。

2.经济节俭型消费者

经济节俭型消费者是以注重餐饮消费价格低廉为主要目的的一类消费者。目前比较普遍的大众化消费群体就属于这种类型。这类消费者一般都具有精打细算的节俭心理,他们非常注重菜肴的规格数量和服务的价格,而对质量并不十分苛求;对用餐环境并不计较是否豪华,但要求卫生整洁。随着餐饮市场向大众化方向发展,经济节俭型消费者群体将越来越庞大。因此,餐饮经营者、厨房管理人员针对此类消费者,选择菜点、设计菜肴结构、确定菜肴售价,必须将经济实惠作为一个重要原则来考虑,否则,将事倍功半(见图4-1)。

图4-1 经济节俭型消费者带动餐馆生意一片红火

3.追求享受型消费者

追求享受型消费者是以注重物质生活和精神生活享受为主要目的的消费者群体。这种类型的消费者一般都具有一定的社会地位,或者具有较强的经济实力。他们把餐饮消费活动更多的是当成显示自己地位和实力的活动。因此,对菜肴的档次、服务的规格、用餐的环境等都有很高的要求,不但希望品尝到名贵的佳肴,还希望享受到优质的服务,彰显其高贵的身份地位。针对这种类型的客人,餐饮经营者不但要为其提供高雅的设施环境、精致的菜肴点心,而且还要提供全面、优质的服务。一旦出品、服务都能令其满意,这样的客人成为回头客的可能性就很大(见图4-2)。

图4-2 单份烹制满足享受型消费者需求

4.标新立异型消费者

具有标新立异需求的消费者一般比较注重菜肴或服务的新颖、刺激,追求与众不同的感觉。这类消费者主要以青年人和外出用餐频率高的消费者为主。他们对新开发的菜肴,特别是一些用较少见的原材料制作的菜肴或者制作方式独特的菜肴,对新奇别致的服务方式兴趣都很浓烈,对价格并不十分计较。目前,这类消费者群体在都市为数不小,这也激发一些餐饮经营者不惜代价、钻研开发、努力制造新奇,投其所好(见图4-3)。

图4-3 创新表演操作,创造与众不同

5.期望完美型消费者

期望完美型消费者对酒店信誉、出品、服务和环境及其他可能发生的行为活动都要求精致,以求获得餐饮消费全过程轻松、愉快、良好的心理感受。这类消费者属于完美主义者,他们具有丰富的就餐经历,对餐饮市场变化和菜肴、服务等都很熟悉。他们以企业的信誉作为选择就餐场所的依据,对企业的设备设施、价格等并不过分苛求。但是,他们不能容忍餐厅的脏、乱、差,不能接受菜肴零乱、不够新鲜,更不能感受服务员的怠慢服务。在他们心目中,用餐的任何过程、活动都应该是快乐、完美的,他们希望获得满意、愉快、舒畅的心理感受和美好的回忆。他们非常注重餐厅的综合实力,注意餐厅的经营氛围和信誉,对餐厅的社会形象也十分在意,任何经营上的错误或瑕疵都可能使这类客人却步。

现实生活中,单一类型的消费者很难发现,大多消费者是兼备型的。追求服务的方便、快捷,注重菜肴的质量和价格的合理,获得良好的心理感受,等等,实际上是大多消费者的共同追求。因此,设计餐饮产品、选择组合菜品必须对其作充分考虑。

技能/知识点二 消费者生理需求

生理需求是人类最基本的需求,它包括营养、风味、卫生、安全等内容。

1. 营养健康需求

现代餐饮消费者的营养意识越来越强,越来越重视饮食营养的均衡,关注菜肴的荤素搭配、粗细结合。合理的营养来自每一天每一顿的餐饮膳食,大多数外出就餐的客人希望餐厅提供的菜点能够科学合理,营养均衡,甚至希望餐饮经营者将每道菜的营养成分及其含量在菜单上标注出来,方便其自主选择。餐饮管理者,尤其是菜肴设计者,必须具备基本的营养学知识,并会结合客人特点进行菜肴组合,以科学的态度给消费者真切的关心和爱护。

2. 品尝风味需求

风味是指客人就餐时对菜肴产品的色、香、味、形等诸方面产生的总体感觉印象,它是刺激消费者选择菜肴的重要因素。

消费者对风味的需求因人而异,各不相同。有的喜爱清淡爽口,有的希望色浓味重,有的追求原汁原味。经营者、厨房管理者必须对本餐厅主要客源市场的风味需求有一定的了解,才能有的放矢地设计出适合消费者需求的菜肴点心。一所门店、一个餐厅可以经营单一风味菜肴,也可以同时经营数种不同风味的菜肴,以适应和满足不同口味需求的客人。

3. 卫生安全需求

食品卫生关系到就餐客人的身体健康,消费者对餐饮卫生方面的需求是立体的,多方面的,既包括餐厅提供的各类食品的卫生、餐器具的卫生、就餐环境的卫生,也包括生产、服务人员自身的卫生和操作行为的卫生。在安全方面,大多客人对餐厅是信任的。他们认为在就餐过程中发生安全事故的可能性极小,尽管如此,经营者对于客人的安全问题也不可忽视。

技能/知识点三 消费者心理需求

心理需求表现为顾客的心理舒适程度,主要表现在以下 5 个方面:

1. 感受欢迎需求

客人光顾餐厅都希望能受到餐厅应有的礼遇,希望一走进餐厅就有迎座员、服务员礼貌的问候,处处感受到"宾至如归"的接待,这些都是客人受欢迎需求的具体表现。客人感受欢迎的需求还表现在希望得到一视同仁的服务。在餐厅接待服务中,不能因为优先照顾熟客、关系户或高消费客人而忽视、冷落了其他客人。在做好重点客人服务的同时,应同样兼顾到餐厅里所有的客人,任何的顾此失彼都会引起部分客人的不满甚至尖锐的批评。因此,餐厅服务过程中必须做到一视同仁,不能让任何一位客人感受到冷落和怠慢。

感受欢迎需求同时表现为客人愿意被认识、被了解。当客人听到服务员带着客人的姓称呼他时,他会很高兴。特别是发现服务员记住了他喜欢的菜肴、习惯的座位甚至特别嗜好时,客人更会感到自己受到了重视和无微不至的关怀。

2.享受尊重需求

享受尊重是消费者普遍的心理需求。在服务中,客人追求的主要是对个人人格、风俗习惯和宗教信仰的尊重,以获得心理和精神上的满足。餐厅服务员的举止是否端庄、语言是否亲切、是否讲究礼貌、礼节,菜点推荐是否得体、是否顾及客人信仰和消费心理,以及是否能够做到主动服务、微笑服务,都关系到能否满足客人求尊重的心理需要。

3.满足舒适需求

很多消费者在品尝美味佳肴的同时更希望得到紧张工作之余的轻松,希望餐厅提供的服务设施、服务项目等给自己以身心上的满足和享受。客人要求舒适的需求能否被满足,取决于餐厅的硬件和软件,所以就餐客人不仅寻求美味佳肴,追求优质的服务,而且还注重酒店餐厅的设计、装饰以及设备设施等是否给其视觉、听觉、嗅觉、味觉等带来舒适的感受。一顿完美的就餐,应当能给消费者带来全身心的愉悦。

4.感觉"值得"需求

感觉"值得"、追求物有所值是绝大多数餐饮消费者的普遍心态。在高档酒店、高档会所、高级餐厅,消费者期望餐厅所提供的一切实物产品与服务都要豪华气派、与酒店的规格档次相吻合。他们不怕价格昂贵,只要求钱花的"值得"。他们希望在这些餐厅能够享受到高档食品原料制作的精美菜肴,享受到餐厅豪华典雅的气氛,以及优质、规范的服务。

相反,对于一些追求物美价廉的消费者来说,他们更多的是希望餐饮产品经济实惠,少花钱、办大事,对菜肴的价格比较关注,对服务人员的服务态度也比较敏感。因此,餐饮经营者必须根据不同客人的不同需求,设计出与之相应的餐饮产品。销售员、点菜员、服务员在向客人推荐、介绍菜肴产品时也要注意针对性,针对不同需求的客人,推荐恰当的产品。

5.获得愉悦需求

顾客在进行餐饮消费时,普遍希望服务人员热情、诚恳、文明礼貌、关心客人、理解客人,使客人获得精神和心理上的愉悦。餐厅服务员的服务态度对满足顾客的精神和心理需要有着决定性的作用。一般来说,优质的服务由优质的功能服务和优质的心理服务构成。为客人介绍食品或饮料时,能否介绍得准确、得当,这是功能方面的问题;而能否在介绍时始终保持微笑并彬彬有礼,则是心理方面的问题。心理学家费洛姆说:"谁能自动'给予',谁便富有;'给予'并不是丧失、舍弃,而是因为我存在的价值正是给予的行为。"服务应能够提供顾客心理需求得到满足的感受,使客人觉得服务人员热情、周到,从而使客人感到愉悦(见图4-4)。

图4-4 设计动态产品,满足愉悦消费需求

除上述心理需求以外,客人的心理需求还包括显示气派的需求、舒适方便的需求、追新求异的需求等。餐饮管理者在生产、经营和服务过程中,必须认真研究顾客心理,设计针对性的厨房产品和服务方式,努力使顾客在生理和心理上都能获得最大限度的满足。

技能/知识点四　餐饮市场信息采集

1. 餐饮市场信息采集的原则

为了避免人力、物力及时间上的浪费,提高餐饮信息采集的效率与质量,在采集餐饮信息时,应遵循以下原则:

(1)针对性原则。针对性原则,是指餐饮信息的采集应具有一定的目的性、针对性,围绕用户的信息需求进行采集,要针对经营管理的需要。这样所提供的信息才会有价值,而不能采取"捡到篮里的都是菜"的态度。

(2)完整性原则。完整性原则,是指根据餐饮企业的信息需求,全面、完整地采集与这种信息需求相关的方方面面的信息。这对餐饮企业解决问题的彻底性和完整性有很大的帮助。为此,需要信息采集人员在人力、物力和财力许可的情况下,开阔眼界,采用多种渠道、多种方法,尽可能地采集所有的相关信息。

(3)及时性原则。及时性原则,是指餐饮信息的采集在时间上要求及时,过期的信息对餐饮企业毫无价值,甚至会起到误导作用。首先,这是因为在当前的信息环境中,信息的有效使用期越来越短;其次,是存在市场竞争。作为餐饮企业,要在餐饮市场上赢得先机,信息采集时必须先于对手、快于对手。这就要求信息采集人员要有敏锐的信息感应力,及时采取行动。

(4)预见性原则。预见性原则,是指在信息采集时不仅要考虑到餐饮企业目前的信息需求,还要把眼光看得长远一些,预见到餐饮企业信息需求的未来变化趋势。这种预见是建立在对企业"现时信息需求"深刻分析和了解基础之上的。

(5)灵活性原则。灵活性原则,是指在餐饮信息采集过程中要随机应变,头脑灵活,此路不通,应另寻他途;收集不到公开的信息,可以收集内部资料;正式渠道得不到,可以通过非正式渠道收集。

2. 餐饮市场信息采集的渠道与方法

信息采集的渠道,是指经由哪些信息源去采集信息;信息采集的方法,是指搜索信息源并到那里采集信息的行动方式和手段。两者是密切相关的,一般来说,有什么样的信息采集渠道就有什么样的信息采集方法。信息采集的渠道,预先规定了与之相适应的信息采集方法。

(1)信息采集的渠道。信息采集渠道,主要有大众传媒渠道、出版发行渠道、人际关系渠道、文献情报机构渠道、专业性学会渠道、行业协会渠道、社会中介机构渠道、信息发布机构渠道、互联网渠道、各类会议渠道、邮政部门渠道等。

(2)信息采集的主要方法:

- 内部信息索取法。指内部交流的信息资料。它往往不能通过正式交流渠道采集,只能在征得对方许可的情况下通过索取方法获得。
- 互通有无交换法。指信息部门之间通过交换各自的所需信息,而采取的一种信息采集常见方法。如,不同高校《学报》之间的交换、不同信息机构之间的内部资料交换、不同国家之间的出版物交换等。
- 委托采集法。指信息用户支付一定的费用,委托信息服务机构采集自己所需信息的方法。这种方法又称"咨询采集法"。
- 实物样品分析法。是通过实物样品的观察、测试和分析,了解其外观和内涵各种信息的方法。
- 实地考察法。是指通过实地考察来采集较为真实可靠的第一手信息资料的方法。
- 间接调查法。是指通过信函、表格、电话等方式间接地进行调查、采访,以获取所需信息的方法。
- 网络查询法。是指通过电子网络方式间接地进行调查、采访,以获取所需信息的方法。
- 大众传媒采集法。是指通过大众传媒上所发布的各种信息,来采集所需信息的方法。

此外，还有一些在合理性和合法性上存在争议的信息采集方法，如"商业间谍信息刺探"、秘密摄录其他企业的菜肴、装饰和某个特定过程的信息采集方法等。

3. 餐饮市场信息采集的程序

餐饮市场信息采集的程序，因企业规模大小、内容繁简、信息需求目的和要求、信息采集时间、范围和手段的不同，以及信息采集人员的素质等条件不同而有所差别。餐饮市场信息采集的内容虽然包罗万象，但是一般来说，其信息采集的程序却大致相似。

(1) 确定信息采集的目标。确定信息采集的目标，就是确定信息采集的主题。其目的在于帮助餐饮企业准确地做出经营和管理决策。如，客源数量减少分析、企业形象评估、竞争状况、广告效果等。确定信息采集目标，需要准确回答以下几个问题：

● 为什么要进行该项信息采集工作？
● 信息分析有何用处？
● 能否用其他更经济有效的方法去完成？

在确定餐饮信息采集的目标时，不但要确定总目标，最好还能确定具体目标。例如，确定信息采集的总目标是为了增加客源量，具体目标可以是调查客人为什么愿意光顾竞争对手的餐馆，而不愿意来本企业等。这就更有针对性、更便于操作。

(2) 确定所需资料和收集现有资料。由于信息采集目标不同，所需资料可分为也会有很大差异。概括起来，信息采集所需的资料可分为两大类，即第一手资料和第二手资料。

第一手资料，是指信息采集人员直接从顾客、企业和竞争对手等方面收集而来的最初的原始资料；第二手资料，是指各级政府、行业主管部门的统计资料、同业公报及有关书报杂志等媒体发表的资料。这些是文案信息采集所获取的现成市场信息资料。

(3) 设计信息采集方案。在尽可能充分利用现成资料和信息基础上，再根据既定目标和要求，拟订详细的信息采集计划，把要采集的信息内容按主次排列优先顺序，详细列出各种可能使用的资料及信息来源，详细列出各类信息采集人员所应具备的学识和能力。信息采集计划的主要内容有：信息采集的目的和要求、信息采集的项目、信息采集的对象、信息采集的方法、信息采集人员分工和注意事项、信息采集成本预算、信息采集的时限、信息采集报告的最后期限等。

(4) 设计抽样和问卷调查。餐饮信息采集大多采用抽样和问卷调查方法。在设计样本时，必须明确抽样框架、样本抽取过程和样本容量等因素。抽样调查的核心，是抽样对象的选取和问卷设计。如何抽样，应根据餐饮信息采集目的和精确性要求而定;问卷设计是一项科学性和操作性很强的工作,一般须注意:提问内容要简捷;使用概念要清楚,不可模棱两可;避免向被调查对象提出不合理的要求;询问语言不应有任何暗示或引导。

(5)组织实地信息采集。实地信息采集,须根据所需信息的地域和时期,由调查人员具体实施调查,找确定的被调查对象,依照问卷要求进行询问。实地信息采集是餐饮信息采集的主体。它是信息采集成功与否的关键,也是花费财力和人力最多,且容易产生差错的阶段。当调查结果不能满足既定信息需求的广度和深度时,还应采用实地观察和试验方法,组织有经验的信息采集人员对调查对象进行公开或秘密地跟踪观察,或进行对比试验,以获得更有针对性的信息。

(6)分析信息。对获信息和资料进行进一步的整理分析,提出相应的建议和对策,是餐饮信息采集的根本目的。餐饮信息采集人员应以客观的态度和科学的方法对所获信息资料进行编辑、整理、衔接和细致的统计,并对这些信息进行分析比较和预测,揭示问题的实质。

(7)提交信息分析报告。信息采集的最后阶段,是根据比较、分析和预测结果写出书面信息分析报告,阐明针对既定信息需求所获得的结果,以及建立在这种结果基础上的经营思路、可供选择的行动方案和今后进一步探索的重点。

上述餐饮信息采集程序的7个步骤可以概括为信息采集准备阶段、信息正式采集阶段和信息处理阶段(如表4-1所示)。

表4-1 餐饮信息采集程序

信息采集阶段	具体步骤
(一)采集准备阶段	●确定信息需求
	●初步情况分析
	●收集现成资料
	●制订采集计划
(二)正式采集阶段	●确定信息来源
	●确定信息收集方法
	●问卷设计
	●抽样设计
(三)信息处理阶段	●信息整理分析
	●编写分析报告

值得注意的是,信息采集虽然是餐饮企业经营活动的基础工作,但绝对不是包医百病的灵丹妙药,它具有一定的局限性。因此,在进行餐饮信息采集时,必须透彻地了解多种因素。应该牢记:

- 只有正确的信息采集过程,才能产生正确的信息采集结论和对经营的有益建议。
- 信息分析报告仅代表信息采集的结果,而不能代表具体策划和行动,最后的决策掌握在经营管理者手中。
- 信息采集的数据仅是估算值,只代表可能的情况,由于采集的方法不同,还可能产生不同的结论,所以,须拟订周密的方案,尽量避免或减少误差。

技能/知识点五 餐饮市场信息管理

采集到的大量餐饮信息,在未整理加工前呈无序状态,而且鱼目混珠、真假混杂、形式各异。因此,必须经过一个去伪存真、变无序为有序的整理加工过程,才能有效利用。餐饮信息的整理加工,是指根据餐饮信息的需要性,把原始餐饮信息进行有序整合,并以一定的形式加以有效控制的全过程。

1. 餐饮信息的鉴别与筛选

鉴别与筛选,是餐饮信息整理加工的一个环节。从客观上讲,二者是一个同时进行的过程。对餐饮信息进行筛选,实际上包含了对餐饮信息的鉴别;而对餐饮信息进行鉴别,实际上又是对餐饮信息进行筛选的先决条件。但对二者的要求是不同的。

(1)餐饮信息的鉴别。餐饮信息鉴别实际上是对采集的原始信息进行验证的过程,也就是对原始信息的真伪进行鉴别。一般来说,鉴别方法主要有以下几种:

- 核查法。核查,是对餐饮信息进行鉴别的重要方法。在进行餐饮信息鉴别的过程中,发现信源不明、信息不清、信息片面、数据不准等情况,都要进行核查。核查有多种途径,可以通过电话查询,可以委托有关人员核查,可以通过信息网络核查,可以现场核查等。须注意的是,核查要选准客体,选准权威可靠的信源。
- 分析法。对所采集的原始餐饮信息要进行合理的逻辑分析。同一信息前后矛盾、有悖情理、以偏概全等,都是错误的、片面的,应该剔除。
- 比较法。有比较才能有鉴别。比较,是进行餐饮信息鉴别的一种重要方法。采集的原始餐饮信息,因受信源不同、信道不同,以及信息采集人员不同等因素的影响,反映同一主题的不同餐饮信息内容可能有一定的出入。因此,必须对不同的信息进行相互比较。比较的唯一目的是为了得知真实的信息,可以将信源、信息采集人员及信息内容本身的真实性等作为比较的切入点。
- 判断法。餐饮信息鉴别的判断方法,分为比较判断、经验判断和推理判断。比较判断,是根据以往采集到的信息与待鉴别的餐饮信息进行相互比较,从而判断其真实性;经验判断,是根据信息人员的工作经验判断其真实性;推理判断,是在对社会因素、环境因素等各种因素综合考虑的基础上进行逻辑推理,从而对待鉴别的餐饮信息进行判断。

(2)餐饮信息鉴别的内容:

● 信源的可靠性。餐饮信息源多种多样。一般而言,信源的可靠性在很大程度上决定着信息的真实度。因此,对餐饮信息进行鉴别时,要对信息源进行鉴别:信息源有无权威性?有无代表性?其信誉度如何?

● 信息的真实性。具体而言,信息的真实性,即餐饮信息所反映的问题是否全面?是否准确地反映了餐饮活动的现象及其运动变化发展规律?叙述是否正确?数据是否精确?与事实有无夸大或缩小的现象?是原始餐饮信息还是经过整理加工过的餐饮信息?

● 信息的保障性。信息的保障性,是指在信息传递过程中对信息的原生性予以保障的程度。餐饮信息传递过程中经常发生因信息的无保障性传递而造成讹传的情况,部分地导致了餐饮信息的不对称现象。

● 方法的科学性。对餐饮信息的采集须按照一定的方法、遵循一定的程序来进行。对方法的科学性鉴别包括:餐饮信息的采集是否采取了恰当的方法、是否按一定的程序进行等。

● 内容的相关性。任何餐饮企业都不可能毫无目标地任意滥收餐饮信息,都要按照本企业制定的餐饮信息采集计划与目标进行餐饮信息的采集。因此,对于所收集到的餐饮信息与其餐饮信息采集的计划和目标相关性还要进行鉴别。按采集到的餐饮信息与采集计划和目标的相关度,将信息分为三个等级:一致级、相连级、无关级。一致级,是指采集到的餐饮信息完全符合采集计划与目标;相连级,是指采集到的餐饮信息在一定程度上符合采集计划与目标;无关级,是指采集到的餐饮信息完全不符合采集计划与目标。

(3)餐饮信息筛选的评价体系。餐饮信息筛选的重要工作,是要对采集到的原始信息进行价值评价,根据待评信息的基本特征或特点,分别置入相应的评价体系之中,进行适度评价和筛选,以利于对信息的针对性使用。因此,建立餐饮信息评价体系就成为信息筛选的一项重要工作。只有依据一定的评价指标筛选后的餐饮信息,才能为信息分析打下良好的基础。

2. 餐饮信息的分析方法

餐饮信息分析,是根据餐饮企业对信息的需求,通过各种分析工具和分析技术,采用不同的分析方法,对已知信息进行分析、对比、浓缩、提炼和综合,从而形成某种分析研究结果的过程。

(1)比较法。比较法,有时也称比较分析法,就是在两个或两个以上事物中,寻找相同点和不同点的思维方法,即同中求异、异中求同的方法。

比较法的类型有：
- 定性比较、定量比较。
- 同类比较、异类比较。
- 静态比较、动态比较。
- 纵向比较、横向比较。
- 整体比较、局部比较。

一般而言，该方法较可靠。影响其可靠性的因素有：原始信息、按规则比较、比较的详细程度、分析员的背景知识。另外，由于是依据事实和数据进行比较而得出的结论，并不加进主观判断，所以方法本身是客观的。

(2) 情景分析法。情景分析法，又称未来前景描述法、情景描述法等。它是通过想象、联想、推测、猜想，来构思和描绘出预测目标可能的未来面貌(可详可略)的一种创造性思维方法。

情景分析法的基本程序是：
- 确定预测的主题，明确预测范围。
- 建立影响因素数据库，并将影响因素按其对主题的影响程度划分成一些子集。
- 根据对影响因素的综合，构思各种可能的未来图景。
- 设想一些突发事件，看其对未来情景可能产生的影响。
- 描述到达未来各种状态的发展演变路径。

在实际应用中，不一定非按上述程序进行。由于预测结果能反作用于决策，短期预测法有一定的可靠性，长期预测的准确性较差，超出两个极端的未来情景同样可能出现。该方法具有一定的客观依据，但更多地带有主观性，尤其是受分析员价值取向的影响。

(3) 德尔菲法。德尔菲法，也称专家调查法、专家问卷预测法等。它有两种类型：经典德尔菲法、派生德尔菲法。

德尔菲法的功能有：预测未来；各种评价、评估；决策咨询；提供各种备选方案；选择最佳方案；为其他方法提供待定参数、权重、判断矩阵、指标体系等。

在上述方法中，德尔菲法是较为可靠的一种，用于技术预测的可靠性也较好。因为，由于大部分问题的应答都是专家直观做出的，所以德尔菲法带有主观性。但专家的直观判断也是依据(至少是部分依据)他们的知识、经验做出的，而德尔菲法又是集中了很多专家的判断，所以结果的客观性是主要的。

(4) 时间序列分析法。时间序列分析法，就是对时间分布的一系列数据进行分析，找出规律，预测未来的方法。方法的类型有：移动平均法、指数平滑法、线性外推法、指数曲线法、生长曲线法、网络曲线法、时间分解法。

尽管这种方法简单易行，不需要很多的原始信息，但它也有几个明显的缺陷：

首先,没有考虑事物发展的因果关系;其次,没有考虑突发因素的影响,不能预测事物发展的转折点和剧变。同时,由于按散点图拟合的曲线只是数学意义上曲线的极短的一部分,所以拟合曲线有时不是唯一的。这种方法在中短期预测中有一定可靠性,一般不用于长期预测。

(5)回归分析法。回归分析法,是对变量统计之间的相关关系进行分析的一种方法。

方法的类型有:一元回归分析、多元回归分析、线性回归分析、非线性回归分析。

这种方法采用定量分析,结论较为具体,但却有以下局限性:一是回归方程反映的是统计相关关系,而不一定是因果关系;二是统计数据要足够多且完整才能进行分析;三是只能单纯反映各因素之间的数量关系,而不能反映其相互作用的机制;四是建立回归方程及检验结果要辅以定性分析。回归分析结果的可靠性取决于统计数据的准确性、完整性,以及关于回归方程的假设。数学处理过程不会影响结果的可靠性。

(6)层次分析法。层次分析法,根据数据系统原则,将复杂的问题分解为若干层次上相互联系的子问题。然后将同一层次的问题进行判断比较,并将比较结果量化形成判断矩阵,求出特征向量,将问题按相对重要性排序,最后将各层次进行综合,解决总问题。它是将定性方法和定量方法结合得较好的一种方法。层次分析结果的可靠性取决于层次模型包含的因素是否全面、结果是否合理,以及判断矩阵的准确性和一致性。

(7)引文分析法。引文分析法,也叫引用分析法、引证分析法,是一种通过对引用现象的定性、定量分析来说明问题、解决问题的方法。

引文分析法的类型有:引文统计分析法、引文关系图法、引文定性分析法。

引文分析法的优点,在于引文著录明确、易查,统计数据准确。它适合于定量分析,结论具体、明确。然而,它也有以下一些局限性:一是统计时,被统计引文的原因看作相同,可能会影响分析结果的准确性;二是引文还受到一些心理因素的影响,可能会造成一定的虚假性;三是一般作者引用的文献主要是容易获取、能够读懂的,故而使引文带有片面性;四是引文被引用的内容和方式各不相同,所以引文和著文的关联程度是不同的,而引文分析法不对此进行区别。影响该方法可靠性的因素主要是,引文是否都能真实准确地反映所要研究的问题(引文分析结果有一定的主观性)。

(8)线性规划法。线性规划法,起源于生产实际。其功能主要有:

- 制订最佳生产计划,使费用最少、效益最高。
- 合理利用人力、物力、财力等资源,使有限的资源产生最大的经济和社会效益。

- 制订最佳下料方案。
- 合理分配工作,使总体工作效率最高。
- 确定产品的运输方案,使运费最省。
- 确定最优产业结构等。

该方法的可靠性取决于所建立的模型是否符合实际。

(9)模糊综合评价法。模糊综合评价法,是早些年发展起来的运用数学模型进行定量评价的一种科学方法。它的基本做法是,根据综合评价的目标,对客观事物的影响因素进行分解,以构造不同层次的评价指标体系和评价标准,然后对这些指标进行指标赋值并确定其权重系数,最后,应用模糊建立的综合评价模型进行综合,得到综合评价值,并以此进行排序和评价。

模糊综合评价法的主要特点,是利用人脑对模糊现象能够做出正确判断的长处,把成果评价这种模糊现象与现代数学和计算机应用结合起来,因而评价结果更加合理,具有较好的科学性和可信度,但其实用性程度仍需要提高(见表4-2)。

表4-2 常用餐饮信息分析方法

情报研究方法	定量程度	来源科学	功　能	程序
比较法	定性	逻辑学	评价、预测	不规范
情景分析法	定性	预测学	预测、决策	不规范
情报研究方法	定量程度	来源科学	功能	程度
德尔菲法	拟定量	社会学	调查、评价、预测、决策	规范
时间序列分析法	定量	统计学	预测	规范
回归分析法	定量	统计学	预测	规范
层次分析法	拟定量	系统学	管理、评价、预测、决策	规范
引文分析法	定量	系统学	调查、评价、预测	规范
线性规划法	定量	运筹学	管理、决策	规范
模糊综合评价法	定量	数学方法	评价	规范

实践中,餐饮信息分析所采用的众多方法,大多借鉴或融合了上述基本餐饮信息分析方法。

技能/知识点六　餐饮企业选址管理

1.餐饮企业选址原则

(1)市场原则。餐饮企业地址选择、经营思路确立及产品和服务的开发,都是以市场为依据的。因此,考虑在何处兴建餐馆,建造什么规模和档次的餐馆,选择哪些设施设备,提供怎样的餐饮内容和服务,都应以目标市场作为出发点。首先,地址的选择应该和目标客源所属的地区相吻合。如果餐馆主要以经营快餐为主,那么较为理想的区域应该是流动人口比较多的商业购物区、院校附近、居民住宅区、主要交通干道附近等场所;如果餐厅提供的用餐环境较为雅致,菜肴比较精美,讲究精致服务和用具,那么,此类餐馆最好开在高档住宅区、大的商贸行和金融机构等所在地区,主要针对的客源市场是商务宴请、正规的社交活动及一些高收入者。另外,餐馆的选址要方便客人,尽可能地在地理位置上接近目标市场所在位置,并有便利的交通能够到达。

(2)投资回报原则。餐馆选址要考虑到投资的回收及预期利润。餐馆投资、经营的最终目的是为了取得预期利润,并尽可能在较短的时间内收回投资。因此,餐馆的选址要充分评估地价、租金、基础设施费用、劳动力成本、原材料供应、各种税费的有关规定等成本费用因素,并预测餐馆可能的销售收入及在经营中可能碰到的问题。

(3)方便性原则。选址的方便性原则,首先,表现在选址地点要尽可能靠近顾客所在的地方或者适当方便顾客前来的地点,换言之,即餐馆要有较强的可进入性。因此,餐馆的选址往往都设置在交通便利的购物区、商业区、文教区、居民区及车站、机场、码头、公园、游乐场所等人流比较集中的地方。餐馆选址要根据人的流动特点和停留特点来进行选择。其次,方便性原则也体现在餐馆为客人所提供的附属设施上。从目前情况看,此类设施最主要的就是停车场。这是目前提高餐馆竞争力的一项有力措施。最后,餐馆选址应该保证有足够的交通工具为顾客服务:餐馆周围有便捷方便的道路通行,没有过多的交通限制和交通障碍物,能够使客人或者其所使用的交通工具方便地抵达餐馆。

(4)稳定性原则。稳定性原则,首先,表现在市场的稳定性。市场的稳定依赖于当地经济的稳定发展和社会秩序的安定。因此,选址应尽可能地选择那些经济和社会治安比较稳定的区域。这是当地居民有足够的收入并产生来餐馆进行餐饮消费动机的保证。其次,稳定性是所选场地的"安全性",重点是要考虑所选的地点在预期的营业期限内不会因为城市的扩建、改造而受到影响。同时,餐馆的选址也要注意场地周围环境可能发生的变化,注意其是否会影响到餐馆日后的生意。

(5)可见度原则。餐馆是一种社会服务性机构。它直接面对顾客,因此需要处在一个比较明显的位置上,以便引起客人的注意,吸引客人。评价餐馆可见度高低的办法,就是看餐馆能够从几个方向观察到。如果顾客从任何一个角度都能注意到餐馆的规模和外观,即可认为这家餐馆的选址具有较高的可见度。一般来说,餐馆最好能直接面对街道或者位于其他顾客能直接看到的位置。如果餐馆不是非常一目了然或处在某些建筑物内部,便应该设立一些明显的标志。如通过建筑装饰或霓虹灯等来弥补可见度不足的缺陷(见图4-5)。

图 4-5　某大型餐饮企业以鲜明的形象吸引顾客

2.餐饮企业选址信息采集的步骤

(1)在对选址地点情况进行信息采集之前,应购买一张包括选址地点及其附近环境的详细地图。这张图越详尽越好。然后以选择的地点为中心,按地图的比例尺画一个半径为 200 米的圆圈,该圆圈表明了餐馆的第一经营范围。餐饮企业选址信息采集的重点工作要在经营区内展开。餐馆的第一经营范围一般以半径 200 米为参考标准,但由于经营的类型不同、所处地区的性质不同,这个范围也会有差异。在比较僻静的城镇,半径 300 米为宜;市郊交通干道地段,半径一般可以为 2 千米;如果餐厅位于购物中心、大型百货商店等大厦内部,那么就应该以大厦为第一经营区。

(2)用比较显著的颜色(如红色或粉红色)分别标出直接竞争对手(档次和经营品种相同的餐馆)和间接竞争对手(虽然没有很大的相同点,但其业务量会对日后经营有影响的餐馆)所处的位置。

(3)估计在第一经营区内有多少顾客,以及这些顾客的类型,重点考虑居民区、工厂、写字楼、娱乐场所、交通中心、学校、购物中心、旅游景点等客源产出较多的地方。

(4)根据以上资料,开展问卷调查。信息采集的对象,以店址周围过往的行人为主;信息采集的方式可以采用街头访问的形式;信息采集时间,一般分为节假日、平时和用餐时间三种情况。

在对这些资料进行收集和整理之后,便可对餐馆所选的地点做出评价,并制定投资决策。

技能/知识点七　餐饮目标市场选择

餐饮企业选定了目标市场后,如何经营好这些目标市场,是餐饮企业经营管理者需要考虑的又一个重要问题。餐饮企业目标市场营销策略,是指餐饮企业为经营好自己所选择的目标市场而做出的各种设想,包括目标市场范围的选择模式和目标市场策略两个方面的内容。

1. 目标市场范围的选择模式

餐饮企业在进行市场细分后,会发现一个或若干个值得进入的细分市场,必须做出选择。目标市场范围的选择模式,是指餐饮企业如何选择细分市场作为其目标市场,共有〈a〉、〈b〉、〈c〉、〈d〉、〈e〉5种模式(见图4-6)。

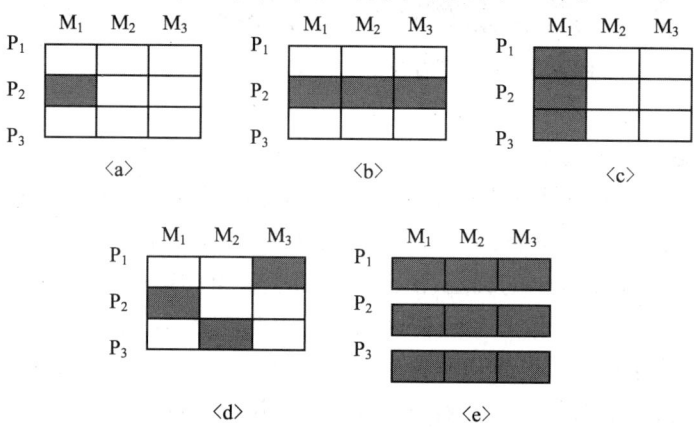

图4-6 餐饮企业目标市场选择模式(P代表产品,M代表市场)

(1)产品/市场集中。餐饮企业只生产一种产品,服务于一个细分市场(如图4-6〈a〉所示)。选择这个模式的情形通常是:

● 餐饮企业本身擅长用这一产品在该市场上经营。例如,大娘水饺店,最初选择江苏常州市场经营,是因为其作为当地企业熟悉常州市场,具备在该市场获胜的条件(见图4-7)。

图4-7 大娘水饺店

- 餐饮企业本身资源有限,没有更多的能力服务于更大的市场。很多餐饮企业首先在本地市场发展,都是基于以上两个原因。
- 这个子市场上没有竞争对手,还有较大的需求空间。这种情形现在很少见。

这种模式是小规模企业或大企业首次进入某市场时采用的策略。我国餐饮企业绝大多数规模较小,这种模式比较适用。发展起来的大型连锁餐饮企业进军海外市场时也常采取这一策略,把这个子市场作为进一步扩大的起始点,如上海"小南国"的向外拓展,首先只选择了中国香港市场(见图4-8)。

图4-8　小南国餐厅

(2)产品专门化。餐饮企业向各种细分市场提供同一种餐饮产品(如图4-6〈b〉所示)。例如,麦当劳、肯德基等外国快餐企业的目标市场选择模式,基本上属于此类。

(3)市场专门化。餐饮企业向同一市场提供其所有的餐饮产品(如图4-6〈c〉所示)。例如,南京大惠餐饮集团,在南京分层定位,分类经营,既有高星级宾馆、高档大酒楼,也有中、低档的餐馆,互不竞争,生意普遍红火(见图4-9)。

(4)选择性专门化。餐饮企业用不同的餐饮产品同时进入不同的分市场,其中每个分市场都有机会,但彼此之间很少或根本没有任何联系(如图4-6〈d〉所示)。事实上,这是一种多角化经营的模式。有些餐饮企业同时涉足不同行业,就是选择性专门化。

图4-9　南京大惠集团旗下南京大牌档

(5) 覆盖整个市场。企业为所有不同的细分市场提供其所有的产品。这是较典型的大企业为牟取市场领导者地位而采取的策略(如图4-6〈e〉所示)。例如，可口可乐公司在饮料市场便是如此。

2. 选择餐饮目标市场的策略

餐饮企业选择目标市场的策略，常见的有以下3种：

(1) 无差别市场营销策略。即餐饮企业准备用一种市场营销组合，服务于整个市场。(如图4-10所示)。

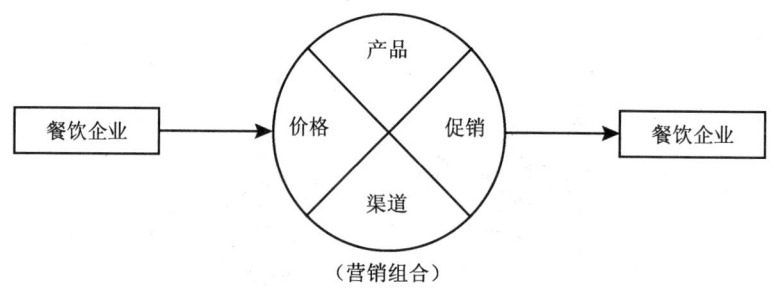

图 4-10　无差别市场营销策略

实施无差别市场营销策略时，整体市场同样可以被细分成不同的子市场，但市场营销者认为这些子市场间没有实质性的差别，因此，将其视为整体市场加以处理。

无差异市场营销策略适用于：
- 同质市场，即需求差异小到可以忽略不计的市场。
- 新产品导入期。
- 需求大于供给的卖方市场。

餐饮市场是需求多样化的市场，一般不适宜使用无差异市场营销策略。

无差异市场营销策略的优点是减少经营成本和市场营销费用；缺点是忽略了需要的差别，可能会引起部分消费者的不满。

(2) 差别市场营销策略。即企业同时对两个或两个以上的子市场，分别制定两种或两种以上市场营销组合的目标市场策略。差别市场营销策略是覆盖整个市场的一种策略，对所有细分市场分别使用不同的市场营销组合策略，叫完全差别市场营销策略(如图4-11〈a〉所示)；只要有一套市场营销组合同时服务于两个或两个以上的子市场(但不能是全部)就叫部分差别市场营销(如图4-11〈b〉所示)。

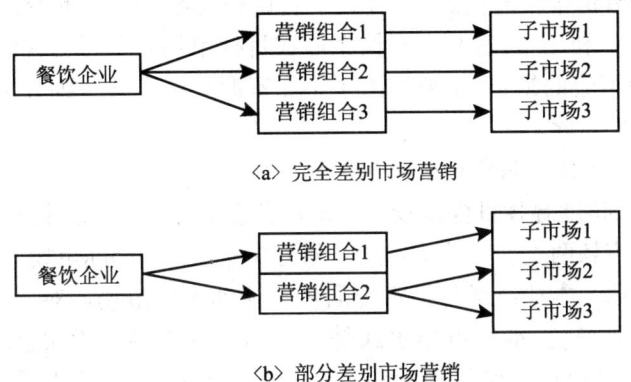

⟨a⟩ 完全差别市场营销

⟨b⟩ 部分差别市场营销

图 4-11　差别市场营销策略

差别市场营销适用于：
- 规模大、资源雄厚的餐饮企业。
- 竞争激烈的市场。
- 产品处于寿命周期的成熟阶段。

差别市场营销策略的优点，是市场针对性强，能更好地满足顾客需要，企业能获得更多的收入；企业可以分散经营风险。差别市场营销策略的缺点，是经营费用和市场营销费用较高；管理难度大。

(3) 集中市场营销策略。针对一个市场中的一个或几个特定的子市场，用一种或一类产品，采用一种市场营销组合，就叫作集中市场营销策略(如图4-12所示)。

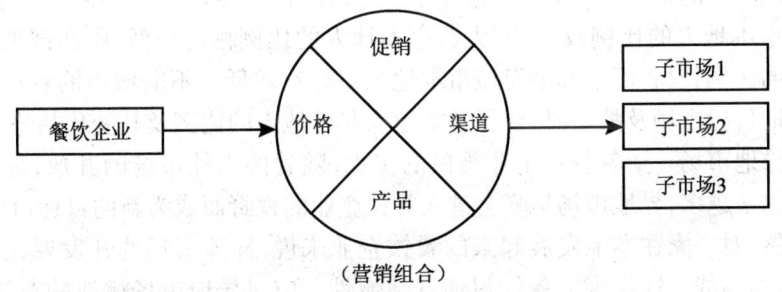

图 4-12　集中市场营销策略

集中市场营销策略适用于：
- 中小型餐饮企业和资源不多的餐饮企业。
- 竞争比较激烈的市场。

集中市场营销策略的优点,是有利于餐饮企业经营项目的专门化;有利于餐饮企业提高资源利用率;有利于餐饮企业在目标市场上获得更大的市场占有率。集中市场营销策略的缺点,主要是由于企业资源集中于某一细分市场,餐饮市场营销将冒较大的风险。

3.餐饮企业选择目标市场的主要视角

(1)从地域角度寻找目标市场。从地域角度着眼,餐饮企业的目标市场有本地市场和异地市场两类。异地市场又可分为外地市场和国际市场。

①本地市场。本地市场包括本地居民和流动人口市场。对一家在本地成长起来的餐饮企业来说,本地市场永远是主要的目标市场。餐饮企业与制造业不同,餐饮企业的产出地与销售地无法完全分开。因此,餐饮企业不能不重视本地市场,尤其是在人口多、经济发达的大城市,当地的市场很大。

本地市场又可细分为本地人和外地人。对一家以本地菜为特色的餐饮企业来说,本地人市场可能比外地人更为重要一些。因为,本地人更习惯于本地菜。但人的餐饮习惯是会改变的,本地居民中的外地人市场也不应忽视。随着人口流动和迁移的加速,城市居民中外地人越来越多。外地人为了在本地生存和发展,一般都练就了较强的环境适应能力,其中包括餐饮的适应能力。随着时间的推移,外地人对本地菜会逐渐习惯,外地人与本地人的餐饮差异会逐渐缩小。

对一家以外地菜为特色的本地餐饮企业来说,随着我国城市化进程的发展,本地市场中的本地人和外地人将逐渐变得一样重要。例如,对一家开在上海的四川火锅店来说,在上海的四川人当然很重要,可以成为四川火锅店的骨干顾客,但在上海的四川人占上海人口的比例毕竟有限,因此,四川火锅店还必须在上海本地人和四川人以外的外地人中发展顾客。

不同城市的本地居民中,本地人与外地人所占的比例可能不同。一般来说,中小城市本地人的比例较高,而大城市本地人的比例相对较低;中西部地区城市本地人的比例较高,而东部沿海城市本地人口相对较低。不同城市的餐饮企业在考虑本地目标市场及战略时,要了解本地人与外地人的比例及其变化趋势。

②异地市场。随着餐饮企业规模的扩大,随着国内外市场的开放,异地市场的机会越来越多,异地市场早晚会进入餐饮企业的视野而成为新的目标市场。

当然,对一家在本地发展起来的餐饮企业来说,异地市场的开发要比本地困难,是新的挑战。这是因为餐饮习惯有地域性。应对异地市场挑战的对策,主要是将本地特色与异地市场的口味相结合。

例如,北京全聚德烤鸭的异地目标市场越做越大,不仅在上海、广州等国内城市,而且在海外开设了许多分店。又如,杭州餐馆之所以选择上海作为目标市场,除上海市各级政府的服务意识和政策环境、上海的餐饮价格高等因素外,一个重要因素,就是杭州餐馆注意到并分析了以下事实:

- 在上海居民中,浙江籍的很多;
- 在上海打工、经商和上学的浙江人很多;
- 到杭州旅游过的上海本地人很多;
- 杭州菜的口味上海本地人较适应。

因此,总的来说,上海人对杭州菜不陌生,甚至比较喜欢。这就是杭州餐馆转战上海的市场基础。

(2)从年龄段角度寻找目标市场。餐饮企业可以从人口因素寻找目标市场。其中年龄是值得考虑的一个目标市场因素。人口的不同年龄段可以形成不同的目标市场。

①儿童市场。儿童是一个有价值的目标市场。首先,儿童上餐馆通常有大人陪伴,带儿童就餐家庭所花的费用比不带儿童的多;其次,现在的小孩多为独生子女。他们在餐馆可能对家长的购买行为有较大的影响力;最后,餐馆如能在就餐时对小孩照顾和服务得更好一点,能换得家长加倍的愉快,从而有利于培养回头客。例如,世界名店麦当劳的成功,与它坚持以少年儿童为目标市场有关。

②青年人市场。青年人是许多餐馆的目标市场,因为青年人喜欢赶时髦、追潮流、追求高消费,虽然收入不很高,但攀比心理强,具有超前消费特征;另外,青年人好奇心也强,对没有见过的餐饮产品有强烈的兴趣,所谓"敢于吃螃蟹的人"往往多见于青年人。所以,餐饮企业往往喜欢选择青年人作为目标市场。

③中年人市场。由于历史原因,现在的城市人口中,中年人的比例很大,且平均收入较高。因此,是一个亟待开发的目标市场。但中年人都有家庭,习惯于在家用餐。因此,如何将中年人从家中吸引出来,是餐饮企业的一个营销目标。现在,餐饮市场存在"饭店门口摆粥摊"的现象,即在大饭店附近一些小饭店、小酒馆经营得很红火。一个重要原因,就是这些小饭店、小酒馆能够提供大饭店可能较难提供的比较随和、周到的"家庭式就餐"氛围,对广大中年顾客很有吸引力。这一点值得大饭店、酒店思考。

④老年人市场。老年人市场也是一个很值得开发的目标市场。例如,上海现在55岁以上的老年人已超过20%,而且这个比例还在增长。老年人不仅数量在不断增加,而且他们在穿、用、住上的开销比之其他年龄段相对要少一些,但在吃和保健上的消费比例相对要大一些。另外,现在的城市老年人大多数有一定积蓄和离退休工资,加上小辈们的孝敬,有一定的购买力。发达国家在人口"老"化趋势下很重视发展所谓"银发产业",其中餐饮行业首当其冲。如何以餐饮业为支柱或龙头来发展我国的"银发产业"是一篇大的文章。

(3)从收入和家庭因素角度寻找目标市场。从收入看,餐饮市场可以分为高、中、低不同的档次。现在有的餐馆、饭店,尤其是大饭店,就是按高、中、低不同档次安排不同餐厅目标市场的。

发展高消费型的餐厅有一定的市场条件,但大多数餐馆、酒店恐怕还是应瞄准中低收入的顾客。根据恩格尔定律,高收入人群花钱在吃的方面的比例低于中低收入的人群。因此,餐饮业市场的增长与人口数量的相关程度远远高于与收入的相关程度。餐饮业的第一目标市场应选择中低收入的大众市场。即所谓的"宾馆餐饮社会化、大众化"。例如,南京市餐饮业经历了几年的市场震荡和磨炼,又重新回到中低收入的"平民"市场。事实上,从中国的国情看,餐饮企业完全瞄准高收入人群是很难行得通的。在大众市场方面,麦当劳曾有教训。送盒饭出身的麦当劳曾经想消除"送盒饭"的形象,为此决定向高档饭店的方向发展并推出了一系列措施,但这偏离了餐饮市场的主体——大众,也不符合麦当劳的优势,因此失败了。总结教训后,麦当劳仍然回到了大众化的市场方向。

从家庭因素看,餐饮市场可以分为大家庭市场、单亲家庭市场、丁克家庭市场、结婚者和准结婚者市场、单身市场等。不同性质的家庭,对餐饮的需求和消费行为是不同的。从数量比例看,目前,我国城市的家庭餐饮市场主要是小家庭市场。小家庭数量大,而且人均收入比大家庭或单亲家庭高,所以,是大众化市场的主体,是餐饮企业值得考虑的目标市场。

(4)从消费性质和消费行为角度寻找目标市场。从消费性质看,餐饮市场可分为生活性消费和生产性消费两类。过去,企事业单位职工的用餐是靠自办食堂解决的。随着企事业的改革,这类"小而全"的生产性用餐模式正逐渐向社会化转变,由专业的餐饮企业取而代之。这是一个潜在的大市场。例如,上海等地大中小学的学生用餐市场已经形成。上海浦东一些经济开发区的用餐,已由餐饮企业包了下来。另外,商务餐市场也被餐饮行业看好。

从消费行为看,餐饮业顾客又可分为"追求家庭快乐""追求特殊气氛"和"追求风味品尝"三类。餐饮企业应针对顾客的不同追求,采取不同的营销策略。例如,针对"追求特殊气氛"的顾客,餐饮企业必须在店堂环境和菜肴品质上下狠功夫,而在方便性、价格和菜肴品种上不必投入太多的关注。

技能/知识点八 餐饮市场定位的内容与方法

定位,就是餐饮企业找准产品或服务在宾客心目中的位置。定位的对象不是产品,而是针对目标市场顾客的思想。首先,它要求餐饮企业从顾客需求出发,真正了解其偏好,再赋予餐饮企业产品或服务某种功能特性,使这种功能特性与顾客的想法、偏好有机地"对接",从而树立一个区别于竞争对手的独特形象,引发顾客心灵上的共鸣,留下印象并形成记忆。对餐饮企业而言,掌握科学的定位内容和方法有助于突出形象,避免重复竞争,节约营销成本,提高营销效果。

1.餐饮市场定位的基本内容

对于餐饮企业,市场定位的最终目的,是在市场上找准属于本企业的最佳位置。要实现这一目标,要求餐饮企业市场定位管理的内容,包括以下几个方面:

(1)产品定位,是指集中本餐饮企业的竞争优势,将产品和服务与竞争对手区别开来。实际上,这是一个确定、选择并显示其优势的过程。餐饮企业可以根据自身产品和服务在效用、质量、档次、特色等方面的优势进行产品定位。

(2)价格定位,是指确定本餐饮企业在市场价格区域中属于哪一档。可根据产品的市场定位、自身实力、产品生命周期等因素,确定是选择高价位策略,还是低价位策略,或是采取中价位策略。

(3)消费群体定位,是指本餐饮企业在分析顾客的年龄、职业、经济收入、地理区域等因素的基础上,准确选择主要目标客源和辅助客源。

(4)服务标准定位,是指本餐饮企业对各项服务标准做出选择,一般应考虑如下因素:

- 服务态度标准。如,是谦恭、规范,还是热心、随意?
- 服务行为标准。如,是强调规范服务,还是突出自助服务?
- 服务理念标准。如,是强调个性化,还是大众化?
- 服务语言标准。如,是高雅语言,还是通俗语言?
- 服务氛围标准。如,是强调休闲随意,还是传统正规?

2.餐饮市场定位的方法

餐饮市场定位的一般方法是:在市场细分和选择目标市场基础上,了解自己及竞争对手的产品或品牌,针对顾客利益来设计产品或企业的形象要素,借助宣传与沟通,实现市场定位。具体而言,可通过技巧和主题加以说明。

(1)定位的技巧。餐饮企业在实施定位时,从技巧上可以将其工作过程分成两个部分。一是确定定位的主题;二是与顾客沟通(如图4-13所示)。

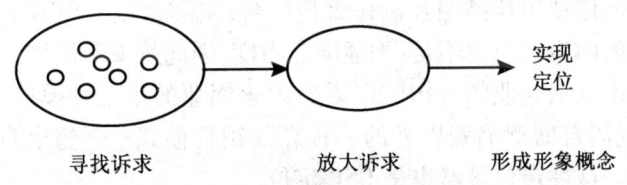

图4-13 餐饮市场定位的技巧

- 确定定位主题。确定定位主题,是餐饮经营人员分析顾客需求和竞争情况后,所选择的希望表述自己企业或市场营销组合的诉求内容。这是定位成功的关键之一。

以产品定位为例,餐饮市场营销人员要将自己产品的优势一一举例,充分认识自己的产品属性;然后与消费者分析的结果进行比较,发现这些优点中消费者关注的部分;再结合竞争者产品,把消费者关心、没有竞争或竞争较小的产品优势属性选择出来。选出的属性就是企业应该用于定位的诉求点及定位主题。

应该注意的是,定位无须试图将所有优点都尽数表述,只须将与消费者需求结合得最好的一点提出来即可。过多的诉求,反而不能在消费者心理上形成强烈的印象,甚至有分散消费者注意力之嫌。

● 与顾客沟通。市场营销人员确定拟向消费者表述的内容后,须将产品的优势属性转化为顾客的利益,让顾客感受到购买具有该属性的产品能解决其想解决的问题。这个过程需要很好地与顾客沟通,让顾客在纷繁的信息世界中注意到企业所发出的信息,并理解和记忆下来。这就要求餐饮市场营销人员对所要诉求给消费者的内容加以创意,使用有攻击力的广告和其他宣传方式向消费者传递定位主题的内容。平淡无奇的广告设计无助于市场定位。整个过程就是要将表述给消费者的优势属性进行放大。此举所依靠的,是创意人员的创造性思维。

例如,"温迪"汉堡在与麦当劳的竞争中,推出了与后者不同的产品,为了定位其产品的"热"和"滋润"度,市场营销人员使用了"热的流汗"、"需要大量的餐巾纸"这样富有表现力的、形象化的广告词。

(2)确定定位主题的策略。餐饮企业市场定位的主题选择有3种不同策略:USP定位策略、形象定位策略和品牌定位策略。

● USP定位策略。USP(Unique Selling Proposition)即独特的销售说辞。USP定位策略,是餐饮企业就其产品寻找的一个特点,然后通过沟通手段进行定位。USP定位时寻找产品特点,实际是要找到产品的卖点,即找其USP。

USP定位,是一种产品定位策略。餐饮企业可以就其菜品、服务、环境、设施等产品因素分别挖掘USP。上述"温迪"汉堡的例子中采用的就是USP定位策略。很多餐饮企业使用精美菜品照片制作宣传广告,实际也是一种USP定位,只不过由于定位诉求的内容吸引力不足,沟通缺乏力度,因此效果不佳。

一家新上市火锅企业的一句广告语为:"火锅业的第三种模式。"它是指提供餐桌服务型、定额自助型消费以外的一种新的销售模式——超市自选型,即丰俭由人的自助式。这种定位策略也是USP定位。

USP定位在有形产品市场营销中大量使用,但在餐饮市场营销中使用时,却不容易找到卖点。原因在于有形产品属性清晰,许多可用技术指标来表示。比如,汽车节油,就可能激发顾客的购买欲望,而餐饮产品的内涵复杂,其一两个属性经常无法引起消费者的关注,所以在很多情况下,餐饮市场营销定位试图采用其他策略。

● 形象定位策略。餐饮形象定位,是通过对餐饮企业或市场营销组合的某个特点的宣传,在消费者心目中形成对餐饮企业或品牌的一种形象认知。

比如,"大白鲨"火锅,宣称自己是"火锅超市",给人的印象是"食品原料选择余地大,品种丰富,价格便宜";一些城市中常见大型餐饮企业上市时,广告称"某某餐饮航空母舰",是希望表述"规模宏大";"老边饺子,天下第一"给人以"久负盛名"之感;"老妈"火锅的"有空来皇城老妈坐坐,是缘分……"表达了一种与消费者的浓情。

从上述例子可见,餐饮形象定位是就整个企业的形象进行定位,或对市场营销组合的多个因素,而非仅仅是产品因素进行定位。这是与 USP 定位的显著区别。形象定位在一定程度上解决了餐饮市场营销不好找 USP 的问题。

- 品牌定位策略。餐饮形象定位给消费者的是一个企业品牌或其市场营销组合的市场形象,但并不能在顾客心理上占据具体位置。品牌定位策略,是试图将品牌在消费者心目中排列到某一确定位置。通常实施品牌定位策略的企业,都是行业中的大企业,尤其是领导型企业。

品牌定位可以直接为自己排名。然后让消费者接受。比如,在美国汽车出租业中排行第二的艾维斯(AVIS)公司,始终宣称:我们是亚军,我们将更努力。它的"谦逊"和勇气,让消费者接受了它就是第二位,从而多年在出租车市场上争得了一个牢固的位置。内蒙古"肥羊王"借鉴 AVIS 的理念,也称自己是"天下第二涮",但沟通的力度还远远不够。直接为自己排名进行定位宣传,必须准确评估自己的实力,否则会有人站出来说:"感觉不是太好哦。"

品牌定位更多地使用隐喻的方法,通过顾客的理解来占据顾客心理的某个位置。IBM 的"无论一大步还是一小步,总是带动着世界的脚步",意喻着"IBM 随心所欲地领导着行业的潮流",即 IBM 是行业的第一名。

餐饮市场定位的 3 种不同策略,是随着市场营销活动的发展而逐渐发展起来。品牌定位是 3 种定位策略的最高境界。

技能/知识点九　餐饮市场调研

餐饮市场调研旨在弄清企业面临的市场状况,考察能够给餐饮企业带来机遇和威胁的市场因素和发展趋势。餐饮市场调研,即运用科学的调查方法,搜集、整理、分析餐饮市场资料,对餐饮市场的状况进行反映或描述,以期认识、把握餐饮市场发展变化规律的过程。

1. 询问调研法

询问调查法,又称为问卷调查法,是通过设计调查问卷,请被调查者根据问卷回答问题,以搜集资料的一种调查方法。

采用询问调查法既可以将消费者请进来，召开座谈会，也可由调查人员选择有针对性的消费者，登门拜访，针对调查问卷的问题进行面对面的提问。无论采用何种方式，询问中都应避免用自己的观点影响调查对象。所提问题要简洁、明确，不能含糊其词，模棱两可。

问卷的设计是询问调查法的关键，能否设计有效的、有针对性的问卷，对于能否收集到有效信息是至关重要的。调查问卷的设计有两种常见方法：一是开放式提问；二是封闭式提问。

用开放式提问法设计的问卷，可以让被调查者自由回答，然后由调查者根据问题的答案进行归类整理，吸取有用的信息（见图 4-14）。

大家樂 CAFÉ DE CORAL®

大家乐顾客意见表

多谢阁下光临大家乐，为不断提升及改进服务质素，欢迎阁下提供宝贵意见。

Welcome to Café de Coral. We appreciate your comments to help us improve service quality of our restaurants.

分店
Branch : ______

惠顾日期及时间
Date & Time of Visit : ______

惠顾食品
Food Ordered : ______

个人资料 PERSONAL DETAILS

姓名
Name : ______

联络电话
Phone No. : ______

地址
Address : ______

电邮
E-mail : ______

	非常满意 Excellent	满意 Satisfactory	普通 Average	不满意 Unsatisfactory	非常不满意 Poor
1 员工服务 Staff Service					
收银员 Cashier	❑	❑	❑	❑	❑
水吧 Bar	❑	❑	❑	❑	❑
清洁员 Cleaning	❑	❑	❑	❑	❑
2 食物 Food					
味道 Taste	❑	❑	❑	❑	❑
热度 Temperature	❑	❑	❑	❑	❑
分量 Quantity	❑	❑	❑	❑	❑
卖相 Presentation	❑	❑	❑	❑	❑
3 环境清洁 Cleanliness	❑	❑	❑	❑	❑
4 整体满意程度 Overall Satisfactory Level	❑	❑	❑	❑	❑

其他意见及建议
Other Comments & Suggestions : ______

请将此咭放入意见箱内。若阁下欲提供进一步意见，欢迎至电客户服务热线 2601 7770，或将意见传真到 2699 4503。谢谢！

Please drop this form into the suggestion box. If you have any further comments, please call our Customer Service Hotline at 2601 7770, or fax to 2699 4503. Thank you!

图 4-14 开放式顾客意见征求表

封闭式提问法，是由调查员根据餐厅经营需要，或针对某一类亟待了解的问题设计出一套问卷，由被调查者根据问卷进行回答，并将调查结果进行定量统计分析，获得各种信息的一种调查方法。采用封闭式提问法设计的问卷，针对性较强，答案相对固定，不需要被调查者自由回答。这样既节省了被调查者的时间，又便于最后的统计分析，但问题的设计需要十分严谨，而且要有助于调查者了解相关信息。

封闭式问卷在设计时可以有多种方法，既可以采用简单的“是非判断法”，也可以采用"多选法"。无论采用何种方式设计问卷,都不应偏离调查主题。如某餐饮企业针对自家招牌菜品"酸菜粉皮鱼头"设计的市场调查表,希望被调查者从12个方面对该菜肴进行评估,并将评估意见在相应的方框内打"√"(见表4-3)。

表 4-3　某餐饮企业"酸菜粉皮鱼头"市场调查表

2014 年__月__日　　　　　　　　　　　　　　　　　　餐别:午餐/晚餐

评估内容	非常不满意	不满意	无所谓	满意	非常满意
• 味道好					
• 营养结构合理					
• 方便食用					
• 辅助用具合适					
• 质量信得过					
• 价格合理					
• 符合卫生标准					
• 规格数量适宜					
• 造型能接受					
• 盛具合适					
• 服务方式妥当					
• 出品时间恰当					

在进行调查问卷设计时,可将开放式提问法与封闭式提问法两种方式结合起来。这样可以发挥两种方式的长处,获取更多、更有用的信息(见表4-4)。

表 4-4　某餐饮企业宾客意见调查表

宾客姓名_____　　房号_____
通信地址_____　　电话_____
邮政编码_____　　电子信箱_____
用餐地点:牡丹厅 □　　茶花厅 □　　兰苑 □
　　　　　紫罗兰 □　　郁金香 □　　百花园 □
餐桌号_____　　服务员_____

	满意□	一般□	不满意□
• 服务员的服务态度您满意吗?			
• 是否达到您希望的服务技能?	是 □	一般 □	不 是□
• 菜肴是否合乎您的口味?	是 □	一般 □	不 是□
• 请填上您最喜欢的菜/点名称:			
• 请填上您认为急需改进的菜/点名称:			
• 其他意见或建议:			

感谢您花费宝贵的时间给我们提出以上意见。
热诚欢迎您再次光临!

2. 观察调查法

观察调查法，是调查者根据餐厅目前存在的主要问题，设计出调查问卷，在不征询被调查者意见的情况下，观察其用餐过程及反应，从而获得信息的一种方法。

观察调查法是餐饮管理中经常采用的一种调查方法，尤其是在餐厅现场管理过程中，通过对客人的用餐表情、点用菜点、剩菜剩点、餐厅上座率及服务人员的操作规范、仪表仪容等内容进行观察、分析，从而了解消费者的喜好和口味特征、服务质量水平等，并根据经营中存在的问题制定相应的整改措施。

3. 资料调查法

资料调查法，是通过搜集各种经营资料，并对资料进行归类、分析、获取有效经营信息的方法。

资料调查法是经营中的餐饮企业最为有效的一种调查方法。资料来源有两个方面：一是内部资料；二是外部资料。

内部资料，包括每日、每周、每月各营业点的经营分析、宾客意见调查表、菜肴销售记录分析等内容。外部资料，来源比较广泛，可以通过专业性报纸、杂志了解餐饮业经营动态、发展趋势；也可通过一些生活类报刊了解餐饮消费趋势和口味变化情况；还可通过旅行社、接待关系户，甚至直接向客人了解用餐后的具体意见，并将通过上述途径获得的各种资料和信息进行分类归档，以总结、发现有价值的信息用于经营决策时参考。

4. 调研报告

标题：

关于筹建××主题餐饮店的调研报告

调查经过。简要、概括、系统、总结数据。
调查结论。分类总结、数据说话。
逻辑分析。根据调查资料，推论相应结果。
调研结论。得出主题选择的结论，并做适当解释。
附记。分工及表现小结、日期。

▶ **实施步骤**

(1) 设计市场调查表。
(2) 制订市场调查计划。
(3) 实施市场调查。
(4) 研讨并完成市场调研报告。

1. 职业基本能力评价（见表4-5）

表4-5　职业基本能力评价表

等级	评价标准	小组评语	教师评语
优秀	• 调查表格设计内容科学、完整 • 调查循序渐进、项目完整 • 调查报告规范、清晰 • 主题明确、可行		
良好	• 调查表格设计内容完整 • 进行调查、项目完整 • 调查报告思路清晰 • 主题基本明确、可行		
及格	• 调查表格设计内容基本完整 • 进行调查、大多项目完成 • 调查报告意思明确 • 主题可行		
不及格	• 调查表格设计内容有重大缺项 • 进行调查、大多项目没完成 • 调查报告意思不明 • 主题不明确、难实施		

2. 职业拓展能力评价（见表4-6）

表4-6　职业拓展能力评价表

评价（评估）内容	4	3	2	1	教师评语
• 合作良好、团队效果佳					
• 分工明确、参与主动性好					
• 各负其责、完成时效性好					
• 创新钻研、有一定实用新意					
• 创造条件、完成各自任务能力					

> **特别提示**

(1) 市场调查地点与方式选择。
(2) 调研分析与形成结论因果关系的把握。

> **关键词**

(1) 市场。
(2) 餐饮市场调研。

当代顾客宣言

我很现实,比前几年更现实。我已经习惯使用好的东西,因为我有钱。我已经习惯享用好的服务,因为我的要求高了。

我是很自我、很敏感,又很骄傲的人。你们必须亲切友好地照顾我才不会伤害我的自尊;你们要感激我,因为我买你们的产品和服务。我是你们的衣食父母。

我是一个完美主义者。

我有钱,就要得到最好。我可不是忠贞不贰的顾客。其他地方正不断提供更好的服务,希望能赚我的钱。为了留住我这个顾客,你们必须提供更好的服务。

我现在是你们的顾客,但你们必须不断让我相信——选择你们是正确的。否则我会选择别人。

> **案例分享**

征求意见得来的遗憾

一个周末的晚上,一位企业家在一家高星级酒店为其母亲举办60岁寿宴。服务员很规矩地站立在一旁。每道菜送上时服务员照例旋转一次,报菜名,然后派菜。服务员有序地为客人换骨碟、斟饮料,菜肴也都可口,不错。宴会结束后,经理征求客人意见。客人说:第一,这顿饭菜很精致,但都没有吃饱;第二,今天母亲大寿,原想多拍几张照片,但因桌上都是空盘,稀稀拉拉,估计照片效果不好,所以只拍了几张;第三,原想家人之间热热闹闹,但服务员不断派菜,所以整个过程冷冷清清。这样的意见经理已经不止一次听到了。

(1) 为何客人对如此井然有序的服务不满意?
(2) 如果你是餐厅经理应该怎么样改变这种状况?

(1) 麦当劳经营管理理念 QSCV 的具体内涵(Q:品质、S:服务、C:清洁、V:价值)。
(2) 马斯洛的需求层次理论。

(1) 在距离学校最近的城区拟开一家主题餐饮店,以小组为单位组织进行市场调研。
(2) 以小组为单位对调研结果进行分析,提出相应建议并提交整个活动的计划书、行动纲要和调研报告(文字稿或电子稿)。

模块二　餐饮物资管理

- 能对餐饮经营物资作比较清晰的分类。
- 能基本掌握各类物资的采购方法。
- 能对一定范围餐饮服务所需物资、用品进行系统计划。

- 分类了解餐饮经营所需设施设备及物品、用具。
- 了解采购方式。
- 知晓采购流程。
- 了解采购物资的验收程序。
- 制定并完成物资采购清单。

技能/知识点一　餐饮设备物资

餐饮生产、经营、服务场所，主要由宴会预订、中餐厅、宴会厅、咖啡厅、西餐厅、大堂吧、酒吧、中餐厨房、西餐厨房、加工厨房、备餐间、洗碗间、管事部仓库等组成，维持、保障餐饮生产经营活动所需的设备、物资。

1.餐厅设备

餐厅设备，主要包括中西餐厅各类家具、陈设和营造餐饮室内环境气氛、辅助餐饮服务的电器设备。

（1）家具、陈设。餐厅家具，主要是指餐桌、餐椅、工作台。选择餐厅家具，必须根据餐厅的经营特点和装潢格调进行。

木料是餐厅家具中最常见的材料，有各种各样的木材和装饰板。它们适合于各个特定的场所。木板质地较硬、耐磨、容易去污,是餐厅主要的家具材料。

尽管木质家具在餐厅占支配地位,但越来越多的金属家具,特别是铝质品和铝合金及钢质家具正被逐渐运用到餐厅中来。铝质品较轻、质硬、容易清洁,成本也不高。人造大理石和塑料台面在咖啡厅和职工餐厅采用的也较多。它们清洁方便,表面色彩和设计多变,适合各种场合;有时,仅用席垫便可代替台布。

选择餐厅家具的要点是:
- 使用的灵活性;
- 顾客类型;
- 颜色;
- 易维修;
- 成本和资金因素;
- 损坏率。
- 供餐服务方式;
- 造型;
- 耐用性;
- 方便储存;
- 长久的适用性;

①餐桌。餐厅所使用的餐桌基本上以木质结构为主。其基本形状主要有:正方形、长方形和圆形。采用什么样的餐桌,由各餐厅视情况而定。但无论如何,餐桌的大小要合理,以给予每位就餐者不少于75厘米的边长为宜。

中餐宴会常用圆桌,也可根据客人的需要拼设异形台,如"一"字台,"U"字台,"T"字台,"工"字台等。

正方形餐桌的用途较为广泛。它可用于中西各式餐厅。双人用的长方形可拼做方台用,又可作为小型会议的用桌;6人用的长方桌可拼接延长或拼设成各种形状的西餐台形。通常所说的矩形桌和国际商务会议桌,就是长方桌的两种类型,只是在规格上更符合国际标准。正方桌和长方桌在合并使用时,一定要将桌腿弹簧固定好,以免碰撞错位。

圆桌大体分为两种:一种是整体圆桌;另一种是分体圆桌。整体圆桌的桌面与桌架固定在一起,可以折叠。摆设花台,宜用直径240厘米的桌面;国宴主席台,宜用直径300厘米的桌面。这种大型宴会的桌面都是由2张或4张小桌面拼接而成,也可用圆桌面与相吻合的1/4圆弧形桌面拼接而成。

许多餐厅现在专门设计或购置多功能组合餐桌,可分可合。分可各自成席,合则用途多样(如,用于自助餐、冷餐会、鸡尾酒会、展示台的台形设计等)。

所有餐桌的高度应该在72~76厘米之间,不能过高或过低。

②餐椅。餐厅座椅的选择取决于室内装饰及经营方式的需要。可采用多种类型的椅子,也可采用带弹簧的窗口凳,还可以长条高靠椅与小型的长方形餐桌相配套,组合一些如同火车座位一样相对分离的"单元"。

在选用餐椅时,至少应考虑如下三个问题:

a.宾客舒适。在一流豪华餐厅里,让宾客舒适是服务的第一宗旨。提供带扶手和弹簧垫的舒适的餐椅,是餐厅必不可少的投资,但在大众化餐厅里,一般所采用的餐椅都是硬座。

餐椅用布罩应该易于清洗。一些人造织物因其好洗、易干,被餐厅广泛采用。另外,以皮革和人造革敷面的餐椅,亦被广泛使用。

从舒适的角度考虑,餐椅的靠背和客人肩背之间的角度应该是锐角而不是钝角,这样宾客向后稍倾,就可靠着休息。餐椅的标准座高在 45 厘米左右(不含椅背高度)。如果采用带弹簧垫的餐椅,弹簧垫压下去以后的座高也不应超过 45 厘米。

b.服务方便。选用餐椅还应方便服务员工作。靠背应该上窄下宽,而不是相等或者下窄上宽。因为,上面稍窄的靠背便于服务员从后面和在餐椅之间为宾客服务。椅背的高度宜在 45 厘米左右,根据经验,这个高度有助于服务员服务。

c.空间合理。餐椅的腿应该垂直于地面,而不是向外伸,呈"八"字形。这样,餐椅只占用与座位同样大小的空间,便于服务员在两个椅子之间走动,而不必考虑脚下是否有羁绊。椅子腿之间的跨度至少要达到 45 厘米,以确保其稳定。

- 木椅。可分为一般木质座椅和硬木质座椅。木椅的做工要相当精细和考究,可用有花雕和贝壳镶嵌作为饰物的。硬木椅一般要有精美的坐垫,以显示庄严和豪华。

- 钢木结构椅。主要框架为电镀钢管或铝合金管,有圆形管和方形管、可折叠与不可折叠之分。其特点是轻便、结实,可摞叠在一起,所需存放面积较小,也便于搬动。

- 扶手椅。带扶手的餐椅一般不用于中餐厅,而用于档次高的西餐厅。扶手椅的体积要比木椅宽大些,后靠背宽,弧度略大些,坐在上面比木椅舒适。

- 藤椅。在南方使用较多,特点是不怕潮湿,但怕风吹和干燥。藤椅多为扶手椅。一般放置在中餐厅或茶室,特别是夏季使用能给人以凉爽的感觉。

- 儿童椅。为了方便带儿童的宾客前来用餐,饭店中、西式餐厅一般都会配有几把专为儿童使用的餐椅。儿童餐椅座高为 65 厘米左右,座宽、座深都比普通餐椅小,但是必须带扶手和栏杆,以免儿童跌落(见图 4-15)。

图 4-15 餐厅备用的儿童椅

- 沙发。沙发是餐厅休息室不可缺少的家具。但应根据休息室的不同等级和豪华程度选用沙发。一般有单人沙发、双人沙发和组合沙发。休息室一般使用单人沙发较多,可让人感到舒适、轻松。

• 茶几。茶几是与沙发配套的家具,有方形、长方形、圆形和椭圆形等。一般有木质或不锈钢质支架、玻璃面的两种,也有全玻璃造型的。茶几的主要用途是在休息室内供宾客摆放饮料、茶具、烟缸等物。

③工作台。工作台是服务员在客人用餐期间对客服务的基本设施。工作台上备有对客服务所需要的各种物品及菜单、餐巾等,是餐厅家具中最重要的组成部分。

每个餐厅所采用的工作台的大小和类型各不相同,但是其最显著的特点却是一致的:都有一个平顶,以便放置服务期间可能用到的最大的空托盘。平顶之下是一排放置公用刀、叉、匙和具有特殊用途的刀、叉、匙的抽屉。抽屉以下是两三个架子,放置其他必备的物品。也有工作台附带碗柜的,撤换下来的脏餐(用)具可以塞进去。此外,调味品瓶往往放置在工作台的架子上。

各个餐厅的工作台不尽相同,选用工作台的依据是:

• 服务方式和提供的菜单。
• 使用同一工作台的服务员人数。
• 一个工作台所对应的餐桌数。
• 所要放置的餐(用)具数量。

工作台的选用应尽可能小型、灵便。有些工作台的四角下装有脚轮,以便于在餐厅内移动。台面应该使用防热材料,易于清洗。在一些餐厅内,服务员负责工作台餐(用)具的准备工作,服务结束后负责补充餐(用)具。因此,工作台内还要储存各种布件。工作台的颜色应该与其他家具的色彩相协调。

存放刀叉的抽屉按一定的顺序排列,为方便和讲究效率起见,刀叉餐(用)具的摆放顺序要固定(见图4-16)。

目前,餐厅还广泛使用一种工作台的辅助设备,即折叠式的服务架。它由承重面和支架构成。承重面上放置大托盘。大托盘中放置从宾客餐桌上撤下的餐(用)具用品。折叠式服务架结构简单、使用灵活、不占空间,是餐饮服务的好帮手,有助于提高餐饮服务工作效率。

④各式服务车。

• 活动服务车。用于在客前分菜(包括切割、燃焰等),轻便灵巧,可以在餐厅内灵活地推来推去,也可用于上菜、收盘。其大小和功能可根据需要设计。

• 切割车。用于客前切割整个或整块的食品。用酒精炉或交流电加热,切板下是热水箱,一端有一

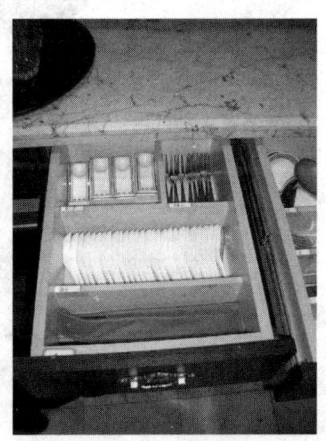

图4-16 工作台抽屉内餐用具摆放整齐

个放置热盆的地方。第一层架子上不要放置任何东西,多余的餐(用)具、盆子等放在底下一层。在上酒精炉前,一定要保证水箱里装足热水。

切割车是较贵重的餐厅服务工具,一定要保持清洁。保洁时,可用擦银粉擦净,并彻底抹掉粘在车内的残屑,以防与食物接触。

• 开胃品车。此类车用于陈列各种开胃冷菜。每层可放置少许冰块保冷。每餐结束,均要清洁车身和各层菜盘。

• 奶酪车。此类车上层用于陈列各式奶酪,架子里备有切割工具和备用餐(用)具。餐毕,收起奶酪,放入冰箱储存,擦净车身,铺上干净台布备用。

• 蛋糕与甜品车。一个经过厨师精心设计布置的甜品车,应当是非常具有吸引力的,而且无疑会起到促进销售的作用。陈列甜品蛋糕时,最关键的是要保持其新鲜、整洁。银质的甜品车是高级餐厅的炫耀品,应始终保持其夺目的光泽。

• 咖啡和茶水车。此类车通常用于咖啡厅,主要在供应下午茶时使用,车内备有供应咖啡和各种名茶的器具、加热炉等。

• 烈酒车。主要用于陈列和销售开胃酒,各类烈性酒和餐后甜酒,备有相应的酒杯和冰块等,相当于一个餐厅内的流动小酒吧。

• 燃焰车。可用液化气做燃料,将炉头内嵌,使表面成为一个平面,烧制和燃焰时会更加安全。表面最好用不锈钢材料,以利于清洁;注意燃气开关及餐(用)具存放抽屉和砧板的位置;面上的槽用来放置酒瓶和调味品。

• 送餐车。是客房送餐服务员运送热菜所用的工具。有些送餐车用电热保温。注意装车前必须将车内预热(见图4-17)。

图4-17 客房送餐车

⑤迎宾台、签到台、指示牌、致辞台：

• 迎宾台。通常设在餐厅门口的一侧，高度以迎宾员肘部到地面的距离为准。台面光滑、水平或略倾斜。台上摆放餐厅工作日记和客情资料、电话、插花等。迎宾台下部还可设有摆放用品的抽屉。

• 签到台。一般设在餐厅的入口处，一般用矩形桌，铺设台布，围上桌裙，上面摆放插花、签到簿、笔等文具用品和有关活动的图文宣传资料。主办单位派专人在此接待出席活动的宾客。

• 指示牌。是饭店承办某些大型活动的告示和指南。通常用于大中型宴请活动及大型会议等。其作用是使参加活动的宾客抵店后能迅速了解活动的具体举办地点、时间等，方便宾客及时找到自己的位置，要保持指示牌金属框架光亮，指示牌玻璃清洁明亮，内部照明线路完好。

• 致辞台。形式与迎宾台相似，其朝外的一面镶有饭店的店徽标志，上面配备有插花、麦克风，放置于主席台或主宾席的一侧，用于宾主双方相互致辞。

⑥宴会酒吧台。宴会酒吧台，是根据大中型宴会酒水服务的需要临时搭放的酒吧。台上整齐排列为宴会所备的酒水、饮料、各式杯具、开瓶器具、冰桶、冰夹、水果装饰物和调制鸡尾酒的用具等。宴会酒吧必须配置冰车，并准备充足的冰块。

⑦屏风、衣帽架、雨伞架、礼品间。餐厅通常使用屏风阻隔空间。屏风有全木制、木框制、金属制和玻璃制等。按摆放方式，屏风可分为折屏和座屏。屏面内容大多为反映中西历史文化缩影的艺术作品。屏风可设在餐厅内的入口处，组成一道屏障，也可设在餐厅的后墙，作为一幅背景。对于中小型饭店的宴会厅，屏风的另一个作用是把顾客分成独立的单元，以避免相互干扰。经过精雕细琢、充满诗情画意的屏风，是宴会厅室内布置与美化的一个重要组成部分。另外，在小型宴会厅常使用不同形式、不同风格的落地罩，将贵宾休息室和就餐区域分隔开来。服务齐全的大宴会厅和多功能厅，常在入口处设有衣帽架、雨伞架、礼品间，并有专人当值。

除上述家具外，花架、古玩架也是餐厅不可缺少的家具。花架有方形、圆形及根雕制品，多为硬木质地，上方多铺有大理石面，用于摆放花草、盆景，盆下配以垫碟、套盆。古玩架是中国传统家具陈设，属开敞式。架上摆放古玩或仿古制品，配以射灯，宾客可从各个不同角度欣赏、品鉴艺术品。

（2）餐厅电器设备。随着现代科学技术的发展，餐厅的机电设备、电器设备不断更新升级。电器设备的使用，不仅营造了餐厅良好气氛，体现了现代餐饮经营的方向和需求，且促进了劳动力资源的优化组合，提高了服务效率，并使得餐饮操作和服务诸多环节的规范化、程序化、标准化程度更高。

餐厅常见的电器设备有：

①空调系统。餐厅大多采用中央空调系统，不同季节，对餐厅的温度进行

调节。

②照明设备。餐厅的照明设备由灯具和控制箱组成。

③地板打蜡磨光机。用于在木板地面或大理石地面打蜡后磨光,主要由马达、电容、齿轮、链条、磨盘和擦刷等部件组成。

④葡萄酒保鲜设备。采用模拟技术,通过电子调节装置对白葡萄酒、红葡萄酒、香槟酒的储存温度、湿度、通风、光线等条件进行模拟,使葡萄酒储存的环境条件与标准的酒窖相似。

⑤恒温保鲜设备。既有保持菜点色泽、供应温度和新鲜程度的作用,又具展示的功能。

• 蛋糕柜。陈设各类蛋糕及甜品,有卧式和立式之分。柜内配置灯光和制冷恒温系统(见图4-18)。

图4-18　卧式蛋糕柜

• 菜肴保暖柜。通过红外线辐射,以潮湿的暖气保持菜肴热度和新鲜度。

• 电热盘器。一般为长桶状,桶的底部有弹簧,弹簧上部为导热面板,餐盘整齐叠放于电热盘器的内胆中,通电后自动加热并保持恒温,方便取用,多被自助餐厅采用。

⑥咖啡机。包括主机、奶油机和热杯器等。

• 过滤式电咖啡机。配有咖啡豆碾磨机。使用时,先将咖啡粉置于配备有过滤纸的内胆中,根据咖啡粉和水的标准配比,加适量的水,盖上盖子,通电后咖啡机即会自动冲泡过滤,按照指示灯的提示,掌握咖啡过滤冲泡的供应标准。

• 电脑程序控制的全自动咖啡机。它是新一代高科技产品,融咖啡豆的磨碎、烘焙、过滤、冲泡为一体,并对咖啡制作的全过程、咖啡口味特色和标准供应量进行电脑程序控制。此种咖啡机配有液晶显示屏,通过点击,即可供应不同口味、分量的咖啡。

⑦备餐间电器设备。包括制冰机、电开水器、电热毛巾炉、微波炉和消毒

柜等。

⑧餐厅电脑系统：
- 餐厅电脑收银系统。包括服务终端、显示屏、现金抽屉和账单打印机。
- 餐厅输入式电脑点菜系统。
- 供宾客就餐期间上网的电脑。

此外，背景音乐、卡拉 OK 系统及吸尘器、洗地毯机也是餐厅常见的电器设备。

(3) 餐厅设备的使用与保养。从管理的角度看，餐厅设备的正确操作和维护保养至关重要。违章操作，不注重餐厅设备的作业安全和清洁卫生，必然导致隐患和事故；忽视餐厅设备的定期维护保养，必然会降低餐厅设备的使用效率，缩短餐厅设备的使用寿命，无形中增加餐厅的运营成本；维修不及时，必然会引起宾客的投诉，影响餐饮服务质量及饭店的市场声誉和形象。因此，餐厅的每个员工都必须树立爱护餐厅设备的意识，科学分析、掌握设备操作及维护保养的方法、细则和规律。餐厅必须完善、健全具体的维护保养计划和管理制度；必须主动积极地加强与饭店工程技术部门的沟通与协调，做到发现故障，及时排查，消除隐患，保证餐厅经营的顺利进行。

①家具的使用与保养
a.餐桌、餐椅、工作台的使用与保养：
- 每日检查餐桌、餐椅，确保牢固，没有木刺，如有大面积的掉漆或损坏，应及时更换或交工程部修理。
- 保持家具陈设的整齐、清洁，无油迹、无灰尘，并定期打蜡。大理石质地的台面，必须用稀释过的碱性清洁剂除垢擦拭。餐椅织物软面，应用软刷扫除碎屑、灰尘，如有大面积油垢污染，应送洗衣房进行清洗。
- 应经常更换工作台中的垫布，物品摆放整齐，经常打扫工作台与墙壁之间的卫生死角；抽屉和隔层要定期清洗，透气通风，以防滋生虫菌；工作台的拉门应保持灵活自如。
- 搬运餐桌、餐椅时，应巧搬轻落、整齐码放，避免整体碰伤和表面划伤。

b.各类服务车的使用和保养：
- 服务车不能超负荷装载且要专车专用。
- 由于服务车车轮较小，在使用时推进的速度不宜过快，定期为车轮的轴承上润滑油。
- 每次使用后，需用干净的布巾和专用清洁剂进行擦洗，定期对服务车的镀银部分进行抛银上光处理。

②餐厅电器设备的使用与保养。必须根据设备使用说明书和饭店制定的操作规范，正确安全地操作餐厅电器设备，并定制、定岗、定人、定时加强设备的日常清洁卫生和维护保养，如遇技术性故障，应及时报请工程部门或维修单位进行排

查维修。

　　a.中央空调：
- 定时对中央空调的送风口和隔尘网进行除尘处理。
- 保持送风自如、空气清新、没有噪声，温度调节旋钮灵敏。

　　b.照明设备：
- 检查灯具安装是否牢固，防止松动脱落。
- 每日用干抹布对灯具进行除尘处理，定期拆卸清洗水晶吊灯，定期对灯具镀银部件抛光上银。
- 照明质量符合餐厅环境气氛的要求，灯具完好无损，照明调节装置和自动保护装置运行良好。

　　c.背景音乐系统：
- 定期对吸顶式音箱的防护罩进行除尘、清洁。
- 背景音乐的曲目和音质控制旋钮工作正常，并根据餐厅音乐氛围的要求选择播放曲目和调节音量大小。
- 卡拉OK的功放机、影碟机、话筒、音箱、电视显示屏连接线路完好，自动播放系统灵敏，电视频道预置系统散热通畅，定期对系统进行除尘清洁。

　　d.吸尘器：

吸尘器一般为干式，不能吸取液体、黏性物体、金属导电粉末及体积较大的垃圾。

在吸尘器机身上部不要放置重物。每次使用的时间不要连续超过1小时，以免电机发热过度。应定期检查电机的碳刷，当碳刷磨损超过1/3时应及时更新。过滤袋上积聚太多灰尘，吸尘器的吸力会明显降低，电机负荷也会增加，常造成电机故障，所以要经常清理积尘袋。应该常给电机的轴承部分上润滑油。

　　e.地板打蜡磨光机。地板磨光机，主要是对打蜡后的地板磨光。磨光机主要由马达、电容、齿轮、链条、磨盘和棕刷等部件组成。使用时只要接上电源，马达立即启动，由链条带动棕刷进行磨光。如马达声音异常或发动不起来，须立即切断电源，检查原因，排除故障。机器用后应除去残蜡，保持清洁，以免残蜡结块，损坏棕刷。

　　f.葡萄酒储存柜：
- 根据葡萄酒储存的温度要求设定温度。
- 将葡萄酒整齐平躺放于储存柜中，瓶与瓶之间留有一定的缝隙。
- 尽量减少开门的次数。
- 定期使用中性清洁剂对储存柜内部空间和外表进行清洁，消除异味。

　　g.恒温保鲜设备：
- 蛋糕陈列柜。蛋糕陈列柜内的冷却温度应保持在2℃~5℃之间。柜内照明正常,每日营业结束后,将未售完的蛋糕、甜品交送面包房,并清洁隔层,用玻璃清洁剂对陈列柜内外玻璃进行擦拭。

• 菜肴保暖柜。根据菜肴质量特点和保暖要求,分别通过旋钮设定温度和时间。停止工作时切断电源,待适当降温后,除去柜中隔架上的油渍、残留菜肴碎屑。保持红外线湿暖送风口的畅通,并用清洁剂对保暖柜的不锈钢框架、强化玻璃面进行擦拭。

h.电热盘器:

• 放入电热盘器中的每个餐盘都应干燥没有水迹。

• 随时添加餐盘,形状规格一致,加入餐盘的数量应符合电热盘器的容纳量,过多会使底部的弹簧变形。

• 保持电热盘器外观的光洁。

i.咖啡机:

• 使用完过滤机、蒸馏式电咖啡机后,必须清除渗入内缸中的咖啡粉末,并定期清除滞留在内缸中的咖啡碱等积垢,经常检查自动加水装置、温控装置和咖啡流出口开关的性能。

• 在使用完全自动咖啡机后,可用专门的钥匙打开咖啡机的自动清洗功能,并在自动开启的投药口放入清洗药片,待显示清洗完毕后,关闭开关。

• 清洗打奶油机内外表面,拆卸奶油输送管、喷头,清洗消毒并擦拭干净。

(4) 餐(用)具器皿与服务用具:

① 陶瓷器皿。陶瓷的种类繁多,大致可分为一般瓷器、强化瓷和骨瓷。目前,骨瓷的平均使用率占15%、强化瓷占35%、一般瓷器占50%。

餐厅一般只选用一种颜色和式样的瓷器。但如果饭店有几个餐厅,为便于管理,每个餐厅用一种与众不同的瓷器效果会更好些。

选用瓷器时要考虑:

• 所有的瓷器餐具均要有完整的釉光层,以保证其使用寿命。

• 碗、盘的边上应有一道服务线,以便于厨房掌握装盘和服务员操作。

• 检查瓷器上的图案是在釉的里面还是在外面。理想的是烧在里面。因为在釉外的图纹会很快剥落或失去光泽,当然图案在釉里的瓷器比较贵,但使用寿命长。

瓷器应该大约两打一摞地码放在架子上,码得太高不安全。其高度应便于放入和取出。要用台布覆盖,以避免落上灰尘。

餐厅使用的各种器皿中,陶瓷器占大多数。

a.西餐中常见的陶瓷器皿(见图4-19):

• 主菜盘。也称大餐盘,是直径为24厘米的圆形平盘。用于盛装主菜,如牛、羊、猪肉、鱼贝类、禽类及野味,也可作为汤盘的垫盘。

图4-19 西餐常用陶瓷器皿

- 汤盘。是直径为20厘米的圆形窝盘,用于盛装浓汤及流汁食物,使用时,下面需垫上垫盘。
- 汤盅。用于盛装冷汤或麦片粥,有时和汤盘通用,用时下面垫一甜点盘。
- 开胃品盘。又称中餐盘,是直径为20厘米的圆形平盘,用于盛装开胃品。
- 甜点盘。也称小盘,是直径为18厘米的圆形平盘,用于盛装各种甜品糕点、水果、奶酪,或作为儿童用餐盘。
- 面包盘。是直径为15厘米的圆形平盘,用于搁放客用面包及架放黄油刀。
- 黄油碟。是直径为6厘米的小圆碟,用于盛装黄油。
- 咖啡杯及咖啡碟。也称茶杯及茶碟。西餐中常用同一种杯盛装咖啡、茶或可可。
- 浓咖啡杯及碟。是一种小号咖啡杯,盛装用压力咖啡壶煮出的浓咖啡。
- 咖啡壶。咖啡的销售分为按杯出售和按壶出售两种。如客人点一壶咖啡,需上咖啡壶。

- 茶壶。西餐多饮袋泡茶。一般茶壶和咖啡壶通用。
- 奶盅。盛装奶油或鲜奶,跟配咖啡。
- 糖缸。用于盛装方糖,跟配咖啡及红茶。
- 蛋盅。用于盛装煮鸡蛋,分为带碟和不带碟两种;不带碟的盅需在下面垫一茶碟,以便装鸡蛋壳。
- 洗手盅。多为玻璃器皿,盛装添加了柠檬片的茶水或温水,供宾客洗手用。
- 胡椒瓶及盐瓶。用于盛装胡椒粉及细盐。
- 沙司船盆。用于盛装调味沙司,分为金属制品和瓷器两种。

此外,黄油盅、烟灰缸、花瓶也是西餐中常用的陶瓷器皿。

b.中餐常见的陶瓷器皿:骨碟、平盘、汤盘、腰盘、长方盘、高脚盘、汤窝、煲、砂锅、口汤碗、饭碗、小汤勺、长柄汤勺、调味碟、酱油壶、醋壶、筷架、茶壶等。

②玻璃器皿。在饭店餐厅中最常用的玻璃器皿,以各种形状、不同用途的酒杯为最多。此外,还有各类摆台和服务过程中使用的玻璃器皿。玻璃器皿的优点是价格便宜,缺点是使用不够广泛,而且容易刮花和撞碎。

玻璃的品种多、质地差异大,如普通玻璃价格比较便宜;派热克斯玻璃可以防震、抗高温;铅化杯声音清脆、透明度高;钢化玻璃杯特别防震、防碎、耐高温;水晶玻璃,优点是晶莹剔透、美观耐用、声音清脆,缺点是价格昂贵,而且不宜盛载过冷或过热的液体,否则会破坏水晶的内部结构。

好的玻璃杯应该平滑、透明,能使葡萄酒鲜明的色彩显而易见。酒杯多带杯脚,这样,手温便不会影响酒的口味。另外,杯口应稍微向内收,以便保持酒味的芳醇。

酒杯通常储存在准备间内,一般呈单排倒扣在架上避免落进灰尘,或用包上塑料膜的特制金属架插放杯子。这是方便搬运和移动杯子的工具,还可减少破损。

平低无脚杯不可一个个摞着放置,因为这样会导致大量破损,并容易使服务员发生意外。

在准备摆台时,拿取平低无脚杯和带把的啤酒杯应该倒扣在托盘上运送。圆的银盘上应放一块口布,以防有灰尘掉入杯中。拿葡萄酒杯、高脚酒杯时,可用手搬运,但在服务过程中,无论如何,所有的玻璃杯都必须用银托盘运。摆台时,酒杯应放在一套餐(用)具的右上角。

下列玻璃和水晶器皿的餐(用)具、用品,可根据菜单要求和服务程序选择使用:沙拉盆、菜盘、汤盘、甜品盘、滤酒器、烛台、玻璃罩式烛灯、装饰瓶、花瓶、泡泡球、盐和胡椒瓶、调味瓶、烟灰缸、糖盅等。

餐厅和酒吧常见的玻璃和水晶器皿,(见图4-20所示)。

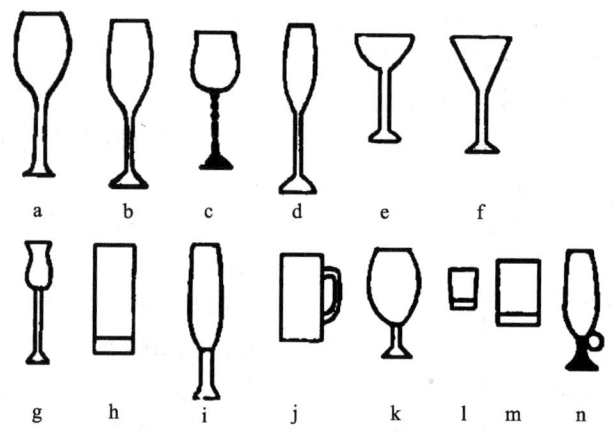

a. 红葡萄酒杯　b. 白葡萄酒杯　c. 德国葡萄酒杯　d. 郁金香形葡萄酒杯
e. 浅碟形香槟酒杯　f. 三角形鸡尾酒杯　g. 雪利酒波特酒杯　h. 高球杯
i. 高脚啤酒杯　j. 扎啤杯　k. 白兰地酒杯　l. 净饮杯　m. 古典杯　n. 热饮杯

图 4-20　餐厅和酒吧常用玻璃和水晶器皿

③金属餐(用)具。金属餐(用)具种类繁多,有多种系列可以满足不同的需求,但使用较多的是镀银餐(用)具和不锈钢餐具。购买餐(用)具时,要考虑下列因素:

- 菜单和服务的种类。
- 最大和平均座位利用率。
- 高峰期的座位周转率。
- 洗涤设施的周转率。

银器一般用于高档的中、西餐厅。西式餐(用)具中的刀、叉、匙、衬碟、茶壶、咖啡壶、沙司盅、自助餐盘、保温炉、冰桶、酒篮、花瓶、烛台等银器最为常见;中式餐(用)具中的筷架、骨碟垫盘、叉、匙、翅碗座、茶盘座、菜盘盖、温酒壶等银器也较为常见。银器分为纯银和镀银两种,以镀银餐(用)具为主。一般以强度大、光泽高的铬镍合金铸造成不锈钢,然后镀银。对餐(用)具用量庞大的饭店餐厅而言,镀银餐(用)具的支出费用较高,而且银器在潮湿的空气中会与二氧化硫和水蒸气产生化学反应,即使放置不用也会变黄甚至发黑,所以对于银器必须定期抛光,并妥善保管储存。几乎所有银质的餐(用)具都可以用不锈钢代替。为了满足消费者越来越高的要求,制造商又将普通不锈钢改良成玻璃镜面不锈钢,后者光洁、明亮而平滑,乍看与银器相似,然而售价却不到前者的 2/5。对于这两种器皿,最简单的分辨方法,是把手指纹印在器皿上,如果指纹清晰可见那便是银器;如果不留任何指纹,那便是不锈钢器皿。值得一提的是,不锈钢餐(用)具比其他金属餐具更能防划、耐磨,也可以说更卫生,既不易失去光泽,也不会生锈。

西餐厅常用金属餐（用）具（见图4-21所示）。

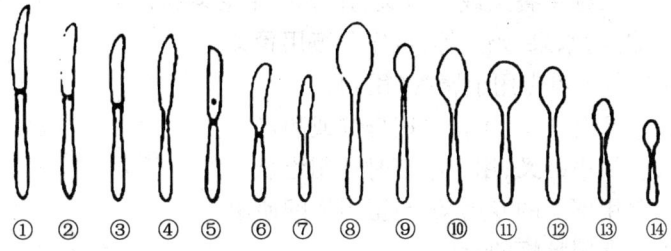

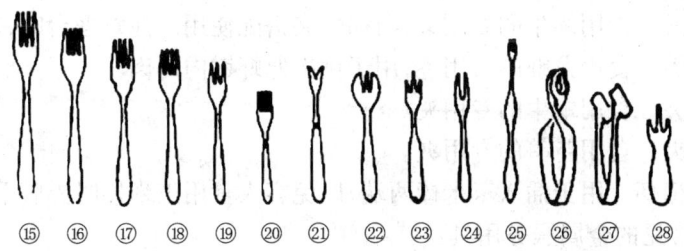

注：①~⑱为西餐厅必备金属餐具；⑲~㉘为西餐厅特色菜肴专用金属餐具。

图4-21　西餐厅常用的金属餐（用）具

a.西餐厅必备金属餐（用）具：
- 正餐刀。又称大食叉，与正餐叉搭配用于吃各种主菜。
- 头盘刀。用开胃菜的刀。
- 甜品刀。吃甜品用，与甜点叉搭配。
- 鱼刀。吃鱼类菜肴的专用餐刀，与鱼叉搭配使用。
- 牛排刀。刀身细长、刀刃有齿，与正餐叉搭配用于吃牛、羊排。
- 甜品水果刀。用于吃水果。
- 黄油刀。用于吃面包时涂抹黄油、果酱等。
- 服务勺。服务时派菜，与服务叉配合使用。
- 西柚勺。早餐吃水果用。
- 清汤勺。用于喝清汤。
- 浓汤勺。用于喝奶油类汤。
- 甜品勺。用于食用甜品，或作为儿童用餐匙。
- 茶勺。西餐喝红茶时用于搅拌。
- 咖啡勺。喝咖啡时用于搅拌。
- 服务叉。用于派菜，与服务勺搭配使用。
- 正餐叉。与正餐刀搭配使用。

● 鱼叉。比正餐叉略小,叉齿薄而尖,用于吃鱼类菜肴及其他中盘菜品。

● 甜点叉。又称小餐叉或沙拉叉,用于吃除主菜和鱼类菜肴以外的菜点,如开胃品、沙拉、甜点、水果、奶酪等,也作儿童用餐叉。

b.西餐厅特色菜肴专用金属餐(用)具:

● 海鲜叉。叉有3齿,用于食用海鲜或甜点。

● 蛋糕叉。最小的叉,用于午茶时食用蛋糕。

● 蟹叉。食用蟹类的专用叉,与蟹刀搭配使用。

● 牡蛎叉。食用牡蛎的专用叉。

● 龙虾叉。食用龙虾的专用叉,与鱼刀或龙虾签搭配使用。

● 蜗牛叉。食用蜗牛的专用叉,与蜗牛夹搭配使用。注意摆台时,左夹右叉。

● 龙虾签。食用龙虾的专用签,用于挑出龙虾钳内的肉。

● 蜗牛夹。食用蜗牛的专用夹。

● 芦笋夹。食用芦笋的专用夹。

● 玉米棒柄。用于插入玉米棒两端,以免客人食用玉米棒时弄脏手。

c.餐厅常见的金属服务用具:

● 服务叉。

● 面包刀。

● 分汤勺。

● 冰夹。

● 服务匙。

● 蜡烛架。

● 糖夹。

● 切肉叉。

● 砧板。

● 切肉刀。

● 多用开瓶钻。

● 托盘。

● 开瓶器。用于开启啤酒及汽水瓶。

● 开塞器。用于开启葡萄酒瓶。

● 服务刀。服务员可随身携带的专用开瓶工具。

● 香槟桶及酒桶架。服务时盛装冰镇香槟酒、白葡萄酒、玫瑰红葡萄酒等。

● 酒篮。服务时盛装红葡萄酒。

● 大银盘。用于餐厅分菜或自助餐陈列菜点。

● 菜盘盖。用于上热菜时保温;另一个目的是揭盖时给客人一个惊喜,以烘托餐厅气氛。注意:菜盘盖应在一桌客人的菜上齐后,同时揭盖。

- 保温锅。用于冷餐会盛放热菜。

④布件。布件是管理费用中开支比较大的一项,加强对布件的控制具有重要意义。饭店的一般做法是,采用一定数目的库存、相同数目换洗的方法。换句话说,一件脏布件换回一件清洁布件。初期的领用数目,由部门负责人根据实际接待需要填写领料单,从布草房领取。领用单的第一联交棉织品库房;第二联留在领用部门。一定数目的超额库存,要包含在领用数中留在餐厅,以供应急之需。

每次营业结束,用过的脏口布必须收齐交洗衣房换取干净的布件。送洗的脏口布要10条一把扎好,以便于清点。另外,还应具备适合各种需要的餐巾、席垫和台布,它们应具有各种不同的颜色和质地。

布件应根据尺寸大小分别码放在货架上,将叠转的一面朝外,以便清点和控制。如果它们不是储存在橱柜当中,要用布盖上以免落上灰尘。

选用何种质地、品牌、颜色、品位的布件,必须考虑餐厅的等级、宾客的类型、环境气氛及布件的耐用率、清洗的难易程度、成本控制因素及以菜单为纲制定的服务方式等。

餐厅的布件按用途不同,分为如下几类:

a.台布。台布有各种颜色和图案,但传统、正式的台布是白色的,常见的还有乳黄色、粉红色、淡橙色等。对于主题性餐饮活动,台布的颜色和风格的选择可以多样化,不必拘泥于固定的形式。各类花台布的使用,一方面,增强了进餐的欢乐、休闲气氛,丰富了视觉享受;另一方面,也体现了餐饮从业人员深厚的餐饮文化修养和时尚风情的审美情趣。台布的大小应与餐桌相匹配。正方形台布四边垂下部分以20~30厘米为宜。

b.装饰布。装饰布,是指匀称地铺盖在底层台布上的附加布巾。其规格一般为100厘米×100厘米或大小与台布面相适宜,对于由正方形桌面拼接成的长方形桌,必须加铺首尾相连的数块装饰布。圆桌装饰布规格与台布规格相当,覆盖整个台面,铺设角度与台布相错或四边均下垂贴于桌裙前。装饰布的颜色宜与台布的颜色形成适当的对比。使用大红色、绿色、咖啡色装饰布,除可装饰美化台面、烘托餐厅气氛外,还能保持台布的清洁。花台布必须配以色彩、图案、风格相协调的装饰布。

c.餐巾和围嘴。餐巾和围嘴都是餐桌上的保洁布件用品。餐巾的大小规格不尽相同,边长以50~65厘米见方的餐巾最为适宜,小于此规格的餐巾称为鸡尾酒巾。餐巾的颜色可根据餐厅和台布装饰布置的主色调选用,力求和谐统一。传统、正规的口布是白色的,丝光提花口布则能突出宴会的规格和档次。围嘴,是指在西餐服务过程中,客人进食龙虾、意式面条、烧烤、铁板烧等菜肴时,由服务员协助客人系在胸前的保洁布巾,以防酱汁、溅油污染衣物。围嘴颜色较艳丽,同时与餐桌台布、装饰布、餐巾等协调一致。

d. 台布垫。台布垫,又称台呢,一般用法兰绒制作,铺设在台布下面,可使桌面显得柔软,放置杯盘不会发出声响。另外,还可延长台布的使用寿命,减轻银器等贵重器皿直接与台面的碰撞和摩擦。

e. 桌裙。对于高档豪华宴会的餐桌、宴会酒吧、服务桌、展示台等,必须围设桌裙。桌裙的款式、风格各异,裙褶主要有三种类型,即波浪形、手风琴褶形和盒形。较为华贵的桌裙还附加不同类型的装饰布件。桌裙及其布件属于高档布件,由于桌裙较长,为了避免褶皱和发霉,在不用时,应取下并沿桌裙的边缘整齐小心地以一定的宽度折拢,然后用专用的桌裙架挂在通风处。

f. 其他布件:

- "十"字形台布。常见于咖啡厅,规格一般为 30 厘米×140 厘米,便于撤换,在桌面上通常以"十"字形铺设。
- 托盘布巾。根据托盘的规格大小,由客房部洗衣房用报废的布件缝制的垫布。此类垫布还可铺垫在餐(用)具柜和工作台上,在这些垫布中央部位通常绣有店徽,以区别于其他布件。
- 服务布巾。用于擦拭杯具、金属餐(用)具和餐酒服务等。服务布巾绝对不能用餐巾代替。
- 椅套。与台饰布件相互对应、互相映衬,椅套也广泛使用在各类高档、典雅的中西宴会餐椅的布置和装饰中,颜色以乳黄色、红色等为主。

此外,以大幅棉质、丝绸质、纱质等布件缝制成帷幔装饰墙壁、镜框、窗帘、空间等,已成为餐饮场景布置与装饰的时尚和趋势。

(5) 餐(用)具器皿的使用与保养。餐(用)具器皿是餐厅的易损易耗品。操作手法不当、管理制度欠缺都会造成餐(用)具器皿的大量破损和流失。餐厅器皿的卫生状况和外观形象,直接影响餐饮服务质量的优劣。餐(用)具器皿种类数量众多,并配套使用。特别是一些名贵的高档餐(用)具器皿,需要大批的资金投入,因此,必须建立维护保养和控制管理的计划与制度,掌握各类餐(用)具器皿的正确操作手法,并形成良好的操作习惯。

① 陶瓷餐(用)具的使用与保养:

a. 检查破损。破损的餐(用)具不能再使用。检查时,可将两个瓷器轻微碰撞一下,声音清脆说明完好,声音沙哑则带有暗损。

b. 及时清洗。用后的餐(用)具要及时清洗,不得残留油污、茶垢和食物。洗涤时须使用专用的洗涤剂并经过消毒。

c. 分类存放。餐(用)具规格多、品种杂,应在洗涤后立即分类清点整理。

d. 谨防潮湿。保管瓷器的库房要干燥通风。瓷器受潮后,包装材料易霉烂,并腐蚀瓷器表面,使金、银边变得灰暗无光,或产生裂纹,降低瓷器质量。

② 玻璃器皿的使用与保养:

a.搬运。玻璃器皿应轻拿轻放。服务时,拿杯子下半部分或杯柄,运送时应用托盘,而不可杯子摞杯子。

b.测定耐温性能。对新购进的玻璃器皿可进行一次耐温急变测定,以利于使用和洗涤。

c.检查和清洗。在摆台前要对玻璃器皿进行认真检查,不得有破损。清洗时,先用冷水浸泡以除去酒味,然后洗涤消毒。高档酒杯以手洗为好。

d.保管。洗涤过的玻璃器皿要分类存放,不常用的器皿要用软性材料隔开,以免器皿之间接触发生摩擦和碰撞,造成破损。勿将玻璃器皿与氧化物、硫化物接触。

③银餐(用)具的使用与保养:

a.银餐(用)具的使用。摆台时,检查银餐(用)具是否清洁、光亮、卫生。使用过程中,注意轻拿轻放,尽量避免碰撞硬物。用过的银餐(用)具应立即送洗干净、严格消毒,清点后妥善保管。

b.银餐(用)具的保养。银餐(用)具受损的主要原因有:

- 高温使表面受损。
- 银器表面有硬物划过的痕迹。
- 使用清洁用具不当,如用硬刷子或金属刷擦银器表面。
- 接触酸性物品或其他化学物品留下了斑迹。

银器使用越频繁越光亮,正常洗涤时,可同其他餐(用)具一样放入洗碗机去洗。特别处理每年只需做3~4次。

保养时,可将银器浸泡在以碳酸钠为主的化学溶液中,加温至80℃(时间要短,否则就失去光泽),使其恢复光泽,再行抛光。

④其他餐(用)具的使用与保养:

a.不锈钢餐具。使用时先检查其清洁卫生,严禁使用不卫生、有污迹或破损的不锈钢餐(用)具。不锈钢餐(用)具可用专用洗涤剂去渍、清洁和消毒。清点擦亮后妥善保管。

b.筷子。使用时检查是否卫生、有否破损。用过后立即清洗、消毒、保管。象牙筷子等贵重餐具要每天清点、专人管理。

⑤餐(用)具的消毒方法:

在洗碗机中清洗餐(用)具时,可同时进行高温清洁消毒。下面介绍手工洗涤餐(用)具的几种消毒方法。

a. 煮沸消毒法。将餐(用)具放入网篮中,煮沸20~30分钟。

b. 蒸汽消毒法。将洗净的餐(用)具放入消毒柜中,关严门后开放蒸汽,当温度升到120℃,在12磅压力下蒸20分钟,就可达到消毒的目的。

c. 高锰酸钾溶液消毒法。将洗净的餐(用)具放入1/1000浓度的高锰酸钾溶液中,浸泡 10 分钟即可。

　　d. 漂白粉消毒法。用 5 克漂白粉加 1000 克温水,充分搅拌成 1/2000 的溶液。将洗净的餐(用)具放入溶液中浸泡 5~10 分钟,即可达到消毒的目的。

　　e. 红外线消毒法。使用红外线消毒箱是目前常见的一种餐(用)具消毒方法。消毒时,要求箱内温度达到 120℃,并持续 30 分钟。消毒后的餐(用)具可存放在柜内,用前再取出。

　　f."84"消毒液消毒法。"84"消毒液是目前使用方便、消毒效果最佳的消毒品。使用时,将洗净后的食品容器、加工工具、餐(用)具及瓜果蔬菜放入按 1∶200 配制好的药液中,浸泡 5 分钟,再用清水冲洗干净即可。

　　⑥布件和地毯的正确使用与保养:

　　a.布件。布件一定要及时清洗、勤于清点、妥善保管,切忌以台布当包裹在地板上拖。换下来的潮湿布件应及时送洗,如来不及送,应晾干过夜。晚餐和宴会后换下的台布,要抖去残羹杂物后放在布件车内过夜,以防虫鼠叮咬,第二天清晨立即送洗衣房。要注意轮换使用布件,这样能减轻布件的破损和避免久放发脆。

　　b.地毯。地毯的使用和保养要求很高。每天要用吸尘器清除废物纸屑,吸掉灰尘,保持清洁。如果发现地毯上有痰迹、墨迹,应及时用少许肥皂水揩擦干净后晾干。有油迹的地方可用汽油揩擦。收藏地毯时,必须首先去掉灰尘、洗刷干净,并放些樟脑丸,卷成圆筒形,两端用纸包好,储藏在干燥、通风的地方,防止虫蛀、霉烂。另外,要定期用洗地毯机彻底清洁地毯。

　　⑦自助餐保温锅的使用与保养。保温锅的保温热源有两种:一种是固体燃料;另一种为酒精燃料。操作时,先在保温锅内添加足够的开水,然后将装有菜肴的盘放上,盖好锅盖,最后才可点燃固体燃料或酒,并随时观察掌握燃料的燃烧情况。待到熄灭时,固体燃料一般用盖子盖好即可;酒精燃料要用浸湿了的布盖住方可。保温锅用后要认真擦洗,尤其是盛放开水的一层会结出水垢,要及时清除。

　　⑧托盘的使用与保养。在娴熟掌握托盘操作技能的基础上,必须养成使用托盘的良好习惯。不能将托盘随意放在宾客的餐桌和座椅上。托盘不使用时,必须按餐厅的标准和要求将其放置在工作台指定的位置;要时刻保证托盘的清洁卫生,轻拿轻放,避免锐器划伤托盘内表面的防滑层;营业结束后,统一收齐交管事部洗碗间清洗、消毒、保管。

2.酒吧设备与用具用品

　　酒吧设备与用具用品的配置,以吧台、酒品的陈列冷藏、酒品的规范服务和混合饮料的调制为中心,不同类型的酒吧,其设备与用具用品配置的种类、型号、性能、数量也各有差别。

　　(1)吧台设备:

　　●制冰机。　　　　　●碎冰机、刨冰机。　　　　●果汁机。

- 冰淇淋机。　　　　　　• 咖啡机。　　　　　　　• 咖啡保温炉。
- 冰箱或雪柜、冰柜(吧台的冰箱为卧式,主要用以冷藏软饮、啤酒和新鲜水果等。卧式冰箱的整体为不锈钢制造,表面可兼作酒水操作的工作台)。
- 立式葡萄酒储存柜(全自动模拟各类葡萄酒制品储藏的环境条件)。
- 榨汁机(用于鲜榨西瓜汁、橙汁等各类果汁)。
- 电动搅拌机(用于调制较大分量的混合饮料,或将冰块、水果、饮品搅碎、搅匀混合成一体)。
- 奶昔搅拌机(用于将冰淇淋和鲜奶搅拌均匀)。
- 生啤机(包括生啤罐、冷藏柜、二氧化碳气瓶、生啤喷头和输气管、输酒管)。
- 挂霜机、冰杯机(原理与冰箱相同。冰杯机内的温度控制在4℃~6℃,内有很多层杯架,从中取出杯子时表面即有一层霜雾)。
- 冰槽(不锈钢制成,嵌入工作台面。冰槽有时分为两个:一个盛放冰块;另一个盛放碎冰)。
- 洗杯槽(一般分为3~4格,并配弯头转动水龙头,3格中一是清洗;二是冲洗;三是消毒)。
- 沥水槽(3格水槽的两侧都设有杯子清洗后倒扣控干水分的沥水槽)。
- 酒品陈列架(位于后吧,主要陈列酒吧的各类蒸馏酒和配制酒)。
- 挂杯架(位于前吧的正上方。将高脚杯分门别类,杯口朝下,整齐倒挂在杯架上)。

(2)玻璃器皿:
- 烈酒杯。　　　　　• 古典杯、威士忌酒杯。　• 果汁杯。
- 高杯、高球杯。　　• 柯林士杯。　　　　　• 阔口香槟杯。
- 郁金香形香槟杯。　• 白兰地杯、大肚杯。　　• 水杯。
- 比尔森啤酒杯。　　• 啤酒杯。　　　　　　• 三角形鸡尾酒杯。
- 餐后甜酒杯。　　　• 白葡萄酒杯。　　　　　• 红葡萄酒杯。
- 雪利酒杯。　　　　• 波特酒杯。　　　　　　• 特饮杯、飓风杯。
- 酸酒杯。　　　　　• 爱尔兰咖啡杯。　　　　• 宾治杯。
- 冰淇淋杯。　　　　• 水扎。　　　　　　　　• 滤酒器、滗酒器。

(3)酒水规范服务的调制用具、用品:
- T形酒刀。　　　　• 酒钻。　　　　　　　　• 开瓶器、扳手。
- 开罐器。　　　　　• 量酒器、盎司杯。　　　• 调酒本。
- 酒嘴。　　　　　　• 滤冰器。　　　　　　　• 摇酒壶、雪克壶。
- 捻柄吧匙。　　　　• 砧板。　　　　　　　　• 吧刀。
- 挤柠檬器。　　　　• 冰铲。　　　　　　　　• 冰桶。
- 冰夹。　　　　　　• 水果夹。　　　　　　　• 水果装饰物盒。

- 宾治盆。
- 调酒棒。
- 鸡尾酒签。
- 吸管。
- 杯垫。
- 鸡尾酒巾。
- 漏斗。
- 清洁布巾。

(4)酒吧设备的使用与保养：

①冰箱等冷藏设备的使用与保养：

a.冰箱冷藏的温度保持在4℃～8℃之间。饮品分类整齐排放于冰箱内,并留有一定的空隙和间隔,便于冷空气的流通,使冰箱处于最佳制冷状态。

b.冰箱应放置在通风良好的场所,并与墙壁保持一定的空间距离。移动冰箱时,不能倒置或过分倾斜。

c.不要频繁地开启冰箱的门或开启时间过长。

d.定期对冰箱进行彻底清洁、除霜、除臭,防止细菌的滋生。

e.清洁擦拭冰箱,应使用中性清洁剂,清洗后用干净的布巾擦干水迹。

f.带冰柜的工作台表面,切勿重压,以免变形。

②制冰机的使用与保养：

a.制冰机安放在酒吧的后台区域或备餐间,制冰机出冰口保持关闭。

b.制冰量不宜过大,制冰机内有一定储冰空间,保持冰块新鲜,防止凝结。

c.取出冰块要用冰铲,严禁使用玻璃杯、盘碟或锐器取用冰块。

d.每周彻底清洁制冰机。清洁时要切断电源,取出冰块。用中性清洁剂对制冰机内外进行擦拭,冲洗后用干净的布擦干水迹。

③扎啤机的使用与保养：

a. 扎啤桶应置于冷藏柜中,冷藏温度保持在5℃～8℃之间,如需要可设置测温器。

b.二氧化碳气瓶应直立固定,调节阀门时压力表上应显示2～3个压力单位。

c.营业前先放掉两杯输酒管内残存的啤酒,然后再为宾客服务。斟扎啤时,泡沫齐杯口,厚度控制在3～4厘米。

d.营业结束后应随时拆卸输气、输酒的连接装置,取下卡口。

e.每周对啤酒桶冷藏柜进行除霜、除异味,并进行内外清洗。每周对输酒管路进行清洗。

④榨汁机的使用与保养：

a.严格按说明书进行操作,榨汁时,应将水果切成适宜的厚度、形状和大小。

b.榨西瓜汁时,可用推进器,缓慢地将瓜瓤推入榨汁机内。榨鲜橙汁时,将橙子切成两半,将半个橙子按压在高速旋转的挤汁器上。为了榨出更多的橙汁,可将鲜橙浸泡于温水中。

c.榨汁后,拆下榨汁机的机罩等部件进行清洗、晾干后重新装配好。

⑤酒水规范服务与调制用具、用品的使用保养：

a.用具、用品按规定放置于吧台工作区域指定的位置,做到服务快捷、操作便利。使用完毕后须重新复位。

b.每次使用完调酒壶、调酒杯后,必须及时清洗,控干水分;量酒器、吧匙应浸泡在装有苏打水的杯中,浸液应经常更换;调酒棒、吸管、酒签分类插在杯中,并整齐排列在工作台上。

c.切配好适量的水果装饰物,置于水果盒中,配水果夹取用。保持冰槽内冰块新鲜,配冰夹取用。

d.擦杯布巾、砧板布巾和清洁布巾要分开使用,随时用清洁布擦去工作台上的水迹、污迹,保持吧台的光亮、整洁。

e.按规范进行酒水的服务和调制,注意调制手法与清洁卫生。防止调酒壶、量酒器等不锈钢器皿碰撞、挤压、划伤。

3.厨房设施设备

各类厨房的设备,按其功能进行分类,可分为加工设备、烹调加热设备、冷藏设备、恒温保鲜设备、排油烟设备、面点制作设备、调理台设备、清洗设备及其他辅助设备等。

(1)厨房主要设备:

①加工设备:

- 锯骨机。
- 切片机。
- 绞肉机。
- 去皮机。
- 切碎机。
- 搅拌机。

②烹调设备:

- 中餐煤气炒炉。
- 汤炉。
- 煤气平头锅。
- 蒸炉、蒸汽夹层炉、蒸箱等。
- 烤鸭炉、烤乳猪炉。
- 多功能西餐烹调炉。
- 扒炉。
- 电面火烤炉。
- 烤箱。
- 炸炉。
- 西式煤气平头、炉、连焗炉。
- 翻转式烹调炉。
- 微波炉。

③冷藏设备:

- 冷冻柜(-18℃~-23℃)。
- 冷藏柜(0℃~5℃)。
- 制冰机、刨冰机。

④恒温保鲜设备:

- 菜肴保暖器。
- 冷藏展示柜。

⑤排风设备:

- 排风扇。
- 空气交换机。
- 中央空调系统。
- 排油烟罩。

⑥面点制作设备:

- 和面机。
- 醒发箱。
- 压面机。
- 面团分割整形机。
- 多功能搅拌机。
- 烹调加热设备。

⑦调理台设备：
- 简易工作台。
- 冷柜调理台。
- 餐（用）具保温调理台。

⑧清洗设备：
- 洗碗机。
- 餐（用）具保洁柜。
- 工作台。
- 洗涤槽。
- 消毒柜。
- 滤水台。
- 杯筐车。

⑨辅助设备：
- 多层储货架、工具柜、食品橱柜。
- 洗涤槽。
- 手推车。

（2）厨房设施设备的维护保养。厨房是设施设备配置密度较高的作业场所。厨房的设施设备投入使用后，其工作效率、使用寿命和折旧损耗程度等，与是否遵守操作规程、实施维护保养的状况关系密切。对厨房设施设备进行及时、合理、有效的保养，使其处于最佳的运行状态，是厨房管理的重要工作任务。

除了将大型、复杂的厨房设备定期维护保养交由工程部门或供货商负责外，其他设备日常维护保养要做到"五定"：

- 定人。厨房设备的维护保养必须定岗定人，落实到具体的岗位和员工负责。
- 定时。制订厨房设备定期维护保养的计划，并检查落实执行情况。
- 定位。厨房设备位置固定，不得随意移动。
- 定使用保养方法。由工程技术人员或生产厂家负责培训操作使用人员，严格按照操作规程使用和保养。
- 定卡。建立厨房设备档案卡，记录设备的编号、安装地点（位置）、日常维护保养、维修或大修的具体内容细则，并注明每次维修的费用。

厨房主要设备的维护保养如下：

①加工设备：

a. 锯骨机：
- 使用完毕后，用温水清洗环形钢锯条、平钢板及钢架，剔除骨屑和碎肉。清洗时，不可将水滴入电动装置内。
- 定期给轴、轮上润滑油，并检查润滑油是否渗漏。
- 经常检查环形钢锯条和联结点的牢固、磨损状况。

b. 切片机：
- 使用完毕后，将刀片和机身上的油污、食品残渣等清除，防止其霉变、滋生细菌污染食品和腐蚀机器。

- 定期将刀片拆卸、清洗,并清除机隙间的污物;用磨刀器打磨刀片,使其保持锋利。
- 定期为定位杆、刀杆架及齿轮传动装置上润滑油。

c.绞肉机:
- 绞肉机安置平稳。安装时要使刀片的正面朝外,固定刀片的轴要旋紧。
- 使用时,切忌将带骨的肉料投入机内,以防损坏刀片和机器。筋膜较多的肉料,应先将筋膜剔除,再投入机内,防止出料口堵塞。
- 在投料时,不要用手在下料口填压原料,须用专门的填料器。
- 使用完毕后,应将转轴、刀片、圆形多孔铁板、轴头等部件拆卸、清洗干净,擦干水分后再装配好。清洗时,电机部分不得进水,以防漏电。

d. 去皮机:
- 使用完毕后,对磨盘和桶壁进行清洗,除污并擦拭干净。
- 检查传动带的松紧,检查磨盘的磨损情况。
- 检查去皮机内的润滑油是否泄漏。
- 在使用过程中发现有异常声响,应立即关机,排查故障。

e. 切碎机:
- 使用时,投料适量;采用间歇式的操作方式,避免食品过度切碎和电动机过载发热。
- 使用完毕后,将各部分部件拆卸清洗并擦拭干净,保持底座干燥、勿进水。

f. 搅拌机:
- 使用之前,要检查搅拌机传动部件的润滑油油量,避免由于润滑油油量不足而导致机器故障。
- 使用完毕后,清洗搅拌机的盛料桶、搅拌头及其附件,并擦拭干净。
- 检查齿轮传动装置、变速箱内的润滑油油量、盛料桶升降装置。
- 定期检查油泵,排出变速箱储油槽中的剩余润滑油,并重新灌满新油。为搅拌机机轴上润滑油。

②烹调加热设备:

a.中式煤气炒炉、汤炉、平头炉等:
- 使用完毕后,先关闭总气阀,再逐个关闭各分气阀,次序不能颠倒。
- 每日清洗炉灶表面的污垢,去除杂物,保持炉面光洁,疏通炉面下水管道。
- 清除炉膛内的杂物并疏通煤气火眼。
- 经常检查管道连接处、阀门和开关,防止煤气泄漏。

b.蒸炉:
- 使用后及时将锅中的水舀去,并清洗干净。
- 保持蒸汽盘管畅通,经常去除盘管上的水垢。

- 保持炉面的清洁卫生,下水畅通。
- 经常检查气压阀门和气压表,以保证安全生产。

c. 蒸汽夹层锅:
- 每日清洗夹层锅,检查蒸汽管道和减压阀,确保蒸汽压力不超过额定压力。
- 经常检修蒸汽弯管处和阀门,定期为齿轮和轴承上润滑油,清洗管道的过滤网和旋转控制装置。

d. 西餐烹调炉、平板炉、扒炉等:
- 每日清洗炉面,刷洗炉面、铁板、栅格上的污物并擦拭干净。
- 如使用煤气,经常检查维护和保养输气管、阀门和点火喷头;如使用电源,经常检修高温限制的调节装置,并检查通电线路,以防漏电。

e. 烤箱等烘、烤、焗设备:
- 电烤箱功率和耗电量大,需单设电路,使用专用插座,远离洗涤区域,避免受潮。
- 烤箱工作时,不要频繁地开门观察,以免热效率下降。
- 烘烤食物时,烤盘、烤架应同时使用,以免油汁滴入烤箱内部,难以去除。
- 使用完毕后,及时将电源插头拔下,待烤箱整体温度降低后,清洁烤箱的内外面。
- 定期为烤箱内的鼓风机轮上润滑油,定期检查线路,检查门的密封性和限制高温调节装置等。

f. 微波炉:
- 使用完毕后,须拔掉电源插头,及时清除炉内的溢出物。
- 使用中性清洁剂擦洗玻璃转盘及炉体内壁。
- 经常定期检查炉内排风管道是否畅通并清除阻塞物。
- 检查门缝是否密闭,开关是否灵敏。
- 检查是否有微波泄漏。

g. 炸炉:
- 每日清洗炸油池、炸油筐和过滤装置。
- 经常检查限制高温的恒温器及排油管装置。

h. 翻转式烹调炉:
- 每日使用中性清洁剂清洗烹调锅。
- 经常检查限制高温的恒温器,定期为翻转装置转轴上润滑油。

③冷藏设备:
- 冷藏设备应由专人负责管理。
- 不要频繁地开启冷藏设备的门或开启时间过长,以免影响制冷效果。
- 物品要整齐排列,并留有适当距离和空隙,以便于冷空气的流通,蒸发器处不要放置冷藏物品,不要将冷藏设备的空间塞满物品。
- 热的食品要待其冷却后再放入冷藏设备中。
- 冷藏设备要定期彻底除霜、解冻、除臭和清洗,以免滋生细菌。
- 经常检查是否有氟利昂等制冷剂泄漏,以免污染环境和食品。
- 经常测试冷藏设备的制冷温度和效果,以便及时发现和排除故障。
- 冷藏设备的设置应远离热源,通风良好,避免阳光的照射和潮湿。冷藏设备的位置应固定,不要频繁移动。

④排风设备:
- 定期刷洗排油烟机的外壳和排气扇的扇叶。
- 定期由技术人员对设备内部进行清洁保养,非专业人员不得擅自拆卸。
- 发现有异常响声或油烟排放不畅,应立即报请工程部门进行维修。

⑤清洗设备。清洗,一般指餐具、服务用品的清洗保管,属管事部管辖。清洗设备通常集中在洗碗间,设置在餐饮后台,在厨房整体区域规划内作统筹安排。洗碗间除承担餐厅所用餐具的清洗、消毒工作外,还有很大一部分工作是负担厨房出品所需各类餐器皿的清洗和餐厨设备的清洁,以及厨房环境等餐饮后台的清洁卫生等工作。洗碗间的清洗设备及其工作流程,通常由专门设置的管事部或餐务组管理(见图4-22)。

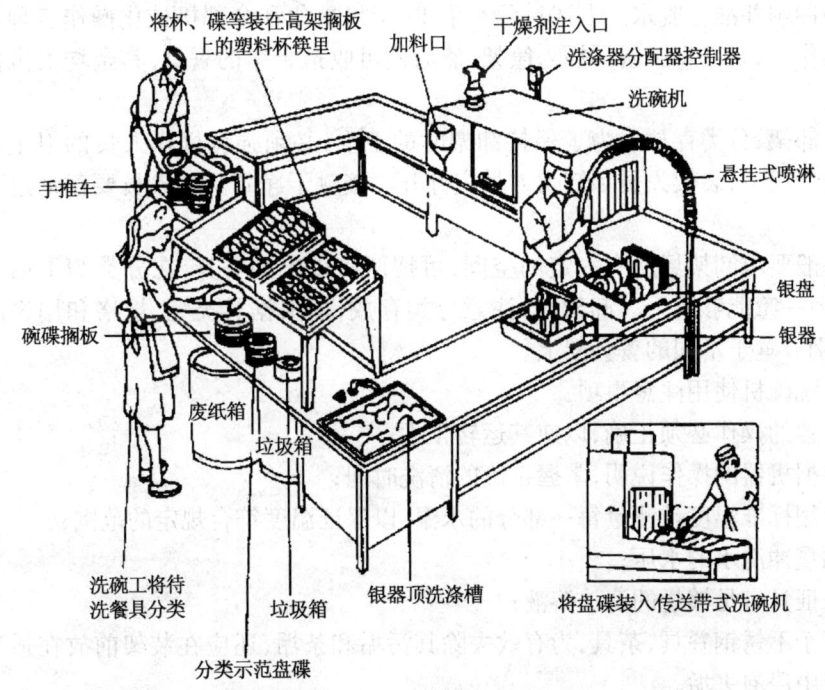

图4-22 洗碗间作业流程图

a. 清洗的工作流程：

　　● 收盘。此项工作由餐厅服务员负责。脏餐具用托盘或手推车运送到洗碗间，并要分类摆放，避免破损。

　　● 倒刮、分类、装架。倒刮。洗碗间操作台备有垃圾桶，管事部洗碗工应及时将脏餐具里的剩物倒刮干净，将餐具分类装入相应的框架里。倒刮要彻底，注意检查是否有小件餐具夹杂其中，同时注意操作要轻，以免损坏餐具。

　　分类。是指将各种餐具用品根据其规格型号进行分类。如同一型号和式样的盘子、杯子等应放在一起，不同型号和式样的应分开摆放。

　　装架。在大型洗碗机设备中装架是相当重要的。机器在装载不足时会空转，造成浪费；装载太多又影响洗涤质量，分类装架则使洗碗机装载得当。为避免大盘遮挡，小盘、杯子、碗和其他凹形餐具应倒装在平底的筐架上，刀、叉、勺等金属餐具应分类装入插筒，以保证洗涤质量。

　　● 冲刷。所有餐具装架后，入洗碗机之前，应用专设的高压龙头冲刷，水温不要太高。要在框架的底部开口，以使被冲下的污物能流到冲刷池里的活动垃圾桶内。这些垃圾桶应便于清洗、拆卸。

　　● 清洗。在清洗过程中，洗涤架受到来自上、下方热清洁剂溶液的来回循环冲洗，并在同一个或分开的槽中反复受到清洁剂溶液的来回洗刷，然后受到干净热水的冲刷并准备脱水。上述过程有手工、半机械化和全部机械化操作三种。全自动操作时，只需将脏餐具插入筐架，然后便可收拾干净的餐具，其余均由机器自动完成。

　　● 卸架、分类存放。为了保持卸架时的卫生，必须强调操作人员的卫生。在可能的情况下，装架人员和卸架人员应分开。接触干净餐具的人员要戴消过毒的手套。

　　一般要求卸架场所有一定的空间，可摆两筐以上的餐具，在分类卸下第一筐时，使另一筐能够风干。卸架时，注意分类存放，即根据其类型、规格和用途的不同，分别放置于不同的餐具架上。

　　● 洗碗机使用注意事项：

　　机器的操作必须正确，以使其运转正常；

　　根据机器的操作说明，掌握正确的清洗时间；

　　使用标准温度计测量每一部分的水温，以保证温度符合规定的范围；

　　测量冲洗水的水压；

　　保证具有足够量的清洁溶液；

　　对于不锈钢餐具、茶具，为有效去除其污垢和茶垢，还应在装架前放在适当的浸泡液中浸泡去垢。

　　b. 洗碗机等清洗设备的使用和保养。操作前先打开水源开关，放水入机内，同时打开蒸汽开关和电源开关,以便加热水箱内的水。当水温达到指定温度时,方可开机启用。把洗涤餐具搭放在传送带上,餐具先经过洗涤药水的下部冲洗,再经过清水的上下冲洗,自动送出洗箱即可。洗涤人员要经常检查机内的配件是否完好、温度是否稳定,用机时有无异声、异味等,如有异常现象,马上停机报告,以便及时进行检查处理。

在使用洗碗机时,最主要的是要经常清理过滤网和检查喷嘴有无堵塞。因为洗涤水是循环使用的,而且是通过过滤网去除污物,因此要经常取出过滤网进行清理。另外,喷臂中的喷嘴常会被碎骨、果核等堵塞,要经常查看、及时清理,加强日常的保养工作,特别是定期加油,检查离心泵和变速箱,以保持完好状态。操作人员应穿长袖工作服,戴手套,以防烫伤。

每次工作后,应对洗碗间做如下清理工作:

- 将机器传动开关关闭,关掉总电源、热水开关和蒸汽开关。
- 将洗碗机内的配件、窗帘、隔热器、水箱隔网、喷臂等拆下,擦洗干净。
- 将洗碗机门打开,让热散发掉。
- 将水箱内的污水放掉,用肥皂液和清水洗净洗碗机内壁,将拆除的配件安放回原位,将排水阀关上。
- 将所有使用的工具擦洗干净后归类放好。
- 将所有已清洁的餐具全部运送到餐具柜分类码放好。
- 清洗工作场地及排水渠道。
- 将垃圾运到饭店垃圾房去,将垃圾桶洗干净放回原位。
- 一定要完成当餐所有餐具的洗涤工作。

技能/知识点二　餐饮原料采购程序与方法

餐饮原料的采购前提是餐饮订货,即精确地确定满足餐饮加工、生产需要而又不至于过多储存导致浪费的食品原料的品种及数量。根据餐饮规模和生产需求实际,指定订货负责人,可由总厨师长或加工厨房主管来负责这项工作。这种订货,主要是指餐饮每天大量使用,采购部门每天要为其购货、进货的鲜活原料。另外一些干货,调味品、罐、袋装原料,餐厅和厨房用品、用具,使用部门只要到仓库申领,其原料、物品的申购、补充由仓库管理人员负责。干货、调料、罐头、酒水等,餐饮厨房和餐厅管理人员填写领货单,将写好的领货单交给仓库管理人员,然后由库管人员发放所需的原料物品。在有订货即申购的前提下,才能采购。餐饮原料采购由众多活动组成(见图4-23)。

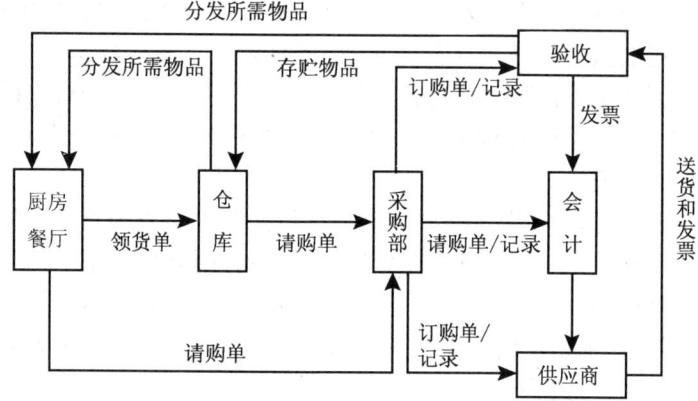

图 4-23 原料采购程序

1. 竞争报价采购

竞争报价采购,适用于采购频繁,需要每天进货的食品原料。绝大部分鲜活餐饮原料的采购业务,多属于此种性质。餐饮企业采购部门把所需采购的罐装、袋装干货原料和鲜活原料名称及其规格、标准,通过电话联系或函告,或通过直接接触(采购人员去供货单位或对方来餐饮企业)等方式告知各有关供货单位,并取得所需原料的报价。一般每种原料至少应取得 3 个以上供货单位的报价,餐饮企业财务、采购等部门再根据市场调查的价格,随后选择确定其中原料规格、质量最合适、价格最优惠、信用较好的供货单位,让其按既定价格、原料规格,按每次订货的数量负责供货。待一个周期后(区别原料性质和市场行情,一星期到 15 天不等),进行再询价、报价并确定供货单位(见图 4-24)。

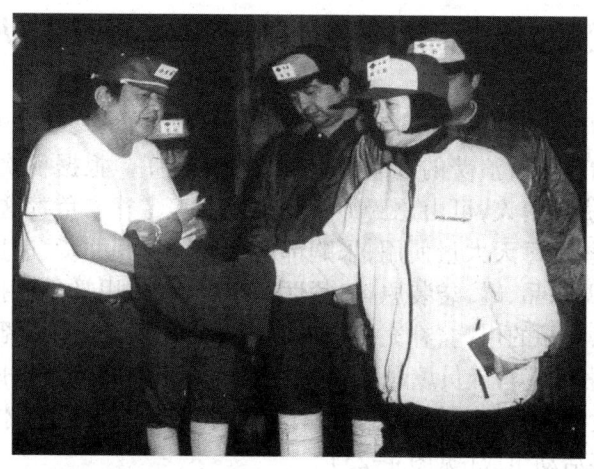

图 4-24 独特的布袋议价采购交易方式

2. 无选择采购

餐饮企业有时会遇到这样的情况：餐饮需要采购的某种原料在市场上奇缺，或者仅有一家供货单位，或者餐饮必须得到某些原料，不论对方如何索价。比如遇到特别高规格宴会或政治活动时，需要紧急采购的原料就是如此。在这种情况下，餐饮企业往往采用无选择采购的方法，即连同订货单开出空白支票，由供货单位填写。使用此法，往往使餐饮企业对该原料的成本失去控制。因此，只有在不得已的情况下才可使用，而通常在决定购货之前，必须要进行一番讨价还价。

3. 成本加价采购

当某种原料的价格涨落变化较大或很难确定其合适价格时，通常采用成本加价法采购。此时的"成本"，是指批发商、零售商等供货单位的原料成本。在某些情况下，供货单位和采购单位双方都把握不住市场价格的动向，于是便采用此法成交。即在供货单位购入原料所花的成本上酌加一个百分比，作为供货单位的赢利部分。如刚上市的刀鱼、螃蟹，价格起伏较大，即可在供货商收购价格的基础上，加价10%左右，作为餐饮企业买入价。对供货单位来说，这种方法减少了因价格骤然下降可能带来的亏损风险；对采购单位来说，加价的百分比一般较小，因而也比较有利。采用此法的主要困难，是很难确切掌握供货单位原料的真实成本。因此，餐饮企业使用成本加价采购的次数不可过多。

4. 归类采购

归类采购，即将属于同一类的食品原料、调味品等，向同一个供货单位购买。例如，餐饮企业向一家奶制品公司采购所有需要的奶制品原料，向一家食品公司采购所需的所有罐头食品，向同一个调味品商店购买所有的调味品原料等。这样，每次只需向供货单位开出一张订单，接收一次送货，处理一张发票，节省了大量人力和时间。缺点是，可能采购的部分原料质量不是同类中最好的。

5. 集中采购

大型饭店、餐饮公司或集团餐饮，往往建立地区性的采购办公室，为本公司在该地区的各餐饮企业采购各种食品原料。具体办法是，各餐饮企业将各自所需的原料及数量按时上报公司采购办公室。办公室汇总以后进行集中采购。订货以后，可根据具体情况由供货单位分别运送到各个餐饮企业，也可由采购办公室统一验收，随后再行分送。

技能/知识点三　原料、物品验收管理

原料、物品验收是根据餐饮生产和服务要求，餐饮企业为获得价格适宜、规格适中的各类原料而对供应商所送物品的检查、认可和接受。

1. 根据订购单检查进货

验收人员要负责核实送验货物是否符合订购单上所规定的品种及规格、质量要求,符合品种和规格、质量要求的原料,及时进行其他方面的检验。对不符合要求的下列情况予以拒收:

- 未办理订货手续的原料不予受理。
- 对照原料规格书,规格未达标或串规的原料不予受理。
- 对畜、禽、肉类原料,查验卫生检疫证,未经检疫或检疫不合格的原料拒绝受理。
- 冰冻原料已化冻变软的,亦作不合格原料拒收。
- 对各类怀疑有质量问题的原料,须报请厨师长等专业技术权威仔细检查,确保收进原料符合原料规格书的最低质量标准。

2. 根据送货发票检查进货原料

供货单位的送货发票是随同物品一起交付的。供货单位送给收货单位的结账单是根据发票内容开具的。因此,发票是付款的主要凭证。供货单位送来或餐饮企业自己从市场采购回来的原料数量、价格是发票反映的主要内容,故应根据发票来核实、验收各种原料的数量和价格。

- 凡是以件数或个数为单位的送货,必须逐一点数,记录实收箱数、袋数或个数。
- 以重量计量的原料,必须逐件过磅,记录净料;水产原料沥水去冰后称量计数,对注水掺假原料拒收。
- 对照随货交送的发票,检查原料数量是否与实际数量相符,以及是否与采购订单原料数量相符。
- 检查送货发票原料价格是否与采购定价一致,单价与金额是否相符。
- 如果由于某种原因,发票未随货同到,可开具餐饮企业印制的备忘清单,注明收到原料的数量等,在正式发票送到以前以此据记账。

3. 对不合格原料予以退回

对质量不符合规格要求或分量不足的原料,应予退货。退货时,餐饮企业必须在退货通知单上详细说明该项货品的退货原因,注明究竟是品质、数量或是价格中的哪一项或哪几项不符合订货单上的规定。送货员必须在退货通知单上签名,表示该项被拒绝货品确有瑕疵,并将退货通知单正本寄交给供货商。这样做除可告知退货事实外,也可供供货商查证送货员是否有欺骗、调货等行为。副本则交给会计部门,以核算新的应付账款。而验货员也应持有一副本(一联),作为备查供货商供货是否有疏失的依据。

验收工作中,验货员不必因为一些很小的缺点而任意退货。因为供货商可能不愿意与过分挑剔的买主继续往来,尤其是当指定货品缺货而餐饮企业坚持要退回一些合理适当的代替品时,不但会损及双方合作的气氛,也会造成餐厅频频缺货的现象。比较理想的处理方式是将不满意但可接受的原料收下,同时从速通知供货商,下回送货时特别注意该类原料的质量。

4.受理原料

前三个程序完成后,验收人员应在送货发票上签字并接受原料。有些餐饮企业为了方便控制、统一格式,要求在送货发票或发货单上加盖收货章。收货章包括收货日期、单价、总金额、验收人员等。验收人员正确填写上述项目,并签字。检验认可后的原料,就应由进货单位负责,而不再由采购人员或供货单位负责。这一点,验收人员应该清楚。

技能/知识点四　餐饮物资采购清单

经营物资采购清单是组织、筹措大量物资用品的综合性表格。表格内容科学合理地填写需要周密、全面的计划和计算(见表4-7)。

表4-7　餐饮物资采购清单

物资类别＿＿＿＿＿＿＿＿＿＿＿＿　　　　　　使用岗位＿＿＿＿＿＿＿＿＿＿＿＿

序　号	物资名称	规　格	数　量	质量要求	用　途	备　注

核准人＿＿＿＿＿＿＿＿＿＿＿＿＿＿　　　　　填表人＿＿＿＿＿＿＿＿＿＿＿＿＿＿

▶ 实施步骤

(1)参观、考察原料市场。
(2)参观、考察酒店用品(餐用具)市场。

(3)参观、考察酒店验货现场与程序。

(4)参观、了解酒店餐务部工作状况。

（见表4-8）

表4-8 采购清单成绩评估表

成绩\项目\组别	分类清晰合理	品种齐全	数量合适	规格质量要求恰当	整洁明了	合计得分	备 注
1							
2							
3							
4							
5							

说明：
评估成绩依次为5、4、3、2、1分；
每项内容均优秀为5分，每缺一项降1分。

评估小组_____ 教师_____

特别提示

重点、难点、易错点：
(1)采购程序。
(2)验收程序。

关键词

必要的理论、专用词解说：
- 竞争；报价；采购。

拓展性知识——买方市场。

案例分享

一经营面积80平方米的餐厅现正在筹建,请为其计划开张一年内经营所需的物品、用具(生产、经营用原料、调料、酒水不在此列):

(1)物品、用具的名称、类别。
(2)各种物品、用具的数量。

理论部分习题:
- 如何降低餐具损耗?

操作部分:
(1)以小组为单位考察一家餐饮企业,了解其餐具损耗及管理状况。
(2)以小组为单位探讨餐具损耗的原因,并提出相应减少损耗的措施。

模块三　餐饮经营计划编制

- 能编制营业收入计划。
- 能编制营业成本计划。

- 了解餐饮计划内容。
- 熟悉计划编制步骤。
- 进行营业收入计划编制。
- 进行营业成本计划编制。
- 综合进行计划编制并进行经营分析。

技能/知识点一　餐饮经营预算计划

通常,餐饮企业是根据以往经营历史资料预测未来经营趋势,结合分析成本、上座率以及各种固定和变动成本等因素,编制餐饮经营收入、成本数额和相关比率,用以检查和考核平时经营业绩。各项计划务求细致、全面,并由餐饮、财务、采购等相关部门反复协调研究制订。计划目标应带有激励性、超前性和可行性,以激励员工为企业创造更高效益。

1. 营业收入计划

营业收入计划是根据餐厅上座率、接待人次、人均消费等来编制的。餐饮营业收入的高低,受不同餐厅等级规格、接待对象、市场环境、客人消费结构等多种因素的影响。编制营业收入计划,需要区别不同餐厅的具体情况。其内容与销售计划基本相同。

2. 食品原料计划

食品原料是保证餐饮生产需要、完成销售计划的前提和保障。其计划指标以食品原料采购为主。计划的内容主要包括：采购渠道、采购成本、库房储备、资金周转、期初库存、期末库存等。

3. 成本控制计划

餐饮成本控制计划，实际是指在逐日进行的餐饮成本稽核控制的基础上，定期进行的成本分析、控制计划。成本控制是将一段时期以来，成本发生情况加以回顾、总结、分析、对照，通过对餐饮菜单及其菜点结构、原料采购、验收、厨房加工生产、餐厅销售、餐用具的投入和损耗，以及出品及食用率等因素的系统分析，找出实际成本与成本预算发生偏差的原因，进而准确控制成本，确保企业赢利。餐饮成本控制计划的制订和执行部门，主要是财务成本控制组及厨房、餐厅、采购和验货部门。

4. 费用管理计划

营业费用，是指食品原材料成本以外的其他各种合理耗费。其内容大致可分为固定费用和变动费用两大类。前者包括房屋折旧、家具设备折旧、人力成本、销售费用、管理费用、交际费用、装饰费用等。后者是随餐饮销售额的变化而变化的费用，包括水、电、燃料费用及客用消耗品、服务用品、洗涤费用等。这些费用共同构成餐饮流通费用。费用管理计划就是要确定这些费用指标及其费用率等。

5. 实现利润计划

营业利润是餐饮企业经济效益的本质体现。营业（销售）收入减去营业成本、营业费用和营业税金，就是营业利润。营业利润计划包括税金安排和利润分配。因此，计划内容应包括利润额、利润率、成本利润率、资金利润率等指标。

技能/知识点二　餐饮经营计划编制步骤

餐饮经营计划编制步骤，影响着计划的科学性和可行性。因此，在计划编制时应循序渐进地进行。

1. 分析经营环境，搜集资料

分析经营环境，主要是指对市场环境的分析和研究。也就是要做好市场调研，掌握市场动向、特点、发展趋势和市场竞争状况，然后结合本餐饮企业实际情况，分析餐饮顾客类型、档次、需求变化、产品风味、花色品种、价格水平、服务质量等对市场的适应程度，找出自己的优势和不足，为确定餐饮经营方向和计划目标提供可靠依据。

收集资料，主要包括本地区旅游接待人次、增长比率、停留天数、旅客流量等对餐饮计划目标的影响；饭店各餐厅近年来的接待人次、增长比率、客房出租率同餐饮计划目标的关联程度和餐厅上座率及人均消费等;各餐厅近年来的营业收入、营业成本、营业费用、营业利润及成本率、费用率、利润率等各项指标的完成结果及其变化规律。将这些资料收集起来,经过分析整理,同市场环境结合,即可为编制餐饮经营计划提供准确的依据。

2. 进行系统分析,预测目标

餐饮市场营销计划和经营利润计划的内容和结果,最终通过收入、成本、费用和利润等计划指标反映出来。

预测目标,编制计划方案,须重点做好如下 5 个方面的工作:

(1)根据市场动向、特点和发展趋势,以调查资料为基础,预测各餐厅的上座率、接待人次、人均消费和营业收入。

(2)分析食品原料消耗,制定各餐厅标准成本、预测成本额、成本率,将经营成本控制在规定的幅度以内。

(3)根据业务需要和计划收入,分析流通费用构成及其比例关系,预测各项费用消耗,确定费用控制率标准。

(4)分析营业收入、营业成本、营业费用和营业利润的关系,预测餐饮利润目标。

(5)在上述预测分析的基础上,编制餐饮计划方案,初步确定各项计划指标。

3. 科学综合平衡,形成计划指标

综合平衡,是计划管理的基本原则。餐饮计划方案完成后,还要进行综合平衡,形成计划指标。其任务是:

(1)审查收入、成本、费用和利润的相互关系。

(2)审查采购资金、储备资金、周转资金的比例关系,使之保持衔接和协调。

(3)审查收入、成本、费用和利润在各部门之间的相互关系,使资源分配和计划任务在各部门之间保持协调有序。

在此基础上经过分析讨论,做出计划决策,形成各项计划指标。

技能/知识点三 营业收入计划编制方法

餐饮经营计划的编制是以营业收入计划为起点的,编制营业收入计划一般分为三个步骤。

1. 确定餐厅上座率和接待人次

以餐厅为单位,根据历史资料和接待能力,分析市场发展趋势和将要采取的促销措施,将产品供给和市场需求结合起来,确定餐厅的上座率和接待人次。其中,宾馆、饭店的餐厅既要充分考虑接待住店客人的人次,同时也要考虑店外客人的需要。住店客人的接待人次一般是根据客房出租率计划,分析住店客人到不同餐厅用餐的比率。店外客人则可根据历史资料和市场发展趋势来确定。其计算公式是：

$$餐厅上座率 = \frac{计划期接待人次}{同期餐厅座位数} \times 100\%$$

店内客人接待人次＝客房间数×365×年出租率×(1＋双开率)×餐厅上座率

2. 确定餐厅人均消费

确定人均餐饮消费，一般应将食物和饮料分别进行，确定人均食品消费额和确定饮料销售比率。确定人均餐饮消费要考虑3个因素：一是各餐厅已经达到的水平；二是市场环境可能对餐饮人均消费带来的影响；三是不同餐厅的档次结构和不同餐次的客人消费水平。具体计算公式为：

$$食品人均消费 = \frac{食品销售收入}{接待人次}$$

饮料计划收入＝食物收入×饮料比率＋服务费

$$饮料比率 = \frac{饮料销售额}{食品销售额} \times 100\%$$

3. 编制营业收入计划方案

营业收入计划一般可通过季节指数分解到各月，也可逐月确定。季节指数的确定，既可以餐厅为基础，又可以全部餐饮销售额为基础。营业收入计划方案都以餐厅为基础，最后汇总，形成食品、饮料和其他收入计划。其公式为：

营业收入＝接待人次×食物人均消费＋饮料收入＋服务费

技能/知识点四　营业成本计划编制方法

餐饮营业成本包括食物成本和饮料成本，编制营业成本计划的工作步骤如下：

1. 确定不同餐厅的食品毛利率标准

根据市场供求关系和餐饮企业价格政策，结合餐饮管理实际，确定餐厅的毛利率标准。毛利率标准一经确定，餐厅食品的成本率和成本额也就确定了。其计算公式为：

$$餐饮成本率 = \frac{原材料成本额}{营业收入} \times 100\%$$

成本率＝1－毛利率

成本＝营业收入×成本率

2. 编制饮料成本计划

饮料的成本以进价成本为基础，受饮料销售额和上期成本率两个因素的影响。其计算公式为：

$$饮料成本额 = 去年实绩 \times (1 \pm 销售额增减率) \times (1 - 成本降低率)$$

$$计划成本率 = \frac{饮料成本额}{计划收入} \times 100\%$$

3.编制职工餐厅成本计划

大多餐饮企业的职工餐属于职工福利,在管理体制上分为两种情况:一是职工餐厅归餐饮部门管理。其原材料成本从餐饮部门转拨。二是职工餐厅归企业总务部或人事部管辖。其成本计划不在餐饮部门编制。职工餐厅不要求赢利,其成本率较高,编制方法是:

$$成本额 = 去年实绩 \times (1 - 成本降低率)$$

$$成本率 = \frac{成本额}{计划收入} \times 100\%$$

4.确定签单成本消耗

餐饮企业为了开发市场、组织客源、推销产品和开展业务经营活动,需要一部分交际费,须列入计划。其中相当一部分用于餐饮消费。当这部分费用发生时,均由有关主管人员签单,列入餐饮成本消耗,在企业或部门交际费用中列支。因此,签单成本也是餐饮成本的内容之一。其计划额一般根据企业销售额、交际费及历史统计资料来确定。

5.编制餐饮成本计划方案

编制成本计划时,职工餐厅成本和签单成本计划必须单列,以保证成本计划的真实性,有利于餐饮成本控制。如果职工餐厅归企业总务部或人事部管理,单独核算,则不列入企业餐饮部门经营计划。

技能/知识点五　营业费用计划编制方法

餐饮营业费用计划指标的编制方法,根据不同的费用项目来确定。其主要方法有如下6种:

1.财务分摊预算法

这种方法以财务会计报表为基础,结合餐饮费用的实际消耗额或占用额来确定计划费用额。它主要适用于房屋折旧、家具、用具及厨房设备折旧等费用预算。具体方法有使用年限折旧法、综合折旧率法、工作量折旧法等多种。具体采用哪种方法,由企业财务部门统一掌握,并计算出企业各部门的折旧额,作为餐饮管理计划指标。

2.销售额比例预算法

这种方法以餐饮计划销售额为基础,分析费用消耗比例,参阅历史统计资料来确定费用计划额。它主要适用于餐饮管理费用、销售费用、维修费用、装修费用及餐具、茶具消耗等费用指标预算。具体方法,是确定上述费用占餐饮计划销售额的比例,由此确定计划额。

3.人事成本预算法

餐饮管理人事成本,分为固定人事成本和可变人事成本。前者,以职工人数为基础,确定人均需要量。其内容包括固定工资、浮动工资、职工膳食、副食补贴、物价补贴、医疗补助、退休统筹等。后者,主要指餐饮管理中计划安排的职工奖金、临时工、季节工等人员的成本消耗。固定人事成本的预算公式是:

$$人事成本 = 人均需要量 \times 职工平均人数$$

可变人事成本根据餐饮管理经济效益的高低和业务需要来确定。

4.业务量变动法

这种方法以历史统计资料为基础,分析费用消耗合理程度,结合餐饮业务量的增减变化来确定计划费用额。它主要适用于水费、电费、燃料费、洗涤费等可变性费用指标预算。这些费用一般是随餐饮业务量的增减而变化的。其预算公式为:

$$可变性费用额 = 上年实绩 \times (1 \pm 业务增减率) \times (1 - 费用降低率)$$

5.不可预见性费用预算法

不可预见性费用,是指企业管理中常常发生的捐助、赞助、摊派等费用消耗。这些费用支出往往是不可预见的,但又是必然会发生的。这部分费用一般在企业统一列支,做出计划安排。其预算方法一般是根据历史统计资料作大致的确定。

6.营业性税金预算方法

营业性税金,主要是指在营业费用中列支的税金支出。其内容包括:印花税、车船使用税、土地使用税、房产税、资金占用税等 5 种。预算方法,是根据企业实际情况和国家规定的税种、税率,对各税种分别做出预算。在餐饮管理中,税金一般由企业统一列支,只有营业税须在部门计划中单列。

技能/知识点六 营业利润计划编制方法

餐饮营业利润计划的编制,主要是将收入、成本和费用计划汇总,形成计划方案。其编制方法包含如下两个步骤:

1.编制餐饮计划营业明细表

它以餐厅为基础,将各餐厅营业收入、营业成本和毛利汇总,形成计划方案,作为餐饮管理成本控制的主要依据。计算公式为:

$$餐饮利润额 = 营业收入 - 成本 - 费用 - 营业税金$$
$$= 营业收入 \times (1 - 成本率 - 费用率 - 营业税率)$$

$$餐饮利润率 = \frac{计划期利润额}{营业收入} \times 100\%$$

2.编制餐饮管理利润计划表

将整个餐饮管理的收入、成本、费用汇总,形成餐饮管理损益计划表。它是餐饮经营计划的本质内容。

▶ **实施步骤**

(1)编制营业收入计划。

(2)编制营业成本、费用计划。

(3)进行收支平衡分析。

1.职业基本能力评价(见表4-9)

表4-9 职业基本能力评价表

等级	评价标准	小组评语	教师评语
及格	• 分类清楚		
	• 预算准确		
	• 分析有理、表述清晰		
不及格	• 分类交叉不清		
	• 预算不准确		
	• 分析、表述不得体		

2.职业拓展能力评价(见表4-10)

表4-10 职业拓展能力评价表

评价(评估)内容	4	3	2	1	教师评语
• 分工明确,合作良好					
• 各负其责,参与主动性好					
• 关注时间节点,完成时效性好					
• 创新钻研,有一定实用新意					
• 创造条件,完成各自任务能力					

特别提示

(1)营业收入各项指标的理性设定。

(2)营业成本和营业费用恰当掌握。

关键词

(1) 餐厅上座率。
(2) 成本率。
(3) 餐饮利润额。

- 微利经营

案例分享

家乐食坊餐饮有限公司

- 餐饮总面积:400平方米;餐厅面积300平方米、厨房面积100平方米。
- 餐位数:一楼75个+二楼2个包间;共约100个餐位。
- 开餐次数及时间:早餐7:30~9:30;
  　　　　　　　　午餐11:00~14:00;
  　　　　　　　　晚餐17:00~20:30。
- 经营品种及类型:早餐:点心、面条、稀饭、小菜;
  　　　　　　　　午、晚餐:冷碟、荤素热菜、小吃、精选中式套餐。
- 小型或简单宴会:可参照周边中小规模餐饮店行情、采集相关数据做出经营计划与分析。

- 人事成本现状与趋势。

- 以小组为单位分别采集宾馆、餐馆客人人均消费数据并进行比较分析,提出改进经营建议。

模块四　餐饮市场推广策划

- 能知晓5种以上市场推广促销方式。
- 能针对餐饮企业特征、现状,制订出系统推广促销计划。
- 能对活动经费做出适当预算。
- 能针对企业经营状况系统设计新颖、实用的市场推广、餐饮促销活动方案。

- 了解市场推广、餐饮促销的方式和方法。
- 分析美食节举办的步骤和要领。
- 进行市场推广、餐饮促销活动策划演练。
- 对市场推广、餐饮促销活动方案进行交流和总结。

技能/知识点一　人员推销

1. 餐饮市场人员推销的类型

在餐饮企业的人员推销中,可把每次有目的、有计划地与顾客接触,都称为一次销售拜访(Sales Call)。由于每次的功能和特点不同,销售拜访的类型一般分为如下5种:

(1)试探拜访(Cold Call)。试探拜访,通常用于初次接触顾客,是销售员工经过认真的信息分析和市场预测之后进行的试探性拜访。试探性拜访的目的,是为了证实已获得的信息,或收集更多的信息。这种推销方式可用于开发潜在市场和联系新客户。由于试探拜访的时间较短,可以不需要预约,所以,其冒险性相对较大。

（2）公关拜访（Public Relations Call）。公关拜访，是指销售员工对餐饮企业固有客户进行的礼节性拜访。其目的，主要是征求客户意见，加强餐饮企业与客户的感情沟通。许多餐饮企业特别将公关拜访安排在节假日或某个重要日期，并给客户送去慰问礼品。

（3）预约拜访（Appointment Call）。预约拜访，一般指销售人员与顾客在约定的地点和时间对某项提案进行确认或磋商。由于之前双方已有接触，因而预约拜访也称为跟进拜访（Follow-up Call）。预约拜访的时间性很强，因为关系到双方的利益，气氛也比较严肃。它要求销售员必须做好充分的准备。

（4）呈现拜访（Presentation Call）。呈现拜访，是销售员工向顾客介绍餐饮企业产品并努力证明顾客利益的商洽过程，也是产品销售迈向成功的关键一步。销售人员可借此机会充分施展公关才能和推销技巧。

呈现的内容，一般都是一些新的餐饮产品，因此，无论对新顾客还是老顾客，多采用主动上门拜访为宜。良好的呈现效果往往一次很难见成效，销售人员必须善于创造机会，争取呈现拜访。

（5）餐馆内拜访（Inside Sales Call）。餐馆内拜访，是指在顾客来酒店用餐时，销售员不失时机地向顾客展开的实地推销，争取顾客的信任和好感。餐馆内拜访的成功概率较高，有时还可以获得直接预订。

2. 餐饮销售人员的基本素质

（1）诚挚——餐饮销售人员基本素质之一。对一个初次访问的顾客来说，业务人员诚挚的表现是形成第一印象的关键。如果一个业务人员能给顾客留下诚挚的第一印象，顾客就不容易在访问过程中报以冷淡或消极的态度。诚挚的表现要从作风与谈吐两个方面来努力。

①诚挚的作风：

- 从设身处地的角度关心顾客。即使顾客正在使用竞争产品，也要关心其是否得到了好处、获得了应有的利益，而避免用批评、排斥的言行；更不可贬低竞争产品。
- 衷心提供服务并帮助顾客。关心顾客的兴趣，努力使顾客获得利益，交谈中耐心聆听顾客讲话。
- 谦虚而诚实的反应。如，顾客在繁忙时表示另择时间再来，或将顾客的疑问及无法回答的内容记录下来，约期答复等。

②诚挚的谈吐：

a. 言辞诚挚的表现：

- 清楚地咬词，对话须扼要且合乎逻辑。一个滔滔不绝却谈不到核心的人，会令人怀疑其是否诚挚。难免给人以狡辩、强词夺理，甚至有理说不清的感觉。
- 音量的大小和语速的快慢要适中。太高的声音容易使人产生侵略性的感觉,而太低声音又容易让人产生"不敢声张"或"理亏"的错觉。太快的语速易造成听者记忆断档;语速太慢,又容易让人产生"有理说不清"的印象。

b.非言辞诚挚的表现:

• 与顾客讲话时东张西望,心不在焉或冷言相向,会让顾客产生不被重视的感觉。

• 任何冷漠而不在乎的表情与反应,都会造成顾客对服务人员诚挚度的怀疑。

(2)礼仪——餐饮销售人员基本素质之二:

①专业性的穿着。穿着,是仪表显现出个人教养程度方面的最重要的条件。外表邋遢、粗俗,很容易给顾客留下负面的印象。

a.男性的穿着:

• 西装:质料要好。好的质料可以持久,熨烫笔挺,颜色中蓝、灰、咖啡等都不错,绿色不可以。上下装的款式与颜色要配合,大小适中,注意流行。

• 衬衣:素色,无图案或花格,纯棉最安全。领子不可太大或太窄,袖口的长度应在腕骨下。要烫的笔挺,长脸的人不可配宽领,衬衫不可露出。

• 背心:肥胖者不可穿。

• 领带:宽度要适中,素花可以,不可歪戴。

• 裤子:盖住鞋子,不可露腿。裤腿明显不可太宽。

• 鞋袜:袜子要干净,无破损,鞋子擦亮。

b.女性的穿着:

• 皮包:最好是深棕色或黑色。因为这些颜色比较容易与衣服搭配。如果手中提着一个手提箱,就应该配用一个有肩带的皮包,如果握手,很方便。

• 衣服:看起来要有气质,毛料当然更好,另外仿毛料、仿亚麻、仿棉质及仿丝的也会使形象显得高贵。衣服的颜色必须与肤色调和。上班族的职业色彩大都是深色,其他看起来稳重的颜色也好。

• 裙子:裙子的长度应该稍微过膝。当坐下时,膝部只露出一点点即可。

• 背心:加一件与裙子相同质料的背心,就会有更多不同的搭配了。

• 鞋子:颜色最好能和皮包相配合。过高的高跟鞋、凉鞋及无后背的鞋都不是正式的穿着。无论穿什么,鞋子均须避免蒙尘。

②专业性的仪容:

• 眼神:视线要和蔼地接触对方的眼睛,以关心的眼光,略微轻松地微笑为宜。

• 表情:关切的表情,轻松而不紧张。有皱眉头习惯的人,很容易给人以"输家"的印象,要设法放松。

• 身体:上身略向前倾,不可后仰或左右倾斜。紧张而僵硬或疲惫、松懈都会影响对方的反应。

- 双手：就座时平放于双膝上，手指摊开。站立时双手插入口袋或双手交叉都不是很好的举动。
- 手指：保持干净，骑摩托车者要注意随时洗手。指甲要经常剪短，留指甲者应随时清除污垢。
- 定位：与对方保持60~100厘米的距离最为恰当。尤其是有口臭或抽烟的人应该自觉，不可太靠近对方而使其产生厌恶的反应。
- 穿着：整齐干净为主，要随时熨烫笔挺，不过分华丽盛装。男女都不宜穿着低胸或开胸的上衣。
- 头发：梳装修剪整齐，不要用太多的发胶而过分华丽，要表现的是专业气质而不是流行款式。
- 鞋袜：鞋经常擦亮，袜要洗净，穿素或素花的袜子，不可有破洞，脱鞋时注意脚臭。
- 胡须：每天都要刮干净，留胡须不易被接受。
- 耳环：避免太大或太过豪华。主要吸引对方注意的应该是你，而非这些装饰品。首饰、胸针、戒指也一样。
- 化妆：淡妆。口红、清淡的香水、清淡的古龙水均可。女性不化妆或浓妆都不好。
- 口袋：装满东西很难看。口袋须盖好、纽扣须扣好，尤其是吸烟者要注意。
- 香烟：须注意吸烟对环境的污染。对于不吸烟的人来说，面对烟雾谈话时，尚未开口兴趣已减了大半。
- 口臭：有口臭的人要设法清除，保持距离避免扩散。面对阵阵难闻的臭味，心里也只有想逃开。
- 体臭：有腋臭味，使用药品可以除臭，可以避免不快感。尤其是夏天，带着汗臭，更让人难以接受。
- 装饰品：要小心佩戴，原则上不要过分夸张，太高贵的饰品容易误导人。

③ 以"您"为前提的态度：

- 谈话间从对方的立场设身处地地去构想，词语中自然就会有很多"您"出现。这样以对方为中心的构想或谈话，能够使对方产生被尊重的感觉而有利于建立融洽的气氛。因此，从对方的立场设身处地去构想这句话的含义，应该是一种尊重对方的一种自然流露，而不是在谈话中生硬地加入很多的"您"。
- 在访问面谈中从对方立场设身处地地构想时，销售人员诚挚的表现将被顾客看成"具有相同目的的伙伴"。这种方法的可贵之处在于并不需要虚伪地自贬或自谦。
- 西方有一句谚语：putting yourself in other shoes，意思是说，穿一双别人的鞋子去体会其感觉。推销产品要能换个立场，从顾客的角度去看推销的产品才能体会到需求的程度,而切忌从自己或公司的目标去强加给顾客。

- 以"您"为前提的态度是忠诚关心顾客需求的表现。同时,在努力协助顾客消费后,也能满足自己完成推销的任务。
- 以"您"为前提的态度应该包括谈话的声音、语调和表情等身体语言。

④引证第三者:

- 当销售人员向顾客强调产品的特征或功效时,为了加强可信度而引用自己或公司以外的第三者的意见来证实。
- 既然是为了加强可信度,引证的第三者最好是顾客所熟悉的人才会发挥引证效果。如,具有权威性的专家、名人、评论家、名流或顾客的亲友、校友、社团之会友、同业界的先辈等都会有作用。
- 稍有社会地位的顾客,通常都不太喜欢别人来"教"他们。尤其是销售人员为强调自己产品优秀而举出的例证,是很容易引起顾客的排斥感。
- 若能以"报告者的角色"将第三者对产品的特点或优于竞争者的要点等意见提出来,顾客的接受性就会增加。

(3)技能——餐饮销售人员基本素质之三。"技能",是推销人员为解决顾客的问题而装备自己的程度。

①专业知识:

- 产品知识:餐饮产品的特点。
- 应用知识:顾客使用产品的有关知识。如,使用产品时可能碰到的情况、心情及可能发生的问题、困扰、解决方法等。
- 竞争产品:包括类似产品知识。顾客从目前使用的竞争产品中获得什么利益?竞争产品对顾客强调些什么重点?如果不清楚就无法讨论。
- 顾客心理:顾客在购买产品时可能有的心情。如,担心、恐惧等心理及其变化过程。
- 推销技巧:展示与报道技巧、沟通能力等。让顾客得到正确了解产品的媒介。
- 办事能力:计划、组织及解决问题的能力。这是具体推动销售工作时能否顺利达成的关键。

②个人修养:

- 推销人员访问的顾客各有不同的受教育背景、学识和经验。为了尽快密切相互间的关系,听懂对方的谈话主题或了解不同顾客的情况,是拥有"共同的语言"进而增进顾客接受性的前提。
- 除了专业知识必须深入学习以外,平时就应该养成好学的习惯,形成T字形知识结构,也就是既广泛又深切的知识。
- 只要心理上有学习的意愿,任何场合都能够学到实用的知识。

- 积极构想的习惯促成乐观而坦诚的态度,常能化解消极的遭遇及悲观的处境。
- 不骄傲、不固执、不呆板的风度,伸缩自如,适应性强,而且让别人感觉到谦恭相敬,比较能够受到顾客的欢迎。

③非绝对性词句是个人修养的表现:
- 绝对性词句,是肯定的,无伸缩性,不能适应变化,固执、呆板地强调权利。诸如:"从来也不会……""始终是……""每次都……""绝对是……""一定会……""必然……""必须……""无疑是……""不可能……""怎么会……"等。
- 非绝对性词句,有错误的容纳性,伸缩性强、适应性佳。认为过去的真理不一定永远是对的。诸如,"偶尔……""有时……""常常……""从经验中显示……""多半是……""也许是……""说不定……""很可能是……""看起来好像……""几乎是……""从另一个角度来说……""似乎……"等。

④展示与报道能够充分发挥个人的魅力。有效组织推销的要点,是诉之于顾客的感官与感觉,以强化推介效果及印象。
- 听觉。采取讨论方式,叙述要点、举例说明等。
- 视觉。让顾客亲眼看到实物样品,利用照片、说明书、图标说明、形状提示等。
- 嗅觉。打开包装让顾客闻一闻味道。
- 味觉。实际让顾客去品尝或尝试产品。
- 触觉。让顾客用手去触摸产品,体会产品的状况。
- 感觉。诉之于顾客的第六感觉或连接过去的经历。

(4)平易性——餐饮销售人员的基本素质之四:

①志同道合的感觉。平易性是解除买卖对立立场的最好方法。志同道合的感觉,可使双方见面时冰冷的猜忌关系顷刻间得到化解,转而酝酿出融洽的气氛。买卖对立的关系也随之变化,成为"伙伴"式的友谊。

②相似的兴趣嗜好。在个人兴趣方面的共同嗜好,可以缩短相互间的距离。在沟通以前就在心理上积极准备好聆听对方的叙述,并表现出肯定、赞同、一致的态度。
- 网球、桌球、羽毛球、高尔夫球、游泳、登山等体育活动,最容易促成良好的关系,而且有益健康。
- 跳舞、收藏、绘画、音乐等艺术、休闲活动及生活乐趣,常能促合相互间的思想,使顾客乐于谈心。
- 经济、事业、投资等活动能够相互提供创意,而学习的立场很容易赢得对方的尊敬。

③一致的社团或信仰。在社交活动方面,也因为社团或信仰关系而有亲近的

机会。

- 青商会、狮子会等社团活动,双方的话题自然就集中在一起,拘束的感觉得以消除。
- 其他的公益活动,如教育、宗教、政治活动等。然而宗教与政治方面的主张,也很容易引起争执,如果不明白对方的归属,常常导致相互排斥的局面。

④假装同道会弄巧成拙:

- 为了建立或赢得顾客的信任而假装成相同的个人兴趣时,会在谈到"行话"时无法深入,被识破时会引起反效果,应该谨慎。
- 如果真有兴趣而以学习或请教的方式建立联系,是很好的方式。然而,为了讨好对方而作假时,会因对方信以为真/无法自拔而苦了自己。

3. 个人销售访问

在餐饮销售或任何其他形式的销售中,最有效的工具就是个人销售访问。这种面对面的销售形式对餐饮企业来说是非常奏效的。个人销售访问使员工有机会详细展示餐饮产品,立即回答问题,并能观察潜在客户的反应,因此能够更好地把握事态发展,在必要时采取补救措施。

个人销售访问包括 6 项基本步骤,这里的每个步骤都至关重要。

(1)访前计划。走出去销售,是确保能招徕会议业务的最佳方式,不过在销售之前需要一个工作步骤——访前计划。虽然这可能显得耗时且单调,但却是了解本餐饮企业、了解竞争对手、了解潜在客户,进行有效销售的关键之所在。

了解餐饮业,能够在两方面有助于销售。第一,可以准确地了解要销售的东西;第二,了解餐饮的基本情况,会使你在做销售访问时充满信心,不必担心潜在顾客提出什么问题。

事实上,将餐饮产品每一个细节都记住是不可能的,所以,餐饮企业制作了餐饮基本情况手册以帮助销售人员对餐饮的情况有足够的了解,并能对其进行恰当的表述。这些信息在必要时能够更新,因此在销售过程中成为极其有效的工具。

了解竞争对手的情况同样对餐饮的销售有所裨益。例如,如果了解到竞争对手的价格略微低一些,你就可以预料到潜在客户会对此提出异议,而可以有准备地为餐饮价格的高出部分提出足够的理由,指出本企业的特殊便利设施、免费停车场所,或某些其他特色等,从而可能会让顾客觉得物有所值。

访前计划的第三个方面,是了解潜在顾客。这对确定满足顾客需要的陈述材料是非常重要的。许多餐饮企业,甚至那些利用邮件发送清单来发展新的销售渠道的餐饮企业,利用发送调查表或打电话的方式来收集关于潜在客户的信息,不要忘记在餐饮企业内获得信息所带来的益处。还可以向餐饮企业的会议策划人询问有关潜在线索的情况。

一旦确定某个潜在主顾确实有希望成为本公司的客户,那么就一定要与其接触并尝试进行销售。为了主动与对此毫无兴趣的潜在客户接触而进行的销售访问,被称作初探。其预测的成功率要远远低于与老客户或者别人推荐的客户打交道的成功率,单单能否进去见到想要见的人都是一个常见的问题。

如果能为初访提前做一些前期准备工作,就能较好地提高工作效率。可以给要接触的人寄去关于会议设施介绍的小册子,附带一封私人信件。几星期之内如果没有回音就再寄一封,然后打电话预约见面时间,如果没约到,就再试一次。

(2)开始销售访问。销售,实质上就是帮人购买。开始销售访问的方式,要使客户感到轻松。这样会建立起他或她对你的信任。访问的开场白应当包括介绍、陈述访问目的和给潜在客户带来的利益,或是一段能切入主题的过渡性陈述。一开始,你可以介绍自己和企业,同时主动与对方握手,握手要短暂有力。还可在此时说一些表示对潜在客户非常感兴趣的言辞。例如,"我听到过许多关于贵公司在微机领域的进展情况,我希望能更多地了解贵公司微芯片的新用途"。但是要注意不要过于深入讨论该公司而忘了自己的目的。

介绍完毕之后,须立刻说明此次来访问的目的。之后,就应当向潜在客户展示一两个对其有利的条件,使之能够有理由听下去。讲完本餐饮企业的好处后,就用一个过渡句转入销售的主题内容。这个过渡句主要是请求客户允许你继续讲下去。因此,常常以问题的形式出现:"您有兴趣了解其他团体是如何利用我们的主题餐饮晚会增加参会人数的吗?"或者"我给您展示一下我们优美的就餐环境好吗?"如果客户做出首肯反应,就有了"绿灯",可以继续讲下去。如果客户不感兴趣,那就感谢客户给予的时间并请求将来能够再次约见。

(3)争取潜在客户参与。争取使客户参与销售过程并确定他或她的需求,可采取询问方式。询问一定要在销售介绍之前进行。人们使用的问题形式通常有两种:闭端式问题和开放式问题。

闭端式问题,需要明确回答。如,"你们的会议就餐人数一般是多少?"而开放式问题则给客户提供了表达自己感受的机会。如"在选择就餐地点时你认为最重要的因素是什么?"这样的开放式问题会使你了解哪些方面的问题对客户来说是最重要的,并能帮助调整自己的销售陈述,以满足客户关心之所在。

(4)介绍自己企业的情况。每个销售人员都应当有一个准备就绪和演练完美的、能满足每个细分市场需求的销售介绍词,不过如果针对具体客户对介绍词进行修改,就增加了销售成功的机会。大多数客户只有在你的提议对他们有利时才会真正地表现出兴趣。你要做一个能解决问题的人,而不只是一个产品销售者。餐饮企业的特色一定要从对客户有利的方面来展示。

介绍应直截了当地满足客户的需求,应当包括视觉教具(如图片和图表),使客户能够想象得出饭店将会如何为他或她的会议运作。现在许多销售人员使用更先进的视觉教具——幻灯片或录像带进行宣传展示,不过最重要的因素还是怎样使这些材料适合客户的需要。

介绍完毕,用一个过渡句(如,可以简单地问对方"您有什么问题吗?")来结束访问,或者导入销售访问的下一阶段,即消除异议。

(5)处理异议。顾客几乎总是在此时提出问题或异议。因此,很重要的一点,就是要事先预料到最可能出现的问题或异议,并能立刻做出反应。最常见的异议一般涉及价格或产品本身,或者缺乏兴趣。

解决价格异议("竞争对手的价格更便宜")时,可以指出一个补偿性的措施("也许是的。可是我们会议套餐不仅包括免费会议和功能空间,还包括免费的高尔夫和网球设施"等)。只要有可能,让讨论的焦点应远离价格("现在先把价格问题放一边,您还有其他方面的问题吗?")如果能够证明自己的饭店非常符合客户的要求,这个策略可能会奏效,在这里价格就显得不重要了。

产生异议("对顾客来讲,你们餐厅可能不如本地区新开的其他餐厅更有吸引力")可以用很多方法来解决。试着重复这个异议,然后给出一个答复:"我想您可能觉得我们餐厅不够现代,不过,我们已经彻底整修过了,而且能够提供本地区新餐厅所能够提供的一切娱乐设施。客人们都说我们餐饮企业很有特色,也很有魅力。"

解决缺乏兴趣这个问题(如:"我们与原来那家企业合作很愉快"),就要找出客户为何满足现状,然后给他提供与之相当甚至额外的好处。或者可以指出更换场所可能对于顾客更有刺激性。通过提出这样的建议,你可能已经达到了让客户接受更换场地的目的,同时又没有任何暗示说原来那家餐饮企业不好。如果这时还无法动摇客户的决心,那么请他将来再举行会议或者宴会时考虑你们的企业。这也是一个不错的做法。有很多因素在将来的某个时候可能会起作用,从而使大门为你敞开。

在解决异议时,永远不要诋毁竞争对手。这一点至关重要。因为说到底,这不符合职业规范。顾客可能会感觉你的话在指责他或她的判断力——而你可能就失去了现在或者将来签约的一切可能性。

(6)结束访问和后续措施。虽然许多销售人员都很乐意展示他们的产品,但当真正要客户购买他们的产品时却又往往犹豫不决。然而,达成协议的技巧是可以学会的。销售人员应该意识到,客户心理是期望销售员会请求他在本企业预订的。如此,他们可能会感觉更舒服一些。

结束语的形式有两种:尝试性结束语和主要结束语。

尝试性结束语,用来探求客户的反应,并且通常用以建立起通往主要结束语的"协议阶梯"。换句话说,销售人员要定期地问客户一些问题(如,"我们的就餐环境肯定会大大增加你们培训会的吸引力,您说对吗?"或者"难道您不认为我们餐厅对颁奖宴会提供的是一个优雅的场所吗?"或者"难道您不觉得我们饭店是本地最好的饭店之一吗?")并要求客户给予肯定的回答。客户肯定的答复、由客人方面对本餐厅优点的重复,以及其积极的非语言信号(如,频繁的微笑、身体前倾等)都清楚地向销售人员表明,他们可以进行主要结束语了。

主要结束语,是在请求对方购买时提出的一个问题或说出的一句话。客户一旦激动到极点时,就应立刻尝试并诱导出对方的承诺。这种结束语,应当尽可能直截了当("我可以肯定地为您预留座位了,对吗?")然后立刻停止谈话,给客户一个反应的机会。要避免尝试继续谈话——你因为疏忽而说的一些话,可能会引起客户注意到原本并没有考虑的问题。

一旦访问结束,你要尽可能礼貌地离开。不论销售是否成功,一定要在销售访问之后立刻写一封感谢信。这一举动表明了你为客户提供尽心尽力的服务。其结果可能会是将来的销售成功。

一旦客户进行了委托,后续服务就显得更为重要。你要愿意通过售后频繁联系的方式服务于客户,包括让他不断地了解工作的准备进程、在工作过程中与客户联系、工作结束后也须与客户联系,以确保一切都是按计划完成。这种形式的尽心尽职带来的结果,可能会是客人的再次预订和口头推荐更多的业务。

技能/知识点二 节日促销

产品的推广促销要抓住各种机会甚至创造机会吸引客人购买,以增加销量。各种节日是难得的促销时机。餐饮部门一般每年都要做自己的促销计划,尤其是节日促销计划,使节日的促销活动生动活泼、富有创意,以取得较好的促销效果。中外传统节日很多,如清明节、端午节、重阳节、感恩节、万圣节、开斋节等,只要精心设计,认真加以挖掘,就能设计推出一系列富有诗情画意的餐饮促销活动,以借机扩大销售。

1. 春节

春节,这是中国的民族传统节日,也是让在中国过年的外宾领略中华民族文化的节日。利用这个节日推出中国传统的饺子宴、汤圆宴、团圆守岁宴,或特别推广年糕、饺子等,同时举办守岁、撞钟、喝春酒、谢神、戏曲表演等活动,丰富春节的生活,用生肖象征动物拜年来渲染气氛。

2. 元宵节

农历正月十五日,可在店内外组织客人看花灯、猜灯谜、舞狮子、踩高跷、划旱船、扭秧歌等,参加民族传统庆祝活动,同时可开展以各式元宵、汤圆为主的餐饮促销活动。

3. "七夕"中国情人节

农历七月初七鹊桥相会,这是一个流传久远的民间故事。将"七夕"进行包装渲染,印制"七夕"外文故事和鹊桥相会的图片送给客人,再在餐厅扎座鹊桥,让男女宾客分别从两个门进入餐厅,在鹊桥上相会、摄影,再到餐厅享用情侣套餐,如彩凤新巢、鸳鸯对虾等特选菜式,无疑别有一番情趣。

4. 中秋节

中秋晚会,可在庭院或室内组织人们焚香拜月、临轩赏月,增添古筝、吹箫和民乐演奏,推出精美月饼自助餐,品尝花好月圆、百年好合、鲜菱、藕饼等时令佳肴美食,共享亲人团聚之乐。

5. 圣诞节

12月25日,是西方第一大节日。人们着盛装,互赠礼品,尽情享受节日美餐。在饭店里,一般都布置圣诞树和小鹿,有圣诞老人赠送礼品。这个节日是餐饮部门进行推销的大好时机。一般都以圣诞自助餐、套餐的形式招徕客人,推出圣诞特选菜肴,如火鸡、圣诞蛋糕、圣诞布丁、碎肉饼等,唱圣诞歌,组织举办化装舞会、抽奖等各种庆祝活动(见图4-25)。圣诞活动可持续几天,餐饮部门还可用外卖的形式推销圣诞餐,扩大销售。

图4-25 魔幻圣诞节促销

6. 复活节

每年春分月圆后的第一个星期日为复活节。复活节,可绘制彩蛋出售或赠送,推销复活节巧克力蛋、蛋糕及复活节套餐,举行木偶戏表演和当地工艺品展销等活动。

7. 情人节

2月14日,是个浪漫的节日。餐饮企业可设计推出情人节套餐。推销"心"形高级巧克力,展销各式情人节糕饼。特别设计布置"心"形自助餐台,推销特别情人自选食品,会有良好的促销效果。

技能/知识点三 内部宣传促销

在店内餐饮促销活动中,各种宣传品、印刷品和小礼品等是必不可少的。常见的内部宣传品和方式有:

1. 定期活动节目单

餐饮企业将本周、本月的各种餐饮活动、文化娱乐活动节目单印刷后放在餐厅门口、电梯口或总台发送、传递信息;也可将这些信息进行特别设计处理,如写在口布上、扇子上、印染或书写在布帘上、桌面上,或在墙壁所挂的大型汤匙或其他饰物上,写在CD、VCD封套上、茶杯垫上或服务员制服上,等等,以引起客人关注,增加宣传效果。

2. 餐厅门口告示牌

张贴诸如菜肴特选单、特别套餐单、节日菜单和增加新的服务项目等。如,秋季螃蟹上市,在大厅旁或电梯边张贴色泽艳丽、形象诱人的螃蟹广告来推广销售等。

3. 菜单促销

固定菜单的促销作用是毋庸置疑的,各类特选菜单、儿童菜单、情侣菜单等对不同的宾客均具有较好的推广促销作用(见图4-26)。

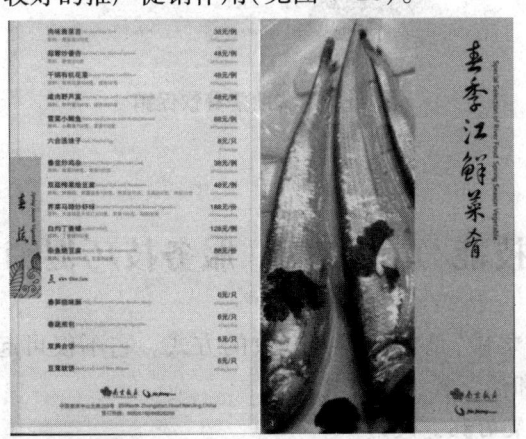

图4-26 春季江鲜菜单促销

4. 小礼品促销

餐厅常常在一些特别的节日和活动时间,甚至在日常经营中送一些小礼品给用餐的客人。这些小礼品须精心设计,并根据不同的对象分别赠送,其效果会很理想。常见的小礼品有:生肖卡、特制的口布、印有餐厅广告和菜单的折扇、小盒茶叶、卡通片、巧克力、鲜花、精制的筷子等。值得注意的是,小礼品要和餐厅的形象、档次相统一,要能起到好的、积极的宣传促销效果。在实施小礼品促销前,应进行必要的预算。在有限的预算范围内,可以寻找购买价廉而富有意义的物品。"价廉"并不意味着低质,尤其在开支预算、选择礼品时,应当切记这一点,与其大量赠送低价位的礼品,不如送一个品质优良的杯子更受欢迎。赠品是联系客人的最佳沟通渠道。因此,应特别注意其设计或选购的独创性、纪念性和实用性。另外,内部宣传促销还可借助餐饮企业自办录像、微电影的方便,穿插播放特别推广销售的精美食品及餐厅录像片,给客人以直观形象的宣传(见图 4-27)。

图 4-27　毕业季餐饮促销

技能/知识点四　服务技巧促销

寓促销于服务之中,是常见而又有效的方式。它不仅可起到推广销售的作用,同时还可渲染和活跃餐饮环境气氛。

1. 利用客人点菜的机会促销

客人点菜是服务员促销的最佳时机。在客人点菜时,服务员应主动向客人提

出各种建议,促使就餐客人的消费数量增多或消费价值更高。一般可采用以下方法:

(1)形象解剖法。服务员在客人点菜时,用生动的语言形容、描绘菜点的形象、特色,使客人对此产生好感,从而引起食欲,达到促销的目的。

(2)除法技术。对一些价格较高的菜点,有些客人会产生畏惧心理。如188元一盘的黑椒煎牛排,客人会感到太贵。对此,服务员可向客人解释,这个菜可供10个人食用,平均每人花费还不到19元。这样客人就会觉得并不贵,从而产生购买欲望。

(3)提供两种可能性。针对有些客人求名贵、讲阔气或求价廉的心理,为他们提供两种不同价格的菜点,任其挑选,由此满足不同的需求。

(4)利用第三者的意见。借助社会上有地位、有影响的知名人士对其菜点的评价,来证明本餐厅菜肴的高质量及合理的价格,使客人感到值得购买。

(5)代客人下决心。当客人想点某道菜但心里或多或少还有点犹豫时,服务员可以说:"这样,这道菜我关照一下大厨,让他亲自给您做。"

2. 餐厅现场烹制促销

餐厅营业过程中,将部分菜肴的烹调过程放在餐厅里完成,或将某些菜点的最后烹调过程让服务员在餐桌上完成。例如,中餐烹调中的铁板大虾、锅巴虾仁、火焰醉翁虾等;西餐中的生煎牛排、煎蛋等,让客人看到菜肴烹调过程,闻其香、观其色、赏其形,从而促使客人产生冲动和决策,使餐厅获得更多的销售机会。

3. 菜点成品试吃或半成品的现场加工促销

对于一些需要特别推销的菜点,可由服务员用托盘或餐车将菜点推送到客人的桌边,先让客人品尝一点,如喜欢就现点,不合口味则请点其他菜点。对一些鲜活且名贵的原料,在客人确定之后,当面进行原料的初加工,这既是一种特别的促销,也体现了良好的服务。

技能/知识点五　儿童促销

根据统计分析,儿童是影响就餐决策的重要因素。许多家庭到餐厅就餐,常常是因儿童要求的结果。

1. 提供儿童菜单和儿童份额的餐食和饮料

尽可能制作提供一些花色品种丰富、造型生动别致,而吃起来又比较方便省事的菜点,多给一些特别的关照,会使儿童的家长备感亲切而经常光顾。

2. 提供为儿童服务的设施

为儿童在餐厅创造欢乐的气氛,提供儿童座椅、儿童围兜、儿童餐具,一视同仁地接待小客人。

3. 赠送儿童小礼物

礼物对儿童的影响很大,要选择他们喜欢的与餐厅宣传密切联系的礼品,以起到良好的推销效果。

4. 娱乐活动

儿童对新奇好玩的东西较感兴趣,重视接待儿童的餐厅常常在餐厅一角设有儿童游戏场,放置一些木马、积木、翘板之类的玩具;还有的专门为儿童开设专场木偶戏表演、魔术和小丑表演、口技表演等,尤其在周末,这是吸引全家用餐的好方法。儿童节目中常常露面的主人公或深受儿童欢迎的电台、电视台节目主持人若能在餐厅露面,对儿童也是一种带有惊喜的诱惑。另外,餐厅还可以放映卡通片、讲故事及利用动物玩具等吸引儿童。这样做的另一个作用,是儿童尽情玩耍的时候,其父母也可悠闲地享用他们的佳肴(见图4-28)。

图4-28 餐厅表演与儿童互动留影

5. 儿童生日促销

对儿童的食品促销不应仅仅局限于儿童节前后,可针对不同月份过生日的儿童,印制生日菜单进行宣传,给予一贯性的优惠。现在儿童生日越来越受到家长们的重视。餐饮企业通常围绕儿童推销的宴席有:"宝宝满月""娃娃百日""周岁宴会"等。

6. 抽奖与赠品

常见的做法是,发给每位儿童一张动物画,让儿童用蜡笔涂上颜色,进行比赛,给获奖者颁发奖品,以增加儿童的乐趣。孩子离开餐厅时,也可送一个印有餐厅名称的气球,作为纪念。

技能/知识点六 优待促销

通过各种优待方式吸引客人前来餐厅就餐,在一定程度上对广大的消费者均有吸引力。

1. 打折优待

为加速客人的流动,提高餐厅翻台率,利用打卡钟在账单上做时间记录,凡用餐时间不超过一定时限的客人,折扣优待,极具吸引力。除此之外,还有其他打折优待的方法:

(1)自助餐方式,降低价格;
(2)带伴的宾客九折优待;
(3)女士可以享受特别优待价,以吸引更多客人用餐;
(4)采取团体优待制度;
(5)每月19日,凡是19岁的客人八折优待;
(6)与附近的商店、公司联合发行优待券。

2. 举办优待日活动

为了吸引和稳定客源,可借各种名义酬谢老主顾,定期举办优待日活动。如,每月举行一次食品的免费招待。针对不同节日、不同对象,开展优待活动。如,重阳节老年人一律半价优待。

3. 优待时间

为调节客人就餐节奏,减少旺、淡季忙闲不均的现象,可选择一定的时间进行优待促销。如,播放某首特别歌曲的时候,凡在场的客人均可被奉送某道菜点;确定优待时段,凡此段时间光临的客人,可获得免费赠送的调味小菜或饮料等。

4. 奖品优待

法国某著名餐厅,自开业起赠送首次光临的客人编有连续号码的明信片,以便辨认有多少位客人光临。奖品优待的做法有:

(1)凡第一位或第一万位光临的客人,免费赠送裱花蛋糕一只及饮料一杯等;
(2)账单背面让宾客填上姓名、地址,每月举办公开抽奖赠送活动,趁此机会可收集顾客的名录;
(3)连锁餐饮店,可以举办走遍连锁店、盖满图章者,可获精美赠品的活动。

技能/知识点七 美食节促销

美食节,又称食品节,是一段时间内推出某一主题或某一系列食品的促销活动。成功组织、举办美食节,既是餐饮企业策划和管理实力的象征,同时又是强化企业影响、增加企业效益的有效举措。

1. 美食节促销计划

制订全面、详细的美食节活动计划,可以有效避免美食节期间的差错,尤其是邀请外地、外单位人员来本餐饮企业主持的美食节,计划应该包括活动起止日期、每天生产和营业时间、场地、用具、人员、原料的组织和人员费用等。对有外单位技术人员参加的美食节,还应将其抵达餐饮企业工作日期、人员要求和数量,以及其在本企业的接待安排情况全部计划在内。具体讲,单一美食节计划,应包括以下内容:美食节主题或名称、活动时间、举办场地、方式、主题简介、销售策略、菜单内容、气氛营造布置方案、广告实施方案及经营预算等(见图4-29)。

图4-29 美食节宣传广告

2. 美食节经营预算

美食节的预算,可以采用列表的形式,将收入和支出等项目分别进行测算,经过平衡,得出一个初步结果。此结果在美食节结束时,再与预算对比分析。如此系统地计划、管理,将对下届美食节的筹划举办,提供宝贵的指导依据(见表4-11)。

表4-11 美食节经营预算表

项目名称	预计数	实际发生数	预计与实际差额	备 注
[营业]				
(1)食品收入				
(2)酒水收入				
(3)服务费收入				
(4)其他收入				
[税金]				
[成本]				
(1)食品原材料				
(2)酒水				
(3)其他				

续表

项目名称	预计数	实际发生数	预计与实际差额	备 注
[费用]				
(1)聘/选技术人员				
•差旅费				
•食宿费				
•劳务费				
•保险费				
•组考费				
•其他				
(2)培训费				
•派外学习				
•学费				
•差旅费				
•食宿费				
•店内培训				
•材料费				
•授课费				
•其他				
(3)材料费				
•餐具/用具				
•装饰品				
•其他				
(4)宣传费				
•报刊、电视广告费用				
•印刷品费用				
•纪念品费用				
•其他				
(5)公关费				
•同行				
•新闻界				
•其他				
[利润]				

成本控制员： 餐厅： 厨师长：

3.美食节实施跟进

美食节的实施,即美食节计划的应用,也就是循序渐进、有条不紊地推出美食节。其内容主要包括美食节气氛营造、广告宣传,围绕美食节进行相关培训和在美食节活动开展期间跟踪推进等。

(1)美食节气氛营造。美食节毕竟是在原有餐饮场地、结构基础上推出的一段时期的主题餐饮促销活动,要使消费者接受、认可,营造一定主题的氛围、显现节日的气氛是相当重要的(见图4-30)。

图4-30 葡国美食节餐厅一角

①美食节气氛营造要求。美食节气氛营造,总体要求应围绕、符合并突出、强化美食节主题,具有节日的热烈气氛和亲和感。具体讲,要通过各种手段或方式,以经济、快捷、便利为原则,营造出主题化、系统化、形象化,又不失整洁、温馨的就餐环境,使消费者身临其境、为之鼓舞或称奇。

②美食节气氛营造项目。美食节气氛营造项目,即美食节气氛营造的区域与内容。美食节气氛营造应以顾客为目标,以具有特定文化氛围为标准,以吸引顾客视线,引导顾客进入美食节消费区域为导向,进而得到顾客的认可。因此,美食节气氛营造的项目主要有:

- 餐厅环境。即天花、墙壁、展台、台布、桌裙、装饰物、门廊、灯光、音响、餐厅操作台等。
- 服务人员。即人员着装、头饰、围裙、鞋袜、徽章等。
- 销售菜点。即菜点的制作方式、盛器、盘饰、命名等。
- 美食节宣传品。即菜单、垫纸、宣传单等。

(2)美食节广告宣传。美食节的影响大小和成功与否,很大程度上取决于广告的宣传作用。要在美食节举办之前,详细计划和分步实施广告宣传活动。若美食节的主题或菜式具有特别意义而又鲜为人知,更应作详细的宣传。

•美食节广告宣传要求。美食节是餐饮企业推出一段时期的食品促销活动,对消费者来讲稍纵即逝。因此,广告宣传的意义重大。而广告宣传的效果,主要取决于广告宣传的媒体、时间,更重要的是广告的艺术设计,应以吸引消费者眼球,抓住顾客视点为目标。广告宣传既要适时(即在美食节开始前一定的时间段推出),又要注重宣传效果,切不可流于形式。

•美食节广告宣传内容。美食节广告宣传内容,以告知消费者美食节主题、活动时间与方式、销售价格及相关政策、场地及具有吸引力的承办单位、技术精英或精彩节目为主。其宣传内容既要积极务实,又要把最具吸引力的活动精髓传达给消费者。拔高宣传、言过其实,或过于隐晦、不明其意的宣传都是不适宜的(见图4-31)。

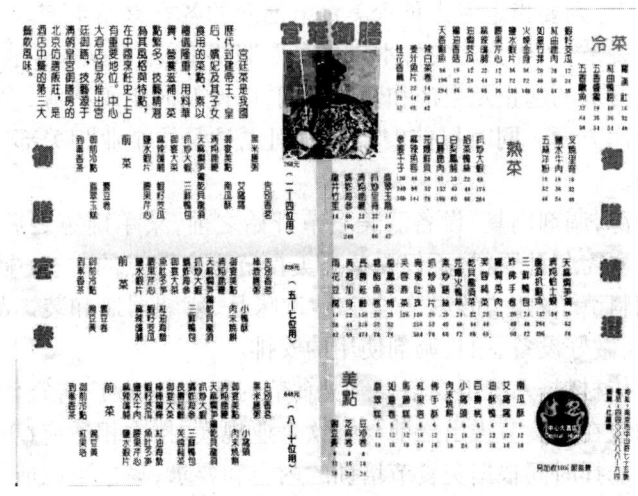

图4-31　美食节宣传既有背景材料,又有菜单内容

(3)美食节培训。美食节培训,是将当届美食节的相关知识及背景等资料、信息,对参与美食节生产、销售和推广营销的各方面人员进行系统、有针对性的培训,以使其积极主动、确有成效地开展各项工作。

①美食节背景材料培训。美食节背景材料,主要是当届美食节举办的主题和技术力量组成等介绍。对一些在当地首次推出的美食节主题,更要作相关资料的培训。

②技术技巧培训。美食节技术技巧培训,主要是指当届美食节菜点本身的技术参数、相关资料,包括:

•美食节所推菜点品种、类别、道数。

•美食节菜点所用原料、烹制方法、烹制时间、成品特点等。

•美食节菜点名称及其相关典故、营养组成与特点等。

③美食节销售政策培训。美食节销售政策,是指为举办当届美食节,餐饮企业特别设计、制定的促销政策。这些内容的培训,有助于受训人员积极、准确地开展宣传、推销工作,以减少工作中的失误和差错。其培训内容主要有:
- 当届美食节的活动起止时间。
- 活动期间每日经营、服务时间。
- 产品销售方式、规格、数量及价格。
- 美食节产品活动期间的优惠、奖励政策等。

(4)美食节推广跟进。为了使精心设计的美食节能如期、顺利推出,并取得预期的效果,按照预期即时推出,并对美食节的实施进行必要的跟进。

①落实人员、场地,计划安排时间。如果美食节是依靠本餐饮企业厨房内部的技术力量举办,则要指定专人负责美食节期间的各类食品生产。如果是外请技术人员举办美食节,也要分工安排本店人员专职协助,配合从事美食节菜点制作。应安排好活动开展的起止及生产和营业时间,以便及时组织货源,保证原料新鲜、营养卫生和使用方便。同时提前安排好时间也是餐饮企业相关部门协助宣传推广销售的需要。

②组织货源,调剂用具、设备。美食节开始之前,菜单确定之后,重要的工作是筹措美食节所需各种原料,不仅要备齐美食节推出菜点的主料、配料,同时还要根据美食节用料清单,想方设法备全各种调味品、盛装器皿和装饰品。在美食节举办之前,还应做好设备、用具调剂使用的安排。

③印刷宣传材料,系统组织培训。美食节的印刷品,除广告宣传用品外,还有菜单、酒单等,应在美食节推出之前与餐饮企业规模、档次相适应,美观、大方地设计印刷完毕。选择时间根据美食节培训的内容和要求,集中组织或灵活安排美食节相关人员进行系统培训,以使美食节的推进确有人员组织保证。

④及时布置场地,如期推出食品。在美食节前,及时按设计方案布置出具有特定主题氛围的就餐环境,给消费者以独特、鲜明的主题餐厅(即美食节主题)形象。无论是店外邀请的技术力量,还是本企业的厨师,都应进行试菜,并根据情况,请企业常客、主管领导及有关行业专家进行品尝鉴赏。试菜可以了解当地客源市场对菜品的认可和接受程度,如确有必要,可对其用料和口味稍作调整;可以进一步明确菜点制作和装盘销售的规格,规定菜品最佳盛器和销售盘饰的形象;还能通过试菜修正、完善标准食谱,以利于控制成本和培训、存档。制作和如期推出各类食品是美食节组织控制的重点。不管什么情况,美食节的菜品要按照对外宣传如期推出。美食节期间,不仅要保证菜单所列品种如数、按时供应,还要注意其规格、质量标准不能低于试菜效果(见图4-32)。

图 4-32 "鼓浪屿之音"美食节餐厅布置

⑤协调相关资源,顺利有序推进。美食节开始以后,餐饮管理人员要根据其进程,及时协调各方面的资源,尤其是人手、原料、设备及生产场地等,确保生产有序进行,销售达到或力求超出预期效果。

4. 美食节评估总结

美食节结束,除及时清理场地,收拾并妥善处理剩余原料、食品及装饰用品外,还应对美食节进行全过程的总结评估,以积累美食节组织筹划、原料采供、生产制作等方面的经验,并注意与外邀技术人员搞好关系,做好经济、交通等其他善后工作。无论此类美食节以后再举办与否,都要做好一定的文字资料积累,为菜肴的推陈出新和其他不时之需做好准备(见表 4-12)。

表 4-12 美食节活动评估表

活动主题_____ 活动期限_____
厨　房_____ 餐　厅_____

项　目	效　果		
	理想	一般	较差
• 美食节主题恰当,富有新意和创造力	□	□	□
• 美食节宣传的预期效果	□	□	□
• 店内店外宣传的侧重程度	□	□	□

续表

• 菜单、宣传品的美观实用程度	□	□	□
• 美食节预计经济目标实际情况	□	□	□
• 目标市场与接待对象选择准确程度	□	□	□
• 活动方式的优良性	□	□	□
• 整个美食节按计划进行情况	□	□	□
• 领导参与及关心程度	□	□	□
• 活动场所选择与布置效果	□	□	□
• 活动主办人员的选择与落实程度	□	□	□
• 活动时间的安排情况	□	□	□
其他信息			
总评			

▶ **实施步骤**

（1）分小组考察餐馆食堂，搜集资料。
（2）草拟市场推广活动方案。
（3）交流、答辩。
（4）修订、完善，形成完整策划文件。

学习/工作评估

1. **职业基本能力评价**（见表4-13）

表4-13 职业基本能力评价表

等级	评价标准	小组评语	教师评语
优秀	• 方案有新意、可行度高 • 方案计划性强、周密完整 • 方案内容严谨、表述清晰准确		

续表

等级	评价标准	小组评语	教师评语
良好	• 方案可行度高 • 方案计划性较强、内容完整 • 方案内容表述清楚		
及格	• 方案可行 • 方案有计划性、内容较全 • 方案内容表述清楚		
不及格	• 方案不可操作 • 方案计划性差、内容不完全 • 方案内容表述欠清楚		

2. 职业拓展能力评价(见表4-14)

表4-14 职业拓展能力评价表

评价(评估)内容	4	3	2	1	教师评语
• 合作良好,团队效果佳					
• 分工明确,参与主动性好					
• 各负其责,完成时效性好					
• 创新钻研,有一定实用新意					
• 创造条件,完成各自任务的能力					

特别提示

(1)服务技巧促销。
(2)美食节气氛营造项目。

关键词

(1)美食节经营预算。
(2)美食节经营培训。

(1)假日经济。
(2)节日促销。

情人节餐饮促销方案

1. 活动主题——情人节餐饮促销
2. 活动日期、时间、地点、形式、价格(见表4-15)

表4-15 情人节餐饮促销方案之一

地 点	宴会厅	法餐厅	自助餐厅	糕点外卖区
日 期	14/2	14/2	14/2	10/2~14/2
时 间	18:00-22:00	18:00-21:30	18:00-21:30	10:00-22:00
活动形式	比翼双人飨宴/套餐/节目/舞会	浪漫情人套餐/法式套餐/音乐演奏	亲密自助晚餐/自助餐,抽奖活动	蛋糕、巧克力外卖/礼篮外卖
售 价	5000元/每对	1500元+10%	650+10%	600元/6英寸 800元/8英寸
售 票	预售5/2起	预 订	预 订	预订或现购

3. 菜单内容(菜肴多酸甜味,包装美化菜名)
- 热情熏鲑鱼。
- 牛尾清汤。
- 意式松仁沙拉。
- 爽口雪碧。
- 甜酒姜汁蒸龙虾。
- 苹果酱。
- 咖啡或红茶。
- 法式小点。

4. 协办厂商
- 婚纱礼服公司(讨论搭配的产品,赞助或提供折扣)。
- 珍珠公司(现场展示)。

- 气球公司(现场布置)。
5. 配合部门与单位
- 财务部(各项成本控制,新菜品的计算机作业代号)。
- 餐饮部(活动策划、现场控制、联络协办厂商、简单菜单制作)。
- 订餐部(宴会厅场地的座位编排、分区、划位、售票)。
- 工程部(相关设备及器材,如追踪灯、投影机、屏幕及音响、舞台布置部分)。
- 美工设计部(舞台及现场设计与布置、海报及餐券制作)。
- 公关部(广告文案撰写、海报及餐券文案、接洽广告媒体排期)。
- 文宣方式(海报、报纸消息稿、餐饮杂志)。
6. 收支与成本预估(见表4-16)

表 4-16 情人节餐饮促销方案之二

项 目	数 量	售价/元	成本/元	成本所占百分比
[餐饮部分]				
• 食物	150	2 000	120 000	40%成本
• 饮料	150	50	7 500	成本价
[场租部分]				
• 场租4小时	1	1 200	1 200	
[人力]				
• 内场(全职)	10	1 500	15 000	
• 外场(全职)	9	1 000	9 000	
• 外场(兼职)	15	800	8 000	
[节目]				
• 灯光、音响	1套	10 000	15 000	
• 小提琴组	1组	15 000	10 000	
• 协办厂商——婚纱	1	0	0	
• 模特	5名	24 000	24 000	
• 协办厂商——珠宝	1	0	0	
[布置]				
• 桌花、特制菜单		150	11 250	
• 现场气球布置		0		

续表

项 目	数 量	售价/元	成本/元	成本所占百分比
[印刷物品]				
• 餐券设计费	1	4 050	4 050	
• 餐券印刷费	80	25	2 000	
• 布幕	1	2 400	2 400	
• 海报	2	1 500	3 000	
[广告]				
• 杂志广告		15 000	15 000	当地餐饮杂志
总成本			247 400	
总收入/元	75	4 500	337 500	
净收入/元			90 100	26.7%

7. 节目流程(见表4-17)

表4-17 情人节餐饮促销方案之三

时 间	内 容	时 间	内 容
15:30	完成现场布置	16:00~17:00	灯光音响设备准备完毕
17:00	节目排演	17:45	服务人员用餐
18:00	服务人员到场	18:30	开放现场、协办厂商作业
18:35	播放音响、客人入场	19:00	出前菜、出菜
20:00	婚纱表演开始	20:30	服务咖啡、小点心
20:45	舞会开始	21:00	用餐结束
21:40~21:50	娱乐节目——情人接吻比赛	22:00	慢舞——撒气球,晚会结束

问题解答

(1)不同档次宾馆、餐馆美食节活动如何区别设计?
(2)美食节如何布置环境、营造气氛?

在线思考

(1)销售、促销、营销。

(2)中外主要节日的文化内涵。

- "五四"青年节即将来临,本校食堂借此契机计划开展一次餐饮促销活动。以小组为单位采集相关数据作为前提条件,再拟订系统、可行的推广促销方案。

项目五　主题餐饮店策划

■ **项目简释**

现代餐饮丰富多彩、标新立异,折射出理想和智慧的光芒。该项目是对本项目课程体系实施的总结与评估,是一个综合项目,采用开放式主题教学形式。学生项目课程小组在教师的引导下选择、确定主题。通过本项目课程教学的实施,使学生在掌握基本餐饮操作、服务、管理和经营知识的基础上,进一步提升餐饮服务、管理与经营的实务,以现代城市餐饮市场为依托,学生项目课程小组自行策划、设计并完成一个"主题餐饮店"经营规划书。在项目实施过程中,将专业知识、人文知识和科学知识结合在一起,塑造一个充满信息化的学习环境,最终使学生成为新一代既具有专业技能、策划创意,又有就业观、国际观,懂得利用现代科技协助管理、经营与决策的餐饮业专门人才。

■ **能力目标**

- 能独立完成餐饮店的市场调研与主题确定、开店手续与相关政策、餐厅布局与设备选购、市场询价与费用预算、装饰布置与物资选购、人员架构与招聘培训、物资到位与调试营业的策划项目。
- 能激发和提升学生对专业的兴趣和热情,自觉深入地进行探讨和研究,从而达到提高学生综合能力、设计能力、协作能力、创新能力和运用信息技术的能力。

■ **项目分解**

- 模块一　餐饮文化与大众需求。
- 模块二　市场调研与主题确定。
- 模块三　开店手续与政策了解。
- 模块四　餐厅布局与设备选购。
- 模块五　市场询价与费用预算。
- 模块六　装饰布置与物资选购。
- 模块七　人员架构与招聘培训。
- 模块八　物资到位与调试营业。

模块一　餐饮文化与大众需求

- 能分辨餐饮业的定义、特性及其类型。
- 能根据中、西餐菜肴特点和发展趋势设计调研表格。
- 能对餐饮多元化现状和大众需求方向写出分析报告。

- 了解中、西餐文化调研的内容、方法和步骤。
- 进行中、西餐菜肴调查表格的设计。
- 进行中外代表性酒水调查表格的设计。
- 对大众需求的调查结果进行分析并写成调研报告。

技能/知识点一　中、西餐饮文化调研

1.餐饮业的定义、要素及分类

餐饮业,是指从事饮食、烹饪加工,并提供消费服务场地且以营利为目的的行业。餐饮业应具备三个基本要素:提供食品饮料和服务;有固定经营场所;以营利为经营目的。餐饮业有不同形态与风格各异的餐厅,一般可分为三大类:宾馆、饭店、酒店、度假村、公寓、娱乐场所的配套餐饮系统;社会上独立经营的餐饮单位;单位内部的餐饮服务机构。

2.中餐餐饮业的发展

中国烹饪源远流长、闻名世界,是我国民族文化的宝贵遗产,是中华民族灿烂文化的一部分。它既是一种富有科学性的技术,也是一种独特的文化艺术。餐饮业是一个古老的行业,在我国5000年悠久历史中,餐饮业和饮食文化占有非常重

要的地位。从古至今,餐饮业都被推举为百业之首,只要有人的地方就有"食坊",于是形成了具有各地浓厚风味、品种繁多的菜系,从而奠定了"民以食为天"的饮食文化,丰富了美食王国特有的内涵。

汉代是我国餐饮业大发展的时期,由于汉朝社会经济的全面发展,人民生活安定,商业活动和旅游活动较以前大为增加,客栈、酒店林立,有"熟食遍地,滑旅成市"之说。加之汉朝与西域的贸易通商,使西部少数民族的饮食习俗传入中国,而中国的饮食习惯也传入西域,促进了民族文化的交流与融合。

唐朝以前,饮食聚会都是席地而坐,"筵席"一词因此得名。从唐代起,宴会已由席地而坐上升到坐椅子了。宋朝时大型宴会可从早吃到晚,宴会菜品多达220个。南宋时,西湖上还出现了提供饮食的游船。其中最大的船可供举办"百十人"参加的宴会。

另外,中国的宫廷菜在清朝达到了顶峰,据《晚清宫廷生活见闻》记载,慈禧一次膳品就有上百种。《御香缥缈录》证实了这个情况,仅仅是在慈禧到奉天的火车上,临时的"御膳房"就占了4节车厢,上设"炉灶五十座",为其工作的"厨师五十人",杂差详数不明。每餐"共备正菜一百种",同时还要准备点心,"糕点、水果、糖食、干果等亦一百种"。除正餐外,还有"两次小吃"。"每次小吃,至少也有二十碗菜,平常总在四五十碗左右。"当然,这也显示了封建帝王至高无上的地位。

3. 西餐餐饮业的发展

任何一个民族的餐饮文化都与其经济发展和文化背景有关。在古罗马,由于罗马帝国强盛,所以在饮食方面十分讲究排场,食物的消耗量、家具的豪华程度都是主人地位高低的标志。古罗马人的食品原料相当丰富,有西班牙的泡菜、法国高卢的火腿、利比亚的石榴、英国的牡蛎、印尼的香料等,应有尽有,连蜗牛都是用牛奶喂养的,一直使它肥到钻不出壳为止。所以,"吃",不仅是为了满足生理上的需要,而且也是为了满足社交、自尊等精神方面的需求。

在今天,饮食业同与之相关的旅游业已成为第三产业的支柱产业。作为饮食业生力军的快餐业异军突起。快餐连锁集团如雨后春笋般在世界各地出现并发展起来。《美国餐厅新闻》报道,仅美国最大的100家快餐连锁集团的销售额,就占了整个美国所有餐厅销售额的80%以上。这些快餐连锁集团还大举向海外进军。15年前,"麦克唐纳"还仅仅出现在书报杂志上,而今天,活生生的"麦当劳"已遍布中国的大江南北。

技能/知识点二 识别中、西餐代表性菜肴

1. 中餐代表性菜肴

我国幅员辽阔、地大物博、物产丰富、民族众多,由于各民族各地区的饮食习

惯和自然条件不同,决定了各地区人们不同的饮食习惯。其菜肴烹饪方法也各不相同,各地区逐渐形成了各自的菜系,既有小吃,又有大菜。但中式菜又具有共性:原料考究、制作精细、讲究口味、注重火候、重视拼盘造型、追求餐具搭配,具有浓郁的中华民族文化内涵。

中国菜有所谓的"南甜、北咸、东辣、西酸"之说。但人们习惯把中国菜分为八大菜系,即:川菜、鲁菜、粤菜、苏菜、浙菜、闽菜、湘菜、徽菜。另外,还有许多地方菜也独具特色。如,北京菜、上海菜、滇菜、清真菜、素菜等。

(1)川菜。川菜,即四川菜,以成都、重庆的地方菜为正宗。川菜讲究色、香、味、形,尤其注重味,向来以味的广、多、厚、浓著称,且具有用料单纯、主次分明、配菜协调及五味俱全的特征,享有"百菜百味,一菜一格"之美誉。代表菜有:宫保鸡丁、灯影牛肉、麻婆豆腐、回锅肉、怪味鸡、水煮牛肉、鱼香肉丝等。

(2)鲁菜。鲁菜,即山东菜,是由济南和胶东两地的地方菜为基础发展起来的。济南菜包括济南、德州、泰安一带的菜肴;胶东菜包括福山、青岛、烟台一带的菜肴。济南菜清香、鲜嫩、味纯、烹调讲究火候,并十分讲究清汤和奶汤的调制,清汤色清而鲜,奶汤色白而纯;胶东菜则以烹制各种海鲜见长,菜肴清鲜、脆嫩,讲究原汁原味,烹调以炸、熘、炒、蒸、煎、扒为主。代表菜有:奶汤鸡脯、德州扒鸡、九转大肠、油爆双脆、扒原壳鲍鱼、锅烧肘子等风味菜肴。

(3)粤菜。粤菜,吸取了鲁、川、苏、京菜的精华,并根据当地习惯加以改良、创造,逐渐形成了具有南方风味的粤菜菜系。粤菜由广州、潮州、东江三个地方菜组成。代表菜有:片皮乳猪、冬瓜盅、蚝油牛肉、文昌鸡、白切鸡、开煲狗肉、东江盐焗鸡、梅菜扣肉、咕噜肉及东江春卷等。

(4)苏菜。苏菜,就是江苏菜,由扬州、苏州、南京、镇江、淮安等地方菜组成。江苏菜的特点是选料严谨、刀工精细、制作考究、讲究造型、注意配色、四季有别。代表菜有:松鼠鳜鱼、盐水鸭、清蒸蟹粉狮子头、荷包鲫鱼等。

(5)浙菜。浙菜,集杭州、绍兴、宁波菜之大成。其中,杭州菜,制作精细,变化多端,以爆、炒、烩、炸为主。宁波菜,烹调技艺主要以蒸、烤、炖为主,且以烹制海鲜见长,讲究鲜嫩,原汁原味。绍兴菜,擅长烹饪河鲜、家禽,汤味浓重,富有乡土风情。代表菜有:西湖醋鱼、龙井虾仁、叫花鸡、虎跑素火腿等。该菜主要受江、浙、沪一带居民喜爱。

(6)闽菜。闽菜,就是福建菜。由厦门、福州、泉州等地方菜发展而成。闽菜以烹制山珍海味而享盛名。其菜肴制作精细、滋味鲜美、色彩美观。代表菜有:佛跳墙、太极明虾、清汤鱼丸等。

(7)湘菜。湘菜,就是湖南菜。湘菜主要由湘江流域、湘西山区和洞庭湖地区三个地方菜组成。湘菜制作精细,烹调时讲究原料入味,而在口味上则注重咸香、清香、浓鲜、酸辣,并随季节的变化而变化。夏天要求菜味香鲜清淡,冬天则要求菜味浓鲜热辣。代表菜有:麻辣子鸡、东安子鸡等。

(8)徽菜。徽菜,主要由徽州、沿江、沿淮三个地区的菜肴构成。其特点,是选料朴实、讲究火工及三重(重油、重包、重火工)。代表菜有:火腿炖甲鱼、奶汁肥王鱼、臭鳜鱼、菊花锅等。

(9)北京菜。北京菜吸收了汉、回、蒙、满等民族的烹调经验,有全国各地主要地方风味的特点,鲁菜的风味尤为突出。同时又继承了明、清宫廷菜的精华。因此,北京菜花色繁多,调味精美,在口味上鲜、酥、香、脆。代表菜有:涮羊肉、酱爆鸡丁、北京烤鸭等。

(10)沪菜。沪菜,就是上海菜。在明清时期,上海的经济和饮食业已经很具规模,随着外国资本的入侵,其他风味菜式相继进入,与上海本地菜相互影响,于是出现了以上海和无锡江南水乡风味为主,兼具各地风味特色的地方风味菜系。沪菜按四季不同需要选取,其制作考究、清淡素雅。代表菜有:淞江鲈鱼、糟钵头、枫泾丁蹄等。

(11)东北菜。东北菜,包括辽宁、吉林和黑龙江三省的菜肴,是历史悠久、富含地方风味特色的菜肴。东北菜在原料上多选取本地的有名特产;在烹调上以扒、烤、爆、烹见长,讲究锅功,特别是在大翻锅时要使菜肴保持完整形态;口味上则多见咸、辣,以咸为主、重色重油。代表菜有:红烧猴头菇、牛肉锅贴等。

(12)滇菜。滇菜,就是云南菜。滇菜是以昆明菜为主,由于民族众多,所以滇菜也集合了各个民族的烹饪技术精华。滇菜在烹制上擅长蒸、卤、炒、炖,而且多用当地出产的甜酱油作调料。代表菜有:过桥米线、汽锅鸡等。

除以上菜系外,我国还有很多历史悠久、颇具地方特色的风味菜式,如广西的特味地羊、梧州的纸包鸡、河北的改刀肉、山西的过油肉、江西的庐山石鸡等。另外,我国民族众多,各民族都有不同的饮食习惯和饮食文化。在明清民族大融合时期,很多少数民族的菜式被其他民族所接受,甚至创新。如:维吾尔族的"烤羊肉串""烤包子";朝鲜族的"冷面""烧狗肉";蒙古族、回族的"烤全羊""涮羊肉""烤羊肉"等。

2.西餐代表性菜肴

西餐,又称西菜,是我国人民对欧美各国菜肴的统称。西餐传入我国已有100多年的历史,鸦片战争以后,随着西方各国传教士、商人和外交官的到来,西餐的烹调技艺传入中国。其实欧洲各国菜肴的烹饪技艺和风味并不完全一样。法式菜以取料考究、味道浓郁和质地鲜嫩见长;英式菜以原汁原味、滋味清淡著称;俄式菜则以油大、味全著名。

西餐进餐时也有讲究,无论是宴会还是便宴,都是先用冷菜、汤类,同时吃面包,主菜有鱼、蛋、肉或鸡,副菜有蔬菜和沙拉,最后是甜点、咖啡和水果。有的饭店还供应排骨饭、鸡腿饭、咖喱饭等。当今吃西餐已非收入较高人士的专利,也没有了特别讲究的餐饮礼仪。其休闲娱乐的性质大于正餐的性质。目前,除大饭店和高级牛排馆还保持着传统的西餐风味外,一般西式的酒楼到当地都入乡随俗做了一些改变。西式饭店、酒楼一般提供法式菜肴、美式菜肴、俄式菜肴、英式菜肴、意大利式菜肴。

(1)法式菜肴。法式菜,是西餐中最有地位的菜肴。法国也以自己的烹饪技术而自豪,称为西方文化最亮的明珠。由于法国农业、畜牧业、渔业都很发达,因此物产丰富。法国菜的特点,是选料广泛、用料新鲜、做工精致、滋味鲜美,讲究色、香、味、形的配合,花色品种繁多,重用牛肉、蔬菜、禽类、海味和水果,特别是蜗牛、黑菌、蘑菇、芦笋、洋百合、鹅肝和龙虾等被选为食品的上好原料。法式菜肴烧制得比较生,如,烧牛肉、烧羊腿,只烧到七八成熟;又如,吃生牡蛎,是从水里捞出后,揭开盖子直取而食;调味用酒较重,也很讲究,什么菜用什么酒都有规定。如,清汤用葡萄酒、海味用白兰地、火鸡用香槟、水果和甜点用利口或白兰地等。法式菜的代表菜有:鹅肝酱、牡蛎杯、燔蜗牛、马令古鸡、麦西尼鸡、洋葱汤、沙浪牛排、马赛鱼羹等。

(2)美式菜肴。美式菜,原以英国菜为基础,但烹饪方法有所发展、有所变更。由于美国物产丰富、食品种类繁多,畜牧、饲养业发达,牛肉质量好,鸡的产量也高,因此,铁扒一类的菜较为普遍,特别是各种牛排,如T骨牛排、菠萝火腿排等。鸡、猪肉一般也用铁扒炉烘烤。用水果做原料或配料是美国菜的特点,特别是柠檬、苹果、草莓和橘子等。口味特点,是咸里带甜,忌辣味。美国人对沙拉感兴趣,大多采用新鲜或罐装水果。美式菜肴的代表名菜有:华道夫沙拉、T骨牛排、什锦铁扒、马里兰炸鸡、丁香火腿、西冷牛排、苹果沙拉等。

(3)俄式菜肴。俄国菜,口味较重,味道是酸、甜、油、咸和微辣。其调味品特别重用酸奶油。酸黄瓜、酸奶渣是常用的菜品。黄油在俄国菜中用得较多。鱼子酱是俄国名贵冷菜。肉类以牛、羊、鸡为主,猪肉次之。高加索的烤羊肉世界闻名,野味中的烤山鸡为冬季名菜。俄式菜的冷菜特点是鲜生。如,生番茄、生洋葱、酸黄瓜、酸白菜。有些则含生腌鱼。俄式菜的上菜规则是:首先,上面包、冷菜;其次,是沙拉、肉类小吃;热菜最后上。若同时有几个热菜,先是鱼类菜,然后是肉类菜,再后是家禽和野味菜,最后是蔬菜类、蛋类、面食类。俄式菜肴的代表菜有:罗宋汤、鱼子酱、冷鲟鱼、酸黄瓜、基辅鸡卷、串烤羊肉、红烩牛肉等。

(4)英式菜肴。英国人最喜爱的烹调方法是煮、烤、煎、铁扒,煮与铁扒更普遍。喜用大块烹制,而后切片或切块食用,英国人擅长切肉的技术。英国菜在烹调时一般只用黄油、盐、胡椒粉和某些必要的香料,配菜较少,因此,烹调比较简单,油腻较少,口味清淡。食用时调味品种较多,餐台上放置的调味品有胡椒粉、芥末粉、盐、醋、番茄沙司、辣酱油等,由客人自己动手调味。在英国人爱好的众多食品中,以羊肉和野味为最。家禽和野味大都是整只或大块烧烤,并喜爱在腹内塞酿馅,如以栗子肉做酿馅的烤火鸡,为传统的圣诞大菜中必备的菜。英式菜肴的代表菜有:牛尾浓汤、苏格兰羊肉麦片粥、蘑菇奶油鸡片、烤火鸡栗子酿馅、烤羊马鞍等。

(5)意大利菜肴。意大利式菜肴与法式菜相似,着重于原汁原味,红焖红烩的菜较多,烧烤菜较少,既保守又重传统。意大利菜的调味品,除盐和胡椒外,以番茄汁、橄榄油、红花为主,较少使用其他调味品,一般多直接利用物料本身的鲜味调制。所以,"直接、简单"是意大利烹饪上的一个主要特点。意大利人喜欢米饭和面食,这是他们的传统习惯。仅用通心粉和实心粉做成的长、短、粗、细、空心、圆形、扇形、弯曲等各种形状的面条就多达40余种。其中,有的既可做汤,也可煮、烘,有的可包馅,此外还有各式馄饨。在西餐中,这些都可入菜。意大利周围大都临海,海鲜种类很多。意式焗鱼味道很好,制法别致,风行于欧洲各国。代表名菜有:意大利菜汤、意大利馄饨、奶酪焗通心粉、蘑菇焗鳟鱼、比萨饼等。

3. 中外代表性酒水

(1)中国代表性酒水。酒,是一种历史悠久的饮料。在欢度佳节、婚礼寿诞、宴请宾客、旅游时都少不了酒的消费。它具有使人精神振奋、刺激食欲、消除疲劳、加快血液循环,促进人体新陈代谢的作用。适量饮酒有益身体健康。在酒会、宴会、聚餐等场合,举杯祝酒更能活跃气氛,增添友谊。中国酒的品种繁多、质地精良、风格独特,蜚声国内外市场。酒的种类,按酒精含量的多少划分,有高度酒、中度酒、低度酒三种;按酒的含糖浓度高低划分,有甜型酒、半甜型酒、"干"型酒三种;按制造方法的不同划分,有发酵酒、蒸馏酒、配制酒三大类;按商品类型划分,可分为白酒、黄酒、啤酒、果露酒、药酒、仿洋酒等六大类。

中国代表性的白酒有:茅台酒、五粮液酒、汾酒、泸州老窖特曲、剑南春、古井贡酒、董酒、洋河大曲、西凤酒、竹叶青等。

代表性的黄酒有:元红酒、加饭酒、善酿酒、香雪酒、花雕酒、女儿红、沉缸酒、即墨老酒等。

代表性的啤酒有:青岛啤酒、五星啤酒、雪花啤酒。

代表性的果酒有:红葡萄酒、白葡萄酒、山楂酒、苹果酒等。

代表性的药酒有:竹叶青、虎骨酒、鹿茸酒、人参酒、蛇酒等。

代表性的仿洋酒有:金奖白兰地、味美思。

(2)西餐代表性酒水。外国酒历史悠久、品种繁多。著名的产酒国有:法国、英国、意大利、德国、瑞士、奥地利、希腊、西班牙、葡萄牙、匈牙利、波兰、俄国、智利、美国、澳大利亚等。目前,随着我国改革开放政策的深入发展,许多饭店都引进和供应外国酒,以满足来宾和我国人民的需要。外国酒主要包括蒸馏酒、酿造酒、配制酒。

蒸馏酒,是原料经发酵后用蒸馏法制成的酒。这类酒的酒精含量较高,一般在40%以上,所以,也称之为烈酒。在餐厅酒吧或销售部门,通常把烈酒分为六大类,即:白兰地、威士忌、金酒、伏特加、朗姆酒、特吉拉酒。

酿造酒,又称发酵酒,其基本上分为两大类,分别是佐餐酒(红、白葡萄酒)和葡萄汽酒。

配制酒,是以原汁酒或蒸馏酒作基酒,与酒精或非酒精物质进行勾兑、浸泡、混合等多种手段调制而成的。配制酒的品种繁多、风格各异。目前,世界上比较流行的分类法将配制酒分为三大类,即:开胃酒、甜食酒和利口酒。

技能/知识点三 讨论大众需求方向

餐饮业是一个朝阳产业,是未来数十年消费市场的亮点之一。餐饮业的发展空间很大,它将进一步适应人民生活水平与消费结构变化的需求,不断开拓大众家庭餐饮市场,推动传统餐饮向现代化餐饮方向转变,推进餐饮服务社会化的进程,以先进的生产方式和管理方式为主导,向餐饮品牌化、国际化、产业化和现代化迈进,促进行业持续健康发展。如今,各类主题餐饮店、娱乐餐饮、怀旧餐厅等悄然兴起,餐饮业进一步细化,融入时尚元素并追求个性和新奇的饮食消费,使得餐饮市场日益丰富多彩。很多时候,吃已退化到配角的位置,更多的是渲染一种文化和姿态。随着旅游业的持续发展,各国交往日益增多,世界文化呈现出多元化,餐饮业在全球饮食文化交流与融合的大趋势下,大众需求方向将会是注重快捷方便、崇尚绿色天然、讲究营养平衡、强调口味清淡、鉴赏异俗奇食、追求身心愉悦。

1. 快捷

现代社会竞争激烈,生活节奏加快。人们大多生活在紧张之中,不能总是"酒过三巡,菜过五味",而是要快做快吃。这是在饮食丰富多彩和交流的总趋势下出现的一股强调简化、速食的走向。这种"简、速"是以"效率"为基本出发点,同时考虑到营养和口味。它将推动饮食文化向易于制作、易于食用和易于保存的高水准方向发展,是社会向前发展的表现之一。因此,快捷、方便的餐饮得到了很多人的厚爱。

2. 清淡

随着大多数人温饱问题的解决,人们味觉审美的要求发生了较大的变化。现代人已不像20年前那样需要"大鱼大肉",更不再满足"重油、重盐、重味"。转而要求"低油、低盐、低热量"和强调"本色、原味、清淡"。饭菜要清淡,酒水要清淡,其口味将由浓厚口味走向清香,一些刺激性较小的低度酒、啤酒、果酒将得到广大饮酒族的青睐。这里所说的"口味清淡",当然也不是清汤寡水、淡而无味,而是经过调制后升华了的一种质朴、自然的本味,是更高层次的"淡中见真"的美味。

3. 营养

营养,是指所吃的食物要营养、保健。食物营养的高低和能否起到保健作用,是衡量食物的主要标准。现在讲的营养,主要是讲如何科学地取得各种营养素的适度、均衡,使人能活得健康长寿。在食物结构上,中国食物消费基本上属于高谷物膳食类型,人体摄取动物蛋白质所占比例明显低于西方国家。欧美国家基本上属于高动物膳食类型,三高(高脂肪、高热量、高蛋白)食物结构所带来的"文明病",已引起社会的高度重视。为此,东西方都在研究调整食物结构。调整的原则,是"营养、卫生、科学、合理",目的在于使营养均衡、保健强身。可见,食品加工和烹饪工艺中,科学化的程度将大大提高,营养保健食品将上升到显著位置。

4. 质朴

质朴,是指食物返璞归真。当人类从茹毛饮血到以火熟食及烹饪的发明,人们的饮食循着由粗到精,由天然到人工的方向发展,而现在人们又开始追求返璞归真。在欧美等西方国家,追求绿色、黑色食品和野生天然食品已成为一种时尚。事业上有相当基础和成就的人群,一方面,常出入精品美食餐厅;另一方面,也想让自己偶尔宣泄一下,享受乡野餐饮。从某种程度上讲,这种现象亦与社会大工业的发展,抗拒污染及保健潮不无关系。

5. 猎奇

猎奇,是指吃异域他乡的奇食。在人们了解异域和所处阶层以外的饮食文化的愿望与日俱增的情况下,人们已不满足"靠山吃山,靠水吃水"和"北方吃牛羊,南方吃鱼虾"的老习俗。自20世纪80年代以来,不少国家的食品,如美国的肯德基、麦当劳和可口可乐,以及日本料理、韩国烧烤、法俄大菜和意大利比萨店,像雨后春笋般在各大中城市出现。这些异国快餐带来了西方文化传统和现代工业文明的一种新的饮食文化。这种"异文化"的总体效果是:快餐店基本经营观念、建筑风格、内部陈设、服务员着装、服务方式、食品搭配与包装等多种因素相互结合,构成了一种令人耳目一新的饮食氛围。猎奇的心态不只是反映在异国食品上,即使是对国内其他地区的菜点,也有"尝尝新玩意"的扩张性要求。近年来无论是川菜东进、港粤菜北伐,还是新疆烤羊肉串、兰州牛肉拉面、陕西凉皮、羊肉泡馍等西北风的劲吹与东北猪肉炖粉条、酸菜粉丝的流行,乃至四川火锅、河南红焖羊肉、朝鲜冷面、毛家红烧肉等菜点的异军突起,都是变革带来人们视野和观念的变化,都是求新、求奇、求异的表现。各种风味菜肴汇于一馆,南北小吃集于一楼,世界名食聚于一街一市,将成为现代餐饮业的新景观。

6. 快乐

食对人类而言,具有两重性,既有维持生命的一面,又有食快乐的一面。要把食物调制得味美好吃,就要除去不好吃的恶习味,扬善其好吃的美味,甚至还要想出千奇百怪的方法创造出全新的滋味,来满足人们品尝快感的要求。由此而发明创造的烹饪工具、烹调方法、调味技艺、吃的技巧、吃的礼仪和饮食风尚等,就成了一种文化,即饮食文化。食之乐是中国饮食文化的优良传统,也是中国饮食审美的一种境界,就连一向只讲究理性营养,不讲感性美食的西方国家,也提出了"吃快乐"。

▶ **实施步骤**

(1) 设计中西餐饮文化调研调查表。
(2) 制订中西菜肴调查计划。
(3) 制订中西酒水调查计划。
(4) 研讨并完成大众需求方向调研报告。

1. **职业基本能力评价**(见表 5-1)

表 5-1 职业基本能力评价表

等级	评价标准	小组评语	教师评语
优秀	• 调查表格设计内容科学、完整 • 调查循序渐进、项目完整 • 调查报告规范、清晰 • 主题明确、可行		
良好	• 调查表格设计内容完整 • 进行调查,项目完整 • 调查报告思路清晰 • 主题基本明确、可行		
及格	• 调查表格设计内容基本完整 • 进行调查,大多项目完成 • 调查报告意思明确 • 主题可行		
不及格	• 调查表格设计内容有重大缺项 • 进行调查,大多项目未完成 • 调查报告意思不明 • 主题不明确,难以实施		

2.职业拓展能力评价(见表5-2)

表5-2 职业拓展能力评价表

评价(评估)内容	4	3	2	1	教师评语
● 合作良好,团队效果佳					
● 分工明确,参与主动性好					
● 各负其责,完成时效性好					
● 创新钻研,有一定实用新意					
● 创造条件,完成各自任务能力					

特别提示

(1)中、西餐菜肴的演变。
(2)中、西餐酒水的分类。
(3)顾客需求的方向。

关键词

(1)"食坊"。
(2)"筵席"。
(3)"御膳房"。
(4)餐饮文化调研。

1.中国餐饮文化

我国有5000年的悠久文化。其中,餐饮文化占了非常重要的地位。众所周知,中国是真正的美食之乡,而更有"只有中国人是用舌头吃饭"的说法。从那一句"民以食为天",已经形成了今日丰富的"中华饮食文化"。山猫和水蛇烧出龙盘虎踞、甲鱼和锦鸡烩出"霸王别姬"、红枣和猪蹄做出梅开二度、冬笋和薄荷炸出天女散花,让五洲瞠目、令欧美惊呼。中国人对于吃赋予许多理想,吃的内涵远远超越于充饥饱腹的实际内容:下棋,吃掉一马;打仗,吃掉敌人一个师;情场失意,吃醋;被别人占了便宜,吃亏;感觉意外,吃惊;学习文件,吃透精神;总结教训,吃一堑长一智;社交能力强,吃得开;热点岗位,吃香;不肯就范于人,不吃那一套;办事砸了锅,吃不了兜着走。中国人最会吃,这是外国人对我们的赞颂,吃得有派、吃得帅、吃出水平、吃出风度、吃出灿烂的文化。

2. 法国名酒白兰地

白兰地(Brandy)最早起源于法国。18世纪初,法国的查伦泰河(Charente)码头因交通方便,成为酒类出口的商埠。由于当时整箱葡萄酒占船的空间很大,于是法国人便想出了双蒸的办法,去掉葡萄酒的水分,提高葡萄酒的纯度,减少占用空间而便于运输。这就是早期的白兰地。1701年,法国卷入了西班牙战争,白兰地销路大减,酒被积存在橡木桶内。战争结束以后,人们发觉贮藏在橡木桶内的白兰地酒,酒质更醇、芳香更浓,而且还有晶莹的琥珀色,这样,世界名酒白兰地便诞生了。因此,用橡木桶贮藏和贮藏的年限便成为酿制白兰地的重要环节。

- 如果你开一家女士餐厅,菜单如何设计?

(1)中国菜肴的八大菜系指哪些?还有哪些著名的地方菜系?
(2)中国酒是如何分类的?有哪些代表性的名酒?
(3)西餐菜肴有哪些特点?代表性的名菜有哪些?
(4)外国酒主要包括哪三大类?

(1)随着社会经济和旅游业的发展,餐饮业的发展也很迅猛。请结合学校所在城市的实际情况,以小组为单位对城市的餐饮业情况进行调查,研讨并完成大众需求方向的调研报告。

(2)比较中、西方饮食文化的异同:餐具(chopsticks, knife, fork, spoon, plate)、食物(hamburger, sandwich, pizza, noodle, dumpling)、饮料(water, milk, juice, coffee, tea)等。以小组为单位制订中、西菜肴调查计划。

(3)结合中外酒水的名称、产地、酒度、类型、特点、主要原料等,以小组为单位制订中外酒水调查计划。

模块二　市场调研与主题确定

 能力目标

- 能分辨主题餐饮店的经营方向并对产品定位、顾客定位、价格定位进行背景调查。
- 能根据主题餐饮店市场调研的可行性研究设计调研表格。
- 能对调查资料进行分析,确定主题,选择经营地点,写出分析报告。

学习/工作任务

- 了解主题餐饮店背景调查的内容、方法和步骤。
- 进行主题餐饮店背景调查表格的设计。
- 进行背景调查的可行性研究。
- 根据调研结果确定主题。
- 选择经营地点,写出调研报告。

技能/知识点一　主题设想,背景调查

在主题餐饮店的筹备阶段,首先面对的,就是如何为主题餐饮店进行定位。寻找主题、挖掘主题、设计主题、制作主题产品和服务。这是饭店管理者在落实本店市场定位中最主要、最具体、最费心思和精力的事。其目的,是为了避免或减少重叠性的市场竞争,实现有序和细致的市场分割。只有准确的定位,才能增强主题餐饮店的竞争力,最大限度地避免经营风险,为主题餐饮店的成功经营奠定基础。

主题餐饮店的定位是一项复杂的系统工程,它包含十分丰富的内容。如,经营方向定位、顾客定位、产品定位、价格定位、文化定位、成本定位、质量定位、服务定位、竞争定位、营销定位等。对筹备阶段的主题餐饮店而言,这些定位中起关键

和主导作用的是经营方向定位、产品定位、顾客定位和价格定位。通过经营方向定位确定主题餐饮店的经营方向;通过产品定位确定主题餐饮店赚钱的手段;通过顾客定位确定主题餐饮店目标顾客群;通过价格定位将顾客的需求变成现实,将经营活动成果转变成利润。

1. 确定主题餐饮店的经营方向

主题餐饮店的经营方向应适合市场需求,避免盲目性,紧跟市场最新动态;分析市场竞争状况和自身实力,进一步细化经营方向,选择对主题餐饮店发展和生存最有利的、发展最有前途的细分行业经营;在初步确定经营方向以后,就要开始寻找竞争突破口,并尽可能地开发与本餐厅生产工艺、技术水平等相适应的产品;要保持灵敏的商业嗅觉,选择潜在的、前景更美好的经营方向;寻求多种能和自己的经营范围起协调作用的经营方向。服务面越宽,主题餐饮店的经营就越容易稳定。同时收集大量有价值的信息,从中得到启示。在明确了主题餐饮店的经营方向以后,经营者才能进行下面的产品定位、顾客定位、价格定位、文化定位等,才能游刃有余地在复杂的市场环境中集中全部财力、物力、人力、信息等各种资源,创出辉煌的业绩。

2. 主题餐饮店的产品定位

主题餐饮店的产品定位,是指该餐厅在目标顾客心目中为自己的产品确立一定的位置,以形成产品特色、树立产品形象,使自己的产品区别于竞争者。产品定位应该包括如下内容:

(1) 基本产品类别定位。即生产什么大类的基本产品来满足目标市场的需求。

(2) 基本产品档次定位。即生产什么档次的基本产品来满足目标市场的需求,例如,你打算开一家快餐厅,产品档次定位就应该是物美价廉而又富有营养的菜品,而不能是"满汉全席"。

(3) 基本产品的构成定位。即在产品的组成上应该如何决策,同样一类产品的产品构成可能有较大的区别。

(4) 产品的功能定位。即所选择的基本产品应该对消费者具有哪些基本功能,饮食最基本的功能就是止渴解饿。但除此之外,很多菜品还有其他功效,如,蜜汁花生大枣粥,红枣补气、花生衣补血、花生肉滋润、蜂蜜补气,综合生效面色红润。

(5) 产品线长度、宽度和深度的决策,产品外形及包装的决策,产品独特卖点的确定等。只有准确地对产品进行定位,才能真正赢得顾客的心,从而为主题餐饮店的持续发展创造可能。

3. 主题餐饮店的顾客定位

顾客定位,是按照某一标准对顾客进行细分,并从中选择本店目标消费者的过程。通过顾客定位,主题餐饮店可以更加明确自己的服务对象,从而更好地满足顾客的需求,使主题餐饮店在市场竞争中占据优势。顾客定位的一个关键点,是根据消费者的心理与购买动机寻求消费者不同的购买差异。然后,主题餐饮店根据消费者的多样性及其购买行为的差异性,将全部顾客划分为若干具有某种相似特征的顾客群。简单来说,顾客定位的首要工作,就是对顾客进行细分。对顾客进行细分是以顾客需求的差异性为基础的。找出形成顾客需求差异性的因素,就可以作为顾客细分的标志。造成顾客需求差异性的因素一般有地理因素、人口因素、心理因素和行为因素等。

4. 主题餐饮店的价格定位

价格,是影响市场需求和购买行为的重要因素。价格定位合理,就可以扩大产品销售,提高市场占有率,增加企业利润;反之,则会使产品滞销,增加库存,积压资金。所以,一个好的产品不仅要有好的质量,还要有一个适当的价位。所谓价格定位,就是营销者把产品、服务的价格定在一个什么样的水平上。这个水平是与竞争者相比较而言的。价格定位一般有三种情况:高价定位,即把不低于竞争者产品质量水平的产品价格定在竞争者产品价格之上。低价定位,即把产品价格定得远远低于竞争者价格,但产品质量和服务水平并非不如竞争者,而是由于该主题餐饮店要么具有绝对的低成本优势;要么是企业形象好、产品销量大;要么是抑制竞争对手、树立品牌形象等战略性考虑。市场平均价格定位,即把价格定在市场同类产品的平均水平上。这种方法是同质产品市场的惯用定价方法。在产品难以估算成本,或者另行定价难以把握购买者及竞争者对本店价格如何反应等情况下,企业打算与同行和平相处时,经常采用此方法。

技能/知识点二 市场调研主题可行性

开设主题餐饮店同其他生意一样,随着社会的变化和消费者需求的不同,每时每刻都在变化着,研究和分析目前主题餐饮店的经营状况、发展趋势及主题的可行性,可以使我们少走弯路,甚至不走弯路。

1. 主题餐饮店的大众化更具有吸引力

改革开放30多年来,中国的餐饮业已成为市场化程度最高、竞争最充分、发展速度最快的行业之一。南北餐饮文化在激烈的市场竞争中随之相互兼容、相互促进。不夸张地说,在"长三角"地区,任何地方的人都可以找到自己的家乡菜,一餐解乡愁已不是空谈。八大菜系,二十四味,样样俱全。餐饮业在这样的格局中生存和壮大,显露出几种发展的端倪。一是餐饮业的特色化、个性化和细分化。如,酒家、茶餐厅、海鲜餐厅、小食店、大排档、快餐店等独树一帜,无论是风味特色、经营理念和营销方式都全方位地形成了自己明显的餐馆基调。二是讲究科学饮食结构,营养、保健、延寿、实惠享受型的格调,将成为未来主题餐饮店的热点和新课题。三是未来的快餐市场潜力不可估量,尤其是中式快餐的开发将会有新的突破,并与西式快餐齐头并进,形成一个价廉物美的餐饮市场。从今后的餐饮发展来看,高档消费者始终有限,而面向大众的主题餐饮店将更有生命力。

2. 主题餐饮店的类型丰富多彩

主题餐饮店主要是通过装潢和娱乐安排创造一种特别的用餐氛围来招待客人。如,流行在北京、上海、广州等大城市的文化餐厅、摇滚西餐厅等。到主题餐饮店用餐的客人主要是为了获得整体感受,而不仅仅是餐饮。这类主题餐饮店所提供的餐饮虽然有限,但富有特色。主题餐饮店的菜品可能不是最好的,但给人们提供的氛围和感受是最美的。主题餐饮店的经营规模一般,也提供餐桌服务,是为了满足那些求新求异消费者的需求,价格一般比餐桌型餐馆要贵。这类餐厅的室内外装潢和设计都比较讲究,保持主题的独特性、新颖性,并具有吸引力。当前,市场上有关主题餐饮店的形式多种多样。其中,最常见的是具有丰富社会文化和人文内涵的主题餐馆。如,北京的老三街食乐城、老插餐馆、黑土地等知青餐馆,店堂里的陈设是早已被岁月褪去色泽的脸盆、瓷缸、煤油灯、军背包,墙上挂着一串串红辣椒、老玉米棒子,菜单上所列几十种风味菜品全是当初知青们熟知的菜和地方菜。又如,水上餐厅、海鲜餐厅、野味餐厅、中药餐厅、蛇蝎餐厅等。外国餐厅更是不胜枚举。如,墨西哥餐厅、意大利餐厅、韩国烧烤、日本料理等。这些主题餐饮店装潢典雅、别致,气氛轻松、和谐,不但不会降低卫生层次和服务标准,且具有家庭气氛的亲切感。

3. 主题餐饮店的竞争日趋激烈

无论做哪个行业,同行乃至其他行业的竞争是必然的。有对手其实并不可怕,只要具备平常心和过硬的专业本领,一切的竞争都可以转化为良性竞争,曾经激烈竞争的对手也都可以在相互的追赶中各取所长,从而形成一个成熟的市场环境。在开设主题餐饮店中,研究对手、认识对手、超过对手才是在当今激烈竞争中的明智之举。在研究对手过程中,须注意如下几方面的问题:对手的营业状况;对手在服务方面的优缺点;对手菜式的价格和定价策略;对手服务的主要顾客类别;对手主题餐饮店的面积和座位;对手主题餐饮店大致的座位周转率及店面、店内的装潢状况等。除此之外,还可将该城市所有主题餐饮店的各项指标列表分析。诸如,主题餐饮店的名称、地点、营业时间、座位数、出品菜式、人均消费额、顾客类别等。当然,研究对手主题餐饮店最简单、最原始的方法,莫过于自己亲自或派人到对手的餐厅吃一顿饭,进行实地考察,通过点菜、吃饭、结账等环节,从中了解对方的菜式、出品、服务、价格、环境、顾客反应和基本客流量等,通过发现对方存在的不足,在自己的餐厅里想办法改进,从而赢得对手失去的客源,才可以在对手林立的竞争中立于不败之地。

4. 主题餐饮店的风险无可避免

俗话说:"前途是光明的,道路是曲折的。"这句话用在初入门经营主题餐饮店的人身上也很贴切。前面我们讲述了开设主题餐饮店的前景是如何吸引人,但一旦经营起来就会发现困难不少。如今,市场上的竞争与日俱增,不少人都想在餐饮这个热门行当中分得一杯羹,餐饮业的空间也日渐拥挤,许多过来人也会给你提出忠告。因此,开设主题餐饮店多少有点冒险成分。开一家主题餐饮店,前期的投入可大可小,视你所经营的档次和规模而定。但不管是哪种规模的主题餐饮店,大多数都要花费一笔不小的资金对餐厅进行装修,以及购置必要的设施和设备,如果不幸经营失败,又再无回天之力,就只好挥泪斩仓,走转让或预售这一下策。如果无奈走到了这一步,就很难卖到一个好价钱。其实,现在又有哪几个行当不带风险呢?又有多少赚钱的机会是没有伴随着赔本的忧虑呢?天底下没有免费的午餐。只要我们能够正确评估自己在市场中的优势和不足,有信心和能力去迎接和把握眼前的种种困难,一定要相信办法总比困难多,不断在实践中摸索和积累经验,那么一些损失就可以避免或减少。对多数投资者而言,制定一套行之有效而又相对合理的经营计划和管理措施便是头等大事。一旦主题餐饮店开张,投资者可通过制度化的管理,将主题餐饮店的行政、财务、经营和人事等各个环节加以严密的控制和监视,并在日常推动业务上做出有系统的运作和监督,令管理与被管理双方均能同舟共济、团结一致地把主题餐饮店经营好。

技能/知识点三 确定主题、地点,制定可行性报告

主题餐饮店提供的产品与制造业的产品不同。它不是将产品从生产地向消费地输送,而是将顾客吸引到主题餐饮店来用餐消费。因此,主题餐饮店的地点选择对餐饮经营的成败具有很大的影响。确定和选好经营地点这个硬件,是主题餐饮店产生和发展的基础。地址选择是根据主题餐饮店的发展战略,对可能建设的地址进行调查、分析、比较、选定,并最终确定对该土地或房产的使用权,为主题餐饮店的建设做好充分的准备。

1. 主题餐饮店选址的原则

现代主题餐饮店是工业社会和都市文明的产物。因而,餐饮店的选址也受到都市进程化的影响。在选址时,不要轻易决定,以免造成不可挽回的损失。一般

来说,应该遵循以下几点原则:首先,商贸集中地原则。主题餐饮店的最佳位置应选择在商业活动繁华地段,那里是人们购物、聊天、逛街、休闲的理想场所,也是主题餐饮店开设的最佳地点。其次,交通便利原则。主题餐饮店所在位置应该交通便利,易到达、易周转,人群流动量大。再次,机关、企事业单位、学校集中的原则。主题餐饮店选择在这样的地方,对优化市场、优化交通、优化环境有重大作用。在这一地段开设主题餐饮店,要考虑到上班一族、教育消费一族的需要。白领阶层是主题餐饮店的重要顾客,他们的消费水平和档次都很高,满足了他们,主题餐饮店必定兴旺。最后,停车便利原则。无论是自己开车或打的前来,都需要较为宽敞的停车场。

2. 主题餐饮店地点的分析

地点的选择,对生意兴隆与否具有重要影响。如果地点选择不当,即便店面装潢精美,烹调口味再好,服务再周到,生意也不可能兴隆。主题餐饮店地点分析的因素很多,主要涉及以下5个方面:

(1)区域规划。在选择地点时要搞清楚城市建设的规划。有的地点从当前分析是最佳位置,但随着市场的改造和发展将会出现新的变化而不适合开设;反之,有些地点从当前看不理想,但从规划前景看,却会成为很有前景的商业中心区。

(2)区域特性。主题餐饮店周边区域的特性直接影响主题餐饮店的经营。如,商业区、商务区、工业区、大学区、娱乐区、住宅区等,不同的区域有不同的特性,规模和档次也不相同。这些都会对主题餐饮店的经营产生影响。考察目标区域的特性,可以具体化为考察区域内人的特征。诸如,人口构成、人口密度及人口购买力等。

(3)区域经济背景。主要是经济发展速度和商业发展速度。这些因素对主题餐饮店的前景影响很大。

(4)房租。因为自己选址建房的费用、周期、手续等多种因素比较复杂,主题餐饮店一般不予考虑,租房是取得营业店面的主要形式,因此,房租费用的高低,是影响营业利润的一个主要因素。

(5)区域竞争程度、交通状况、环境和服务状况等。

3. 主题餐饮店经营的形式

主题餐饮店的经营形式,就是主题餐饮店的操作方式。有人喜欢采用独资形式,有人喜欢采用合资形式,而有人则喜欢采用股份制形式。独资经营,顾名思义,是指资产归一家所有,风险由一人承担。其优点是,利润归个人所得;经营自由灵活,没有太多的制约因素;易于保密;经营者可以独自享受成功后的成就感;能随时为顾客提供所选菜式,建立自己的"情感消费伙伴"。不利因素是,风险自担;规模不便扩展;账目监管很乱;主题餐饮店的寿命即时间长短完全取决于经营者,一旦经营者发生问题,企业很可能消亡。合资经营,是指由两个或两个以上的合作伙伴共同出资联合经营的企业。合伙经营的业主并非独自一人,因此经营中的风险和利润都要有明确的合同规定。其优点是,可以保证更多的资金来源;能集思广益、共同管理;可以吸引各自不同的客源。不利因素是,权力分散;与独资一样,存在着无限的债务。这种债务对业主的影响甚至更久、更大一些;存在着企业寿命的有限性,合作伙伴的行为方式、生老病死都会对企业产生影响。任何合作伙伴的死亡或宣告破产,都会导致合伙企业的消亡。股份制往往对企业起着起死回生的作用,可以使新办企业迅速上马,抓住时机开展经营,入股企业可从企业经营中分得红利。股份制,是目前较为普遍和完善的筹资形式。股份制企业是按照一定的法律程序,通过发行股票筹集资本,建立法人企业,对经营要素实行联合占有、联合使用,从事经营和生产,按投资入股的份额参与企业管理和分配的一种组合形式和财务制度。

4.主题餐饮店经营的方向

随着经济的发展,人民生活水平的提高,消费观念也发生了很大的变化。在餐饮消费上,人们不仅对餐饮内容有了更新的要求,对进餐方式也有了更多的要求。具体表现为就餐方式更加自由轻松、无拘无束,需要更多的参与、更多的刺激。针对每个客人都有不同求新、猎奇的心理特点,餐饮经营者须时时给客人带来新鲜感,不仅在菜肴上不断翻新花样,使客人常吃常新,而且在经营方式上也要不断推陈出新,使客人产生新的消费需求,从而刺激人们的食欲。如何确立主题餐饮店的经营方向,可从以下几个方面来考虑:

(1)按风味特色划分的经营方向。这类主题餐饮店通常采用较单一的产品组合策略来满足不同的顾客群体,或某一顾客群体的特殊需求。如,海鲜厅、野味厅、素食餐厅等。

(2)按供应时间划分的经营方向。如,早点业、正餐业、茶饮业、消夜等。

(3)按经营方式划分的经营方向。如,连锁经营、大众化经营、休闲式经营、方便型经营、超市式经营、外卖式经营、无店铺餐饮经营方式等。

▶ **实施步骤**

(1)设计主题餐饮店背景调查表。
(2)制订主题餐饮店背景调查计划。
(3)实施背景调查。
(4)对调查资料进行分析,确定主题、选择经营地点、写出分析报告。

 学习/工作评估

1. 职业基本能力评价(见表5-3)

表5-3 职业基本能力评价表

等级	评价标准	小组评语	教师评语
优秀	• 调查表格设计内容科学、完整 • 调查循序渐进、项目完整 • 调查报告规范、清晰 • 主题明确、可行		
良好	• 调查表格设计内容完整 • 进行调查,项目完整 • 调查报告思路清晰 • 主题基本明确、可行		
及格	• 调查表格设计内容基本完整 • 进行调查,大多项目完成 • 调查报告意思明确 • 主题可行		
不及格	• 调查表格设计内容有重大缺项 • 进行调查,大多项目未完成 • 调查报告意思不明 • 主题不明确,难以实施		

2. 职业拓展能力评价(见表5-4)

表5-4 职业拓展能力评价表

评价(评估)内容	4	3	2	1	教师评语
• 合作良好,团队效果佳					
• 分工明确,参与主动性好					
• 各负其责,完成时效性好					
• 创新钻研,有一定实用新意					
• 创造条件,完成各自任务能力					

特别提示

（1）对主题餐饮店产品定位、顾客定位、价格定位进行调查，确定调研地点、调研选择方式。

（2）研究和分析目前主题餐饮店的经营状况、发展趋势及主题的可行性。

关键词

（1）产品定位、顾客定位、价格定位。
（2）餐厅主题的可行性。

什么是主题餐饮店

主题餐饮店是通过一个或多个主题为吸引标志的饮食场所，希望人们身临其中时，经过观察和联想，能够进入所追求的主题意境。譬如，"亲临"世界的另一端、重温某段历史、了解一种陌生的文化等。在主题文化意境的创意上，借助特色建筑设计和内部装饰来强化主题是非常必要的（见图5-1）。例如，"上海老站餐厅"就通过老式家居布置和火车的改装，营造了老上海怀旧和名人专列两个主题；而巴厘岛"印尼餐厅"则是通过民俗文化的展示和当地物体的陈列，来表现巴厘岛的主题；又如，"橄榄树餐厅"是大量应用特别的装饰材料，以突出地中海风情主题。可以看出，作为主题餐饮店，应该运用各种手段来凸显所表现的主题，建筑设

图5-1 餐饮店的主题文化意境

计与内部装饰方面是其中的重要组成部分。因为，客人就是通过对餐厅的环境装饰来认识其倡导的主题文化的，而进入主题餐饮店所得到的特别享受，更多的是来自于餐厅的美妙环境。因此，挖掘主题文化底蕴，主要就是要做好主题餐饮店的环境设计。这样才会带来完美的效果。

案例分享

"文革"主题餐饮店生意火爆

近年来,北京和天津相继出现了几家以"文革"和红色年代为主题的餐厅,在京、津掀起一股集体怀旧的热潮,虽然选址都在偏僻的城郊,但每日食客盈门,而且都是回头客。在南京河西大街和泰山路交会处,一个两层楼的建筑便是由南京金榜投资集团全资兴建的"火红岁月"大型综艺性演艺餐厅。在这个占地面积千余平方米的空间里,原汁原味地再现了红色年代的片段和场景。进门迎面便是"为人民服务"的牌匾,一辆当年周总理视察南京时乘坐的红旗轿车作为一种年代符号陈列在大堂内,四壁张贴着"文革"时期的老照片、老报纸,服务员穿着"文革"时的服装,发型和语言都极力模仿当年。店堂布局也是按照老北京茶馆和戏楼的模式建造,一楼有一个演艺舞台和700多个餐位,二楼围绕舞台设计了16个风格各异的包间,在包间内也能欣赏演出。演出融会样板戏、情景剧和歌舞,以革命经典剧目回顾为主题,每天都有近两个小时的表演时间,集中再现了红色年代的片段和场景,置身其中,宛若回到那个红色的年代(见图5-2)。尽管此餐厅地处偏僻,但每天仍然吸引了众多顾客前来光顾。

图5-2 南京"火红岁月"大型综艺性演艺餐厅

(1)为什么每天吸引众多顾客前来光顾?
(2)如果你开一家主题餐饮店,如何确定你的主题?

(1)如何对主题餐饮店产品定位、顾客定位、价格定位?
(2)如何确定主题?
(3)如何对主题餐饮店的地点进行选择?

(1)以小组为单位设计主题餐饮店调查表格。

(2)以小组为单位,根据调研结果确定主题、选择经营地点、写出调研报告(文字稿或电子稿)。

模块三　开店手续与政策了解

能力目标

- 熟悉开设主题餐饮店工商手续办理流程。
- 了解食品防疫、环保、税务、卫生许可证、健康证的办理流程。
- 能对调查资料进行分析,写出分析报告。

学习/工作任务

- 了解工商手续、食品防疫、环保、税务办理流程的内容和步骤。
- 对工商手续、食品防疫、环保、税务进行市场调查表格的设计。
- 进行系统的市场调查。
- 做市场调查汇总表。
- 进行市场调查结果分析并写成调研报告。

技能/知识点一　调查国内开店工商手续办理流程

开办任何企业都需要进行申请和注册,主题餐饮店也一样。只有申请和注册过的主题餐饮店才能获得"准生证"——营业执照,也只有获得"准生证"的主题餐饮店才算是合法的。凡是经营主题餐饮店者,必须经过当地政府的工商、卫生、税务、消防等有关部门的严格审核,符合要求才能获得相关证照,才具有合法的经营主体资格。无论主题餐饮店的规模和经营形式如何不同;无论主题餐饮店是否具有独立民事责任承担能力,都必须到工商行政管理部门注册登记,获取"营业执照"之后,才可获得合法经营权。否则将属于擅自开张,被视为无证经营或违法经营而受到相应的处罚。办理营业执照有两种方式:第一,是前制式营业执照。就是在餐厅开业前通过卫生、消防、环保部门检测合格后,到工商局申请,待审批合格后,工商局发放正式营业执照。第二,是后制式营业执照。就是在正式营业执照没有办理下来,而主题餐饮店已装潢好,设备、货物、人员已准备齐全,只差营业执照未办的情况下,为了顺利开业,办理的临时性营业执照,有效期为6个月。在这6个月内,必须把所有手续补齐,把正式营业执照办好。否则消防、卫生、环保有一个部门不批准,营业执照批不下来,就不能开业。

1. 申办人资格的获取

所谓申办人资格,简言之就是开一家餐馆所应具备的条件。如,人力、物力、财力等。具体内容,是指餐饮企业应具有经工商部门核准的专有的名称、准确的地址、一定数额的资金、大致的经营范围、法定的代表人及相应的经营管理机构,并且从业者必须是国家政策允许从事经营服务的人员。

办理注册登记有两种方式:一是餐饮企业法人登记;二是餐饮企业营业登记。前者适用于具备独立民事责任承担能力的餐饮企业,如投资者自己经营的餐饮业;后者适用于不具备独立民事责任承担能力的餐饮业,如一些大企业或单位下属的餐饮业(其民事责任由隶属单位法人承担)。当获得申办人资格、"卫生许可证"及经公安机关检查合格盖章获得"消防安全许可证"后,到工商行政管理部门办理注册登记手续时,可以根据所要办的主题餐饮店是否具备独立民事责任承担能力,在餐饮企业法人登记或者餐饮企业营业登记二者中相应地选择其中一种。

2. 餐饮企业法人登记

餐饮企业法人登记,是指能够独立承担民事责任的餐饮业为取得法人资格而办理的登记,是具有双重法律效力的登记。该登记一经核准,领取"企业法人营业执照",就标志着所经营的主题餐饮店具有独立的法人资格,能够以自己的名义从事餐饮经营活动,并以自己的财产承担民事责任。这类登记不仅需要具备营业条件,还必须具备独立承担民事责任的能力。相关要求是:企业注册资金不少于3万元,有健全的运营机制、一定面积的营业场所、明确的经营范围和企业标志,有独立的财会核算制度及法律法规所规定的相关条件。这类登记较适合大中型、财产独立、有经营自主权的餐饮企业。企业法人登记的程序如下:

(1)照前审批。为保护企业名称专用权,在企业尚未成立时,由企业代表或股东预先向工商部门提出申请,对企业名称预先核准,同时应向工商部门提交以下文件:企业全体负责人或股东签署的企业名称预先核准申请书,负责人或股东的法人资格证明或自然人身份证明,其他工商部门要求提交的相关文件。

(2)核准企业名称。企业名称的核准是一项很重要的工作。比如,你已经为自己要开的主题餐饮店想好了一个有卖点、很响亮的名称,如果不进行核准,当你的主题餐饮店开始声名鹊起并美名远扬时,可能就会有人盗用甚至注册你主题餐饮店的店名进行经营,使你为他人作嫁衣,而不得不蒙受损失。

(3)开业登记。在开业前,每个餐饮企业都应持相关文件及"卫生许可证"到

工商管理部门办理申请开业登记手续。办理开业登记手续分为如下四个步骤:

第一步,申请。在填写"企业开业登记申请书"时要提供以下证明材料:企业组建人签署的《企业法人申请开业登记注册书》;组建章程;主管部门或审批机构的批准文件;资金信用证明、验资证明或资金担保;企业负责人的身份证明和履历;住所及场所证明;其他有关文件、证明。

第二步,受理与审核。工商行政管理部门在接到申请后,经全面审查核实,30天内给予裁决。若核准通过,向企业发出"企业法人登记核准决定书"。

第三步,发照、领照。被核准的企业应在决定书指定的期限内到工商部门领取营业执照,期间应做好以下工作:办理企业法人代表签字备案手续;按规定缴纳开业登记费;领取"企业法人营业执照"的正副本,并执副本到相关部门办理刻制公章、银行开户等手续;有上级主管部门的,应把相关手续(如、印模、银行账户、雇工合同副本等)上报备案。

第四步,公告。对被核准的企业法人,工商行政管理部门会在近期内向外界公布,其公布内容包括:企业名称、住所、法定代表人、经济所有制性质或企业类别、注册资金、经营范围等。

3.餐饮企业营业登记

营业登记,是指不具备法人条件的餐饮企业或经营单位为获取合法经营权所办理的登记。营业登记经核准后,发放"营业执照"。在领取"营业执照"后,便获得合法的经营资格,但除表明该餐饮店有合法的经营地位外,业主并不具备法人资格,不能独立承担民事责任,其民事责任由隶属单位法人承担。这一类登记特别适宜于一些大企业或单位下属餐饮店或小型、个体餐饮店等。一般来说,企业只需具备健全的营业条件即可向工商部门申请登记。营业登记程序和法人登记程序有很多相似之处,具体程序如下:

(1)申请。该项申请由企业主管单位负责人提出。其中,企业法人设立的分支机构、机关法人所属的营业机构,由法人单位代替申请。申请时同样要提交相关文件、证明材料。主要包括:营业登记申请书、资金信用证明、负责人的任职条件、场地使用证明、其他相关文件证明。

(2)审查、核实。在收到申请及相关文件、证明后,工商行政管理部门便会对其进行审查、核实。符合开业条件的,进行登记注册,注册内容包括:企业名称、地址、负责人、经营范围、经济性质、隶属关系、资金数额等。一经注册,企业就有了法律所赋予的经营活动资格。

(3)发照。发照,主要包括以下四项内容:一是向工商行政部门提交相关证明及缴纳费用;二是企业负责人签字备案,向工商行政管理部门领取"营业执照"副本;三是刻制公章;四是银行开户。

技能/知识点二 认识国家餐饮经营食品防疫知识

在工商行政管理局领取开业登记注册证书后，首先，要到餐饮店所在地卫生行政管理部门（如，省卫生厅、市县卫生局、卫生防疫站）申请办理"卫生许可证"。由卫生行政管理部门派出工作人员到餐饮店进行考察指导。卫生行政管理部门负责餐饮店的核准发证工作，并通过日常稽查监督餐饮店按章经营，以确保卫生达标，保障消费者的身体健康。"卫生许可证"是卫生行政管理部门对餐饮企业颁发的经营许可证。餐饮店领取了"卫生许可证"才可到工商行政管理部门申领营业执照。如果卫生不达标，卫生行政管理部门可按章处罚，直至收缴"卫生许可证"，卫生行政管理部门也将随之吊销营业执照。因此，"卫生许可证"既是餐饮企业的"出生证"，也是"护身符"。

1. 卫生许可证办理手续

在办理卫生许可证时，须准备如下证件：从业人员健康证、店面方位图、平面图、房产证或租赁合同、法人身份证。卫生许可证办理手续包括：项目评估报告（收费）；有关卫生实施的审查批复（临时许可证、供办理"营业执照"用）；开业前进行验收，包括卫生环境指标检测，食品、用具餐具检测（收费数千元不等，看检测项目的多少）；从业人员健康证、培训证（每人100元，一年有效期，每年一次）。

2. 健康证的办理

根据我国《食品安全法》的相关规定，从事食品生产经营的人必须进行健康体检。体检合格，领取健康合格证后方可参加工作。也就是说，办理健康证的第一步是要体检。体检一般应到县（区）级以上卫生部门进行。体检内容包括：心脏、肺部、腹部、肝脏、皮肤、细菌检查、乙肝接种等方面的检查。对患有伤寒、病毒性肝炎等消化道传染病、活动性肺结核、化脓性或渗出性皮肤病及其他有碍食品卫生疾病的人员，不能从事餐饮工作。经过卫生体检部门体检身体合格，卫生部门即会发放"健康证"。

3. 卫生许可证的办理

在办妥"健康证"后，即可向卫生监督机构申请办理"卫生许可证"。在受理申请"卫生许可证"前，卫生监督部门会派人对餐饮店的硬件设施进行一次全面检查，具体包括：对餐饮店的拆建、扩建、装修、工程选址和设计等进行卫生检查。如，餐饮店周围20~50米内不得有污染源（厕所、粪坑、垃圾堆、污水沟塘、排放有害气体的工厂等）；厨房与堂口的比例也有要求，一般情况下为1∶1；参加工程验收，检查卫生消毒设备；如果是转租承包或是购买的餐饮店，则着重检查卫生设施的完善。经审验合格后，便可填写"卫生许可证申请书"。"卫生许可证申请书"的内容主要有：申请人单位、申请负责人、单位地址、职工人数、应体检人数、固定资产、竣工验收认可证、经济性质、法人代表、联系电话、使用面积、原卫生许可证、申请许可项目、申报材料及保密要求、卫生设施等。其他,如,"主管部门意见""收到申请书日期""经办监督员意见""卫生监督机构审批许可项目"等,由卫生监督机构填写。在填写申请书时,还应提交以下材料:如,"建设项目设计卫生审查认可书""竣工卫生验收认可书""设备布局及工艺流程图""原料配方""使用标准""特殊规定品种批准证明""从业人员卫生检查及培训合格证明"及卫生设施情况等。在办证时,从业人员有时还需参加健康卫生、法律、法规等方面的培训,如《食品安全法》《保健食品管理办法》《传染病防治办法》《公共卫生管理条例》等,培训合格后可获取健康卫生培训合格证。以上手续全部办完后,便可申请"卫生许可证"了。

技能/知识点三　调查国家餐饮商家环保及其他要求

1. 环保审批

环保审批由所在地的主管环保局办理。主要审批项目包括:噪音、排污(污水、油烟)。在工商行政管理局领取申请开业登记注册书后,到所在地主管环保局申请办理环保审批。需要提供的资料包括:餐饮店方位图、场所房产证或租赁合同。环保局工作人员会到现场进行检查,其后,要求找一家环保局认可的单位出具一份环保评估证明(收费)。主管环保局检验合格后,会在申请开业登记注册中"有关部门意见"一栏中签署"同意开业",并加盖公章。

2. 刻制印章

领取营业执照后,可以刻制主题餐饮店的印章,如:公章、财务专用章、人名章等。具体办理方式如下:第一,新成立的企业申请刻制印章,需持"营业执照"原件和复印件各一份;单位开具证明一式两份;法定代表人身份证复印件一份,附章样模,到所属地区公安分局治安科办理。第二,私营和个体企业申请刻制印章,由法人写出申请报告一式两份,附印章模样和数量。私营企业须持法人身份证原件及复印件一份,个体企业需到工商部门开具证明后携带"营业执照"原件进行办理。第三,申请刻制企业各类专用章,由本单位出具证明一式两份,携带工商部门颁发的"营业执照"复印件及"申请刻制印章登记卡"到属地公安分局治安科审批印章办公室办理。

3. 银行开户

在领取营业执照并刻制印章后,即可到银行办理开户手续,开立银行结算账户。申请开立基本存款账户,应填制开户申请书,提供本办法规定的证件,送交盖有存款人印章的印鉴卡片,经银行审核同意,并凭中国人民银行当地分支机构核发的开户许可证开立账户。根据中国人民银行关于结算账户管理的有关规定,每个公司仅可开立一个基本账户,用以提取现金及日常结算支付等,并可根据经营业务的需要,再开立其他的一般账户。在开立银行账户,银行会在上报人民银行系统时对该企业进行审核,确保企业开立唯一的基本账户。开立账户需要准备的资料有:营业执照副本及复印件;组织机构代码证的副本及其复印件;法定代表人身份证复印件;留存印鉴是非法定代表人的,须签署相应的授权书;公章、财务专用章及预留人名章;经办人身份证复印件;公司税务登记证副本的复印件;房屋租赁协议;其他需要的证明文件。

技能/知识点四　认识国家餐饮商家税务要求

办任何企业,做任何生意都必须向国家纳税,依法纳税是每个公民应尽的义务。只有办理好"税务登记证",按照相关规定定期纳税才算合法经营。每个业主在领到工商部门发放的营业执照30日内,应尽快到当地税务机关(包括国税和地税)办理登记,以保证能正常开业。办理"税务登记证"的相关事宜主要包括以下四点:

(1)办理"税务登记证"。办理"税务登记证",须按要求如实填写"税务登记表"。"税务登记表"主要包括如下内容:住所、经营地点;企业经济性质;企业形式、核算方式;生产经营范围、经营方式;注册资金(资本)、投资总额、开户银行及账号;生产经营期限、从业人数、营业执照号码;财务负责人、办税人员;其他有关事项。

(2)餐饮企业在外地有分支机构或从事生产、经营场所的,还应登记其总机构名称、地址、法定代表人、主要业务范围、财务负责人。

(3)在填写"税务登记表"时,应按税务机关要求提供以下有关材料、证件:营业执照、有关合同、章程、协议书;银行账号证明;居民身份证或其他合法证件;税务机关所要求的其他材料和证件;免税企业提交的免税证明、资料。

(4)经过税务机关对"税务登记表"及相关证明、资料的审核(一般30日完毕)符合规定,即发给"税务登记证"。一旦拿到"税务登记证"后,即表示已完成税务登记工作。有了前面所提的相关证件、手续,再加上"税务登记证",主题餐饮店就可以开店迎客,顺顺利利地做生意了。

▶ **实施步骤**

(1)设计工商手续、食品防疫、环保、税务、消防的市场调查表。

(2)制订工商手续、食品防疫、环保、税务、消防的市场调查计划。

(3)实施市场调查。

(4)对调查资料进行分析,研讨并完成工商手续、食品防疫、环保、税务、消防的市场调研报告。

 学习/工作评估

1. **职业基本能力评价**(见表5-5)

表5-5　职业基本能力评价表

等级	评价标准	小组评语	教师评语
优秀	• 调查表格设计内容科学、完整 • 调查循序渐进、项目完整 • 调查报告规范、清晰 • 主题明确、可行		
良好	• 调查表格设计内容完整 • 进行调查，项目完整 • 调查报告思路清晰 • 主题基本明确、可行		
及格	• 调查表格设计内容基本完整 • 进行调查，大多项目完成 • 调查报告意思明确 • 主题可行		
不及格	• 调查表格设计内容有重大缺项 • 进行调查，大多项目未完成 • 调查报告意思不明 • 主题不明确，难以实施		

2. **职业拓展能力评价**(见表5-6)

表5-6　职业拓展能力评价表

评价(评估)内容	4	3	2	1	教师评语
• 合作良好，团队效果佳					
• 分工明确，参与主动性好					
• 各负其责，完成时效性好					
• 创新钻研，有一定实用新意					
• 创造条件，完成各自任务能力					

特别提示

(1) 对工商手续、食品防疫、环保、税务、消防进行市场调查,明确调研地点、选择调研方式。

(2) 研讨并完成工商手续、食品防疫、环保、税务、消防的市场调研报告。

关键词

(1) 法人登记。
(2) 照前审批。
(3) 开业登记。
(4) 营业登记。
(5) 卫生许可证。
(6) 环评审批。
(7) 刻制印章。
(8) 银行开户。
(9) 税务登记。

开业登记提交材料

1. 企业法人开业登记提交材料

(1) 组建负责人签署的《企业法人开业登记申请书》(主管部门〈出资人〉加盖公章)。

(2) "指定代表或者共同委托代理人的证明"(主管部门〈出资人〉加盖公章)及指定代表或委托代理人的身份证复印件(本人签字);应标明具体委托事项、被委托人的权限、委托期限。

(3) 法律、行政法规规定设立企业必须报经批准的,提交有关的批准文件或者许可证书复印件。

(4) 企业法人组织章程(主管部门〈出资人〉加盖公章)。

(5) 主管部门(出资人)的法人资格证明。主管部门(出资人)为企业的,提交营业执照正副本复印件;为事业法人的,提交事业法人登记证书复印件;为社团法人的,提交社团法人登记证复印件;为民办非企业单位的,提交民办非企业单位证书复印件。

（6）主管部门（出资人）为国有企业或者事业法人的，提交国有资产管理部门出具的"国有资产占有产权登记表"；主管部门（出资人）为集体所有制企业或者社团组织、民办非企业单位的，提交法定验资机构出具的验资证明；主管部门（出资人）为工会的，由上一级工会出具证明。

（7）主管部门（出资人）出具的企业法定代表人的任职文件和身份证明。

（8）住所使用证明。自有房产提交产权证复印件；租赁房屋提交租赁协议复印件及出租方的房产证复印件；未取得房产证的，提交房地产管理部门的证明或购房合同及房屋销售许可证复印件；出租方为宾馆、饭店的，提交宾馆、饭店的营业执照复印件。

（9）企业申请登记的经营范围中有法律、行政法规和国务院决定规定必须在登记前报经批准的项目，提交有关的批准文件或者许可证书复印件或许可证明。

（10）"企业名称预先核准通知书"（办理了名称预先核准的提交）。

（11）申请开业的企业法人其主管部门（出资人）为依照《企业法人登记管理条例》设立的企业法人的，应当提交出资人经其登记机关核准变更登记取得的分支机构核转函。

（注：依照《企业法人登记管理条例》设立的企业法人申请开业登记适用本规范。）

"企业设立登记申请书""指定代表或者共同委托代理人的证明"可以通过国家工商行政管理总局"中国企业登记网"（http://qyj.saic.gov.cn）下载或者到各工商行政管理机关领取。

以上各项未注明提交复印件的，应当提交原件。提交复印件的，应当注明"与原件一致"并由主管部门（出资人）加盖公章。

2. 非法人分支机构开业登记提交材料

（1）"营业单位开业登记申请书"（企业法人盖章）。

（2）"指定代表或者共同委托代理人的证明"（企业法人盖章）及指定代表或委托代理人的身份证复印件（本人签字）。应标明具体委托事项、被委托人的权限、委托期限。

（3）企业法人登记机关出具的分支机构核转函。

（4）企业法人出具的"资金数额证明"（企业法人盖章）。

（5）非法人分支机构负责人的任职文件及身份证明（企业法人出具，加盖企业法人公章）。

（6）企业法人营业执照正副本复印件。

（7）公司申请登记的经营范围中有法律、行政法规和国务院决定规定必须在登记前报经批准的项目，提交有关的批准文件或者许可证书复印件或许可证明。

（8）非法人分支机构地址的使用证明。自有房产提交产权证复印件；租赁房屋提交租赁协议复印件及出租方的房产证复印件；未取得房产证的，提交房地产管理部门的证明或购房合同及房屋销售许可证复印件；出租方为宾馆、饭店的，提交宾馆、饭店的营业执照复印件。

（9）法律、行政法规和国务院决定规定设立营业单位必须报经批准的，提交有关的批准文件或者许可证书复印件。

（注：企业非法人分支机构是指由依照《企业法人登记管理条例》登记的企业法人申请设立的、不能独立承担民事责任的分支机构。其申请开业登记适用本规范。"营业单位开业登记申请书""指定代表或者共同委托代理人的证明""资金数额证明"可以通过国家工商行政管理总局"中国企业登记网"〈http://qyj.saic.gov.cn〉下载或者到各工商行政管理机关领取。）

以上各项未注明提交复印件的，应当提交原件。提交复印件的，应当注明"与原件一致"并由企业加盖公章。

3. 营业单位开业登记提交材料

（1）"营业单位开业登记申请书"（主管部门〈出资人〉盖章）。

（2）"指定代表或者共同委托代理人的证明"（主管部门〈出资人〉盖章）及指定代表或委托代理人的身份证复印件（本人签字）。应标明具体委托事项、被委托人的权限、委托期限。

（3）"资金数额证明"（主管部门〈出资人〉盖章）。

（4）负责人的任职文件及身份证明（主管部门〈出资人〉出具，加盖公章）。

（5）主管部门（出资人）主体资格证明。

（6）经营范围涉及法律、行政法规和国务院决定规定登记前必须报经审批项目的，提交有关部门批准文件。

（7）营业单位地址的使用证明。自有房产提交产权证复印件；租赁房屋提交租赁协议复印件及出租方的房产证复印件；未取得房产证的，提交房地产管理部门的证明或购房合同及房屋销售许可证复印件；出租方为宾馆、饭店的，提交宾馆、饭店的营业执照复印件。

（8）法律、行政法规和国务院决定规定设立营业单位必须报经批准的，提交有关的批准文件或者许可证书复印件。

（注：依照《中华人民共和国企业法人登记管理条例施行细则》设立的不具备企业法人条件的联营企业、其他从事经营活动的单位，申请开业登记领取"营业执照"适用本规范。）

"营业单位开业登记申请书""指定代表或者共同委托代理人的证明""资金数额证明"，可以通过国家工商行政管理总局"中国企业登记网"（http://qyj.saic.gov.cn）下载，或者到各工商行政管理机关领取。

以上各项未注明提交复印件的，应当提交原件。

提交复印件的，应当注明"与原件一致"并由出资人加盖公章。

案例分享

委托人伪造身份证明骗取验资和登记

1. 案情简介

2007年9月,某主题餐饮店股东以货币出资50万元申请验资。负责审验的注册会计师审核全面资料后出具了验资报告。2008年该主题餐饮店股东因利用伪造的身份证明骗取公司登记后抽逃注册资本并虚开增值税专用发票的犯罪行为,被公安机关立案侦查。经查,该主题餐饮店向会计师事务所和公司登记机关提供的三份股东身份证明中有两份系伪造。其中,股东乙的假身份证标注的出生日期为1959年6月21日,而身份证编号中的出生日期为590612。该主题餐饮店股东向公司登记机关提交的"股东情况表"上的公安派出所户籍专用章均系伪造。

2. 风险分析

从2001年7月1日开始实行修订后的《独立审计实务公告第1号——验资》(下称《验资公告》)规定,设立验资的审验范围包括被审验单位的出资者等事项。按照《验资公告》的要求,注册会计师应当对出资者履行审验程序,在获取出资者的身份证明、企业法人营业执照基础上进行必要的审核、验证。当然,注册会计师受能力和手段限制,不可能发现所有出资者的舞弊行为,对出资者审验的要求仅限于注册会计师在保持应有职业谨慎和非技术手段下所能判断、鉴别的情形。本案中,股东乙的身份证标注出生日期与身份证编号出生日期不符,明显违背了我国身份证的编号规则,注册会计师作为专业人士在对身份证审验时,应当能发现伪造嫌疑而没能指出,显然存在过失。

3. 风险防范

新修订的《验资公告》实施后,注册会计师应保持应有的职业谨慎,进一步重视对被审计单位出资者的审验,以判断、鉴别出资者身份的真伪:

(1)在获取自然人身份证明的同时,应尽可能地获取由出资人户籍地派出所签章并粘贴股东身份证复印件的自然人股东情况表。

(2)对企业法人出资者,应当取得企业法人营业执照原件,审核营业执照是否在有效期内,营业执照是否通过年度检验,营业执照是否涂改,必要时可以向发证机关查询;如果无法取得原件,复印件必须由发证机关加盖公章并签署意见,必要时还应向发证机关查询。

(3)对自然人身份证实施检查。如,将身份证姓名与企业章程、银行收款凭证核对是否一致;身份证标注年龄与身份证号码是否一致;身份证号码是否有常规性错误;身份证是否有错别字或字迹异常模糊不清;国家实行防伪身份证制度后签发的身份证是否是防伪身份证;国家实行18位身份证编号后的身份证是否是18位;身份证复印件与原件核对是否一致等。

(4)在执行重要验资业务,如特殊行业业务时,可向出资人身份证明发放机关查询,或要求委托人就出资人身份及其在企业章程、股东会决议的签章提交公证机构的公证文书。

(1)如何防范骗取验资?
(2)申请验资应提供哪些材料?

(1)如何办理工商登记手续?
(2)卫生许可证、健康证的办理流程有哪些?
(3)国家对开设餐厅的环保、税务、消防有哪些要求?

(1)以小组为单位调研以下开店流程:法人登记、照前审批、开业登记、营业登记、卫生许可证、环评审批、刻制印章、银行开户、税务登记。
(2)以小组为单位研讨并完成工商手续、食品防疫、环保、税务、消防的市场调研报告,并写出文字稿或电子稿。

模块四　餐厅布局与设备选购

- 熟悉主题餐饮店环境布局、空间分隔的合理性,设备选购的实用性。
- 能根据餐厅环境布局、空间分隔、设备选购、厨房布局的合理性,设计市场调研表格。
- 能对调查资料进行分析,写出详细的分析报告。

- 对主题餐饮店空间分隔、设备选购、厨房布局等方面进行市场调研,了解调研的内容、方法和步骤。
- 进行主题餐饮店流动线市场调查表格设计。
- 进行系统性空间设计、照明设计、色调设计、门面设计、洗手间设计的市场调查。
- 做空间设计、照明设计、色调设计、门面设计、洗手间设计市场调查汇总表。
- 对餐厅区域布局与设备选购、厨房布局的合理性、主题餐饮店的布局特色进行市场调查,并对结果进行分析,写出调研报告。

技能/知识点一　调研餐厅区域布局与设备选购

餐厅的区域布局,直接影响到主题餐饮店的形象确立。作为主题餐饮店的经营者,必须根据主题餐饮店的目标风格有计划地去布置装潢餐厅,使餐厅既有独特的就餐气氛又美观实用,从而在突出特色的基础上保证主题餐饮店的正常运作。完美、合理的餐厅不是单纯在材料上追求昂贵,而是要通过装饰布置、色彩线条来体现风格。主题餐饮店一般由大堂、包房、宴会厅和厨房等部门组成。主题餐饮店的规模以面积和用餐座位数为设计指标,但面积和座位数的要求并无绝对的公式,均以市场需求为依据,并受主题餐饮店规模、等级、经营方式等因素的制约。

1. 主题餐饮店环境布局

餐厅总体环境布局没有一种放之四海而皆准的真理,但它确有不少规律可循,并能根据这些规律,创造美妙的平面布局效果。主题餐饮店的总体布局,包括交通空间布局、使用空间布局、工作空间布局等要素。不同的空间有不同的设计要求,但所有的空间设计都必须满足接待顾客和使顾客方便用餐这一基本要求。从经济效益着眼,餐厅内部设计,首先,由其面积决定。应尽可能地挖掘出每寸空间的利用价值,以最小的面积满足最多顾客的需求。其次,有效组合是主题餐饮店平面设计的另一个重要因素。餐厅空间有限,如何在这有效的空间里合理安排餐桌、餐椅及其他设施设备,无疑是个值得思考的问题。不同的组合方式有不同的效果。合理的组合不但可以最大化地有效利用餐厅的空间,而且可以体现出秩序之美。主题餐饮店的主要空间有以下几种:

(1)顾客空间。如,通路(电话、停车场)、座位等,是服务大众,便利其用餐的空间。

(2)管理空间。如,入口处服务台、办公室、服务人员休息室、仓库等。

(3)调理空间。如,配餐间、主厨房、辅厨房、冷藏间等。

(4)公共空间。如,接待室、走廊、洗手间等。

在运用时要注意各空间面积的特殊性,并考察顾客与工作人员流动路线的简捷性,同时也要注意消防等安全性的要求,以求得各空间面积与建筑物的合理组合,高效率利用空间。

2. 主题餐饮店的空间分隔

从就餐者的感受和视觉特征变化来看,在没有遮挡的餐厅内,出现凹进或凸出物体,就能在视觉区域中构成一个带有某种特点的空间。餐厅空间分隔的总体原则,是使客人既能享有相当隐蔽的小区,又能感受整个餐厅的气氛。由于陈设的简繁及空间曲折、大小、高低的不同变化,能产生出形态繁多的空间分隔。常用的空间分隔形式有:

(1)软隔断分隔。就是用垂珠帘、帷幔、折叠垂吊帘等把餐厅进行分隔,软隔断富丽、高档,一般在档次较高、有空调的餐厅使用。

(2)通透隔断空间。表现出传统的文化气息,通常是屏风式博古架、花窗墙隔断等,一般是将大餐厅分隔成若干个雅座时使用。

(3)灯光分隔。用灯具对餐厅进行分隔,有一种隔而不断的感觉,达到一种特殊的效果。对于西餐厅和酒吧来说,是室内环境设计的常用手法。灯光分区的特点是,既保持了大的整体空间的气氛,又在各自的心理上形成分隔,而且空气流通良好、视野宽阔。

（4）矮墙分隔。使客人在心理上产生一种自我受到保护的感觉。人们既享受到大空间的共融性，又保持了一定心理的隐秘感，具有大厅分隔的许多优点。

（5）用植物分隔。不仅可以限定两个功能不同的空间，还可以阻挡视线，围合成相对独立性的私密空间。植物本身就成为一种充满生机的屏，隔而不断，使空间保持其完整性和开阔性。

（6）装饰物分隔。装饰物的设计可暗示一个空间的结束或另一个空间的开始。如，花架、水池及铺地材料的变化，都能起到分隔空间的作用。

3. 主题餐饮店的设备选购

开业前期工作准备就绪，就要准备购置必需的相关设备了。餐厅使用的设备按照用途可分为制作设备、经营设备和辅助设备。制作设备，主要指厨房和其他操作间用于烹饪、加工、制作的设备，如炉灶、操作台、烹饪工具、加工设备等；经营设备，主要是为大堂和包间配备的设备，如桌椅、餐（用）具、餐台用品、收款设备、暖气、空调、音响、灯光、冷藏设备等；辅助设备，主要指为卫生间、库房等处配备的设备，如储存设备、通风设备等。具体而言，主题餐饮店需要购置八大类的设备用品：

（1）厨房设备。有灶具、抽油烟机、操作台、调料台、餐具柜、冰箱、储物柜、蒸汽柜、消毒柜、冷藏柜、紫外线灯、电饭锅、微波炉、各种炊具和刀具。

（2）餐厅桌椅。一般为圆桌、长桌、方桌等。

（3）大堂设备用品。如，吧台、接手台、扎啤机、冷藏柜、电话、水族箱、火锅、音响等。

（4）包间设备用品。如，餐桌、餐椅、接手台、衣帽架或挂衣钩、沙发和茶几、卡拉OK（电视、音响）、小酒柜等。

（5）餐（用）具配置。餐（用）具按用途分为凉菜盘、热菜盘、汤盘、饭碗、汤碗、汤勺等；按形状又可分为圆盘、鱼盘、异形盘、平盘、斗盘、盅、罐等。

（6）酒具和水具。酒具和水具是开餐时用于盛放酒水和饮料的餐（用）具及各种杯具和调酒用具。

（7）餐台用品配置。包括各种布件、玻璃器皿、瓷器餐（用）具及转台、茶壶、牙签筒、烟灰缸、调味品器皿等。

（8）冷暖及通风设备。如，空调、暖气、排风扇、换气扇、换气机、风幕机、空气净化器等。

技能/知识点二　讨论主题餐饮店的布局特色

1. 主题餐饮店流动线设计

主题餐饮店流动线，是指顾客、服务员、食品与器皿在餐厅内流动的方向和路线。流动线的设计与布置,应体现流畅、便利、安全,切忌杂乱,基本要求是从视觉上给人以完整、统一的意念,既要使每个服务员都能顺利工作,顾客的行走安全随意,又要灵活安排,根据餐厅的形状,将通道设计得畅通无阻。一般来说,餐厅中顾客的流动线采用直线为好,避免迂回绕道。任何不必要的迂回曲折都会使人产生一种混乱的感觉,影响或干扰顾客进餐的情绪和食欲。餐厅中服务人员的流动线长度对工作效率有很大的影响,应越短越好。在服务人员流动线的安排中,注意同一方向的道路作业线不要太集中,尽可能排除不必要的曲折。可以考虑设计一个"区域服务台",既可存放餐具,又有助于服务人员缩短行走路线。餐厅的入口应宽敞,避免人流堵塞,有时可设客人等候席。入口通道应直通柜台或接待台。

2. 主题餐饮店设备的空间设计

主题餐饮店内用餐设备(诸如餐桌、餐椅及橱柜架)的空间设计,应有一定的比例标准,以求得均衡与相称。餐桌、餐椅尺寸大小的设计,应根据餐厅面积的大小合理安排。餐桌可分为西餐桌和中餐桌。西餐桌有圆形、长条形和长方形;中餐桌一般为圆形和正方形,圆形居多。如空间面积许可,宜采用圆形桌,因为圆形比方形更具有亲切感。目前,中餐厅里也开始用长方形桌作为普通的餐桌。餐桌用圆形还是方形并无限定,以能随营业内容与客人的人数增减机动运用为佳;通常都采用整齐划一的方形桌或长方形桌。方形桌的好处,是可在供餐的时间内随时合并成大餐桌,以接待没有订座的大群客人。餐桌的大小会影响到餐厅的容量,也会影响餐具的摆设,所以在决定餐桌的大小时,除须符合餐厅面积并能最有效使用的尺寸外,也应考虑到客人的舒适及服务人员工作是否方便。座位的空间配置上,在有柱子或角落的地方,可单放靠墙的三人座,也可变成面对面或并排的双人座。餐桌、餐椅的配置应考虑到餐厅面积的大小和客人餐饮性质的需要,随时能做迅速适当的调整。

3. 主题餐饮店照明设计

主题餐饮店照明方式包括:一般照明、分区一般照明、局部照明、混合照明四大类。主题餐饮店照明,主要采用一般照明、混合照明和局部照明三种方式。一般照明风格简洁。顾客群相对大众化的餐厅经常采用这种方式。混合照明,经常用于中高档餐厅的照明设计中。酒吧、咖啡厅的照明方式多采用局部照明,通过局部的重点照明,将人们的视线吸引到有文化氛围的情调之中,以体现酒吧、咖啡厅自身个性。餐厅内的环境和餐桌必须有足够的光照,才能满足顾客就餐的基本需求。国际照明委员会规定,餐桌照明度以200勒克斯为宜。一般来说,宴会厅的照明度较高;快餐厅的照明度充足;风味餐厅的照明度比较适中;酒吧的室内环境一定要暗,追求幽暗朦胧、静谧而具有神秘感的氛围。餐厅的光线应充分采用自然光,使顾客既能享受到自然阳光的舒适,又能产生一种明亮宽敞的感觉。如果无法利用自然光,就必须借助灯光。荧光灯具有亮度高、经济的特点,但缺乏美感;白炽灯具有明快、柔和的特点,易于显示食品的造型,但耗电量大,成本较高;色光多用于特殊区域,如用月绿光和蓝光照射水族箱,红光照射吧台或家具等。色光一般不宜大面积采用,成本较高;烛光是一种很有情调的光线,比较昏暗,偏暖黄色。

4. 主题餐饮店色调设计

主题餐饮店的色调,是风格、氛围中可以看得见的重要元素,用以创造各种心境。不同的色调对人的心理和行为有不同的影响。色调由色彩和强度两部分组成。色彩即各种颜色,不同的色彩对人的心境有不同的影响:白色让人安宁,黄色使人兴奋,绿色代表和平,蓝色令人轻松,红色使人振奋。主题餐饮店应根据经营的目的确定餐厅的色调。如希望顾客延长就餐时间,要选用安静、悠闲、柔和的色调;如要提高顾客的流动率,就要使用刺激、活跃、对比强烈的色调。主题餐饮店应当先确定餐厅的主色调。主色调确定后,可用其他的色彩作为辅助。大堂内的色调构成主要取决于地面、墙面、天花、灯具、窗帘、台布、灯光等因素,除要表达特殊目的外,应突出主题餐饮店的文化氛围,与主题色调一致。

5. 主题餐饮店的门面设计

主题餐饮店的门面,是给顾客的第一印象,非常重要。门面的设计和装修,不但会影响主题餐饮店整体建设的印象,而且能体现经营者的思想品位、审美水平、文化修养和经营意识。门面设计和装修应与整体设计风格相吻合,应根据自己经营的内容和特点去考虑装修的式样。一般门面装修基本以传统型和现代型为主要方式。比如,经营清朝宫廷菜,应装修成清朝宫廷建筑特色的门面;如果考虑开设民族特色的主题餐饮店,应突出民族特色和地方风格。门面装饰的色彩处理,应充分运用色彩的对比和搭配,创造出较理想的视觉效果。在一般情况下,门面的色彩基调以高明度、暖色调为宜。需要突出的构件或重点部位,可依其形状特点及体现商业建筑装饰气氛的需要,配以相应的对比色彩。为突出主题餐饮店的识别性,店面的标志牌、标徽图案及标志物等,可采用高纯度的鲜明色彩,给人以醒目的展示。至于门面的装饰材料,种类繁多,应正确地运用材料的质感、纹理和自然色彩。门面装饰基本上等同于建筑外墙及屋面装饰,材质应坚固耐用。

6. 主题餐饮店洗手间的设计

主题餐饮店的洗手间设计要合理,便于顾客使用,应与餐厅在同一楼层,免得客人上下不方便。洗手间的色调应能让顾客感觉整洁、安静和舒适。建议采用浅深色彩搭配,效果最好。洗手间的地面应用防滑瓷砖、防滑地砖或防滑钢砖。镜面最好安装防雾镜面玻璃。防雾镜又可分为涂层防雾镜和电热防雾镜。前者是通过涂层微孔阻止雾层的形成,后者是通过电加热使镜面温度升高,雾气加速蒸发,从而形成不了雾层。灯具要求防雾并容易清洁,带罩顶的吸顶灯是最佳的选择。洗手间应比较明亮,光线要柔和,镜灯宜采用荧光管。洗手间的标志要中英文对照,清晰、醒目。

▶ **实施步骤**

(1)对餐厅环境布局、空间分隔、设备选购的合理性设计市场调查表。
(2)对餐厅环境布局、空间分隔、设备选购的合理性制订市场调查计划。
(3)实施市场调查。
(4)对餐厅区域布局与设备选购、主题餐饮店的布局特色进行市场调查,并对结果进行分析,写出调研报告。

学习/工作评估

1. 职业基本能力评价(见表5-7)

表5-7 职业基本能力评价表

等级	评价标准	小组评语	教师评语
优秀	• 调查表格设计内容科学、完整 • 调查循序渐进、项目完整 • 调查报告规范、清晰 • 主题明确、可行		
良好	• 调查表格设计内容完整 • 进行调查,项目完整 • 调查报告思路清晰 • 主题基本明确、可行		
及格	• 调查表格设计内容基本完整 • 进行调查,大多项目完成 • 调查报告意思明确 • 主题可行		
不及格	• 调查表格设计内容有重大缺项 • 进行调查,大多项目未完成 • 调查报告意思不明 • 主题不明确,难以实施		

2. 职业拓展能力评价（见表5-8）

表5-8　职业拓展能力评价表

评价（评估）内容	4	3	2	1	教师评语
• 合作良好，团队效果佳					
• 分工明确，参与主动性好					
• 各负其责，完成时效性好					
• 创新钻研，有一定实用新意					
• 创造条件，完成各自任务能力					

特别提示

（1）对餐厅环境布局、空间分隔、设备选购进行调查，明确地点、选择调研方式。

（2）主题餐饮店的布局特色。

关键词

（1）空间设计。

（2）流动线设计。

（3）设备选购。

欲隔未断的主题餐饮店木质网格屏风

隔断，是一种常见的装饰形式，据说它的历史要追溯到汉代，而今，功能隔断、软隔断等隔断形式越发多样化、人性化，材质的运用也越发广泛。如纱幔、珠帘、木质屏风、玻璃等。将这些通透材料运用到主题餐饮店不同的空间设计中，欲隔未断的效果，增加了朦胧感。木质屏风隔断大体分为两种：一种是传统中式屏风，四扇屏风或八扇屏风，这种屏风一是造价较高，二是要设置在相应的装饰风格中，所以局限性较大。另一种是舶来品，常见于法式田园风格和地中海风格中，多以菱形网格或百叶形式出现，这种屏风不太受主题餐饮店风格的限制，不仅通透性好，而且可以根据需求来定尺寸，定制生产，安装简便，好用、耐用（见图 5-3）。

图 5-3　主题餐饮店的木质网格屏风

案例分享

监狱餐厅生财之道

对于生活在内地的城市人来说，"主题餐饮店"已经不是一个陌生的名词。这种在欧美国家非常流行的餐厅形式前几年悄然出现在我国内地各大城市。然而，如何将主题运用得恰到好处，并不那么容易。让内地人对主题餐饮店这一概念感受最深的，应当首推禅酷（Chain Cool Restaurant）。与一般餐厅相比，主题餐饮店令人印象最深的是它的用餐环境。它往往围绕一个特定的主题对餐厅进行装饰，甚至菜品也与主题相配合，为顾客营造出一种或温馨、或神秘、或怀旧、或热烈的气氛。禅酷位于北京芳园西路四得公园附近，但仍然吸引了不少食客的光顾，就是因为它的主题别出心裁：监狱。在 1200 平方米的经营面积中，随处可见的是金属链条、手铐脚镣、铁栏杆，以及带有小窗口的铁门，服务生都穿着类似于"囚服"的服装，菜名也被冠以"狱中老大""漏网田螺""杀头菜""牢房相思肉"等名称，给人以十分另类、神秘的感受。客人就餐时会得到一件坎肩、囚服，自愿穿着。运动员出身的餐厅老板在出国比赛时受日本"监狱"餐厅的启发，投资 400 万元（港币 372 万元），耗用 15 吨钢材打造出了这间"钢筋铁骨"的餐厅。这里的菜品也很独特，从造型到色彩设计都是由特聘的艺术家进行过专业包装的，比如"八宝摇篮鸭"被装在金属摇篮里，"椰汁糕"是用芭蕉叶围裹起来的，"刺身拼盘"躺在透明的冰船里。北京禅酷餐饮有限公司董事长如此阐述禅酷的主题：禅酷的两家餐厅都是以监狱为主题的餐厅，是中国第一家将主题放在招牌中的餐厅，"禅酷"二字中的"禅"取自佛教，佛教倡导与人为善，普度众生，而监狱实际上也有教育人、度化罪人的作用。因此，禅酷的主题就定义为监狱风格。

(1)为什么监狱餐厅能吸引众多客源?
(2)如果你开一家主题餐饮店,如何给餐厅命名、对设备用品如何选购?

(1)如何对主题餐饮店流动线进行设计?
(2)如何对主题餐饮店照明进行设计?
(3)如何对主题餐饮店色调、门面、卫生间进行设计?

(1)以小组为单位对餐厅环境布局、空间分隔、设备选购的合理性设计市场调查表。
(2)以小组为单位对餐厅区域布局与设备选购、主题餐饮店的布局特色进行市场调查,并对结果进行分析,写出调研报告。

模块五 市场询价与费用预算

能力目标

- 能对主题餐饮店经营品种进行分类。
- 能根据主题餐饮店经营品种设计市场调研表格。
- 能对调查资料进行分析,写出详细的分析报告。

学习/工作任务

- 了解主题餐饮店经营物资品种的内容和调研的步骤。
- 对主题餐饮店经营品种进行调查,设计调查表格。
- 进行物资品种及市场销售价格的市场调查。
- 做市场调查汇总表。
- 在调查基础上拟定餐厅费用预算,对调查结果进行分析并写出调研报告。

技能/知识点一 调研餐饮市场物资品种及价格

1. 主题餐饮店经营物资品种的类别

就主题餐饮店经营物品的分类而言,大致可分为以下类别:家具类;储物柜架类;电器类;玻璃瓷器银器类;棉织品类;印刷品类;办公用品类;标志名牌类;机械设备类;清洁用品类;客用品类;低值易耗品类;店内服务用车辆类;消防器材类;员工服装类;装饰用品类;劳保用品类;开荒用具类;培训用品类;厨杂用品类;工程备件类;干货调料类;酒水烟草类;食品原材料类;商品货物类;运输车辆类;医疗卫生用品类;绿植鲜花类;通信器材类;安保设备类;康乐设备类;音响设备类;应用软件类;员工餐宿类;其他杂品类。

2. 主题餐饮店采购经营品种的原则

主题餐饮店应根据经营规模、餐厅档次和建造标准确定采购原则。第一,采购物品应物美价廉、物尽其用;第二,采购物品的数量应适中,如果量大将造成积压,不仅占用资金,对后期经营也将产生不利影响;第三,对消耗类物品可以核定一个使用周期,一般采购半年的用量即可。

技能/知识点二　调研餐饮市场销售价格

1. 主题餐饮店采购经营用品的流程

在确定了采购原则后,根据主题餐饮店接待能力、部门设计、后勤管理的要求,制订出经营用品采购计划;各部门在提交经营用品计划时,采购部门按计划进行市场寻价,寻找供应商,确定物品的样品是否与采购需求相符;根据询价,调整采购计划,得出采购所需资金总额,形成一份完整的采购计划,报上级主管部门审批;根据不同类别的项目采取不同的采购方法;选定供货商后,应签订采购合同;对计划中不容易辨别质量标准的物品进行封样保管,保证供货商提供的货品与订货时的货样及质量完全相符;然后根据开业倒计时计划,安排各项采购物品的到货时间,并制定入库时间表和相应的到货、验收制度,确保整个经营用品采购计划顺利完成。

2. 调研经营用品的销售价格

家具类用品价格的调研:办公家具、茶几、沙发、餐桌、餐椅、工作柜、自助餐台、儿童椅、客用衣架、领位台、异形桌、移动舞台、演讲台、垃圾桶、商品柜台等。储物柜架类用品价格的调研:钥匙柜、保险柜、不锈钢货架、储藏柜、档案柜、文件柜、书柜、布巾存放架、宣传架等。电器类用品价格调研:电视、音响、消毒柜、电脑、传真机、复印机、扫描仪、打印机、摄像机、录音笔、外币兑换显示器、点钞机、饮水机、电子秤、制冰机、旋转蛋糕展示柜、照相机等。玻璃、瓷器、银器类用品价格调研:烟缸、花瓶、自助餐炉、自助餐汤炉、饮料机、宾治盘、宾治杯、餐具盒、不锈钢镜盘、海鲜盘、食品夹、食品叉、餐刀、餐叉、甜品匙、咖啡杯具、西餐盘、雪茄用具、糖缸、奶盅、香槟用具、调酒用具、制冰机、咖啡机、各种杯具、服务用具等。对主题餐饮店所需的所有用品、用具,根据分类逐项调研,货比三家,降低成本。

技能/知识点三　拟订餐厅费用预算

一个餐厅在选定地址开张之初,方方面面都需要用钱。此时,投资者会觉得用钱如流水。对一个原来是空白的主题餐饮店来说,很多钱是非用不可的,但要用得其所,用得所值。

1. 设施设备购置费用预算

设备设施费用,是主题餐饮店筹建费用中较大的项目之一。这些设施应包括:厨房设备中的各种烹饪设备、储藏及冷藏设备、运输设备、洗涤设备、加工设备、清洗设备(洗碗机等)和保温设备。其他大型设备,如空调、通风设施、音响设备、安全消防设施及购货用车等。对这些设施设备以清单形式一一列出,做到一目了然,再精打细算,力争将主题餐饮店的费用用得合理。

2. 家具购买费用预算

先根据主题餐饮店的服务方式和桌位数,计算出各种家具需要的数量,再根据市场价格进行估算。家具包括主题餐饮店营业所需的餐桌、餐椅、工作台、迎宾台、签到台、指示牌、雨伞架、衣帽架、古玩架、屏风、餐车等。

3. 餐具和器皿购置费用预算

餐(用)具和器皿购置,包括主题餐饮店营业所需的各种碗、盘、盆、勺、叉、筷及各种酒具、茶具等玻璃器皿。若是兼营西式主题餐饮店,除必须增设西厨设备外,一般工具器皿,如刀叉、银器、酒车、餐车、烧烤车、饼车、切割车、燃焰车、开胃品车、奶酪车、蛋糕车、甜品车、咖啡车、烈酒车、茶水车、送餐车等,应详细列于预算之内,因西餐所用工具与中餐不同,应另行预算。

4. 装饰费用预算

主题餐饮店的装饰,包括门面、内部、厨房三个大的方面。门面装修费用包括:外墙装修,铺面装修。内部装修费用包括:主题餐饮店立体装修,各部围墙及天花板、墙纸、办公室货仓等粉刷在内。厨房装修应以卫生为主,结合方便厨师和工作人员操作,便于油烟、污水排放功能的考虑,能节省则节省,避免豪华装饰以免营业前期投入成本过大。预算方法可在确定档次与风格后,参考同档次或类似的主题餐饮店装饰费用进行估算。另外,停车场的设计费、装修材料的费用及劳务费也应估算在内。

5. 周转资金及劳动力成本预算

主题餐饮店开业初期,食品原料的进货款项及日常周转所需的资金也应该在预算之内。劳动力成本由管理人员、服务人员、厨师的工资组成。可按不同人员的工资标准乘以人数来计算。各类人员的工资水平,在各劳动力市场都有平均工资标准可供参考。

6. 开办费用预算

办理开业的各种费用,即开办费用。如,营业执照费、登记费、保险费等。

7. 贷款利息支付预算

贷款利息,是指为筹建主题餐饮店所进行的贷款,按规定利率所需偿还的利息。贷款利息可根据银行的贷款利率进行估算。如果经营者都是用自己的资金投资,也可按贷款计算其利息,以此反映筹建费用的全貌。

8.灯饰费用的预算

灯饰有装饰灯和照明灯两种不同的价格,也有高级和中级货色选择。因此,在预算时应该先决定采用什么级别和档次的灯具,把装饰用的和照明用的灯饰数量分别列出,以便做出准确估算。霓虹灯招牌对主题餐饮店来说是相当重要的。在可能范围内,应悦目、显眼,以达到招徕之效果。这项费用的估算可根据当时招牌制作的市价情况随行就价进行估算。

▶ **实施步骤**

(1)设计主题餐饮店经营物资品种及市场价格调查表。

(2)制订主题餐饮店经营物资品种及市场价格调查计划。

(3)实施市场调查。

(4)根据调研内容,拟定餐厅费用预算,对调研结果进行分析并写出调研报告。

1. 职业基本能力评价(见表5-9)

表5-9 职业基本能力评价表

等级	评价标准	小组评语	教师评语
优秀	• 调查表格设计内容科学、完整 • 调查循序渐进、项目完整 • 调查报告规范、清晰 • 主题明确、可行		
良好	• 调查表格设计内容完整 • 进行调查,项目完整 • 调查报告思路清晰 • 主题基本明确、可行		
及格	• 调查表格设计内容基本完整 • 进行调查,大多项目完成 • 调查报告意思明确 • 主题可行		

续表

等级	评价标准	小组评语	教师评语
不及格	• 调查表格设计内容有重大缺项 • 进行调查,大多项目未完成 • 调查报告意思不明 • 主题不明确,难以实施		

2. 职业拓展能力评价(见表5-10)

表5-10 职业拓展能力评价表

评价(评估)内容	4	3	2	1	教师评语
• 合作良好,团队效果佳					
• 分工明确,参与主动性好					
• 各负其责,完成时效性好					
• 创新钻研,有一定实用新意					
• 创造条件,完成各自任务能力					

特别提示

(1)对主题餐饮店经营物资品种及销售价格进行调研,明确调研地点,选择调研方式。

(2)对调研内容进行分析,拟定餐厅费用预算,写出调研报告。

关键词

(1)经营物资品种分类。

(2)市场销售价格。

(3)贷款利息支付预算。

知识链接

差异化是主题餐饮店风靡的原因

主题餐饮店,顾名思义就是有主题的餐厅。与一般餐厅相比,主题餐饮店往往针对特定的消费群体,不仅提供饮食,还提供以某种特别文化为主题的服务。餐厅能够在环境上围绕着这个主题进行装修装饰,甚至菜品也与之相配合，营造出一种特殊的气氛，让顾客在某种情境体验中找到进餐的全新感觉。一般而言，越接近顾客心灵的餐厅，成功的机会就越大。而主题餐饮店的出现，迎合了顾客日益变化的餐饮消费需求。它以定制化、个性化、特色化的产品和服务来感动诸多"上帝"，顾客在其巨大的魅力影响下"缴械投降"，欣然就餐。

主题餐饮店的差异化，使自己的产品与服务优于竞争对手。独具匠心的设施设备、精心制作的菜肴糕点、服务员独特的着装和服务是主题餐饮店抢占市场先机的有力武器。"吃"，自古以来就是人生最大的主题。人们经历了从吃饱到吃好的阶段后，吃正逐渐演变成一种文化消费，在品尝美味佳肴的同时，人们开始注重用餐环境的文化氛围与个性化。主题餐饮店本来是盛行于欧美国家的，与一般餐厅相比，主题餐饮店给人印象最深刻的是其用餐环境。它为顾客营造出一种或温馨、或神秘、或怀旧、或热烈的气氛，千姿百态、主题纷呈，前来就餐的顾客既可品尝到美味佳肴，同时又能体会到某种文化氛围，顾客很容易与餐厅融为一体。餐厅形式和用餐环境的与众不同使主题餐饮店与一般餐厅区别开来，有效避开了与一般餐厅的正面竞争，以己之长比其之短，优势肯定很明显。

案例分享

（一）广州天空之城

广州天空之城的餐厅装饰有着几分日本味，与那里的漫画书很匹配。餐厅里，每一个位置的附近都有伸手可及的漫画书，均是日本原装正版漫画。在这里，顾客可以充分领略另一个世界的风采。除了漫画，杂志、影碟也有不少，大多数是中国香港地区及日本、韩国的电视剧、原装西片和动画片。特色的情侣卡座可以让情侣甜甜蜜蜜地共看浪漫韩剧，而且还提供日、韩最新的潮流资讯。

（二）北京运动城餐厅

1999年开张的北京凯莱大酒店三层的运动城餐厅，如今看来很富时尚预见性，而且依旧走在了潮流的前沿。运动城餐厅的每一个装饰都和体育有关，墙边突兀着真人比例的"NBA球星"塑像、悬在半空的篮球网和1/2国际标准篮球场出现在眼前，天花板上投射下来的灯光炫目而多彩。这就是篮球运动的梦工厂。不仅如此，50多台电视遍布各个角落，实时播放各种体育节目，300多幅精彩体育图片和各种体育雕塑把这里装点成永远运动的"体育王国"。运动城酒吧在特有的氛围下融进了音乐，爵士、摇滚、拉丁的串串美妙音符在空气中流动，仿佛精美的自助晚餐，已是高品位运动的闲暇陪衬。

(1)广州天空之城、北京运动城餐厅满足了什么层次的消费者?
(2)类似这样的主题餐饮店还有哪些?

(1)主题餐饮店的经营物资是如何分类的?
(2)如何拟定餐厅费用预算?

(1)以小组为单位对主题餐饮店经营物资品种及销售价格进行调研,并根据调研内容写出调研报告。
(2)以小组为单位对设施设备费用预算、家具购买费用预算、餐(用)具和器皿购置费用预算、装饰费用预算、周转资金及劳动力成本预算、开办费用预算、贷款利息支付预算、有关灯饰费用的预算进行调研,并根据调研内容写出调研报告。

模块六　装饰布置与物资选购

- 能了解主题餐饮店装潢的"四大要素""九项内容"。
- 能根据主题餐饮店装潢的要素和内容设计市场调研表格。
- 能对调查资料进行分析,写出分析报告。

- 了解主题餐饮店装潢的要素和内容,确定市场调研的方法和步骤。
- 根据主题餐饮店装潢的要素和内容,进行市场调查表格的设计。
- 进行系统的市场调查。
- 根据主题餐饮店装潢的要素和内容,拟订餐厅物资设备采购清单,做市场调查汇总表。
- 进行市场调查结果分析并写成调研报告。

技能/知识点一　主题餐饮店装饰装潢

主题餐饮店的装饰装潢非常重要,就相当于一个人的脸,别人对你的主题餐饮店的第一印象,都会在这张"脸"上显现。一个主题餐饮店的整体外观、气氛格调、档次环境都是从装饰装修方面体现出来的。装饰布置应把握以下原则:

第一,主题餐饮店应与目标顾客的要求相统一。在风格、氛围及布局上,要符合目标顾客的要求。

第二,主题餐饮店应与经营特色相统一。与名号、菜品或服务特色有机地统一起来。

第三,主题餐饮店应该有自己的个性。突出个性时,应当柔和、适度,如果过分张扬可能适得其反。

第四,合理装修。主题餐饮店的主要功能是为顾客提供一个轻松进餐的场所,而不是让顾客参观装修博览会。合理装修不仅能调整客人的情绪,而且会降低经营成本。

1. 主题餐饮店装饰装潢的"四大要素"

第一要素,是主题餐饮店的布局。装饰装潢一般要根据主题餐饮店的建筑结构、餐厅的目标客户和经营形式予以综合确定,达到充分利用、创造氛围和弥补缺陷的目标。装饰装潢的内容有:吧台、操作间、接手台等的位置和占用面积;餐台的形式、规格和摆放;通道的宽度和走向。

第二要素,是主题餐饮店的风格。在装饰装潢时有的从地方风情入手,有的从情感入手,也有的是从顾客的生活特征入手。无论是现代风格,还是仿古餐厅,你应该将自己的心情、性格及所想的一切都融入主题餐饮店风格的塑造中,让人能从别具匠心的装修中拉近顾客的心。

第三要素,是主题餐饮店的色调。在装饰装潢时,一般应确定餐厅的主色调。不同的色调对人的心理和行为有着不同的影响。主色调确定以后,可用其他颜色作为辅助,同时防止喧宾夺主。主题餐饮店的色调构成,主要取决于地面、墙面、天花板、灯具、窗帘、台布等,除表达特殊目的外,应以清新淡雅为主,不宜过深。

第四要素,是主题餐饮店的光线。灯光在起到照明作用的同时,也决定着餐厅的格调。这一点在模块四中已经提及,不再赘述。

2. 主题餐饮店装饰装潢的"九项内容"

(1)墙面。最适合墙面使用的是品质较高的乳胶漆。档次较高的餐厅也可以粘贴墙体装饰布。它具有高贵的感观效果,但价格较贵,施工时间长,装修费用高。一般要避免使用木材装修墙面,因为它不仅造价高,不易维护,而且容易显旧。

(2)地面。主题餐饮店的地面大多选用石质地面,如水泥、水磨石、地板砖、大理石等。这些都能随餐厅的规模、风格而定。

(3)吊顶。主题餐饮店的吊顶有木质顶和石膏板顶,从防火和造价角度考虑,以石膏板顶为佳,但要注意防潮。

(4)门窗。主题餐饮店门窗的常用材料有:铝合金、不锈钢、木质、塑钢、复合材料等。几种材料各有其优缺点,应根据室内外装修特点综合考虑予以选择。

(5)灯饰。主题餐饮店的灯位布局要合理美观;灯头不宜过多,选择吊灯要注意空间安装高度,不能太低,以免造成压抑感;大小也要合适,过大会产生头重脚轻的感觉,过小则显得寒酸。

(6)窗帘。浅色的薄纱窗帘和各种风格相配,都可产生良好的效果,所以不妨多加采用。但挂起来要舒展、大方,长、宽尺寸要适当。

(7)吧台。是主题餐饮店的工作区,要美观、大方、实用,便于展示酒水、饮料和收款的工作,要留有足够的电源插座,以备各种电器设备的使用,台面要稳固。

(8) 空调、暖气。位置要适当,便于温度调节,并保证气流在主题餐饮店内流动,不要出现死角。暖气要做暖气罩或者全包,以保证美观且便于维护。

(9) 音响。一般设在吧台,作为播放背景音乐之用,背景音乐一般使用轻音乐,如莱卡音乐、进步音乐、歌妓音乐、通俗流行音乐等。音箱位置要适当,便于声音的传播。

技能/知识点二 拟订餐厅物资设备采购清单

由于主题餐饮店的类型、服务设施、功能布局、装修风格有一定的差异,所以经营用品的采购计划并非完全相同。但是,就采购物品的分类、用途和使用部位来讲,还有许多共同之处,区别仅在于物品的规格、质地和档次的不同。下面就共性的采购清单列表如下:

1. 家具类用品采购清单(见表 5-11)

表 5-11　家具类用品采购清单

物品名称	规格或质地	数　量	使用部门或部位	备　注
办公家具	成套		管理人员	移动家具
茶几、沙发	成套		办公室、休息区	移动家具
西餐桌、椅	不同规格		西式餐厅	移动家具
中餐桌、椅	不同规格		中式餐厅	移动家具
服务柜	台		中西餐厅	移动家具
自助餐台	套		咖啡厅	移动家具
儿童椅	把		各餐厅	移动家具
客用衣架	个		各餐厅	移动家具
领位台	个		各餐厅	移动家具
宴会圆桌	1.6 米(直径)		多功能厅	Round table
半圆桌	1.6 米(直边)		多功能厅	Half moon table
1/4 圆桌	0.8 米(直边)		多功能厅	Quarter moon table
长方形桌	1.2 米×0.8 米		多功能厅	Oblone table
正方形桌	0.8 米×0.8 米		多功能厅	Square table
异桌形	扇形		多功能厅	移动家具
宴会椅	可以叠放		多功能厅	移动家具
移动舞台	拼接式台板		多功能厅	移动家具

续表

物品名称	规格或质地	数 量	使用部门或部位	备 注
演讲台	个		多功能厅	移动家具
垃圾桶	立式		公共区域	石材
快餐桌椅	套		员工餐厅	员工自用
员工床铺	个		员工宿舍	移动家具
教室家具	套		员工培训室	移动家具

2.储物柜架类用品采购清单(见表5-12)

表5-12 储物柜架类用品采购清单

物品名称	规格或质地	数 量	使用部门或部位	备 注
钥匙柜	个		各部门	
客用保险柜	个		收银台	
办公保险柜	个		财务部	
投款箱	个		财务部	
不锈钢货架	1.8米×0.6米		各部门	库房专用
普通货架	1.6米×0.4米		财务库房	库房专用
储藏柜	台		各部门	办公家具
三屉柜	台		各部门	办公家具
档案柜	台		各部门	办公家具
文件柜	台		各部门	办公家具
书柜	台		各部门	办公家具
布巾存放架	个		二级库房	木制
挂衣架	个		包厢	不锈钢
宣传架	个		包厢	镀钛金

3.电器类用品采购清单(见表5-13)

表5-13 电器类用品采购清单

物品名称	规格或质地	数 量	使用部门或部位	备 注
电视	台		包厢	纯平或液晶
DVD机	台		餐厅或包厢	
组合音箱	台		餐厅或包厢	
消毒柜	个		餐厅或包厢	

续表

物品名称	规格或质地	数量	使用部门或部位	备注
制冰机	台		备餐间	
办公电脑	台		各部门	
传真机	台		办公室	
复印机	台		办公室	
扫描仪	台		办公室	
打印机	激光		办公室	
多功能办公一体机	台		办公室	
摄像机	数码		销售部	
录音笔	数码		销售部	
外币兑换显示牌	电子		收银台	
点钞验钞机	个		收银台	
冷热饮水机	台		各部门	
刻字机	台		销售部	
电子秤	台		库房、厨房	
支票打印机	台		财务部	
网络服务器	台		电脑房	
毛巾消毒柜	台		餐厅或包厢	
旋转蛋糕展示柜	台		餐厅或包厢	
照相机	数码		办公室	

4.玻璃、瓷器、银器用具类采购清单(见表5-14)

表5-14 玻璃、瓷器、银器用具类采购清单

物品名称	规格或质地	数量	使用部门或部位	备注
烟缸	只		餐厅或包厢	瓷器或玻璃制品
花瓶	只		包厢及卫生间	玻璃制品
盖杯	个		餐厅或包厢	瓷器
花盆	个		公共区域	瓷器
冰桶	个		餐厅或包厢	不锈钢
冰夹	个		餐厅或包厢	不锈钢
咖啡杯	个		餐厅或包厢	瓷器
咖啡勺	个		餐厅或包厢	不锈钢
红酒杯	个		餐厅或包厢	玻璃制品

续表

物品名称	规格或质地	数 量	使用部门或部位	备 注
糖缸	个		餐厅或包厢	瓷器
漱口杯	个		餐厅或包厢	玻璃制品
自助餐炉	个		自助餐厅	不锈钢制品
自助餐炉心	个		自助餐厅	深、浅、1/2
自助餐汤炉	个		自助餐厅	不锈钢制品
饮料机	台		自助餐厅	三合一
宾治盆	个		自助餐厅	镀银质品
宾治杯	个		自助餐厅	玻璃制品
宾治勺	个		自助餐厅	镀银质品
餐具盒	个		自助餐厅	带格
不锈钢镜盘	个		自助餐厅	圆形、椭圆形、长方形
带把镜盘	个		自助餐厅	圆形、椭圆形、长方形
玻璃镜盘	个		自助餐厅	圆形、椭圆形、长方形
保温镜盘	八角形、长方形		自助餐厅	电加热
食托	单层、多层		自助餐厅	玻璃、石材
海鲜盘	个		自助餐厅	
冰雕座	个		自助餐厅	
食品夹	个		餐厅或包厢	
甜品夹	个		餐厅或包厢	
粉面夹	个		餐厅或包厢	
胶柄夹	个		餐厅或包厢	
梅花夹	个		餐厅或包厢	
食品勺	个		餐厅或包厢	不锈钢制品
食品叉	个		餐厅或包厢	不锈钢制品
大汤勺	个		餐厅或包厢	不锈钢制品
果酱盅	个		自助餐厅	
黄油盅	个		自助餐厅	
保温加工台	个		自助餐厅	
保温灯	台		自助餐厅	
面包保温台	台		自助餐厅	
海鲜冰槽	台		自助餐厅	
寿司台	台		自助餐厅	

续表

物品名称	规格或质地	数　量	使用部门或部位	备　注
巧克力台	台		自助餐厅	
主刀	把		西餐厅	Dinner knife
黄油刀	把		西餐厅	Butter knife
甜品刀	把		西餐厅	Dessert knife
扒刀	把		西餐厅	Steak knife
鱼刀	把		西餐厅	Fish knife
主叉	把		西餐厅	Dinner fork
甜品叉	把		西餐厅	Dessert fork
鱼叉	把		西餐厅	Fish fork
鸡尾叉	把		西餐厅	Cocktail fork
汤勺	把		西餐厅	Soup spoon
甜品勺	把		西餐厅	Dessert spoon
咖啡勺	把		西餐厅	Coffee spoon
蚝叉	把		西餐厅	Oyster fork
咖啡杯	个		西餐厅	Coffee cup
咖啡碟	个		西餐厅	Coffee saucer
咖啡壶	个		西餐厅	Coffee pot
意式咖啡杯	个		西餐厅	Espresso coffee cup
意式咖啡碟	个		西餐厅	Espresso coffee saucer
展示盘	个		西餐厅	Show plate
主盘	个		西餐厅	Dinner plate
甜食盘	个		西餐厅	Dessert plate
黄油碟	个		西餐厅	Butter plate
边碟	个		西餐厅	Side plate
沙拉碗	个		西餐厅	Salad bowl
汤碗	个/双耳		西餐厅	Soup bowl
甜食碗	个		西餐厅	Dessert bowl
胡椒磨	个		西餐厅	
胡椒瓶	个		西餐厅	
蜗牛盘	个		西餐厅	
汤盘	8寸		西餐厅	
托盘架	个		西餐厅	

续表

物品名称	规格或质地	数　量	使用部门或部位	备　注
雪茄烟缸	只		酒吧	
雪茄点火器	个		酒吧	
雪茄架	个		酒吧	
雪茄保湿盒	个		酒吧	
雪茄剪	把		酒吧	
雪茄扫	个		酒吧	
雪茄碟	个		酒吧	
小吃搁架	四合一		酒吧	镀金或镀银
纸圈存放瓶	个		酒吧	玻璃
餐纸架	个		酒吧	镀金或镀银
汁盅	个		西餐厅	瓷器或不锈钢
烛台	个		西餐厅	镀金或镀银
糖缸	个		西餐厅	瓷器
奶盅	个		西餐厅	瓷器
花瓶	个		西餐厅	瓷器或玻璃制品
牙签盅	只		餐厅或包厢	瓷器
冰桶	只		西餐厅	不锈钢
冰铲	个		西餐厅	不锈钢
冰夹	个		西餐厅	不锈钢
香槟桶	个		西餐厅	不锈钢
香槟桶架	支		西餐厅	不锈钢
香槟塞	个		酒吧	
香槟钳	把		酒吧	
漏斗	个		酒吧	
开瓶器	把		酒吧	
葡萄酒开瓶器	把		酒吧	
开罐器	个		酒吧	
酒嘴	个		酒吧	
挂酒器	个		酒吧	
量酒器	个		酒吧	推杆式、顶开式
量酒器	个		酒吧	不锈钢器皿
醒酒瓶	个		酒吧	玻璃器皿

续表

物品名称	规格或质地	数 量	使用部门或部位	备 注
滗酒瓶	个		酒吧	玻璃器皿
量杯	个		酒吧	玻璃器皿
葡萄酒塞	个		酒吧	
蘸盐器	个		酒吧	
调味盒	个		酒吧	
榨汁器	台		酒吧	
榨汁机	台		酒吧	
长柄把勺	把		酒吧	两用
肉豆蔻磨粉器	个		酒吧	
柠檬挤汁器	个		酒吧	
调酒壶	个		酒吧	不锈钢
摇酒器	个		酒吧	花式调酒用
过滤器	个		酒吧	不锈钢
冰酒器	个		酒吧	
碎冰器	个		酒吧	
刨冰机	个		酒吧	
搅拌器	个		酒吧	
调酒棒	支		酒吧	
吸管	支		酒吧	
葡萄酒篮	个		酒吧	
吧刀	把		酒吧	
案板	个		酒吧	
鸡尾酒签	个		酒吧	
自动咖啡机	台		酒吧	
咖啡手摇磨	台		酒吧	
花签	个		酒吧	
奶油枪	把		酒吧	
打泡机	台		酒吧	
苏打瓶	个		酒吧	
虹吸壶	个		酒吧	
水扎	个		酒吧/西餐厅	
啤酒扎	个		酒吧/西餐厅	

续表

物品名称	规格或质地	数量	使用部门或部位	备注
玻璃咖啡壶	个		酒吧/西餐厅	
咖啡保温炉	个		酒吧/西餐厅	
多功能组合机	台		酒吧/西餐厅	
蛋糕铲	个		西餐厅	不锈钢器皿
比萨刀	把		西餐厅	不锈钢器皿
托盘	只		餐厅或包厢	防滑,大、中、小型
食品保温盖	个		餐厅或包厢	大、中、小号
毛巾夹	把		餐厅或包厢	不锈钢器皿
毛巾篮	只		餐厅或包厢	不锈钢器皿
杯筐	只		餐厅或包厢	14、24、36格
水杯	个		餐厅或包厢	玻璃器皿
啤酒杯	个		餐厅或包厢	玻璃器皿
红葡萄酒杯	个		餐厅或包厢	玻璃器皿
白葡萄酒杯	个		餐厅或包厢	玻璃器皿
笛形香槟杯	个		餐厅或包厢	玻璃器皿
碟形香槟杯	个		餐厅或包厢	玻璃器皿
甜酒杯	个		餐厅或包厢	玻璃器皿
鸡尾酒杯	个		餐厅或包厢	玻璃器皿
白兰地杯	个		餐厅或包厢	玻璃器皿
古典杯	个		餐厅或包厢	玻璃器皿
品酒杯	个		餐厅或包厢	玻璃器皿
飓风杯	个		餐厅或包厢	玻璃器皿
海波杯	个		餐厅或包厢	玻璃器皿
雪利酒杯	个		餐厅或包厢	玻璃器皿
爱尔兰咖啡杯	个		餐厅	玻璃器皿
茅台杯	个		餐厅	玻璃器皿
冰激凌杯	个		餐厅	玻璃器皿
奶昔杯	个		餐厅	玻璃器皿
香蕉船	个		餐厅	玻璃器皿
彩虹杯	个		餐厅	玻璃器皿
舒特酒杯	个		餐厅	玻璃器皿
伏特加高脚杯	个		餐厅	玻璃器皿

续表

物品名称	规格或质地	数　量	使用部门或部位	备　注
水果盘	个		餐厅	玻璃器皿
洗手盅	个		餐厅	玻璃器皿
烟缸	4.5寸		餐厅	瓷器
骨碟	6寸		餐厅	瓷器
翅碗	3.5寸/反口		餐厅	瓷器
瓷勺	把/吊烧		餐厅	瓷器
大汤勺	把		餐厅	瓷器
茶壶	把		餐厅	瓷器
毛巾碟	个		餐厅	瓷器
花雕酒杯	个		餐厅	瓷器
筷架	个		餐厅	瓷器
调味碟	个		餐厅	瓷器
茶碟	个		餐厅	瓷器
茶杯	个		餐厅	瓷器
筷子	双		餐厅	瓷器
小吃碟	4.5寸		餐厅	瓷器
平盘	8寸、10寸、12寸、14寸、16寸、18寸		餐厅	瓷器
鱼盘	9寸、10寸、12寸、14寸、16寸、18寸		餐厅	瓷器
窝盘	9寸、10寸、12寸、14寸、16寸		餐厅	瓷器
饭碗	4.5寸		餐厅	瓷器
面碗	6寸		餐厅	瓷器
汤碗	4.5寸		餐厅	瓷器
酱醋壶	个		餐厅	瓷器
方盘	9寸、10寸、12寸		餐厅	瓷器
双味格碟	个		餐厅	瓷器
扇形盘	8寸		餐厅	瓷器
壳形盘	8寸		餐厅	瓷器
六角盘	8寸、10寸		餐厅	瓷器
有盖汤碗	9寸、12寸		餐厅	瓷器

续表

物品名称	规格或质地	数 量	使用部门或部位	备 注
直身炖盅	个/有盖		餐厅	瓷器
煲仔	大、中、小号		餐厅	瓷器
玻璃碗	大、中、小号		餐厅	瓷器
鱼翅碗	个/有盖		餐厅	瓷器
鲍翅盘	7寸		餐厅	瓷器
佛跳墙盅	个/有盖		餐厅	瓷器
异形餐具	套		餐厅	金银器
席面碟	个		餐厅	金银器
筷架	双		餐厅	金银器
席面羹	个		餐厅	金银器
筷子	双		餐厅	金银器
双耳翅碗	个		餐厅	金银器
毛巾碟	个		餐厅	金银器
毛巾篮	个		餐厅	金银器
毛巾夹	个		餐厅	金银器
味碟底座	个		餐厅	金银器
平盘托	个		餐厅	金银器
鱼盘托	个		餐厅	金银器
口布圈	个		餐厅	金银器
地球仪翅盅	个		餐厅	金银器
大汤勺	把		餐厅	金银器
公壳座	个		餐厅	金银器
香槟桶	个/连架		餐厅	金银器
冰桶	个/连架		餐厅	金银器
花雕酒壶	把		餐厅	金银器
酒壶座	个		餐厅	金银器
冬瓜盅	个		餐厅	金银器
刀叉	副		餐厅	金银器
龙凤盖	个		餐厅	金银器

5.棉织品类用品采购清单(见表5-15)

表5-15 棉织品类用品采购清单

物品名称	规格或质地	数量	使用部门或部位	备注
台布	条		餐厅	
台裙	条		餐厅	
台呢	条		餐厅	
小毛巾	条		餐厅	
口布	块		餐厅	
桌垫	块		餐厅	
椅套	件		餐厅	
擦杯布	块		餐厅	
手布	块		餐厅	
抹布	块		餐厅	
装饰布	块		餐厅	
窗帘	块		餐厅	

餐厅棉织品的采购用量按4倍量计算,两套在用,一套洗涤;另一套备用。

6.印刷品类用品采购清单(见表5-16)

表5-16 印刷品类用品采购清单

物品名称	规格或质地	数量	使用部门或部位	备注
员工守则	本		办公室	
员工评估记录单	本		办公室	
排班表	本		办公室	
请假单	本		办公室	
加班申请表	本		办公室	
员工餐卡	本		办公室	
考勤表	本		办公室	
培训记录单	本		办公室	
工资发放单	本		办公室	
签到/签离单	本		办公室	
管理人员考评表	本		办公室	

续表

物品名称	规格或质地	数 量	使用部门或部位	备 注
过失单	本		办公室	
入职登记单	本		办公室	
离店通知单	本		办公室	
奖金发放单	本		办公室	
应聘人员登记单	本		办公室	
员工内部调动单	本		办公室	
特殊津贴发放表	本		办公室	
辞职申请表	本		办公室	
上岗考核表	本		办公室	
员工转正表	本		办公室	
住宿申请表	本		办公室	
介绍信	本		办公室	
培训合同书	本		办公室	
劳动合同书	本		办公室	
宴会通知单	本		餐厅	
宴会预订单	本		餐厅	
点菜单	本		餐厅	
点酒单	本		餐厅	
菜单	本		餐厅	
酒水饮料单	本		餐厅	
桌垫	个		餐厅	
台号卡	本		餐厅	
厨师长推荐单	本		餐厅	
宴会菜单封皮	本		餐厅	
成本卡	本		餐厅	
团队用餐通知单	本		餐厅	
酒水盘点表	本		餐厅	
酒水销售日报	本		餐厅	
宾客意见反馈单	本		餐厅	
营业日报表	本		财务室	

续表

物品名称	规格或质地	数 量	使用部门或部位	备 注
营业月报表	本		财务室	
采购申请表	本		财务室	
领货单	本		财务室	
收货单	本		财务室	
入库单	本		财务室	
盘存报告单	本		财务室	
银行存款余额日报表	本		财务室	
营业成本报表	本		财务室	
账单	本		财务室	
收据	本		财务室	
客用账单	本		财务室	
收银账目明细表	本		财务室	
票证使用单	本		财务室	
现金收入日报表	本		财务室	
支票申请单	本		财务室	
合同审批表	本		财务室	
报损单	本		财务室	
调拨单	本		财务室	
固定资产登记表	本		财务室	
交际应酬登记表	本		财务室	
差额登记表	本		财务室	
交款凭证汇总表	本		财务室	
损益表	本		财务室	
申请用款单	本		财务室	
挂账消费审批表	本		财务室	

7. 清洁类用品采购清单（见表5-17）

表5-17　清洁类用品采购清单

物品名称	规格或质地	数　量	使用部门或部位	备　注
立式烟筒	个		公共区域	
不锈钢抛光液	瓶		公共区域	
清洁布	块		公共区域	
空气清新剂	瓶		公共区域	
玻璃清洁剂	1加仑		公共区域	
高效洁厕剂	1加仑		公共区域	
家具保养蜡	1加仑		公共区域	
起蜡水	1加仑		公共区域	
洗手液	1加仑		公共区域	
地毯去渍剂	32盎司/瓶		公共区域	
瓷砖清洁剂	1加仑		公共区域	
强力去污剂	桶		公共区域	
家具清洁剂	桶		公共区域	
金属抛光剂	桶		公共区域	
金银器清洁液	瓶		公共区域	
金银器抛光剂	瓶		公共区域	

8. 低值易耗品类用品采购清单（见表5-18）

表5-18　低值易耗品类用品采购清单

物品名称	规格或质地	数　量	使用部门或部位	备　注
卫生纸	卷		公共区域	
擦手纸	盒		公共区域	
杯垫	个		餐厅	
餐巾纸	包		餐厅	
牙签	包		餐厅	
环保餐盒	包		餐厅	
环保食品袋	个		餐厅	

9.服务用车辆采购清单(见表5-19)

表5-19 服务用车辆采购清单

物品名称	规格或质地	数 量	使用部门或部位	备 注
三层不锈钢推车	辆		餐厅	
热碟车	辆		餐厅	
双头保温车	辆		餐厅	
酒车	辆		餐厅	
送餐车	辆		餐厅	
储冰车	辆		餐厅	
食品加工车	辆		餐厅	
杯筐运送车	辆		餐厅	
餐椅运送车	辆		餐厅	
残食清理车	辆		餐厅	

10.员工服装类用品采购清单(见表5-20)

表5-20 员工服装类用品采购清单

物品名称	规格或质地	数 量	使用部门或部位	备 注
西服	套		餐厅	
西服裙	套		餐厅	
衬衫	件		餐厅	
领带	条		餐厅	
领结	个		餐厅	
帽子	顶		餐厅	
其他工作服	套		各部门	
呢子大衣	件		餐厅	
披肩			餐厅	
工服配饰			各部门	
手套			各部门	
旗袍			餐厅	
围裙			餐厅	
角巾			餐厅	
袜子			各部门	
工鞋			各部门	

11.装饰类用品采购清单(见表5-21)

表5-21 装饰类用品采购清单

物品名称	规格或质地	数 量	使用部门或部位	备 注
工艺品摆件	个		餐厅	
壁画	幅		餐厅和公共区域	
装饰花瓶	个		餐厅和公共区域	
装饰画	幅		餐厅和公共区域	
干花	束		餐厅和公共区域	
鲜花	束		餐厅和公共区域	
保鲜树	棵		餐厅和公共区域	
装饰布艺	条		餐厅和公共区域	
节日装饰品小件	套		餐厅和公共区域	

12.酒水烟草类用品采购清单(见表5-22)

表5-22 酒水烟草类用品采购清单

物品名称	规格或质地	数 量	使用部门或部位	备 注
进口啤酒	百威、生力等		餐厅	
本地啤酒	青岛、燕京等		餐厅	
进口矿泉水	依云、皮埃尔等		餐厅	
本地矿泉水	崂山、龙川等		餐厅	
软饮料	可乐、雪碧等		餐厅	
烈性酒	金酒、伏特加、威士忌、白兰地等		餐厅	
各种雪茄	盒		餐厅	
各种卷烟	条		餐厅	
开胃酒	瓶		餐厅、酒吧	
餐后甜酒	瓶		餐厅、酒吧	
葡萄酒	瓶		餐厅、酒吧	
中国白酒	箱		餐厅、酒吧	
中国黄酒	箱		餐厅、酒吧	
其他酒类	瓶		餐厅、酒吧	
其他软饮料	箱		餐厅、酒吧	

13.绿色鲜花类用品采购清单(见表 5-23)

表 5-23　绿色鲜花类用品采购清单

物品名称	规格或质地	数　量	使用部门或部位	备　注
绿植	盆		公共区域	
鲜花	盆		公共区域	
花盆	个		公共区域	
喷壶	个		公共区域	
营养液	瓶		公共区域	
防虫液	瓶		公共区域	
巴厘石	包		公共区域	
花瓶	个		公共区域	

14.通信器材类用品采购清单(见表 5-24)

表 5-24　通信器材类用品采购清单

物品名称	规格或质地	数　量	使用部门或部位	备　注
多功能电话	部		各部门	
普通电话	部		各部门	
对讲机	部		餐厅	
专业对讲机	部		餐厅、厨房	
电话挂机	部		餐厅	
无绳电话	部		餐厅、厨房	

15.音像设备类用品采购清单(见表 5-25)

表 5-25　音像设备类用品采购清单

物品名称	规格或质地	数　量	使用部门或部位	备　注
投影仪	高清/台		餐厅	多媒体显示系统
电动软幕	高清/块		餐厅	多媒体显示系统
升降吊架	电动/台		餐厅	多媒体显示系统
计算机接口	台		餐厅	信号处理系统
电视调谐器	台		餐厅	信号处理系统
RGB 线缆	卷		餐厅	信号处理系统
信息面板	墙装		餐厅	信号处理系统
多功能控制主机	台		餐厅	集中控制系统

续表

物品名称	规格或质地	数量	使用部门或部位	备注
无线触摸屏	块		餐厅	集中控制系统
红外线发生棒	个		餐厅	集中控制系统
电源控制模块	块		餐厅	集中控制系统
集中控制软件	套		餐厅	集中控制系统
控制电脑	台		餐厅	信号源及控制平台
彩色摄像机	台		餐厅	摄像系统
控制键盘	个		餐厅	摄像系统
主音箱	只		餐厅	音箱扩音系统
低音音箱	台		餐厅	音箱扩音系统
环绕音箱	只		餐厅	音箱扩音系统
主音箱功放	台		餐厅	音箱扩音系统
低音音箱功放	台		餐厅	音箱扩音系统
环绕音箱功放	台		餐厅	音箱扩音系统
音频处理设备	台		餐厅	音箱扩音系统
调音台	台		餐厅	音箱扩音系统
均衡器	台		餐厅	音箱扩音系统
鹅颈话筒	支		餐厅	音箱扩音系统
话筒底座	个		餐厅	音箱扩音系统
无线手持话筒	支		餐厅	音箱扩音系统
领夹话筒	支		餐厅	音箱扩音系统
反馈抑制器	台		餐厅	音箱扩音系统
MD 机	台		餐厅	音箱扩音系统
DVD 机	台		餐厅	音箱扩音系统
时序电源	个		餐厅	音箱扩音系统
演出灯	套		餐厅	灯光系统
换色器	个		餐厅	灯光系统
换色器控制台	台		餐厅	灯光系统
电脑摇头灯	个		餐厅	灯光系统
电脑灯控制台	个		餐厅	灯光系统
烟机	台		餐厅	灯光系统
烟油	瓶		餐厅	灯光系统
硅箱	个		餐厅	灯光系统
调光台	个		餐厅	灯光系统

续表

物品名称	规格或质地	数　量	使用部门或部位	备　注
灯光升降机	套		餐厅	灯光系统
条幅	个		餐厅	灯光系统
条幅升降机	台		餐厅	灯光系统
线缆及附件	若干		餐厅	灯光系统
视频监视器	台		餐厅	灯光系统
DVD 硬盘录像机	台		餐厅	灯光系统
机柜	个		餐厅	灯光系统
操作台	个		餐厅	灯光系统
地面信息接口	个		餐厅	灯光系统
吸顶音箱	个		餐厅	音箱扩声及附件

▶ **实施步骤**

(1)根据主题餐饮店的布局、风格、色调、光线,设计市场调查表。
(2)根据主题餐饮店的要素和内容,制订市场调查计划。
(3)实施市场调查,拟订餐厅物资设备采购清单。
(4)研讨并完成市场调研报告。

1.职业基本能力评价(见表 5-26)

表 5-26　职业基本能力评价表

等级	评价标准	小组评语	教师评语
优秀	• 调查表格设计内容科学、完整 • 调查循序渐进、项目完整 • 调查报告规范、清晰 • 主题明确、可行		
良好	• 调查表格设计内容完整 • 进行调查,项目完整 • 调查报告思路清晰 • 主题基本明确、可行		

续表

等级	评价标准	小组评语	教师评语
及格	• 调查表格设计内容基本完整 • 进行调查,大多项目完成 • 调查报告意思明确 • 主题可行		
不及格	• 调查表格设计内容有重大缺项 • 进行调查,大多项目未完成 • 调查报告意思不明 • 主题不明确、难实施		

2. 职业拓展能力评价(见表5-27)

表5-27 职业拓展能力评价表

评价(评估)内容	4	3	2	1	教师评语
• 合作良好,团队效果佳					
• 分工明确,参与主动性好					
• 各负其责,完成时效性好					
• 创新钻研,有一定实用新意					
• 创造条件,完成各自任务能力					

特别提示

(1) 根据主题餐饮店的布局、风格、色调、光线,确定市场调查地点、选择调研方式。

(2) 根据调研结果,拟订餐厅物资设备采购清单,完成市场调研报告。

关键词

(1) 餐厅风格。

(2) 采购清单。

主题餐饮店经营的三张王牌

怎样经营主题餐饮店才能立于不败之地呢?玩时尚、玩个性、玩文化。这是经营主题餐饮店的三张王牌。掌握了其中一张王牌,生意便能经营起来。第一,玩时尚。玩时尚,就是餐厅能够迎合时尚人群的需求,走在潮流前列。目前,由于中国"哈韩""哈日"之风的盛行,日本的漫画成为青少年的挚爱读物。第二,玩个性。玩个性就是突出餐厅与众不同、匠心独运的创意。造成舍我其谁,不可替代的创意。如,把电影名变成餐单。顾客在电影餐厅里一边聆听着不同的经典影视抒情金曲,一边品味着"擦出爱的火花""狂野鸳鸯""花样年华"等美食佳肴是一件多么惬意的事情啊。在广州的沙面北街,仿制20世纪豪华洲际列车的"火车餐厅"就餐环境。餐厅里的安静、典雅与窗外的热闹相对比,让人有恍如隔世的感觉。第三,玩文化。现在什么都愿意跟文化搭上边,餐厅也不例外。文化牌出得好,必定能使餐厅独树一帜。

珠江新城茶餐厅

沙面岛上建了个"火车站",珠江新城江畔则"停泊"着一艘豪华游轮,这就是来自马来西亚的"船餐厅"。餐厅采用的是仿真豪华游轮装修,作为"船驾驶室"的一楼,是一个可供上百人聚餐的大厅,服务员全是清一色的水手打扮,大厅的台布都统一使用蓝白两种颜色,椅子的靠背也刻有船舵的图案,再加上别致的驾驶台和船舵、救生圈、油灯、指南针等出航用具,看起来就像是一只正待出航的游船。这里的食品多是与海洋风味"打交道"。其主要经营马来西亚菜,西餐则以海鲜餐为主。其独特的外形和浓郁的东南亚风情吸引了不少爱船、爱欣赏江景的雅客和一些年轻情侣。

(1)珠江新城茶餐厅的菜单应如何设计?
(2)作为餐厅经理,珠江新城茶餐厅应配备多少员工?

(1)主题餐饮店装潢的要素和内容有哪些?
(2)主题餐饮店的物资采购清单可分为哪些类别?

（1）以小组为单位对主题餐饮店的布局、风格、色调、光线、地面、墙面、天花板、吊顶、灯具、门窗、窗帘、空调、音响等进行调研，根据调研内容，写出详细的调研报告。

（2）以小组为单位设计一份主题餐饮店的物资采购清单。

模块七　人员架构与招聘培训

- 熟悉主题餐饮店人员架构设立的原则。
- 能根据主题餐饮店的组织形式设计组织结构图。
- 能对主题餐饮店的人员架构、组织形式、管理职责、招聘培训等调查资料进行分析,写出分析报告。

- 了解人员架构、组织形式、管理职责、招聘培训等调研的内容、方法和步骤。
- 进行人员架构、组织形式、管理职责、招聘培训调查表格的设计。
- 进行系统的市场调查。
- 做人员架构、组织形式、管理职责、招聘培训市场调查汇总表。
- 对人员架构、组织形式、管理职责、招聘培训的调查结果进行分析,并写成调研报告。

技能/知识点一　主题餐饮店人员架构设立的原则

1. 精简

精简,就是在组织机构设置时,尽量减少层次,讲究实效,避免机构臃肿,人浮于事。

2. 统一

统一,就是机构设置要符合统一领导的原则。整个组织机构必须是一个统一的整体,要统一划分各个部门的职权范围,统一制定主要的规章制度,上级对下级发布指令和命令的渠道畅通,便于行政管理和经营管理。下级只接受一个上级的领导,尽量避免多头领导、重复指挥,以保持各部门、各环节的行动协调、目标一致。

3. 自主

自主,就是各部门、各环节能够自主地履行职能。机构的设置必须为各部门、各环节自主履行职能提供条件,以发挥他们的主观能动性。在集中领导下实行分级管理,给中层、基层管理人员以一定的管理权力,使他们在业务经营活动中能独立自主、因地制宜地处理具体问题。上级对下级主管部门在职权范围内做出的各项决定,不能随意否定。

4. 高效

效率,是机构设置的最高原则。精简、统一、自主都是为了效率。效率是衡量精简、统一、自主程度的标准之一。在机构设置过程中,常常遇到许多矛盾的因素,如,集权与分权的矛盾、统一指挥与专业分工的矛盾、机构稳定性与灵活性的矛盾,等等。在不同情况下,有时强调集中,有时强调分权,但无论强调什么,其最高原则应当是效率。一个主题餐饮店组织机构合理与否,归根到底要看其效率。

技能/知识点二 主题餐饮店的组织形式

主题餐饮店的组织机构合理与否,直接关系到生产的形式和完成生产任务的能力,关系到工作效率、产品质量、信息沟通和职权的履行。由于主题餐饮店规模大小不一、经营思路不同等因素,主题餐饮店组织机构的形式也不尽相同。一般大、中、小型主题餐饮店的组织形式如下。

1. 小型主题餐饮店组织结构图(比较简单,分工不宜过细,见图5-4所示)

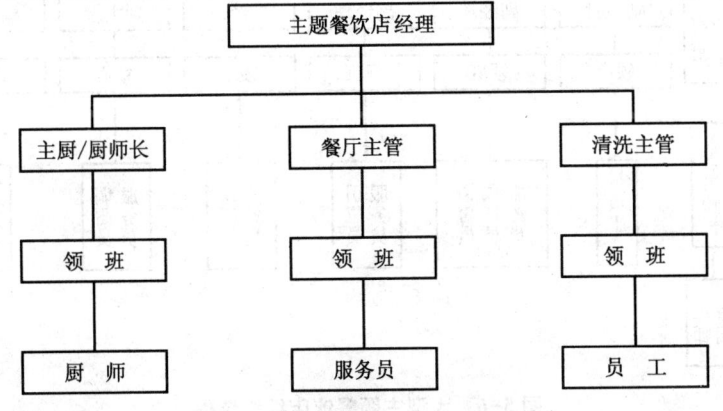

图5-4 小型主题餐饮店组织结构

2. 中型主题餐饮店的组织结构图（分工更加细致，功能也比较全面，见图5-5所示）

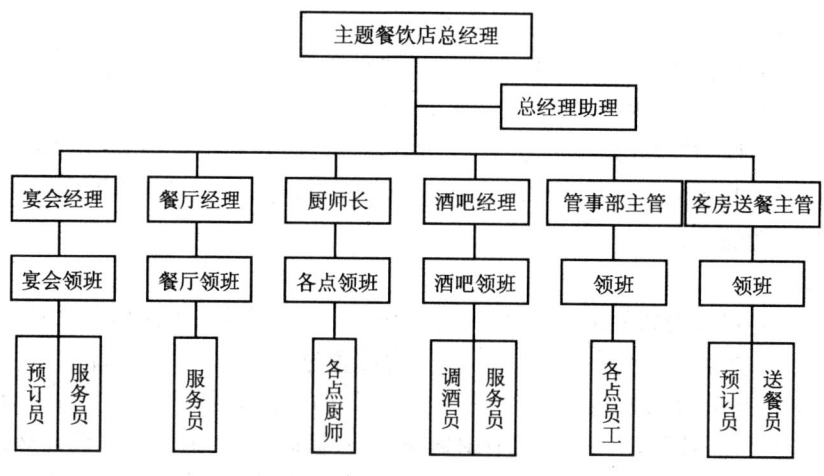

图5-5 中型主题餐饮店组织结构

3. 大型主题餐饮店组织结构图（结构复杂，层次多，分工明确细致，见图5-6所示）

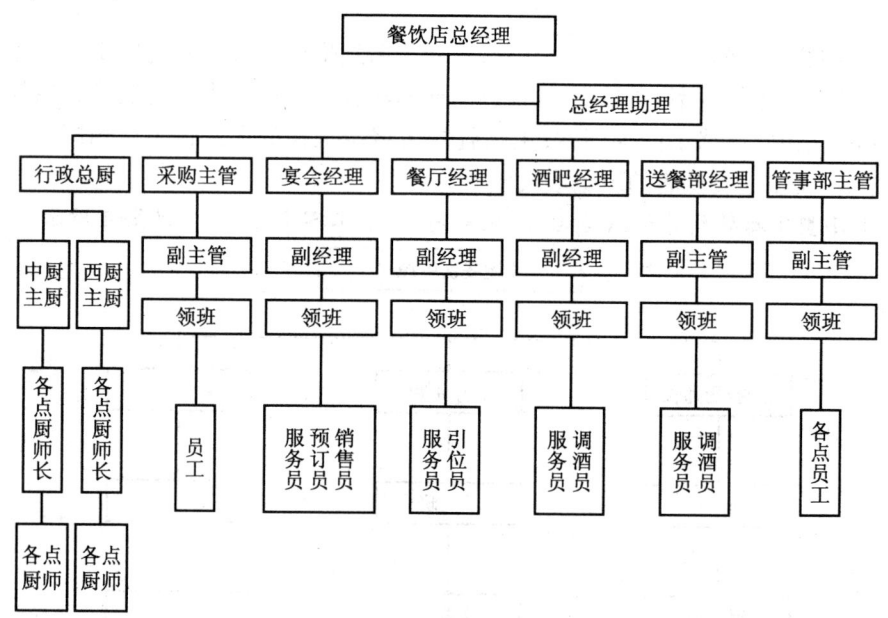

图5-6 大型主题餐饮店组织结构

技能/知识点三　主题餐饮店管理职责

1. 主题餐饮店总经理岗位职责

(1) 负责主题餐饮店的各项行政管理工作。制订并组织实施餐厅经营的所有计划；制定、推行和监督执行主题餐饮店的各项管理制度；考核部门各级管理人员的业绩并实施激励和培训；审批与签署本部门使用的一切物资与用品。

(2) 定期召开主题餐饮店有关经营、成本、人事等会议；检查主题餐饮的经营情况、产品质量；经常制订和改善各项经营和管理的新计划、新措施。

(3) 熟悉目标市场、了解顾客需求，与厨师长一起筹划和设计菜单，及时开发符合当时和当地需求的餐饮产品；与总厨师长一起健全厨房组织，完善厨房设备布局，控制菜肴质量；加强菜肴的管理；加强餐饮原料的采购、验收和储存管理；严格控制餐饮成本，减少餐饮经营中的各项浪费。

(4) 加强主题餐饮店的业务管理，提高服务质量；加强主题餐饮店的组织管理，提升服务质量；加强酒吧的经营管理，提高酒吧的经营特色；制订主题餐厅推销计划，扩大餐饮销售渠道，提高餐饮的销售量。

2. 主题餐饮店经理岗位职责

(1) 负责主题餐饮店的全面工作，对总经理负责；认真执行总经理下达的各项工作任务和工作指标；制订主题餐饮店的营业政策和经营计划；拟定主题餐饮店每年预算方案和营业指标，审阅每天的营业报表，进行营业分析，并做出经营决策。

(2) 主持主题餐饮店日常会议，协调内部各项工作，使各项工作能顺利进行；审阅和批示下属的报告及各项申请；与行政总厨、大厨、前台主管研究如何提高食品质量，创新菜色品种；制定或修订年、季、月、周、日的餐牌，制定食品及饮料的成本标准。

(3) 参加总经理召开的业务协调会议，与各界建立良好的公共关系；对下属管理人员的工作进行督导，帮助他们不断提高业务能力；负责督促下属员工的服务情况，使主题餐饮店的服务档次得以提高。

3. 主题餐饮店主管岗位职责

(1) 督导完成餐厅日常经营工作，编制员工出勤表，检查员工的出勤状况、仪表及个人卫生；负责制定餐厅主管服务规范、程序和推销策略并组织实施，业务上要求精益求精，不断提高管理水平。

(2) 热情待客、态度谦和，妥善处理客人的投诉，不断提高服务质量；加强现场管理,营业时间坚持在一线,及时发现和解决服务中出现的问题;领导餐厅全面质量管理小组对餐厅服务质量进行严格检查,把好餐厅出品和服务的每一关。

(3)加强对主题餐饮店财产的管理,掌握和控制好物品的使用情况,减少费用开支和物品损耗;负责餐厅美化和清洁卫生工作,抓好餐具、用具的清洁、消毒工作;及时检查餐厅设备的情况,建立物资管理制度,做好维护保养、餐厅安全和防火工作。

(4)根据季节差异、客人情况,与厨师商议、制定特色菜单;主动与客人沟涌,采取正确方法处理客人投诉;重视员工培训工作,定期组织员工学习服务技能技巧,对员工进行酒店意识、推销意识的培训,并对员工进行考核。

4. 主题餐饮店领班岗位职责

(1)负责检查服务员的仪表仪容,凡达不到标准和要求的不能上岗;督导服务程序和工作标准;明确餐厅主管所分配的工作,领导本班服务员做好餐前准备、餐中服务及餐后收尾工作。

(2)开餐后注意观察客人用餐情况。随时满足客人的各种用餐需求;遇有重要客人和服务员人手不够时,要亲自服务;督导服务员向客人推荐特别菜点、饮料,并主动推荐菜点、酒水。

技能/知识点四　主题餐饮店人员招聘培训

员工招聘,是指主题餐饮店为了正常运作和发展的需要,寻找、吸引那些有能力又有兴趣到本餐厅任职的人员。一家优秀的主题餐饮店,不仅要有一位优秀的老板,更重要的是要有一群素质较高的服务人员和厨师队伍。新招聘员工素质的高低,培训是否合格,直接关系到主题餐饮店经营的成败。

1. 员工招聘

(1)招聘原则。第一,面向社会,公开招聘。在当地劳动人事部门指定的区域内,向社会公布招聘简章,形成社会舆论,广招人才。第二,人人平等,全面考核。确定人员的招聘标准,对应聘人员进行德、智、体综合考察和测验。在招聘标准面前,应聘人员平等竞争。第三,双向选择,择优录取。应聘者根据招聘简章规定的录取范围,自愿报考自己喜欢的工种。而主题餐饮店根据全面考核的成绩,择优录取,选择主题餐饮店所需的人才。

(2)招聘标准。要从德、智、体、能、绩方面综合考核。在主题餐饮店招聘时,应注意人才标准的层次性和岗位区别,对不同层次和岗位应区别对待。而且还要注意人才标准不是一成不变的,具有动态性。市场环境的变迁及企业自身的发展变化,对企业的每一个岗位都会提出新的要求,招聘员工的标准也应有相应的变化。

(3)招聘方法。第一,通过张贴海报、登报或其他媒体将主题餐饮店的人才需求信息传达给公众。第二,通过具有一定资格的举荐人发掘人才。第三,从本企业员工队伍中选拔工作业绩优秀的人员,通过晋升的方法填补空缺。第四,通过猎头公司从国外或沿海招聘人才。

(4)招聘程序。第一,编制招聘计划。根据主题餐饮店的经营状况,制订出人力资源需求和供应预测计划,报总经理审批。招聘计划中除提出招聘人数外,还应列明对拟招聘人员的文化程度、职称、年龄、专业要求及招聘岗位和范围。第二,制订具体工作计划。内容包括组织招聘的工作人员、确定合适人选、拟定招聘简章、考核方案,招聘费用估算及资金来源的确定,确定工作时间及进度。第三,成立招聘小组。招聘小组成员一般包括资深主管、经理、人事主管经理等。明确考核方式、内容及标准,明确招聘纪律,制定招聘日程。

2. 员工培训

(1)员工培训的意义。通过员工培训可以提高员工文化、技术素养及主题餐饮店的服务质量;可以降低成本,提高效益,并为员工的自身发展提供条件。

(2)员工培训的种类:第一,岗前培训。岗前培训的目的是提高人员素质,使新员工尽快了解主题餐饮店的工作环境、工作内容,以适应工作岗位的需要。第二,在岗培训。在岗培训的内容比岗前培训层次更深,是岗前培训的继续和发展。在岗培训贯穿于员工职业生涯的全过程。第三,转岗培训。为使转岗人员尽快适应新的环境,取得新岗位上岗资格,必须进行转岗培训。第四,晋升培训。晋升培训是为了使晋升人员的能力达到晋升职位的规范要求而进行的训练活动,内容视具体情况而定。

(3)员工培训的基本内容:员工培训的基本内容,一般包括:行业素质培训;职业道德培训;仪表仪容培训;礼貌礼节培训;专业知识培训;操作技能培训;服务程序培训;组织管理培训等。

▶ **实施步骤**

(1)设计人员架构、组织形式、管理职责、招聘培训市场调查表。
(2)制订人员架构、组织形式、管理职责、招聘培训市场调查计划。
(3)实施市场调查。
(4)对人员架构、组织形式、管理职责、招聘培训进行研讨并完成市场调研报告。

学习/工作评估

1. 职业基本能力评价(见表5-28)

表5-28 职业基本能力评价表

等级	评 价 标 准	小组评语	教师评语
优秀	• 调查表格设计内容科学、完整 • 调查循序渐进、项目完整 • 调查报告规范、清晰 • 主题明确、可行		
良好	• 调查表格设计内容完整 • 进行调查,项目完整 • 调查报告思路清晰 • 主题基本明确、可行		
及格	• 调查表格设计内容基本完整 • 进行调查,大多项目完成 • 调查报告意思明确 • 主题可行		
不及格	• 调查表格设计内容有重大缺项 • 进行调查,大多项目未完成 • 调查报告意思不明 • 主题不明确,难以实施		

2. 职业拓展能力评价(见表5-29)

表5-29 职业拓展能力评价表

评价(评估)内容	4	3	2	1	教师评语
• 合作良好,团队效果佳					
• 分工明确,参与主动性好					
• 各负其责,完成时效性好					
• 创新钻研,有一定实用新意					
• 创造条件,完成各自任务能力					

特别提示

(1) 对人员架构、组织形式、管理职责、招聘培训选择调研地点和调研方式。
(2) 对调研内容进行分析,写出调研报告。

关键词

(1) 组织形式。
(2) 管理职责。

主题餐饮店的人员配备

1. 人员配备的含义

主题餐饮店的人员配备,是对主题餐饮店中全体人员的配备,既包括主管人员的配备,也包括非主管人员的配备。二者所采用的基本方法和遵循的基本原理是相似的。管理学中的人员配备,是指对主管人员进行恰当而有效的选拔、培训和考评。其目的是为了配备合适的人员去充实组织机构中所规定的各项职务,以保证组织活动的正常进行,进而实现组织的既定目标。传统的观点,一般把人员配备作为人事部门的工作;而现代管理学的观点则认为,人员配备不但要包括选人、评人、育人,而且还包括如何使用人,及如何增强组织凝聚力来留住人。这又同指导与领导工作紧密联系起来。

2. 人员配备的系统方法

主题餐饮店的人员配备工作必须按照系统的方法来进行,即:组织目标和计划是组织结构设计的依据,现有的和预期的组织结构,决定了所需主管人员的数目和种类。通过对主管人员的需求分析,在征聘、选拔、安置和提升的过程中,利用外部和内部的人才来源,同时还要对主管人员进行考核、训练和培养。适当的人员配备有助于做好指导与领导工作,同样,选拔优秀的主管人员也会促进控制工作。人员配备要求采取开放的系统方法。这种方法要在组织内部贯彻,反过来又和外部环境有关。组织内部因素应予以重视,没有适当的报酬,就不能吸引并留住优秀的主管人员。外部环境也不容忽视,否则,就会阻碍组织的正常发展。

3. 人员配备的原则

(1) 职务明确原则。是指对主管人员及相应人员的职务越是明确,培训和评价主管人员的方法则越是完善,所配备人员的工作质量也就越有保证。

(2)责权利一致原则。是指组织越是要尽快地保证目标的实现,就越是要使所配备人员的责、权、利一致。

(3)公开竞争原则。是指组织越是想要提高管理水平,就越是要在同一职务的竞争者之间鼓励公开竞争。

(4)用人之长原则。是指所配备的人员越是处在最能发挥其才能的职位上,就越能使组织得到最大的收益。

(5)不断培养原则。是指任何一个组织越是想要使其所配备的人员能够胜任其所承担的职务,就越是需要他们去不断地接受培训和进行自我培养。

案例分享

北京"行者部落"

北京"行者部落"把主题餐饮店、秘制汤锅、风情礼品、艺术家居四者巧妙结合,各种艺术沙龙、经理人俱乐部、设计师论坛、传媒研讨、外企高层聚会相继举办,一时成为媒体焦点。顾客在品尝 20 种珍稀中草药材泡制的御膳滋补汤锅及环球风情套餐、中西精致面点等风情美味的同时,还可欣赏到澳洲土著风情礼品、走进非洲文化礼品、回顾俄罗斯历史礼品、东巴艺术宗教礼品、西藏密宗雪域礼品、敦煌石窟典藏礼品、长沙古窑陶艺礼品、陕西民间乡土礼品等风情礼品。几十位设计师量身定制的艺术家居错落分布,让人身处"行者部落"犹如畅游于文化流动的湖泊之中并观赏着两岸风情。餐厅内所有的陈设都是行囊里的收获。那一件件满透着故事的物品,将"行者部落"的主题餐饮店布置得恍如中世纪的文化长廊。

(1)如果"行者部落"有 500 个餐位,需要配备多少个员工?
(2)作为"行者部落"餐厅经理,组织结构图该如何设计?

(1)主题餐饮店人员架构设立的原则有哪些?
(2)主题餐饮店管理职责有哪些?

(3)员工招聘的方法有哪些?

拓展实践

(1)以小组为单位,为一家拥有500个餐位的主题餐饮店设计组织结构图。

(2)以小组为单位对主题餐饮店的人员架构、组织形式、管理职责、招聘培训进行调研,并写出调研报告。

模块八　物资到位与调试营业

- 能确定物资到位与调试营业的起始时间。
- 能以预开业时间为计划目标,设置工作内容、完成时间、具体执行人等工作流程。
- 能对工作流程进行分析,检查完成进度,写出分析报告。

- 了解主题餐饮店物资到位与调试营业的起始时间。
- 对主题餐饮店工作内容、完成时间、具体执行人的工作流程设计检查表格。
- 对设备安装、工程验收、物资供应、人工调配及表格印刷进行系统的检查。
- 完成检查汇总表。
- 对检查汇总表进行分析,检查完成进度,写出分析报告。

技能/知识点一　制订主题餐饮店开业筹备工作计划

主题餐饮店物资到位与调试营业期间的工作千头万绪,十分繁杂。因此,编制预开业经营筹备工作计划,罗列出详细的主要事务履行内容和完成期限是十分必要的。简单地说,主题餐饮店调试营业筹备计划工作,是从人、财、物三个基准点入手,进行经营管理体系筹建的。

1.确定物资到位与调试营业的起始时间

主题餐饮店投资者根据工程建设预期完工时间,会初步确定主题餐饮店的预开业时间,而预开业经营筹备工作也将以这个时间为准紧锣密鼓地进行。一般情况下,开业筹备工作与工程建设工作是交叉进行的。由此,经营者可以更好地了解主题餐饮店的工程建设情况,对主题餐饮店的功能设施也会有直观的认识,便于掌握工程建设的进度并与工程建设方沟通。

2.开业筹备者应当关注哪些工程问题

开业筹备者要关注主题餐饮店建设工程的许多方面,涉及主题餐饮店的粗装修设计、二次装修设计、建设工程进度、设施设备的实用性等。具体讲,包括上下水系统;冷热供水设备;消防水系统;供电系统;空调系统;结构化综合布线系统;消防报警系统;排污系统;电梯设备;音响系统;煤气、天然气设备;周边绿化带规划;外部装饰灯规划;中控室、电脑机房设备;餐厅和厨房的功能布局设计;窗户金属构架、玻璃安装;地面、墙面、天花板安装;节水洁具、五金构件安装;灯具安装;厨房机械设备安装;家具木器安装;锁具安装;窗帘等布艺品安装;霓虹灯造型设计及施工安装;工程调试;周边垃圾的清理;钥匙移交等。

3.开业筹备工作计划包括哪些要素

在确定了主题餐饮店预开业时间的前提下,负责经营管理的筹备者通常采用倒计时的形式来编制主题餐饮店预开业筹备工作计划。以预开业时间为计划目标,设置工作内容、完成时间、具体执行人等工作流程,以保证主题餐饮店预开业经营筹备事项按时完成。

技能/知识点二 制订主题餐饮店"开荒"及开业计划

1.如何制订主题餐饮店开业前的"开荒"计划

(1)"开荒"时间安排。"开荒"一词,意指对建筑物内部装修后的清扫,一般在主题餐饮店开业前半个月左右进行,可根据实际情况延长或缩短"开荒"时间。

(2)"开荒"阶段计划。主题餐饮店的"开荒"可分为三个阶段。第一阶段,为"初步'开荒'期",主要工作是清理建筑遗留垃圾、消灭大的污垢。第二阶段,为"中度开发期",主要工作是强化主题餐饮店的卫生状况,进行外墙清洗作业,绿化环境,清除异味,摆放经营和办公家具、用品归位等。第三阶段,为"精度开发期",由各部门各自负责自己经营区域的全面开荒工作,要求精益求精,达到国家卫生标准。

(3)"开荒"准备工作。在"开荒"前,首先,要准备"开荒"工具。小型工具,如抹布、毛刷、铲刀、钢丝球、手套、扫把、垃圾袋、拖把等;机械设备,如除尘设备、地毯清洁设备、石材抛光设备、打蜡上光设备等;安全设备,如应急药品、应急灯、灭火器、安全帽等;运输设备,如带轮垃圾桶、平板推车、垃圾运输车等。其次,是组织实施。根据情况设立组织机构,协调各种事项,召开会议,制定验收标准和程序等。再次,"开荒"计划安排。根据情况划分"开荒"区域、制订"开荒"任务、调整

"开荒"进度、核定完成时间、明确工作职责、落实奖惩机制。最后,是组织"开荒"业务技能培训,包括:清洁剂使用方法、机械设备使用、安全培训等。

(4)"开荒"工作程序。确定"开荒"工作程序;应遵循先高层、后低层,先后台、后前台,先营业区域、后公共区域的原则进行。拆除物品包装;确定设备物品开箱程序;完善物品登记程序。

2.如何筹备主题餐饮店开业典礼

第一,要成立开业典礼领导小组;确定开业典礼的主题;进行开业典礼的财务预算。第二,是场地的选择。包括:围栏、拱门、彩带、气球、标语、条幅、造型花坛、花篮、绿植、牌匾等。第三,是时间的选择。第四,是宾客的邀请。包括:礼品准备、车辆准备、宴请准备。第五,是设备准备。包括:音响系统、录音系统、照明系统、照相设备等。第六,是彩排预演。预演的日期最好在开业典礼的前两天。这样既可保证预演和正式典礼的连贯性,又可集中发现问题,并为解决问题留出整改时间。

▶ **实施步骤**

(1)确定物资到位与调试营业的起始时间。
(2)以预开业时间为计划目标,设置工作内容、完成时间、具体执行人等工作流程。
(3)对工作流程制订检查计划。
(4)对设备安装、工程验收、物资供应、人工调配、表格印刷等进行系统检查。
(5)对工作流程进行分析,检查完成进度,写出分析报告。

学习/工作评估

1.职业基本能力评价(见表5-30)

表5-30 职业基本能力评价表

等级	评价标准	小组评语	教师评语
优秀	•检查表格设计内容科学、完整 •检查循序渐进、项目完整 •检查报告规范、清晰 •主题明确、可行		
良好	•检查表格设计内容完整 •进行检查,项目完整 •检查报告思路清晰 •主题基本明确、可行		

续表

等级	评价标准	小组评语	教师评语
及格	• 检查表格设计内容基本完整 • 进行检查，大多项目完成 • 检查报告意思明确 • 主题可行		
不及格	• 检查表格设计内容有重大缺项 • 进行检查，大多项目未完成 • 检查报告意思不明 • 主题不明确，难以实施		

2. 职业拓展能力评价(见表5-31)

表5-31　职业拓展能力评价表

评价(评估)内容	4	3	2	1	教师评语
• 合作良好，团队效果佳					
• 分工明确，参与主动性好					
• 各负其责，完成时效性好					
• 创新钻研，有一定实用新意					
• 创造条件，完成各自任务能力					

特别提示

(1)设备安装、工程验收、物资供应、人工调配、表格印刷。
(2)对工作流程进行分析，检查完成进度，写出分析报告。

关键词

(1)开业筹备。
(2)"开荒"阶段计划。
(3)开业典礼。

主题餐饮店——氛围比口味更抢眼

这年头，去餐厅吃饭可不只是讲究口味这么简单了。餐厅的环境、氛围、情调，都成了顾客挑选就餐地点的先决条件。以鲜明的主题特色和浓厚的文化内涵为核心的主题餐饮店突然就在城市里"遍地开花"了。所谓主题餐饮店，其实就是通过一个或多个主题为吸引标志的饮食场所，当人们身临其境时，经过观察和联想，进入期望的主题情境。譬如"亲临"世界的另一端、重温某段历史、了解一种陌生的文化等。说白了，餐厅已经不再单纯地以特色菜肴为卖点，而是从经营理念、餐厅环境布置、盛器选择等各方面，都体现出特色（如图5-7）。世界上最早的主题餐饮店，是1994年在美国苏明达洲开设的"热带雨林"餐厅。2000年11月，在上海开业的"热带雨林"餐厅以绿色生态环保为主题，是国内第一家外资主题餐饮店，但由于种种原因仅开业两年就倒闭了。中国本土第一家在餐饮界亮出"主题餐饮店"招牌的，是2001年在北京开业的"禅酷"餐厅。它以"监狱"为主题，瞬间颠覆了"吃饭"在人们心目中的印象。如今在中国大中城市里，不论有没有冠上"主题"之名，实际上主题餐饮店已经遍地开花。上海的主题餐饮店有多少家，实在难以统计，仅从风格上来说就有运动型、文化型、异域风情型、另类型，等等。但是并不是所有的主题餐饮店都能坚持下去，曾经风光一时的以邓丽君为主题的餐厅已然转让，黑暗

图5-7 主题餐饮店氛围

餐厅也都悄然退隐。究其原因，有专家指出：一个餐厅最根本的生命力就是菜品质量。很多主题餐饮店的菜单设计、内部装修、盘碟设计精美异常，花哨的噱头很多，却唯独没有在菜品上倾注更多的精力。优美的环境的确是主题餐饮店一个最大的优势，可以在短时间内打响知名度。人们往往受餐厅环境的吸引而忽略了它的菜品，但这种好奇来得容易去得也快，当新鲜感过后，单纯依靠环境维系的生意就会变冷、变淡。对于主题餐饮店来说，抢眼的可能是氛围与环境，但留住客人的依然是食物的口味。这是个讲究个性消费的时代，主题餐饮店既能让人满足口腹之欲，又能放松心情，还能满足一些有特殊心理需求的顾客，显然是未来主题餐饮店的一种有利竞争形式。

案例分享

主题餐饮店开业庆典策划方案

1. 开业庆典活动规模

参加人数200~260位，现场布置以产生热烈、隆重的庆典仪式气氛为基准，活

动以产生良好的新闻效应、社会效益为目标。

2. 活动场所

3. 活动内容

4. 举办时间

5. 活动物资筹办

6. 开业庆典活动的司仪人选

7. 开业庆典嘉宾邀请

嘉宾邀请，是仪式活动工作中极其重要的一环。为了使庆典活动充分发挥其积极的轰动及舆论作用，在邀请嘉宾工作上必须精心选择对象，尽力邀请有知名度的人士出席，制造新闻效应，重要嘉宾应派专人亲自上门邀请。嘉宾邀请范围如下：

- 政府领导；
- 承办单位负责人；
- 业主。

8. 开业庆典广告宣传内容及要求

开业告示要写明事由，即"××××××"开业庆典仪式在何时何地举行，介绍有关的建设规划、经营理念及服务宗旨。

- 广告媒体安排：

在活动前一周即须确定路段固定广告牌的具体位置，并制作好广告稿件及广告计划书，印制好准备派发的礼品袋、宣传资料。印制广告：宣传单页、礼品袋……

9. 场景布置

场景布置须做好如下工作：

[条幅]数量、规格、材料、内容："××单位恭祝××××开业"；布置：印制条幅，喜气洋洋地迎接每位来宾，数量既能体现出整个庆典场面的酷势，同时又是有效的宣传品。

[横幅]数量、规格、内容、布置。

[充气龙拱门]数量、规格、材料、内容、布置。

[音响]数量、说明、位置。

10. 活动建议

(1) "现场抽奖"（代替派发礼品的形式）。

(2) 奖项设定：（待商定）一等奖、二等奖、三等奖、四等奖。

(3) 活动意义。

11. 融洽宾主关系

以新颖的形式引起现场兴趣，提高现场的参与意识；别具一格的内容在欢笑声中给参与嘉宾留下深刻印象;通过此次庆典活动造成轰动效应,给入住商户以强烈的信心,并推动招商工作的进展。

12.仪式程序

2013年×月×日上午9:00典礼正式开始(暂定)。

08:30 播放迎宾曲;

08:40 剪彩嘉宾入场,就座;

09:00 司仪上台宣布××××开业庆典正式开始,司仪介绍贵宾,宣读祝贺单位名单(音乐播放);

09:15 司仪:邀请领导致辞(掌声);

09:20 司仪:邀请×××(领导)讲话(掌声);

09:40 司仪:邀请贵宾代表讲话(掌声);

09:45 司仪:邀请业主代表讲话(掌声);

10:00 司仪:宣布剪彩人员名单;

10:05 司仪宣布开业剪彩仪式开始,主礼嘉宾为入伙仪式剪彩,鼓乐齐鸣;

10:30 司仪宣布开业庆典圆满结束。

13.后勤保障工作安排

本次活动在具体操作过程中将有大量的后勤保障工作需要得到足够的重视,后勤保障工作的好坏,将直接影响本次活动的成败。

(1)现场卫生清理。配备2名清洁工,定时对活动现场进行清扫,确保活动现场的整洁。

(2)活动经费安排。对活动所需的经费,应指定专人专项进行管理,确保活动得以顺利实施。

(3)活动工作报告。定期举行工作组会议,通报各项准备工作的进展情况。

(4)交通秩序。两名工作人员负责活动现场入口交通秩序,路边不得停放任何机动车辆。车辆的摆放由专人负责指挥停放。

(5)电工、音响。主会场配备专业电工1名,预备发电机1台,检测维护用电,配备专业音响师1名,保证典礼正常讲话播音。

14.活动结束后的工作

(1)进行实际费用结算。准确核算实际支出并与前期预算相对比,写出费用总结报告。

(2)庆典活动影响力调查。包括信息的收集、整理、反馈,为企业经营决策做好辅助工作。

(3)整理并保存资料。包括宣传画册、图片、光盘、设计方案、讲话稿及活动后的各种总结材料。

(4)写出效果评估报告。包括经济效益、社会效益、实际效益、潜在效益。

(5)提出经营建议。

 问题解答

制订一份开业庆典策划方案。内容包括:活动构思、整体气氛布置、活动程序设置、活动配合、媒体配合、费用预算等。

 在线思考

(1)开业筹备者应当关注哪些工程问题?以预开业时间为计划目标,设置工作内容、完成时间、具体执行人等工作流程。
(2)开业筹备工作计划包括哪些要素?
(3)"开荒"要做哪些准备工作?

 拓展实践

(1)以小组为单位,为设备安装、工程验收、物资供应、人工调配及表格印刷设计一份检查表。
(2)以小组为单位对工作流程进行分析,检查完成进度并写出开业筹备工作计划分析报告。

参考文献

[1] 布纳德·斯布拉瓦尔,威廉·N.罗纳德,迈克尔·罗曼.宴会设计实务[M].大连:大连理工大学出版社,2002.

[2] Jack D.Ninemeier.张俐俐,纪俊超,主译.餐饮经营管理[M].北京:中国旅游出版社,2002.

[3] 张建业.餐饮市场营销管理[M].北京:清华大学出版社,2006.

[4] 周妙林,陈青,丁霞,樊平.宴会设计与运作管理[M].南京:东南大学出版社,2009.

[5] 郭敏文.餐饮部运行与管理[M].北京:旅游教育出版社,2003.

[6] 马开良.自助餐开发与经营[M].沈阳:辽宁科学技术出版社,2003.

[7] 俞浪复.麦当劳店铺管理手法[M].沈阳:辽宁科学技术出版社,2002.

[8] 马开良.餐饮管理与实务[M].北京:高等教育出版社,2003.

[9] 马开良.现代厨房设计与管理[M].北京:化学工业出版社,2008.

[10] 匡家庆,马开良,丁霞.餐饮管理规范[M].沈阳:辽宁科学技术出版社,2000.

[11] 匡家庆,马开良,丁霞.饭店餐饮管理[M].南京:江苏人民出版社,2000.

[12] 樊平.餐厅服务[M].北京:旅游教育出版社,2001.

[13] 邹统钎.酒店经营战略[M].北京:清华大学出版社,2005.

[14] 杨剑.服务决定一切[M].北京:中华工商联合出版社,2005.

[15] 彭建军.酒店诊断——全面提升竞争力的金钥匙[M].广州:羊城晚报出版社,2001.

[16] 戴斌.现代饭店集团研究[M].北京:中国致公出版社,1998.